Mídia e Deliberação

Mídia e Deliberação

Rousiley C. M. Maia
COORDENADORA

FGV
EDITORA

ISBN — 978-85-225-0700-9

Copyright © Rousiley C. M. Maia

Direitos desta edição reservados à
EDITORA FGV
Rua Jornalista Orlando Dantas, 37
22231-010 — Rio de Janeiro, RJ — Brasil
Tels.: 0800-21-7777 — 21-2559-4427
Fax: 21-2559-4430
e-mail: editora@fgv.br — pedidoseditora@fgv.br
web site: www.editora.fgv.br

Impresso no Brasil / *Printed in Brazil*

Todos os direitos reservados. A reprodução não autorizada desta publicação, no todo ou em parte, constitui violação do copyright (Lei nº 9.610/98).

Os conceitos emitidos neste livro são de inteira responsabilidade dos autores.

1ª edição — 2008

PREPARAÇÃO DE ORIGINAIS: Luiz Alberto Monjardim

EDITORAÇÃO ELETRÔNICA: FA Editoração

REVISÃO: Aleidis de Beltran e Sandra Frank

CAPA: Santa Fé ag

APOIO: Fapemig

**Ficha catalográfica elaborada pela
Biblioteca Mario Henrique Simonsen / FGV**

Mídia e deliberação / Rousiley C. M. Maia (coordenadora). — Rio de
Janeiro : Editora FGV, 2008.
380 p.

Inclui bibliografia.

1. Comunicação de massa — Aspectos políticos. 2. Democracia.
I. Maia, Rousiley C. M. II. Fundação Getulio Vargas.

CDD – 301.161

Sumário

Apresentação 7

Wilson Gomes

Introdução 15

PARTE I UMA APROXIMAÇÃO AOS CONCEITOS 25

1 Democracia deliberativa: dimensões conceituais 27

Rousiley C. M. Maia

2 Política deliberativa e reconsiderações acerca do conceito de esfera pública 55

Rousiley C. M. Maia

3 Deliberação e mídia 93

Rousiley C. M. Maia

PARTE II PADRÕES DE EXCLUSÃO SIMBÓLICA E DELIBERAÇÃO 123

4 Atores coletivos e participação: o uso da razão pública em diferentes âmbitos interacionais 125

Ricardo Fabrino Mendonça e Rousiley C. M. Maia

5 Apelo emocional e mobilização para a deliberação: o vínculo homoerótico em telenovelas 165

Ângela C. S. Marques e Rousiley C. M. Maia

6 Do pessoal ao político-legal: estratégias do jornalismo para enquadrar os movimentos *gays* 207

Roberto Alves Reis e Rousiley C. M. Maia

PARTE III DEBATES PÚBLICOS EM TORNO DA IMPLEMENTAÇÃO DE NOVAS NORMAS 231

7 A música entra em cena: Planet Hemp, dissenso moral e o debate sobre a legalização da maconha 233

Pedro S. Mundim e Rousiley C. M. Maia

8 Entre o mercado e o fórum: o debate sobre o antitabagismo na cena midiática 273

Daniela Santiago e Rousiley C. M. Maia

PARTE IV DELIBERAÇÃO E PROCESSOS DE PRESTAÇÃO DE CONTAS 295

9 Visibilidade midiática e paradoxos da *accountability*: o caso do ônibus 174 297

Rousiley C. M. Maia

10 Imagens que chamam ao debate: a construção da denúncia e da controvérsia no evento da Favela Naval 321

Bráulio de Britto Neves e Rousiley C. M. Maia

Bibliografia 347

Apresentação

Wilson Gomes

Sugiro ao leitor deste belo livro, para corretamente apreciar a importância que ele há de ter no debate contemporâneo sobre democracia, comunicação de massa e deliberação, a adoção de ao menos um dos dois ângulos de abordagem seguintes: pode-se entendê-lo adequadamente como uma caracterização, ao mesmo tempo conceitualmente cuidadosa e empiricamente elaborada, da deliberação pública contemporânea e da sua interface com a comunicação de massa; alternativamente, pode-se compreendê-lo como um lance particularmente interessante nas disputas conceituais sobre o papel da comunicação de massa na manutenção e/ou renovação da democracia.

Adotando-se a primeira alternativa, este livro deve ser adequadamente examinado e desfrutado como uma sofisticada contribuição ao debate sobre o sentido e o alcance do modelo deliberacionista de democracia. Debate ao qual se acrescenta um requinte, raro ao menos no nível de aproximação e amadurecimento que este livro oferece, a saber, uma posição clara e argumentada sobre o que representam, para a democracia deliberativa, as linguagens, os recursos e os agentes da comunicação de massa. No que tange à segunda alternativa de abordagem, recomendo que o leitor aprecie este livro como uma intervenção qualificada na discussão contemporânea sobre se e como a comunicação de massa contribui para o incremento da democracia ou, então, no debate sobre se a democracia participativa ganha ou perde com as novas configurações assumidas pelos meios de massa e com as transformações da política democrática que tais novidades comportam ou implicam. E aqui o incremento específico oferecido por este livro ao debate acadêmico consiste num tratamento mais preciso dos modelos de democracia e da noção de esfera pública por autores que acompanham e refletem os movimentos mais recentes da literatura especializada de comunicação política e de teoria democrática.

Há exatamente 10 anos, James Bohman iniciava o seu *Public deliberation*, livro que hoje é referência fundamental para o modelo de democracia deliberativa, com o seguinte argumento: todo mundo vem falando de deliberação, mas ninguém diz o que é deliberação ou como ela poderia funcionar sob condições sociais reais. Acredito que não apenas Bohman pensasse desse modo, porque desde 1996 multiplicaram-se as monografias e coletâneas sobre política deliberativa e sobre um modelo deliberacionista de política. Considerável esforço intelectual foi empregado, desde então, para caracterizar a discussão pública política, para encontrar as suas raízes em veneráveis tradições (leia-se, para encontrar a filosofia política de Kant nas releituras de Jürgen Habermas e John Rawls) do pensamento democrático, para testá-la conceitualmente no âmbito de problemas onde as alternativas liberais e comunitaristas não ofereciam soluções satisfatórias (como as discordâncias morais de Gutmann e Thompson), para encontrar o seu lugar como resposta a temas-chave nos debates sobre a crise da democracia liberal e sobre os apelos para o estabelecimento de formas mais participativas de democracia. Menos, entretanto, foi feito para fazer compreender como a discussão pública se materializa concretamente em circunstâncias que não apenas são reais, mas são também típicas da sociabilidade, dos sistemas e da cultura política do século XXI. E menos ainda se disse sobre como a deliberação pública se realiza concretamente numa circunstância social em que os meios, os agentes e os recursos da comunicação de massa se tornaram peritos na visibilidade pública ou, para ser ainda mais exato, especialistas no seu funcionamento e no seu controle.

Assim, a despeito da importância explicitamente reconhecida para o tema da deliberação pública, levado ao centro das preocupações da teoria democrática nos últimos 10 anos, quase nada se produziu com consistência e extensão, sobre as relações entre deliberação e comunicação de massa. No estado do meu conhecimento da literatura internacional do campo, tenho notícia de um único volume sobre o tema, uma coletânea organizada no ano 2000 por Simone Chambers e Anne Costain, convenientemente denominada *Deliberation, democracy, and the media*. A rigor, trata-se ali mais de um título de oportunidade do que de uma abordagem em profundidade das múltiplas interações dos três fenômenos mencionados. Assim, com exceção de uma menção aqui, uma seção de um capítulo acolá, deliberação pública e meios de massa não são vistos juntos na maior parte das ocasiões em que a literatura internacional tratou de caracterizar o funcionamento real da discussão pública.

E se incluo nessa conta a mais recente intervenção de Habermas no debate sobre teoria democrática — penso em *Direito e democracia* —, há aí certamente um tratamento mais cuidadoso da comunicação de massa e de suas relações com a esfera pública e a política deliberativa; "mais cuidadoso" não significa, contudo, com o nível de aproximação e com a sofisticação que o tema merece. Infelizmente, o domínio que o filósofo demonstra possuir da literatura sobre comunicação de massa e suas relações com a política e a democracia não confere à sua reflexão o nível de argúcia analítica e de profundidade conceitual que lhe é peculiar quando trata, por exemplo, de teoria democrática. Assim, em *Direito e democracia* aprende-se muito sobre democracia deliberativa, mas ainda pouco sobre a relação entre deliberação pública e meios de massa.

A esse respeito, ouso dizer que o livro que o leitor tem agora em mãos possui, no mínimo, o mérito de considerar com densidade, proximidade e coragem o tema da interface entre comunicação e deliberação pública, além de se acercar dele com um nível de domínio sobre a literatura internacional atualizada de comunicação política e democracia que dificilmente se encontra entre os protagonistas da discussão sobre democracia deliberativa. Se essas credenciais resultaram numa contribuição realmente importante ao campo e ao tema cabe ao leitor decidir. Eu aposto que sim, mas de toda sorte acho que a inovação na abordagem, somada à ousadia analítica, à audácia empírica, à destreza no entendimento dos fenômenos da comunicação de massa justificam *per se* que se reserve um lugar para este volume no debate internacional sobre deliberação, comunicação e democracia.

Há um segundo ângulo de abordagem que pode se revelar muito fecundo para o leitor que acompanha as discussões contemporâneas, nos fóruns acadêmicos especializados e no debate público, acerca do efeito da comunicação de massa sobre a democracia. Entre os anos 1980 e, pelo menos, metade dos anos 1990, o modelo predominante de reflexão sobre comunicação e democracia, tanto na literatura internacional (a brasileira não fugia à regra) quanto nos setores intelectuais médios, sustentava que os meios, os agentes, os formatos, a linguagem e as indústrias da comunicação de massa, juntos ou separados, fariam um mal imenso à cultura e às práticas cívicas. As razões apresentadas eram várias: os meios de massa tanto afetariam negativamente a representação social da política e das instituições democráticas que a sustentam quanto exerceriam um controle pernicioso da informação, além de produzirem informação de um modo que conspiraria contra a profundidade, a reflexão e complexidade da comunicação pública da política. O pressuposto, provavelmente correto, do diagnóstico pessimista sustentava que os meios de massa controlam a visibilidade pública da política mediante o controle do acesso e por meio da imposição da linguagem e da lógica dos meios de comunicação ao conteúdo político. Sobre um pressuposto aceitável, contudo, refluía uma lista de mazelas que aparentemente não tinha fim. O modelo ganhou tal força de obviedade que, mais do que uma escola, configurou uma corrente dominante, denominada, posteriormente, estudos do mal-estar mediático (*media malaise*).

A idéia de que a comunicação de massa faz mal à política e à democracia certamente não era nova nem necessariamente operava de forma isolada. No Brasil, ela teve um concorrente à altura na convicção dominante, pelo menos até os anos 1990, de que era a política a dominar, controlar e perturbar a comunicação de massa. Nesse segundo modelo, havia pelo menos a vantagem da adoção de uma perspectiva segundo a qual os meios de massa eram estruturalmente emancipatórios e democráticos, mas circunstancialmente dominados e distorcidos pela política. Mesmo aqui no Brasil, contudo, as duas teses conviveram não raro num mesmo autor, integrando-se numa espécie de círculo vicioso em que às vezes se destacava o mal que os meios de comunicação faziam à política; noutras, o mal que a política fazia aos meios.

Apresentação **11**

Esse quadro teórico-metodológico produziu um curioso efeito de perspectiva, mediante a introdução, nos anos 1990, do tema "internet" ou *"new media"* nos estudos de comunicação e política. A contraposição entre "meios de massa" e "novos meios" se ofereceu como algo óbvio e fecundo para os estudiosos e para a opinião pública, ambos ávidos de alternativas ao pessimismo que dominava a percepção comum de como era a relação entre comunicação e democracia. Se os *old media* resultavam, naquela perspectiva, praticamente imprestáveis para a democracia, os *new media* apareciam na cena como portadores de todas as esperanças democráticas, não importando qual o modelo de democracia adotado. Assim, os defensores do modelo liberal clássico viam aí a possibilidade de que mais e melhor informação política se tornasse disponível ao cidadão nos recursos da web, de que a internet viesse a oferecer formas alternativas para a comunicação dos cidadãos entre si e com os seus representantes — formas mais cômodas e menos dependentes da indústria da informação e do campo do jornalismo. No mesmo sentido, os que sustentam um modelo comunitarista de democracia viram na internet um sistema extremamente extenso e eficiente de redes cívicas, e os que mantêm expectativas de reforma da democracia liberal achavam que os novos meios podiam proporcionar um acréscimo importante da participação civil nos negócios públicos, uma participação capaz de alcançar até mesmo as instâncias de decisão política. Houve mesmo quem sustentasse que, enfim, se recriavam tecnicamente as possibilidades da democracia direta. Até mesmo os deliberacionistas viram e ainda vêem na internet possibilidades imensas de acréscimo da qualidade e da quantidade da deliberação pública e da esfera pública online.

Os primeiros desencantos com a idéia de que a internet representava o novo paraíso democrático coincidiram com as primeiras críticas ao modelo dominante do mal-estar mediático. Embora o debate público tenha continuado predominantemente preso nos quadros do mal-estar que a comunicação causaria à democracia, a discussão acadêmica lentamente vem se afastando desse paradigma. Não sem recaídas. Além disso, a alternativa que vem sendo configurada desde então é principalmente defensiva. Com isso quero dizer que ela consiste basicamente em arregimentar argumentos e medições empíricas que se destinam a conter as críticas provenientes do modelo dominante. Pippa Norris, por exemplo, esforça-se para demonstrar, com base em sondagens acumuladas de opinião, que o consumo televisivo não está diretamente associado a altas cotas de cinismo cívico ou apatia política, dando-se, às vezes, o contrário disso. Michael Schudson, outro exemplo, junta argumentos e dados históricos para dizer que há problemas na cultura e participação cívicas mesmo em épocas onde não havia tão estrita dependência dos meios de massa para o acesso à informação e para a produção de representações da política.

Este livro realiza um interessante deslocamento nesse quadro, ao mesmo tempo considerando o estado da discussão no campo e realizando um incremento teórico-metodológico muito promissor. Contra a corrente do mal-estar midiático, este livro adota corajosa e decididamente uma perspectiva positiva: sim, a comunicação de massa contribui para o fortalecimento e para o reforço da democracia. Para além da crítica padrão daquela corrente, que o modelo defensivo adota em geral, o livro não se contenta em reiterar o concessivo "não é bem assim". O risco claramente assumido pelos autores deste livro os conduz deliberadamente a um esforço de tentar mostrar como a comunicação de massa representa o espaço e a circunstância por excelência para a realização da deliberação pública em nossos dias.

Esse movimento não se faz, contudo, nem assentado em obviedades nem com aquela ébria leveza com que a idéia genérica e positiva de democracia é em geral tratada no campo da comunicação. Porque conscientes do debate que nos precede, os autores avançam prudentemente e, quando afirmam que há uma deliberação pública mediática, sustentam tal afirmação num conceito muito preciso de deliberação pública e num modelo determinado de democracia. Ao mesmo tempo, levam em consideração duas décadas de pesquisas que dissecaram os meios e os modos como a comunicação pública mediatizada conspira contra a democracia e a qualidade democrática da prática política, de forma que têm clareza sobre a diferença entre uma comunicação sistematicamente distorcida, num extremo, e um debate público autêntico e fecundo, no outro extremo. Apesar disso, sustentam que um debate autêntico pode se realizar via meios de comunicação e, através de uma qualificada seleção de estudos de casos, buscam demonstrar, em cada situação, o modo como o debate público funciona concretamente, os ganhos democráticos que foram auferidos em cada experiência, os riscos, os limites e as eventuais perdas, em termos democráticos, relacionadas a circunstâncias específicas.

Ganha, naturalmente, o leitor que desconfiava dos discursos em que a comunicação de massa integralmente conspirava contra a democracia, mas que gostaria de ter alguma evidência empírica e alguma sustentação conceitual da sua suspeita. Ademais, há um bônus particularmente apreciável para o leitor que não acompanha a ponta-de-lança da pesquisa sobre democracia deliberativa ou sobre comunicação e democracia. Nos três primeiros capítulos deste livro, Rousiley Maia produz um mapa muito interessante do debate contemporâneo sobre tais temas. Aí, por exemplo, o leitor vai compreender como o tema da esfera pública confluiu para a idéia de deliberação pública, e como uma chave hermenêutica negativa, como aquela adotada por Habermas em *Mudança estrutural da esfera pública*, pôde se converter numa abordagem extremamente positiva, a partir de *Direito e democracia* e, sobretudo, a partir do debate anglo-americano sobre democracia deliberativa.

Por fim, o livro tem um modo de produção que não é muito característico nas humanidades, mas que constitui, a meu ver, parte do seu charme. Não é nem o típico livro monográfico escrito a duas ou quatro mãos, nem uma dessas coletâneas que reúnem contribuições produzidas singularmente, coligidas por alguma unidade temática. É o produto de um grupo de pesquisa liderado por Rousiley Maia que está entre os mais respeitados na especialidade da comunicação e política no Brasil. Unidade e diversidade estão bem balanceadas em três capítulos de fundamentação teórico-metodológica e sete instigantes estudos de caso e verificação empírica dos pressupostos conceituais. Os primeiros três capítulos vêm com a assinatura de Rousiley Maia, enquanto os sete capítulos seguintes são um tecido cooperativo urdido entre Rousiley Maia e os seus colaboradores. A diversidade de vozes e cores se sente não apenas na diferença temática, mas nos ângulos de abordagem, nos enfoques e, até, no timbre de cada co-autor; um timbre que resistiu, para o bem, ao ir-e-vir da escritura como atividade cooperativa. Por outro lado, há uma impressionante unidade refletida principalmente na moldura conceitual, nas referências compartilhadas coletivamente, no padrão comum de manejo da literatura e no horizonte único de problemas e perspectivas, que funciona como *leitmotiv* para o concerto de vozes que o livro representa. Não se produz um tal efeito por meio de mágicas e truques, mas mediante um árduo, longo e profícuo trabalho em conjunto. Por fim, pode-se discordar dos pressupostos incorporados e das teses sustentadas, pode-se discutir no varejo as interpretações dos materiais empíricos e as soluções analíticas apresentadas, mas não se pode negar o alto nível de maturidade alcançado pelo grupo e a clareza com que ele formula, configura e explora a senda interpretativa escolhida para enfrentar os sempre instigantes problemas da comunicação e da democracia.

Introdução

Qual é o papel dos *media* nas democracias contemporâneas? De que maneira os discursos construídos pelos meios de comunicação perpassam o fazer político da atualidade? Como tais discursos participam de processos de transformação social? Indagações como essas — marcadas por um interesse a respeito das interfaces entre comunicação e política — vêm despertando a atenção não apenas de pesquisadores das mais diversas áreas das ciências humanas, mas também dos cidadãos, em suas vidas cotidianas. Cresce, a cada dia, a curiosidade a respeito dos "reais efeitos da mídia" e de suas "potencialidades", e ganha força a convicção de que ela banaliza a essência da política ao criar espetáculos, sejam eles referentes a corridas eleitorais, escândalos parlamentares ou disputas de poder entre as (e dentro das) esferas que deveriam se equilibrar para o bom andamento da democracia.

Em grande parte da literatura que trata das relações entre comunicação e democracia, os meios de comunicação são vistos ao mesmo tempo como causa e sintoma de uma crise da vida política. Alguns autores sustentam que eles ajudam a fomentar a apatia, o desinteresse e o cinismo dos cidadãos com relação à condução dos negócios públicos.[1] Nessa perspectiva, muitos assinalam as diversas relações de poder que as empresas de comunicação estabelecem com grupos de interesse e setores do mercado, o que comprometeria a independência, a integridade e a capacidade delas para servir aos cidadãos.[2] Empresas privadas e públicas de televisão privilegiariam gêneros de entretenimento e ficção, em detrimento de programas instrutivos voltados para o interesse público. Aponta-se, ainda, uma crescente redução de importância das editorias de política.[3] Assim, nem sempre há um volume adequado de informações para habilitar os cidadãos a compreenderem questões-chave na condução das questões políticas e os interesses em disputa.

Este livro busca deslocar esse tipo de análise já tão corriqueira que, na pressa de encontrar culpados para os *problemas da democracia*, acaba retirando os *media* de seu contexto social. Entendemos que é preciso tratar os *media* como um sistema inserido no todo social e no contexto sócio-histórico.[4] As interseções entre comunicação e política não podem ser vistas como causalidades unidirecionais. A fim de apreender a espessura das relações que aí se instalam, concebemos a política de maneira ampliada no âmbito societário, como parte das relações de cooperação, negociação e luta entre os grupos sociais para a utilização de recursos e para a modificação das regras éticas que orientam a convivência social. O sistema dos *media*, ambiente de luta simbólica e profusão de discursos, participa centralmente desse fazer político através do qual sentidos e instituições são sustentados ou transformados.

Como instrumental analítico para pensar esses processos, baseamo-nos na concepção *deliberacionista* de democracia, a qual vem conferindo uma renovada relevância à dimensão comunicativa da política. A deliberação, no contexto brasileiro, é geralmente entendida como discussão para se estudar ou resolver um assunto, um problema, ou tomar uma decisão. De modo geral, a noção encontra-se associada à tomada de decisão, à capacidade de resolver ou dar solução a algo. Na acepção aqui adotada, deliberação é entendida como o processo social de oferecer e examinar argumentos, envolvendo duas ou mais pessoas, para a busca cooperativa de soluções em circunstâncias de conflito ou de divergências. A deliberação pressupõe uma atividade conjunta de diálogo entre dois ou mais participantes, em que se oferecem e consideram razões, com o propósito de solucionar alguma situação problemática ou alguma controvérsia, obtendo assim um resultado satisfatório, eficaz, correto ou justo.[5] O conceito de deliberação é multifacetado, sendo possível caracterizar a troca argumentativa em diferentes domínios — nas conversações cotidianas, em fóruns da sociedade civil, nos espaços institucionais e legais, através dos meios de comunicação de massa. Esse esquema abre uma nova forma de tratar a racionalização e a participação política, com base numa relação de troca pública de argumentos, em lugar de uma relação participativa direta.

Apesar da existência de vasta literatura acerca da noção de "deliberação pública",[6] ainda são poucos os trabalhos que analisam o papel dos *media* em tais dinâmicas. No entanto, para compreender questões fundamentais sobre a experiência dos cidadãos no processo democrático faz-se necessário, cada vez mais, apreender a centralidade da comunicação mediada nos processos de governança e também nas percepções que os cidadãos têm da sociedade e de seus problemas. Neste livro, colocamos em evidência a capacidade de os meios de comunicação promoverem visibilidade e atuarem como fórum para o debate cívico, entre representantes do sistema político e agentes da sociedade civil. Defendemos que os meios de comunicação, apesar de seus diversos déficits, exercem funções fundamentais no sistema constitucional das democracias contemporâneas, como:

- *agentes de vigilância*[7] — escrutinando e trazendo a público, de modo rotineiro, desenvolvimentos relevantes sobre a atuação de autoridades políticas ou de grupos de interesse, exigindo justificativas para comportamentos;

- *fóruns para debate cívico*[8] — atuando como arena de debates, ao convocar atores sociais a se expressarem na cena pública e a responderem uns aos outros;

- *agentes de mobilização social*[9] — possibilitando a geração de conhecimento político e engajamento cívico.

A partir desses aspectos, procuramos reconhecer os obstáculos e também as possibilidades que os meios de comunicação apresentam para a realização de debates públicos.

As relações que os profissionais do setor midiático estabelecem com os atores sociais são tensas, marcadas por conflitos híbridos de natureza política, econômica e cultural-profissional. O sistema dos *media* estabelece um padrão complexo de interações com seu ambiente externo para configurar bens simbólicos — repertório de expressões, imagens, discursos, opiniões, questões relativas aos negócios públicos. Não só o noticiário jornalístico ou programas de natureza informativa fomentam debates politicamente relevantes. Os cidadãos também extraem insumos de programas de entretenimento e ficção que colocam em cena experiências, conflitos e lutas concretas de indivíduos e grupos na sociedade.[10] Ademais, como não há, na sociedade contemporânea, outro fórum que se iguale aos meios de comunicação de massa em termos de alcance e de repercussão, os atores sociais desenvolvem diversas estratégias para ganhar acesso aos canais dos *media*, a fim de divulgar interesses e sinalizar necessidades, afirmar identidades, avaliar políticas públicas, ganhar adesão e apoio para a promoção de certas causas.

Os capítulos deste livro têm por objetivo investigar a constituição de visibilidades e o modo pelo qual os *media* contribuem para ampliar debates sobre temas controversos e inserir questões significativas na agenda política. Temos indagado o modo pelo qual os *media*, através de suas diversas modalidades discursivas, contribuem para "criar um espaço para deliberação pública" e promover o "intercâmbio de razões em público". Em termos práticos, temos investigado como os debates sobre certos problemas sociais ou as causas relacionadas a movimentos sociais específicos ganham expressão na esfera de visibilidade dos *media*, e também como operam os profissionais da comunicação para enquadrar e editar o debate, para conceder voz a determinados atores e para agenciar sentidos publicamente. Além disso, buscamos especificar as interações comunicativas e os padrões argumentativos de representantes políticos e agentes oficiais, bem como de especialistas e membros da sociedade civil presentes na esfera de visibilidade dos *media*.

Assim, o propósito é fazer avançar o entendimento do modo pelo qual os *media* contribuem para pré-estruturar a esfera pública, promovendo um diálogo público generalizado que informa e reconstitui os espaços de discussão não-midiáticos, os fóruns e as esferas públicas locais. Ainda que os meios de comunicação não possam ser entendidos como uma "esfera pública" em si, eles disponibilizam expressões, matérias, discursos, eventos para o conhecimento comum. Os bens simbólicos e os fluxos comunicativos que se tornam disponíveis para o conhecimento público através dos *media* são reapropriados por sujeitos concretos, com seus quadros valorativos e suas histórias de vida e vocábulos próprios, em situações particulares. Num processo circular, os meios de comunicação fornecem importantes insumos que alimentam debates politicamente relevantes em diferentes âmbitos da sociedade. Aqui trataremos de diferentes modalidades de debate público, na esfera de visibilidade dos *media*, sobre:

- diferenças biográficas, experiências identitárias históricas, reivindicação de direitos e problemas de reconhecimento;

- questões controversas, envolvendo a demanda por nova regulamentação, a especificação de normas e a constituição de justificativas mais generalizadas para certos tipos de políticas e decisões;

- mecanismos de *accountability*, pelos quais os responsáveis e os representantes políticos são instados a prestar contas, em público, de suas ações ou inações.

Este livro encontra-se dividido em quatro partes. Como os capítulos abordam diferentes âmbitos do processo deliberativo e suas relações com os *media*, optamos por agrupá-los de acordo com temáticas específicas. A primeira parte reúne textos de natureza conceitual, cuja principal finalidade é explorar diferentes aspectos dos conceitos de deliberação pública, esfera pública e mediação de debates públicos pelos agentes da mídia. No primeiro capítulo são mostradas as condições procedimentais ideais do processo deliberativo, apontando-se as críticas a esse respeito encontradas na literatura. Ressalte-se o fato de que a deliberação não se atém apenas aos procedimentos, mas inclui os modos reais de sua realização ou seu fracasso nas situações concretas vivenciadas em diferentes âmbitos. O capítulo 2 trata dos desenhos institucionais da política deliberativa e da configuração da esfera pública, bem como do processo através do qual as contribuições derivadas do debate público podem ser institucionalizadas, vindo a interferir em processos de inovação institucional e cultural. Por sua vez, no capítulo 3, busca-se iluminar as características do sistema dos *media*, com suas instituições típicas encarregadas, sobretudo, de produzir visibilidade. Indaga-se o modo pelo qual os meios de comunicação de massa podem criar um espaço para "o uso público da razão" e o "intercâmbio de argumentos em público".

A segunda parte do livro procura agrupar textos referentes aos debates acerca de padrões de exclusão, sobretudo simbólica, a longo prazo. Examina como a luta de alguns grupos desrespeitados ganha expressão na esfera de visibilidade midiática e em gêneros específicos de mídia. O capítulo 4 busca averiguar os mecanismos adotados pelos portadores de hanseníase para questionar a impropriedade das formas de sua exclusão moral ou legal, ao mesmo tempo que especifica as estruturas que geram e limitam as oportunidades disponíveis para eles, seja em arranjos institucionais formais, seja em práticas sociais de convivência informal. Defende-se a importância da articulação das trocas argumentativas que ocorrem em diferentes âmbitos — na vida cotidiana, nos fóruns da sociedade civil, em veículos alternativos de comunicação, na mídia de massa e em instâncias formais do sistema político — para a realização de debates visando à democratização de práticas sociais e de políticas públicas. O capítulo 5 recupera o debate social encetado nos *media* sobre casais de *gays* e lésbicas em duas telenovelas brasileiras. Revela que a luta por visibilidade e pela mudança de representações estigmatizantes são as formas encontradas por esses grupos para ganhar reconhecimento público, com o intuito de proteger suas culturas e práticas, seus valores e suas identidades. Por fim, o capítulo 6 lida com os trâmites da Lei Estadual nº 14.170, que protege a expressão de afeto, em público, de *gays* e lésbicas. Explora o modo pelo qual os *media* utilizam enquadramentos próprios e agenciam opiniões, conhecimentos especializados e posicionamentos morais sobre uma questão polêmica. Mostra que o debate público tem papel central na redefinição das fronteiras traçadas entre o público e o privado, através da conexão existente entre reconhecimento, moralidade e legalidade.

A terceira parte do livro explora debates acerca de especificação de novas regulamentações ou normas legais. O capítulo 7 demonstra que os atores sociais se esforçam para "especificar normas" trazendo à tona disputas sobre a definição dos limites da autonomia individual e política, redefinições do bem comum, críticas aos arranjos legais e demandas pela revisão das responsabilidades públicas. A música é entendida como *medium* de inserção de temas controversos na esfera pública, com potencial para superar barreiras morais e políticas, a fim de incrementar os processos deliberativos em situações concretas. O oitavo capítulo investiga o debate público em torno da problemática do fumo — motivado pela tramitação da lei antitabagista (Lei nº 10.167/00). Busca-se compreender como uma empresa de porte transnacional — a Souza Cruz — dialogou com os demais atores sociais num cenário de grandes adversidades, revestindo suas práticas de elementos discursivos que lhe permitiram legitimar-se diante de demandas políticas, éticas e morais que transcendem o domínio da racionalidade econômica.

A quarta e última parte tem como finalidade apresentar ao leitor casos de exposição pública de atos de transgressão ou abuso de poder por pessoas públicas e os subseqüentes processos de prestação de contas. O capítulo 9 trata do seqüestro do ônibus 174 ocorrido no Rio de Janeiro em 2000, o qual foi divulgado ao vivo pela televisão por quatro horas consecutivas, expondo ao público um caso de extrema violência urbana, com ações "desastrosas" da polícia e um "fim trágico". Examina as diversas interpretações do evento em matérias jornalísticas, destacando as oportunidades e os obstáculos para uma prestação de contas política, legal ou profissional. Mostra os padrões de justificação adotados por várias autoridades públicas, bem como pelos agentes da corporação policial e membros da sociedade civil para falarem sobre a eficácia da polícia na manutenção da ordem e o abuso do poder policial. O capítulo final parte de uma denúncia de crimes cometidos por policiais em Diadema (SP), feita pelo *Jornal Nacional* em 1997. O fato foi registrado por um cinegrafista amador e depois editado e divulgado pelos meios de comunicação. Examina-se aí a atuação dos agentes da mídia na construção do escândalo e na configuração do espaço das controvérsias públicas, considerando-se as características específicas do uso testemunhal das imagens gravadas pelo cinegrafista e dos processos de incorporação dessas imagens nos discursos concorrentes de diferentes atores políticos.

Este livro é resultado de um trabalho coletivo, desenvolvido ao longo dos últimos 10 anos em discussões com alunos do curso de graduação e do programa de pós-graduação em comunicação da Universidade Federal de Minas Gerais, as quais me obrigaram a refletir sobre a trajetória intelectual de autores que tratam da democracia deliberativa, dos conceitos de sociedade civil e esfera pública e de suas interfaces com o campo da comunicação. É fruto, igualmente, de discussões continuadas no Grupo de Pesquisa sobre Mídia e Esfera Pública — EME, da UFMG, no âmbito de projetos de pesquisa de mestrandos e doutorandos. Acredito que um dos principais méritos deste livro seja reunir pesquisas que compartilham referências teóricas comuns e articulam questões fundamentais da teoria democrática com objetos variados, para pensar diferentes dimensões da deliberação a partir de investigações empíricas. Sem o empenho de Ângela S. Marques, Bráulio de Britto Neves, Daniela Santiago, Pedro Mundim, Ricardo F. Mendonça e Roberto A. Reis não seria possível a investigação empírica sistemática de casos concretos de debate público no ambiente midiático, envolvendo problemas de identidade e reconhecimento, processos de inovação legal e práticas de prestação de contas.

Este livro é também resultado de debates desenvolvidos em diferentes fóruns acadêmicos. Vários capítulos aqui reunidos foram matéria de discussão com os colegas do Grupo de Trabalho em Comunicação e Política, da Associação Nacional dos Programas de Pós-Graduação em Comunicação — Compós. Em especial, sinto-me profundamente grata pelo profícuo intercâmbio intelectual com o grupo de pesquisa "Comunicação e Democracia", sob coordenação de Wilson Gomes, no Programa de Pós-Graduação em Comunicação e Culturas Contemporâneas da Universidade Federal da Bahia, através de acordo de cooperação apoiado por um Procad/Capes. Em virtude de críticas consistentes e de sugestões generosas dos participantes desse grupo, revi muitos dos pontos explorados nos capítulos deste livro. Tive, ainda, a oportunidade de discutir algumas questões, particularmente na fase inicial dos trabalhos, com Jan Ekecrantz, da Universidade de Estocolmo.

São muitas as pessoas que colaboraram, direta ou indiretamente, com o projeto deste livro. Entre os colegas do GT de Comunicação e Política da Compós, agradeço especialmente a Wilson Gomes, Afonso de Albuquerque, Maria Helena Weber, Fernando Lattman-Weltman, Mauro Porto, Alessandra Aldé, Luís Felipe Miguel e Jorge Almeida, por trazerem alguns de meus fantasmas à luz para com eles me confrontar no exercício da crítica. Agradeço a Maria Céres Castro e Simone Rocha, colegas mais antigas ou mais recentes no Grupo de Pesquisa EME, e também a diferentes gerações de orientandos no Programa de Pós-Graduação em Comunicação da UFMG, que contribuíram, com suas pesquisas, para adensar a reflexão nessa área de estudo: Adélia Fernandes, Juliana Botelho, Marcus Lima, Luísa Luna, Rennan Mafra, Raquel Mansur, Márcia Cruz, Danila Cal, Hellen Guicheney e Regiane Lucas. Por fim, um agradecimento especial é devido aos bolsistas de iniciação científica Débora Bráulio, Augusto Leão, Rafael Brischiliari e Patrícia Marcolino, pela colaboração, dedicação e entusiasmo constantes na preparação do manuscrito. Ângela S. Marques e Ricardo F. Mendonça, já citados, foram particularmente cuidadosos na leitura crítica dos capítulos aqui apresentados. Por fim, agradeço ao CNPq, à Fapemig e à Capes pela bolsa de produtividade de pesquisa, pelo suporte financeiro aos sucessivos projetos de pesquisa que tornaram possível o desenvolvimento deste trabalho e por apoiarem projetos de cooperação interinstitucional entre grupos de pesquisa, possibilitando assim qualificada interlocução acadêmica.

Notas

[1] Delli Carpini e Keeter, 1996; Sartori, 2001.

[2] Schudson, 1992; Dahlgren e Sparks, 1993; McChesney, 1999.

[3] Keane, 1991; Sparks, 1993; Blumler e Gurevitch, 2000.

[4] Em outro trabalho (Maia, 2006a), formulamos a noção de sistema dos *media*. Baseados em Blumer e Gurevitch (2000) e Hallin e Mancini (2004), abordamos as relações que se estabelecem entre as instituições da mídia e seus profissionais; entre as instituições políticas, os partidos e os representantes políticos; entre os membros da audiência e os públicos críticos; e no ambiente sociopolítico em torno das instituições.

[5] Cohen, 1996, 1997; Gutmann e Thompson, 1996a, 2003, 2004; Habermas, 1996a, 1997a, 2006; Bohman, 2000; Avritzer, 2000a; Shapiro, 2002.

[6] Cohen, 1996, 1997; Gutmann e Thompson, 1996a, 2003, 2004; Habermas, 1996a, 1997a, 2005, 2006; Bohman, 2000; Bohman e Regh, 1997; Dryzek, 1990, 2000a, 2004; Fung e Wright, 2003; Benhabib, 1996a; Cohen e Arato, 1992; Avritzer, 2000a; Fishkin e Laslett, 2003; Neblo, 2005; Maia, 2004, 2006a; Fung, 2004; Cooke, 2000; Shapiro, 2002; Chambers, 1996a.

[7] Dennis, Gillmor e Gasser, 1989; Blumler e Gurevitch, 2000:270; Waisbord, 2000; Thompson, 2000; Lattman-Weltman, 2003; Page, 1996a.

[8] Gamson e Modigliani, 1989; Dahlgren, 1995; Gomes, 1999, 1997; Klandermans e Goslinga, 1996; Pan e Kosicki, 2003; Bennett et al., 2004; Norris, 2000.

[9] Servaes et al., 1996; Jacobson e Servaes, 1999; Ryan, 1991; Perruzo, 1996; Gamson, 1993, 2001; Bennett e Entman, 2001; Downing, 2002.

[10] Porto, 1994; Tufte, 1999, 2000; Hamburguer, 2000; Kellner, 2001; McLeod et al., 1999; Stevenson, 2002; Scheufele, 2000, 2002; Kornis, 2003; Maia e Marques, 2002.

PARTE I

Uma aproximação aos conceitos

1

Democracia deliberativa: dimensões conceituais

Rousiley C. M. Maia

O modelo de democracia deliberativa vem conferindo renovada relevância à dimensão comunicativa da política. Pressupõe que as conversações politicamente relevantes e os debates se dão numa diversidade de ambientes — desde as trocas entre dirigentes em fóruns democraticamente organizados do Legislativo ou Judiciário, entre representantes eleitos e representados, ativistas políticos e membros de associações voluntárias, passando pela conversação diária nos locais de trabalho, na família e na rede de amigos e parentes, até aquelas trocas comunicativas que se dão através dos *media*. A definição de deliberação não é imediata, pois envolve múltiplas dimensões que vêm animando um intenso debate entre os teóricos. De maneira simples, a deliberação pode ser entendida como uma atividade interativa, envolvendo duas ou mais pessoas que examinam e consideram os argumentos umas das outras sobre determinada matéria.[1] Ocorre diante de uma questão polêmica ou de um problema, numa situação de conflito. Como Maeve Cooke (2000:948) apontou, é "uma troca de argumentos, isenta de coerção, que envolve um raciocínio prático e leva sempre potencialmente a uma transformação de preferências". Essa troca de argumentos obedece a procedimentos definidos, como discutiremos a seguir.

Entendida numa perspectiva abrangente, a deliberação envolve vários atores coletivos e grupos em conflito, que buscam lidar com seus desacordos sem o recurso à violência, com o intuito de transformar seus julgamentos em decisões coletivas. Nesse modelo, afirma-se a necessidade de os cidadãos buscarem convencer outros a adotarem certas condutas ou políticas baseando-se na razão pública.[2] Trata-se, pois, de um processo coletivo e cooperativo, conforme James Bohman (1996:27) assinalou, "de troca de razões com o objetivo de solucionar situações problemáticas que não podem ser resolvidas sem a coordenação interpessoal". A deliberação nem sempre visa a uma decisão imediata. Refere-se, antes, ao processo de reflexão crítica e de ponderação em que os interlocutores têm a intenção de explicar e justificar interesses, desejos ou necessidades; de explicitar efeitos colaterais e danos causados por certas condutas políticas ou por determinados rumos de ação; ou, ainda, de lidar com desacordos e descobrir as "melhores" soluções possíveis, levando em consideração suas diferenças.

Na política deliberativa busca-se articular a legitimidade do exercício do poder político com o processo de justificação pública. Espera-se que os representantes justifiquem as tomadas de decisão e as normas que buscam implementar, cabendo aos cidadãos promover o raciocínio e o julgamento públicos através de uma comunicação tão livre e desimpedida quanto possível. Nas palavras de John Dryzek (2004:51), "pretensões a favor ou contrárias a decisões coletivas requerem justificação àqueles submetidos a essas decisões nos termos que, mediante reflexão, esses indivíduos possam aceitar". De forma semelhante, Gutmann e Thompson (2004:7) definem a democracia deliberativa como

> uma forma de governo na qual cidadãos livres e iguais (e seus representantes) justificam suas decisões e oferecem uns aos outros razões que sejam mutuamente aceitáveis e acessíveis a todos, com o propósito de se chegar a uma conclusão que produza vínculos entre todos, no presente, mas aberta à revisão no futuro.

Isso não quer dizer que as decisões tomadas sejam de fato justificadas ou que aquilo que hoje é aceito como justificativa o será para sempre. Ao contrário, os sujeitos, em qualquer tempo e momento histórico, podem engajar-se em determinado discurso, alterando-o, questionando-o e re-

Democracia deliberativa: dimensões conceituais **29**

compondo os entendimentos acerca de determinado tema ou questão. Nem todas as questões requerem deliberação a todo o momento, havendo mesmo lugar, no modelo de política deliberativa, para outras formas de tomada de decisão — tais como a barganha entre grupos e as operações secretas comandadas por dirigentes —, desde que elas sejam justificadas em algum momento do processo deliberativo.

Neste capítulo examino as regras gerais para o estabelecimento do debate deliberativo. Trato das condições de "racionalidade", "publicidade", "igualdade", "não coerção" e "reciprocidade", entre outras. Busco esclarecer a importância normativa dessas regras, explorando as principais polêmicas e objeções que elas suscitaram. Procuro distinguir entre a troca argumentativa em situações de interação simples, do tipo face a face, e o debate público, distendido no tempo e no espaço, envolvendo uma pluralidade de atores coletivos. Sustento que os processos de debate que se desdobram ao longo do tempo não são tão exigentes quanto aqueles travados em interações simples, uma vez que, em tais casos, boa parcela de "precariedade" pode ser admitida em suas condições.

Procedimentos para o debate deliberativo

A noção de democracia face a face, embora tenha sido abandonada há muito tempo pela maioria dos teóricos políticos, denota, nas palavras de James Fishkin (1997:33), a "mais natural e simples idéia" defensável de democracia. Pressupõe pequenos grupos que se reúnem e, após uma discussão consistente, na qual são examinados a fundo todos os assuntos e devidamente considerados os pontos controversos, chegam a uma decisão, tendo aí o voto de cada pessoa o mesmo peso. Obviamente, não há garantias de que as decisões serão bem informadas, sábias e justas, mas essa idéia pode ser tomada como a mais básica, defensável, de democracia.

Teóricos deliberacionistas buscam deslindar o processo da formação dos interesses coletivos e evidenciar as vantagens do debate público em relação a outros modos de tomada de decisão. Alegam que procedimentos justos — diferentes formas de agregação de preferências e a "contagem das cabeças" pelo voto — podem levar a resultados injustos. Esses mecanismos subestimam a importância das diferenças existentes entre os indivíduos e as coletividades, e a necessidade de se refletir sobre elas. Ao tratar da legitimidade, os autores deliberacionistas defendem que uma regra ou decisão política é legítima não porque representa a vontade da maioria, e sim porque teve a aprovação deliberada dos interessados.

Podem-se destacar diversas vantagens da deliberação para a tomada de decisões coletivas:

- seu poder educativo, com o conseqüente aperfeiçoamento das qualidades morais e intelectuais dos envolvidos;

- a promoção de um senso comunitário que compele os indivíduos a se tornarem mais cientes de sua interdependência social ou a consolidarem a co-participação em formas de vida coletivas;

- o aprimoramento dos resultados democráticos, promovendo maior justiça, na medida em que as perspectivas relevantes, os interesses legítimos ou as opiniões dissidentes não são excluídos;

- a construção de uma racionalidade prática para o alcance de resultados democráticos, uma vez que as informações pertinentes são elaboradas pelos próprios interessados ou potencialmente afetados;

- a promoção de um ideal democrático compatível com a autonomia individual e política de pessoas e grupos para definirem, por si mesmos, "quem são" e "o que querem".[3]

A discussão sempre foi valorizada pela política, seja para estabelecer pactos, coalizões, conluios, seja para realizar barganhas ou mobilizar a opinião pública, seja para estender a esfera de influências. A deliberação democrática, como "o intercâmbio de razões em público",[4] é um processo peculiar e não pode ser confundida com mera conversação ou com qualquer discussão. Autores como Joshua Cohen (1996) e Jürgen Habermas (1997a) formulam a lista mais sistemática das condições gerais para o desenvolvimento do debate deliberativo. Trata-se de um modelo procedimental em que se apontam as "condições ideais" para que a troca pública de razões ocorra. Evita-se, de tal maneira, fazer qualquer suposição sobre "o que" os cidadãos devem discutir ou acordar no processo efetivo de debate. As condições do debate deliberativo são: as deliberações devem realizar-se de forma argumentativa; elas visam à igualdade moral e política dos participantes e devem ser livres de coerções externas; devem ser inclusivas e públicas; devem ser livres de coerções internas; visam a um acordo motivado racionalmente e à reversibilidade das decisões; devem abranger todas as matérias passíveis de regulamentação; e incluem interpretações de necessidades e a transformação de preferências e enfoques pré-políticos.

No mundo real, os debates sofrem restrições de todos os tipos: os participantes não dispõem de igual status; nem sempre estão preparados para refletir sobre as questões controversas; não se mostram interessados em ouvir atentamente os outros; mentem, chantageiam, ameaçam e freqüentemente não estão dispostos a alterar seus próprios pontos de vista diante daqueles apresentados pelos demais. Além disso, não se pode ignorar o que os economistas chamam de "custo da decisão" — o tempo e o esforço para se chegar a um acordo —, já que as normas têm de ser decretadas, as sentenças proferidas, e as políticas formalmente implementadas em instâncias administrativas. Além disso, como discutiremos ao longo deste livro, o sistema dos *media* impõe severas restrições àqueles que pretendem se comunicar com amplas audiências e inserir suas visões, suas interpretações ou seus argumentos na esfera de visibilidade pública.

Se tomarmos a "situação ideal de discurso"[5] proposta por Habermas como condição-limite para a realização de debates, perceberemos várias formas de "incompletude" à medida que passarmos para situações mais realistas de debate. Contudo, tal noção é útil para se fazer distinções normativas importantes entre processos de debates mais "deliberativos", legítimos ou justos e aqueles menos deliberativos, ilegítimos ou injustos. Tal desiderato mostra-se relevante, também, para se criarem as condições necessárias a uma comunicação tão desimpedida quanto possível, ou seja, para se criarem os meios visando a uma comunicação livre como *fim*. Assim, não é irrealista supor que muitas mudanças podem ser concretizadas para se aperfeiçoar a deliberação, de modo a minimizar a desigualdade de recursos, de capacidades e de oportunidades entre os participantes, seja para neutralizar o potencial de opressão e assimetrias de poder, seja para estimular o interesse, o grau de informação e o engajamento dos cidadãos e dos representantes nos debates públicos. Múltiplos caminhos podem ser trilhados e uma série de alterações modestas implementada para que se alcancem processos de debates mais bem informados, mais amplos e democráticos, como será visto no próximo capítulo.[6] Ainda assim, nenhum nível de reforma democrática plausível seria suficiente para conquistar as condições ideais. Todos os acordos alcançados em situações efetivas são sempre precários e parciais, pressupondo a possibilidade de revisão das decisões tomadas e a obtenção de melhores soluções futuras.

Há enorme discussão em torno das regras propostas por Habermas e Cohen. Autores como Gutmann e Thompson (1996a, 2003, 2004), Bohman (1996) e Dryzek (2004:57) reexaminam idealizações normativas do debate deliberativo e dão maior ênfase ao lado prático da teoria política. Bohman procura desenvolver uma abordagem mais restrita da justificação como um processo de "cooperação dialógica" entre públicos plurais que se influenciam mutuamente. Na mesma linha, Dryzek propõe tratar o debate coletivo como "uma competição de discursos" na esfera pública, buscando dissociar a formação da opinião pública de indivíduos singulares, sem contudo desconsiderar que diferentes públicos exerçam um controle difuso e competente das decisões. Gutmann e Thompson focalizam a atenção não no "acordo", e sim no modo pelo qual os cidadãos e seus representantes lidam com os conflitos e os desacordos morais persistentes na política. Ao expor as características formais do debate deliberativo, como proposto por Cohen e Habermas, buscarei reconstruir as principais polêmicas e críticas que tais regras suscitaram.

As deliberações devem realizar-se de forma argumentativa

A deliberação distingue-se da conversação ou da mera discussão por fundar-se no ideal da justificação pública e recíproca de razões. Assim, a argumentação é elemento central no debate deliberativo. Como proposto por Cohen (1997:74), a deliberação

> é racional na medida em que os participantes são chamados a enunciar seus argumentos a favor das propostas feitas; a suportá-los e a criticá-los. Os argumentos são oferecidos com a pretensão de levar os outros a aceitarem a proposta, tendo em conta os seus argumentos díspares.

Na concepção de Habermas, diz-se que algo é racional quando pode ser "defendido por razões". Isso difere da mera manifestação da vontade ou do desejo, ou de decisões para as quais não há justificativas suplementares. Um proferimento (sobre um fato, uma recomendação, um comando, uma experiência interior) é racional na medida em que "pode ser explicado aos outros", isto é, quando justificativas podem ser oferecidas, na tentativa de fazer com que seus fundamentos sejam reconhecidos intersubjetivamente, numa dada circunstância, sem uso de coerções, como ameaças, chantagens, recompensas ou sanções.[7]

A racionalidade comunicativa está na capacidade dos interlocutores de proporcionar, se necessário, razões para restaurar a comunicação diante de "situações difíceis", isto é, quando a coordenação comunicativa fica abalada ou mesmo se rompe. Perde-se a noção do que está sendo referido (proposto, dito, significado) quando quem fala se refere a um mundo objetivo que o outro não reconhece, quando apela para normas que não são compartilhadas, quando se expressa de modo que parece inconsistente ou insincero. É preciso elaborar uma metacomunicação, ou seja, uma comunicação sobre a própria comunicação (premissas tematizadas pelo ato de fala), para restaurar o entendimento mútuo entre falante e ouvinte. O argumento — uma "forma refletida de comunicação" — emerge para resolver os conflitos de entendimento, para restaurar a cooperação entre os atores e a coordenação de suas atividades. Racionalidade, nesse contexto, não se refere propriamente ao conteúdo, mas ao modo pelo qual os interlocutores adquirem e usam o conhecimento.

Os debates não são inteiramente racionais, pois incluem não só a argumentação, mas também a chantagem, a ameaça, a ironia, insultos, paixões etc. Nos diálogos e trocas argumentativas que ocorrem na vida cotidiana, como disse Simone Chambers (1996a:97), "atingimos entendimentos parciais (...) [em que] justificamos, convencemos, defendemos, criticamos, explicamos, argumentamos, expressamos nossos sentimentos internos e desejos, enquanto interpretamos os dos outros". Também seduzimos, iludimos, trapaceamos, exploramos, manipulamos e mentimos. Outros elementos derivados da comunicação estético-afetiva se unem à troca argumentativa,[8] de modo que os resultados não podem ser vistos como derivados exclusivamente de um diálogo racional.

O uso do argumento como atividade cooperativa em que os participantes têm em mente resolver impasses, por desejarem chegar ao entendimento, é um tipo de comunicação bastante peculiar. Tal forma refletida de comunicação, que Habermas chama de "discurso" (discussão ou argumentação), é, no mundo prático das interações cotidianas, "uma comunicação difusa, frágil, continuamente passível de revisão e apenas por um momento bem-sucedida".[9] Habermas reconhece expressamente que o padrão de resolução de conflitos através da troca argumentativa é raramente utilizado:

> Discussões ou argumentações práticas lembram ilhas ameaçadas de inundação num mar de atividades práticas em que o padrão de resolução de conflito consensual não é de modo algum o dominante. Os meios de se chegar ao acordo são constantemente colocados de lado pelos instrumentos da força. Assim, a ação que é orientada aos princípios éticos tem que se · acomodar aos princípios que derivam não de princípios, mas de necessidade estratégica.[10]

Nas situações em que a coordenação da interação lingüisticamente mediada fica abalada, os falantes têm à frente diferentes opções. A comunicação pode ser utilizada de diferentes modos:

> [os falantes] podem tentar restabelecer a comunicação, ignorando as contestações problemáticas, de modo tal que as pressuposições compartilha-

das se encolhem; podem mover-se para o terreno argumentativo, o qual é aberto a questões imprevistas, contendo resultados incertos; podem retirar-se da interação e romper de vez a comunicação ou, ainda, podem volver-se para a ação estratégica (...). A motivação racional baseada na capacidade de cada pessoa dizer "não" possui a vantagem de estabilizar a expectativa de comportamentos de maneira não coerciva.[11]

Insatisfeitos com a centralidade que o argumento racional ganha nesse quadro teórico, autores como Iris Young (1996) e Jane Mansbridge (1999) buscam evidenciar formas alternativas de comunicação que possa levar à deliberação. Young, por exemplo, lista três possibilidades: a saudação, que envolve o reconhecimento mais ou menos elaborado da presença do outro e que, em certas circunstâncias, pode expressar polidez e preocupação com o bem-estar dos demais; a retórica, que visa chamar a atenção da audiência e persuadi-la, através de um modo de falar que pode envolver a piada, o humor, o riso, a ira, a ridicularização, a hipérbole; e o contar histórias, que relata experiência subjetiva a outros e mostra o significado de determinados valores para pessoas em determinadas condições e lugares, em situação de desvantagem ou subordinação.

Young deixa claro que não pretende eliminar o argumento da deliberação, e sim complementar o quadro com outros tipos de comunicação que representam melhor a diferença existente entre os indivíduos. A perspectiva de Young é problemática porque os modos de comunicação apontados podem ser ameaçadores, intimidadores e tirânicos, e não há qualquer critério para distinguir entre o uso "não coercitivo" dessas formas de comunicação e o uso "coercitivo". A saudação pode ser algo ameaçador e intimidador, expressar repulsa ou ira (como entre alguns grupos rivais ou *gangs* e em certas competições esportivas em que a saudação é utilizada de forma ritualística, com o objetivo de inibir oponentes); a retórica pode ser utilizada por demagogos para manipular emoções em discursos nacionalistas e xenófobos; e, por fim, o testemunho pode ser utilizado para acirrar hostilidades entre grupos opositores (por exemplo, o testemunho dado em situações de perseguição a imigrantes ou exilados, ou de maus-tratos infligidos a prisioneiros).[12] Esses recursos podem bloquear a deliberação e a própria comunicação. Daí a necessidade de estipular outras regras além da racionalidade — tais como a inclusividade, a publicidade, a não-coerção, a reciprocidade, a reversibilidade das decisões —, para testar a legitimidade do procedimento deliberativo, como será tratado nos tópicos seguintes.

Cabe destacar que o uso do argumento é importante, sobretudo quando se indaga "o que deve ser feito", no caso de um dado conflito. Por exemplo, quando um proferimento agressivo vem à tona, este pode ser contestado com agressividade ainda maior ou com o argumento de agressão; uma proposição que carrega em si uma carga de exploração pode ser aceita de modo submisso, contestada com ironias e piadas ou, então, desafiada com o argumento de exploração; um ato de exclusão pode ser acatado através da contemplação recíproca, ou desencadear lamentações e queixas, ou, então, ser rebatido com o argumento de exclusão. A argumentação é fundamental no caso de conflitos que não podem ser solucionados sem a cooperação dos envolvidos.[13] A troca de argumentos busca convencer o outro da plausibilidade e desejabilidade de uma determinada posição e da possibilidade de ele vir a preferi-la.[14] Quando se pensa que isso é impossível, não há motivo para se engajar em argumentação com os outros.[15] Ao argumentarem, os interlocutores se reconhecem uns aos outros como dotados de capacidade deliberativa, isto é, como moralmente capazes de entrar numa troca pública de razões.

As deliberações visam à igualdade política e moral dos cidadãos e devem ser livres de coerções externas

Na deliberação ideal, assume-se que todos podem desenvolver capacidades deliberativas, pois são considerados agentes com igual status moral e político. Como diz Cohen (1997:74), "cada um pode incluir temas/questões na agenda, propor soluções, oferecer razões para sustentar ou criticar as propostas". Em termos de normas ideais, "cada um tem as mesmas chances de falar e ser ouvido, de apresentar temas, de dar contribuições, de fazer propostas e de criticar".[16] A igualdade política é um princípio fundamental em diferentes modelos de democracia. É um princípio contrafático, já que os indivíduos são diferentes, com recursos e capacidades distintas e grandes assimetrias em termos de poder e de posição social, sendo muitas dessas assimetrias derivadas de desigualdades sociais e materiais preexistentes. A igualdade existe somente, em sua especificidade, no reino político, onde os homens se vêem como cidadãos. A igualdade política e o reconhecimento do direito de alguém (o que Hannah Arendt chamou de "direito a ter direitos") podem tão-somente ser assegurados pelo pertencimento a uma comunidade política democrática.[17]

Efetivamente, diversos procedimentos para garantir a igualdade política formal encontram-se institucionalizados nas democracias ocidentais. Na perspectiva liberal de democracia, o preceito da igualdade visa assegurar um mínimo de condições para que todos os cidadãos possam participar paritariamente da escolha de representantes. Assim, a igualdade política formal está relacionada a um procedimento que confere igual consideração às preferências de cada cidadão, buscando a representação proporcional, a regra da maioria na distribuição igualitária da população, amostragens aleatórias, sistemas de loteria, entre outros.[18] De tal sorte, é importante que fatores externos à esfera política não venham a determinar, de modo decisivo, os resultados dentro da esfera política.[19] A fim de evitar que a igualdade dos cidadãos fique comprometida pela corrupção política ou por ações clientelistas, deve-se assegurar proteção às condições igualitárias de escolha. Por exemplo, o voto não deve ser determinado por ameaças de coerção ou por promessas de recompensas posteriores. As condições de proteção falham quando as influências daqueles que estão em posição privilegiada se fazem exercer dentro da esfera política.

Geralmente, os teóricos deliberacionistas invocam uma visão de igualdade política e moral dos cidadãos relacionada à autonomia individual e política para a formulação de regras comuns que afetam suas vidas.[20] Segundo Fishkin (1991:30), por igualdade política entende-se "a institucionalização de um sistema que garante a consideração da preferência de todos e que garante a todos oportunidades iguais para manifestarem suas preferências em relação às questões em discussão". Deve-se assegurar que as influências extradiscursivas, não-racionais (como poder de classe, posição social e riqueza), sejam minimizadas através do diálogo deliberativo ou, em outras palavras, substituídas pela autoridade que emerge do próprio processo de debate: a "força do melhor argumento".[21] A "força" do convencimento tem a seu favor a aceitabilidade racional e, portanto, se distingue da força exercida através de coerções ou de barganhas.[22]

Os teóricos deliberacionistas sustentam que os cidadãos não precisam ter recursos iguais (por exemplo, renda, status, tempo) para influenciar a discussão e assegurar uma deliberação justa. Mas devem ter acesso igualitário aos fóruns de discussão e capacidade deliberativa, de modo que possam traduzir seus recursos numa participação efetiva na deliberação. Dentro dos limites procedimentais e das estruturas institucionais, os cidadãos devem ter o máximo de liberdade para determinar o conteúdo substantivo das regras que os vinculam, incluindo aí as políticas redistributivas e de correção das injustiças sociais.[23] Não se nega que determinados direitos e recursos (tais como educação, saúde, seguridade social) são fundamentais para que os cidadãos desenvolvam capacidades críticas, cívicas e políticas. Alega-se, contudo, que as políticas de educação, de bem-estar social ou de inclusão não devem ser simplesmente formuladas por políticos ou por especialistas, ainda que virtuosamente bem-intencionados. Essas políticas, para serem verdadeiramente democráticas e efetivas, requerem também a participação, através da reflexão crítica e da troca de argumentos em público, daqueles que são por elas afetados. Os próprios cidadãos são considerados aptos a chegarem a julgamentos que são, afinal, conquistas sociais e políticas valiosas na tomada de decisões sobre como os bens e serviços devem ser distribuídos. Por exemplo, para elaboração de políticas de combate à pobreza ou à criminalidade, ou para o planejamento do saneamento na favela, as vozes dos membros da comunidade — que têm vivência dessas situações e capacidade de avaliá-las — devem ser ouvidas e respeitadas.[24]

Ainda que aos poucos se venham a adquirir capacidades críticas, cívicas e políticas (tais como conhecimento, informação, disposição para cooperar), ou mesmo recursos materiais, é a igualdade política que torna a deliberação plenamente democrática. Pois é ela que permite que pessoas em condições desvantajosas expressem seus interesses e valores, afirmando-os continuamente perante os outros, na esfera pública, para definir "quem são" e "como querem viver a própria vida".[25] Como será visto no quarto capítulo, a luta por reconhecimento de pessoas portadoras de hanseníase — a contestação das injustiças experimentadas e a definição de como as políticas públicas devem prover bens — é desenvolvida em diferentes âmbitos: privado, social, legal. Proposições a respeito de "como superar" os obstáculos enfrentados tornam-se objeto de acirrada disputa deliberativa em que os indivíduos em questão expressam suas opiniões e negociam seus julgamentos sobre fatos e valores.

As deliberações devem ser inclusivas e públicas

Por princípio, as deliberações devem ser abertas a todos os envolvidos ou potencialmente afetados. Ninguém deve ser excluído, pois todos os possíveis interessados devem ter iguais chances de acesso e participação. Na prática, numerosos atores são excluídos das arenas de debates, e muitos interesses não chegam a se fazer ouvir, como corretamente apontam Iris Young (1996), Martha Minow (1997) e Nancy Fraser (1993). Os atores sociais são marcados por desigualdades de oportunidades, recursos e capacidades. Bohman (1996:110) cunhou o conceito de desigualdades deliberativas para designar

> assimetrias de poder (que afetam o acesso à esfera pública), desigualdades comunicativas (que afetam a capacidade de participar e fazer uso efetivo das oportunidades de deliberação na esfera pública), pobreza política ou falta de capacidades públicas desenvolvidas (que fazem com que seja menos provável que cidadãos excluídos ou carentes possam instaurar e levar adiante um processo deliberativo sobre suas questões e necessidades).

Ganhar voz na esfera pública não depende necessariamente de privilégios financeiros, raciais ou geográficos, mas relaciona-se com a aquisição de capacidade discursiva, de criar oportunidades para a comunicação, de se fazer ouvir e sustentar o debate público. Obviamente, a falta de recursos sociais e culturais torna mais difícil que minorias ou grupos desfavorecidos convençam maiorias ou influenciem poderosos nos processos de debate. A superação das desigualdades deliberativas é mais bem entendida como um processo a longo prazo de ações coletivas. Desafiar premissas e assunções de discursos dominantes, fazer com que as próprias preocupações sejam ouvidas e consideradas pelos outros, propor medidas corretivas para os danos ou prejuízos experimentados não são tarefas realizáveis individualmente e de modo imediato.[26] As associações voluntárias, sobretudo aquelas com propósito democrático, têm sido vistas como fundamentais para desenvolver as capacidades de indivíduos e grupos de promover julgamentos que reflitam suas vontades e crenças; para dar voz e sustentar um debate público em que os julgamentos coletivos são justificados; e para estabelecer condições institucionais e meios de influenciar agendas políticas, facilitando a resistência, a pressão ou a cooperação com os dirigentes políticos.

As lutas por reconhecimento travadas por diferentes atores — por exemplo, movimentos feministas, por direitos humanos ou contra a dominação colonial no século XIX — ilustram bem esse processo. Tais grupos, apesar de enfrentarem condições de enormes desigualdades, desafiaram premissas compartilhadas sobre os papéis sociais da ordem vigente, desestabilizaram conteúdos, disposições e capacidades de grupos dominantes, e organizaram experiências em narrativas coerentes que podiam ser comunicadas de modo significativo e intersubjetivo. Eles modificaram os padrões de interpretação, de comunicação e de reconhecimento que sustentavam a própria exclusão simbólica, política ou material. Após a II Guerra Mundial, os movimentos de mulheres e de direitos humanos foram particularmente bem-sucedidos em ganhar acesso aos fóruns de deliberação política para influenciar tomadas de decisão em diversos níveis dos âmbitos privado, social e legal. Na segunda parte deste livro, veremos como os grupos que são vítimas de injustiça simbólica — grupos de sexualidade estigmatizada e portadores de hanseníase — tematizam os seus problemas e reivindicam novos direitos e padrões de reconhecimento na sociedade brasileira.

Por ora, interessa destacar a importância de os grupos em conflito buscarem justificar publicamente suas visões. A matéria em discussão deve fazer-se inteligível para a audiência, e os argumentos, passíveis de ser defendidos publicamente. Como diz Bohman (1996:26), "para as razões serem públicas, elas devem ser comunicadas de tal modo que qualquer outro cidadão seja capaz de entendê-las, aceitá-las e responder livremente em seus próprios termos". Razões privadas nem sempre podem ser apresentadas a uma audiência ampla, pois ferem os deveres e as responsabilidades dos cidadãos e violam as regras que permitem a convivência civilizada. Muitas vezes, decisões políticas ilegítimas — que causam prejuízos e desvantagens sistemáticas — ancoram-se em razões não-públicas e modos não-públicos de comunicação. Assim, é importante que as razões públicas se sustentem no exercício efetivo da comunicação, isto é, sejam submetidas ao escrutínio em fóruns abertos em que todos, tomando parte na atividade deliberativa, testem e mantenham (ou não) o seu caráter público.

As deliberações devem ser livres de coerções internas

Trata-se aqui de tipos endógenos de influência — tradições, opiniões socialmente prevalentes e pressões para conformação a uma dada situação — que podem criar obstáculos aos processos de autoformação de preferências. Os princípios da autonomia individual e política pressupõem que os indivíduos sejam capazes de se afastarem reflexivamente de orientações valorativas reinantes ou de atitudes majoritárias, submetendo à crítica pontos tidos como problemáticos, perniciosos ou opressivos. As pessoas são vistas como aptas a fazerem escolhas por si mesmas, a olharem para si como responsáveis por sua vida, a refletirem criticamente, a construírem significados coerentes, o que não significa, obviamente, estarem livres de influências diversas.[27]

Esse é um processo reflexivo e relacional. Ao se verem como parte de um mesmo grupo, compartilhando um mesmo passado ou condições estruturais semelhantes, os indivíduos devem ter chance de se apropriarem criticamente de elementos das normas herdadas, das representações coletivas ou das lealdades de grupos, a fim de formularem narrativas que incorporem positivamente elementos diferentes.[28] Trata-se de uma reapropriação crítica, a partir do momento em que os sujeitos adquirem a capacidade de poder produzir seu próprio entendimento e expressar sua discordância.[29] Somente assim os indivíduos podem produzir novas definições das situações, reatar laços sociais e determinar conscientemente o que é ou não digno de valor, o que é principal e o que é secundário. Somente assim podem construir intersubjetivamente novas identificações e novos projetos que eles sejam capazes de reconhecer por si próprios. Por conseguinte, na deliberação, os indivíduos devem estar abertos ao aprendizado, podendo rever suas preferências e seus argumentos à luz de novas perspectivas, informações e argumentos colocados pelos outros.[30] Novamente, esse não é um processo instantâneo, pois se verifica ao longo de um determinado período.

As deliberações, em geral, visam a um acordo motivado racionalmente

A deliberação ideal busca chegar a um consenso racionalmente motivado e que pode, em princípio, ser desenvolvido sem restrições ou retomado a qualquer momento. Tem como meta encontrar razões que sejam aceitáveis para todos que estejam comprometidos a agir em função dos resultados de um balanço racional das alternativas[31] ou através de uma forma de cooperação que todos possam aceitar independentemente de suas diferenças.[32] Não se trata, aqui, da convergência geral das vontades, nem de uma visão unitária de bem comum. Na sociedade pluralista e altamente diferenciada, uma visão substantiva de bem comum é tanto impossível quanto indesejável. Autores com visões totalmente díspares, alinhados às tradições liberal (S. Mill, A. Tocqueville, J. Schumpeter), republicana ou comunitarista (H. Arendt, C. Taylor; B. Barber) ou, ainda, aos teóricos da diferença (I. Young, C. Mouffe, M. Minow), sustentam que uma boa dose de discordância é necessária para que se possam criar as condições da vida coletiva. Eliminar inteiramente o desacordo pode facilmente levar à tirania.

Mesmo em condições ideais de debate, não há garantias de que razões consensuais vão emergir. Como Ian Shapiro (2002:198) ressalta, "a deliberação pode trazer à tona diferenças, ampliando, e não estreitando, as divisões entre os sujeitos e os grupos". Em alguns casos, pode fazer aflorar insatisfações latentes e formas agressivas de hostilidade, de modo sem precedentes. Mesmo nas situações em que não há acordo, os autores deliberacionistas buscam apontar diversas razões pelas quais o recurso à deliberação é mais desejável que outras formas de resolução de conflitos (como a agregação das preferências, através do voto). Habermas (1996a:107), por exemplo, critica a regra da maioria, porque ela fortalece a crença de que a opinião falível da maioria pode continuar valendo como base de uma prática racional até o momento em que a minoria consiga convencer a maioria do contrário. Em vez disso, ele propõe que "somente são válidas aquelas normas-ações com as quais todas as pessoas possivelmente afetadas possam concordar como participantes de uma argumentação racional". Defende, assim, que não é a contagem de votos que muda a relação maioria/minoria; não é suficientemente legítimo dizer à minoria que ela tem menos votos. Ao contrário, espera-se que as maiorias (representantes e cidadãos) continuem a justificar as decisões e as leis que procuram impor uns aos outros, buscando encontrar termos justos da cooperação, isto é, termos que não possam ser rejeitados razoavelmente.

Outros autores buscam defender a precedência da deliberação sobre formas de agregação de preferências tomando como base a relevância da dimensão cognitiva e os ganhos epistêmicos do debate.[33] A deliberação não tem como propósito único proporcionar soluções imediatas para problemas. A troca argumentativa produz diferentes tipos de conhecimento novo. Através do debate, as partes em conflito podem: esclarecer aspectos importantes do próprio problema e o "melhor" modo de interpretá-lo; esclarecer-se mutuamente sobre os valores inalienáveis de suas formas de vida e o que conta para aliviar as tensões; vir a descobrir mais sobre possíveis opções de ação e trazer à tona formas de lidar com os conflitos que, de outra forma, não surgiriam; vir a concordar a respeito de soluções intermediárias, ainda que continuem a discordar sobre valores fundamentais e sobre o ponto central que deu início à disputa. No debate sobre o aborto, por exemplo, mesmo que os grupos em conflito não abram mão de seus compromissos morais com relação a tal prática, seja defendendo o valor da vida daqueles que ainda não nasceram (grupos "pró-vida"), seja defendendo o direito de escolha da mãe e a importância de suas definições de bem viver (grupos "pró-escolha"), eles podem vir a encontrar um terreno comum nas políticas intermediárias. Tais grupos não precisam eliminar suas divergências para virem a cooperar no planejamento educativo e preventivo da gravidez não desejada, na organização da assistência social às mães ou às crianças em situações vulneráveis. No capítulo 7, que trata do debate da legalização da maconha, veremos que a troca pública de argumentos, nesse caso, não resultou numa compatibilização de valores incompatíveis, mas ajudou na promoção de cursos alternativos de ação, graças a uma interpretação mais complexa das normas vigentes. Em vez de cancelar shows, apreender CDs ou prender os integrantes da banda carioca Planet Hemp, sob alegação de que eles faziam apologia da maconha, as autoridades buscaram impor regras e limites etários para a entrada nos shows da banda. Ainda que os participantes tivessem dificuldade de reconhecer os méritos das reivindicações de seus oponentes, o debate abriu o caminho para a busca de soluções mais razoáveis do que fora inicialmente proposto. Uma democracia poderá governar de maneira efetiva e bem-sucedida se as instâncias encarregadas de tomar decisões e de formular políticas públicas encamparem as contribuições advindas do debate coletivo, levando em consideração as instruções dos participantes, ainda que isso não satisfaça integralmente nenhuma das partes em contenda.

Tomar os resultados da troca argumentativa como provisórios é importante para que a deliberação possa ser retomada em outro instante. A deliberação é um processo contínuo, sobretudo na esfera cívica, porque os processos de entendimento são imperfeitos, as informações, incompletas, e as preferências se modificam. Os interesses são — e devem ser — definidos de modo dinâmico; aquilo que hoje é tido como aceitável e legítimo pode deixar de sê-lo no futuro. Como ressalta Axel Honneth (2001:51), "aquilo que pode ser considerado como uma precondição subjetiva para o 'bem-viver' é um fator variável historicamente — determinado pelo desenvolvimento real dos padrões de reconhecimento". Não obstante, a vida pública não é feita somente de intermináveis debates. As instâncias formais do sistema político precisam tomar decisões, sancionar leis, implementar políticas públicas. Porque diferenças razoáveis irão persistir, o governo democrático e seus cidadãos precisam aprender a lidar com elas.[34] É nesse sentido que autores diversos têm-se preocupado em conceber desenhos institucionais compatíveis com o ideal da deliberação,[35] mostrando como as práticas do debate público promovem uma mediação dinâmica de instituições legais e políticas nas sociedades complexas e pluralistas, como será discutido no capítulo seguinte. Por ora, interessa ressaltar que, mesmo quando os participantes da deliberação deixam de produzir uma resolução satisfatória para um conflito num dado momento, a capacidade para a autocorreção deixa aberto o caminho para que tal solução seja descoberta no futuro.

As deliberações políticas abrangem todas as matérias passíveis de regulamentação

Em tese, todas as matérias podem suscitar debate e novas regulamentações, tendo em vista o interesse de todos. "Isso não significa, porém, que certos temas e objetos, tradicionalmente tidos como de natureza 'privada', não possam, em princípio, ser submetidos a discussão".[36] Compatibilizar o livre desenvolvimento de cada um com o livre desenvolvimento de todos sempre foi uma questão problemática, seja em modelos liberais de democracia, seja em modelos republicanos. A vida política (em qualquer circunstância) envolve necessariamente a tensão entre a afirmação instrumental dos interesses (em último caso, dos interesses individuais) e a definição de parcelas de solidariedade e de identidade coletiva em diferentes âmbitos.[37] Mas, como encontrar critérios claros para separar o reino público e o político da esfera do privado e do íntimo, em conformidade com o preceito democrático de que os indivíduos são considerados capazes de desenvolver suas necessidades e seus interesses, livres do uso arbitrário da autoridade política e do poder coercitivo? De que modo as pessoas interpretam suas necessidades e que regras elas consideram justificáveis e dignas de respeito, se a liberdade de uns não pode ser permitida à custa da liberadade de outros? Autonomia individual (a capacidade de identificar-se como indivíduo, localizando-se em termos de projeção biográfica, "interpretando, transformando, censurando, proporcionando denominações para necessidades, impulsos e desejos, bem como expressando-os aos outros como interesses e compromissos")[38] e autonomia política (a capacidade de produzir julgamentos coletivos e dar razões para sustentar compromissos recíprocos) são mutuamente dependentes.[39] A autonomia individual e a autonomia política são co-determinantes e ambas precisam ser realizadas para assegurar um legítimo processo de produção de leis.[40] O diálogo público é essencial, nesse sentido, para desafiar e rever noções estabelecidas de bem comum, demarcando novas fronteiras entre os domínios público e privado que necessitam de legitimidade discursiva.[41]

Como bem propôs David Held (1987:246), concepções que buscam uma participação mais ativa dos cidadãos requerem "uma teoria detalhada das *fronteiras da liberdade* e uma análise dos *arranjos institucionais* para protegê-las, para que possa ser definida adequadamente". Daí a importância do direito de participação de todos os cidadãos na definição dos assuntos públicos, em fóruns múltiplos na sociedade civil, através de interações que não sejam subsumidas pelo Estado ou pelo mercado. Nesse processo, destaca-se a relevância da esfera pública, da troca argumentativa entre os cidadãos implicados, através da qual se busca encontrar princípios de coexistência cívica baseados não só na tolerância, mas também na reciprocidade e no respeito mútuo, sem recursos à violência. A prática da cidadania é valorizada porque permite a cada cidadão exercer seu poder de agente, desenvolver sua capacidade de julgamento e obter, através da ação coletiva, alguma medida de eficácia política.

Na sociedade contemporânea muitas disputas na esfera pública tratam de redefinir exatamente as fronteiras entre o público e o privado. Questões anteriormente vistas como reservadas ao domínio da escolha privada ou da preferência individual — fumar, consumir pornografia ou contratar mães de aluguel — tornam-se tópicos de debate público e casos específicos de legislação pública. Feministas, membros de grupos de sexualidade estigmatizada e minorias étnicas ou culturais têm lutado para transformar assuntos vistos como privados e não políticos em questões públicas. Politizar uma determinada questão, como diz Mansbrigde (1999:215), "é levá-la à atenção do público, como algo que o público deve discutir como uma coletividade, com vistas a uma possível mudança". Como será visto no capítulo 6, a luta empreendia pelo coletivo GLBT (*gays*, lésbicas, bissexuais e travestis) para fazer aprovar a lei que garante o direito de pessoas de mesmo sexo expressarem afeto em público mostra bem como questões afetivas e emocionais, antes relegadas ao âmbito privado, tornam-se alvo de debate coletivo e de novas regulamentações. A luta por visibilidade, nesse caso, é importante para que os grupos que sofrem de exclusão, sobretudo simbólica, possam iniciar um debate em torno das questões que lhe são caras, para chamar a atenção dos *media*, para inserir temas na agenda pública. Essa é a forma que tais grupos encontram para ganhar reconhecimento público, com o intuito de prote-

Democracia deliberativa: dimensões conceituais

ger seus estilos de vida distintos, suas culturas e práticas, seus valores e identidades.

As deliberações políticas incluem também interpretações de necessidades e a transformação de preferências e enfoques pré-políticos

Diversos autores já apontaram a importância da conversação diária — a qual nem sempre é reflexiva, autoconsciente ou voltada para alguma tomada de decisão — para a interpretação de interesses e necessidades.[42] "Interesse" aqui não se reduz a interesse material — valores ou objetivos de natureza "material" —, mas inclui todos os recursos e competências que possibilitam o desenvolvimento da autonomia pessoal e política, isto é, a capacidade de tomar parte no exame crítico de si mesmo e dos outros, e chegar a julgamentos que possam ser defendidos através da argumentação pública.

As conversações diárias são fundamentais para processar aqueles assuntos que o público "deve discutir" — as questões da agenda de decisões governamentais, os méritos e as deficiências das políticas públicas. Uma comunidade política democrática, nas palavras de Benjamin Barber (2003:192), "irá garantir espaço para a expressão de desconfiança, desacordo ou oposição aberta, mesmo em causas perdidas em que os dissidentes estão em óbvia minoria". Conversando, as pessoas produzem uma constante reconceituação dos negócios públicos e da própria idéia de público; decidem qual política querem, em conformidade com seus interesses e valores básicos.

Além disso, a conversação diária é fundamental para processar problemas pessoais e sociais que emergem de maneira altamente informal, não planejada, não pretendida. É através do diálogo — falando e respondendo aos outros, considerando os pontos de vista de cada um — que as pessoas produzem sentido sobre a própria condição; conseguem conectar suas experiências particulares, de um grupo ou de uma categoria com algum princípio mais geral.[43] Constrói-se, assim, uma tematização ou uma narrativização de situações comuns, não como experiências acidentais ou contingentes na vida de cada um, mas como experiências inseridas num sistema de relações sociais derivadas de forças condicionantes da própria estrutura social, num dado contexto histórico. A conversação diária prepara o caminho para que as pessoas mudem suas preferências, comparem questões gerais com experiências práticas, ordenem, de modo mais ou menos coerente, suas preferências.[44] Segundo Mansbridge (1999:211), "através da conversação diária, as pessoas passam a entender melhor o que elas querem e precisam, tanto individualmente quanto coletivamente". Assim, a prática da conversação, em ambientes privados ou semiprivados, prepara as pessoas para defenderem suas opções em fóruns de discussões mais exigentes, onde há uma contestação mais forte e explícita de posicionamentos.

Em ambientes protegidos da publicidade, entre amigos, colegas de trabalho ou parentes, as pessoas podem se sentir mais livres para revelar suas opiniões, sem inibição ou medo do ridículo. Podem exprimir mais facilmente suas ansiedades, seus temores, seus sentimentos e suas insatisfações. Por isso mesmo a conversação fica mais sujeita à expressão dos preconceitos e hostilidades que as pessoas ou os grupos nutrem uns pelos outros. No entanto, independentemente da natureza da comunicação, é importante ressaltar, para nossos propósitos, que esses contextos se configuram como "contextos de descoberta".[45] Neles, tem-se "um meio de comunicação isento de limitações, no qual é possível captar novos problemas, conduzir discursos expressivos de autoconhecimento e articular, de modo mais livre, identidades coletivas com interpretações de necessidades".[46]

A formação democrática da opinião e da vontade depende dessas interações que se estabelecem de modo relativamente autônomo entre os cidadãos e que são capazes de gerar novos sentidos. Contudo, para ganharem status político, os enfoques pré-políticos de interpretações de necessidades e as orientações valorativas precisam conquistar reconhecimento público. As interpretações surgidas naqueles ambientes restritos (pequenos grupos, associações voluntárias ou determinadas localidades) precisam ser levadas a públicos mais amplos e processadas, poderíamos dizer, em "contextos de justificação". O "teste" da publicidade é condição importante para uma comunicação bem-sucedida na esfera pública. De sorte que os atores críticos precisam: comunicar seus entendimentos (interesses, necessidades e desejos) numa linguagem inteligível para outros grupos sociais; engajar-se efetivamente em diálogos com outros sujeitos e grupos da sociedade, em arenas públicas de diferentes formatos e graus de organização, onde se espera que respondam por seus proferimentos e suas interpretações; e, por fim, criar meios para apoiar os processos de institucionalização, incentivando a organização política, a cooperação ou a resistência, e vias alternativas de governança. O vaivém das trocas argumentativas, em que os sujeitos tentam explicar seus pontos de vista e justificar suas premissas em fóruns diversos, no meio social, é importante para a constituição de sentidos compartilháveis na sociedade, o que não significa a concordância ou o acordo entre os atores e os grupos sociais, como já apontado. As organizações da mídia, com seus recursos para disseminar informação para amplas audiências e produzir uma esfera de visibilidade pública, desempenham um importante papel nesse processo, como veremos no capítulo 3.

Considerações finais

O debate deliberativo e a conversação politicamente relevante ocorrem em diversos ambientes — nos parlamentos e nas instâncias formais do sistema político, em fóruns de associações voluntárias, em encontros informais da vida cotidiana ou através dos *media*. A constituição de um debate público sobre um tema determinado não se dá de maneira bem-comportada, como nas discussões de acadêmicos que buscam sistematicamente questionar, defender ou refutar suas teses. Ao contrário, é um processo informal e fragmentado, "anárquico", uma vez que os fluxos comunicativos dos atores sociais "formam um complexo *selvagem* que não se deixa organizar completamente".[47]

Embora a estrutura da comunicação interpessoal, do tipo face a face, constitua inevitavelmente a referência para se pensar o debate público, este possui características e estruturas diferentes. Como propõe Bohman (1996:55),

> a deliberação pública (...) demanda um agente plural ou coletivo, ao invés de um sujeito singular. (...) tampouco é desenvolvida por um grupo unânime. Atividades conjuntas são desenvolvidas apenas por sujeitos plu-

rais, constituídos de indivíduos autônomos. Assim como num jogo, a deliberação pública é estruturada de tal modo que cada um de uma série de atores distintos coopera ao responder e ao influenciar os demais.[48]

Tal comunicação dispersa é chamada por Habermas de "comunicação sem sujeito", já que não está de acordo com os interesses, crenças e desejos de nenhum sujeito em particular. No vaivém argumentativo há uma generalização de temas, a fim de que as questões em tela possam ser compreendidas e processadas pelo conjunto dos cidadãos. Os fluxos comunicativos, ao se descolarem dos pontos de vista de sujeitos concretos, das interações simples do tipo face a face, tornam-se mais genéricos, isto é, livres de vocábulos de comunidades específicas ou de códigos próprios de certos contextos. Já para Seyla Benhabib (1996:74), trata-se de "uma conversação pública anônima", travada em "redes e associações de deliberação, contestação e argumentação entrelaçadas e sobrepostas". Bohman (1996:43) assinala que "essas formas de comunicação estendidas e descontextualizadas podem ser generalizadas para a esfera pública, que está aberta para uma audiência ilimitada de comunicação". Dryzek (2004:51) também defende a importância da deliberação que transcende os indivíduos e se concretiza, publicamente, no embate acessível de discursos, para a formação da opinião pública. Como discutiremos ao longo deste livro, os *media* são fundamentais para ampliar o escopo dos debates públicos, e o papel dos profissionais de comunicação é essencial para selecionar os temas do debate, editar as informações, contribuições e opiniões dos agentes sociais, enquadrar sentidos e agenciar discursos para uma ampla audiência.

As deliberações seguem trajetórias próprias, produzindo maior ou menor impacto nas ações coletivas ou na eficácia na produção da decisão coletiva. Como indicam os estudos empíricos reunidos neste livro, é possível apreender a dinâmica deliberativa em debates pontuais, aqui e agora, e também em processos que se desdobram ao longo do tempo. Independentemente da escala de tempo adotada, não se pode perder de vista que os debates são enraizados sócio-historicamente e que os interlocutores mobilizam sentidos compartilhados, no pano de fundo de uma dada cultura política. É preciso, contudo, algum esforço imaginativo para articular os diferentes ambientes em que ocorre o debate público — desde os fóruns democraticamente organizados do sistema político e os diversos fóruns da sociedade civil, passando pela conversação diária em ambientes de convivência informal, até as emissões dos *media*. No próximo capítulo, veremos como o ideal da política deliberativa pode tornar-se compatível com desenhos institucionais, levando-se em consideração a configuração da esfera pública em diferentes arenas discursivas, os processos de institucionalização e a inovação institucional e cultural. A política deliberativa alimenta-se da constituição informal da opinião e da vontade política. Contudo, para ganhar algum tipo de eficácia política, as demandas processadas pelo debate público devem ser introduzidas nas agendas parlamentares, discutidas em instâncias formais do estado de direito e, por fim, elaboradas na forma de normas e de decisões impositivas. Somente a regulamentação definida por lei e por atos de governo tem competência para intervir em espaços privados, transformando as responsabilidades formais e as práticas existentes.

Notas

[1] Cohen, 1996; Habermas, 1997a; Bohman, 1996; Shapiro, 2002.

[2] Gutmann e Thompson, 1996a, 2003, 2004; Bohman, 1996.

[3] Cooke, 2000; Warren, 2001.

[4] Segundo Cohen (1996:102), "a noção de democracia deliberativa é fundada no ideal intuitivo de uma associação democrática na qual a justificação das condições e dos termos da associação procede através do argumento público e da troca racionalmente motivada (*reasoning*) entre cidadãos iguais. Os cidadãos, em tal ordem, compartilham o compromisso de solucionar os problemas da escolha pública através do debate público, e compreendem as suas instituições básicas como legítimas, na medida em que estabelecem um quadro para a deliberação livre".

[5] Em termos sintéticos, pode-se dizer que a "situação ideal de discurso" diz respeito a um contexto de livre discussão em que todos os argumentos recebem consideração e os participantes se mostram dispostos a rever suas preferências iniciais à luz de "argumentos melhores". Para Habermas (1997a, v. 2, p. 29) "as tomadas de posição de sim/não são movidas exclusivamente pela força não coerciva do melhor argumento". Os interlocutores tratam de argumentar e contra-argumentar sem que haja coações, chantagens ou ameaças, a fim de chegarem ao entendimento com o outro. Tal debate dar-se-ia sem restrições de tempo e sem a necessidade prática de tomar decisões.

[6] Fishkin, 1991, 1997; Fung, 2004; Coelho e Nobre, 2004; Fung e Wright, 2003; Wampler e Avritzer, 2004.

[7] Em sua teoria do agir comunicativo, Habermas baseia a racionalidade de uma expressão na propriedade que tem esta de ser suscetível de crítica e de fundamentação, num modelo ideal de justificação mútua. E isso diz respeito não apenas às expressões, que podem ser verdadeiras ou falsas, eficazes ou ineficazes com relação ao mundo objetivo dos fatos, mas também em relação ao mundo social das normas consideradas legítimas e, ainda, ao mundo interior e subjetivo dos sentimentos e das disposições. O autor propõe, assim, estabelecer um quadro, com importantes diferenciações internas, para se pensar a racionalidade nas trocas lingüisticamente mediadas. Segundo Habermas (1984a:10), "a racionalidade inerente à prática comunicativa se estende sobre um amplo espectro. Refere-se a várias formas de argumentação como possibilidade de dar continuidade à ação comunicativa através de meios reflexivos". Ver também Chambers (1996a:90-101).

[8] Habermas, 2005; Dahlberg, 2005:118-119; Young, 1996, 2002.

[9] Habermas, 1984a:100-101.

[10] Habermas, 1995a.

[11] Habermas, 1996a:21.

[12] Dryzek, 2000:68-70; Chambers, 1996:151.

[13] Bohman, 1996; Dryzek, 2000.

[14] Sob condições de um agir orientado por interesses, as partes, apoiadas em suas posições de poder e seus potenciais de ameaça, chegam a uma compensação de interesses, na forma de indenizações por desvantagens surgidas. Elas sustentam um "compromisso" entre si. Sob condições de um agir orientado para o entendimento, existe a possibilidade de as partes apaziguarem o conflito, ao tomar consciência, na base de um consenso sobre valores, *daquilo que deve ser feito* no caso desse conflito. "*A convicção comum* entre falante e ouvinte, que é produzida ou simplesmente reforçada pelo reconhecimento intersubjetivo de uma pretensão de validade, significa a aceitação tácita de obrigações relevantes para a ação" (Habermas, 1997, v. I, p. 186).

[15] Chambers, 1996:91; Habermas, 1997a, v. 2, p. 25.

[16] Habermas, 1997a, v. 2, p. 29.

[17] Hannah Arendt (1958) propõe que o princípio da igualdade política não é resultado de alguma condição natural que precede a constituição do reino político, e sim um atributo artificial que os homens concedem uns aos outros ao entrarem para o reino público, o qual é também assegurado pelas instituições políticas. Em outras palavras, é precisamente porque os homens não são iguais, por natureza, que eles precisam de uma instituição artificial, a *polis*, que, em virtude de seu *nomos*, poderia fazê-los iguais. Arendt mostra como os indivíduos que foram privados dos

Democracia deliberativa: dimensões conceituais **53**

direitos civis e políticos (como os judeus no nazismo) descobrem que não são capazes de apelar para seus direitos naturais: eles percebem que, ao serem excluídos do corpo político, não têm qualquer direito. Ver também Hansen (1993:55-59).

[18] Dahl (1991) assim define as características gerais do processo democrático: votos iguais (nos estágios decisivos, quando os resultados são determinados); participação efetiva igual (no processo de tomada de decisão); oportunidade igual para descobrir e validar as opiniões; controle final da agenda pelos cidadãos; e inclusão de todos os cidadãos adultos.

[19] Dahl, 1979.

[20] Cohen, 1996; Habermas, 1997a; Benhabib, 1996.

[21] Habermas, 1997a:147-148; Benhabib, 1996:71-72.

[22] Sobre tal noção de poder, ver Arendt (1958); Hansen (1993:157).

[23] Cohen, 1997; Cooke, 2000.

[24] Fung, 2004.

[25] Cooke, 2000:954.

[26] Melucci, 1996, 2001; Fraser, 1997; Warren, 2001; Dahlberg, 2005.

[27] Cohen, 1997:77; Cooke, 1999:25.

[28] Cooke, 1999:45.

[29] Os sentidos da cultura, que "persistem e são herdados do passado", proporcionam uma base para o entendimento compartilhado e não são necessariamente modificados pelos indivíduos. Eles constrangem crenças e ações sem determiná-las. Segundo as correntes da sociologia compreensiva e da pragmática, os processos de socialização, dentro de certas tradições culturais e de determinados grupos, fornecem um estoque de conhecimento com o qual os participantes da comunicação suprem suas interpretações. Apropriando-se dessa perspectiva, a partir de um paradigma lingüístico, Habermas (1989:121) afirma: "cada novo proferimento é um teste; a definição da situação implicitamente proposta ou é confirmada, modificada ou parcialmente suprimida, ou, em geral, colocada em questão. Esse processo contínuo de definição e redefinição envolve uma tarefa de correlacionar o conteúdo dos mundos, de acordo com o que conta, numa dada instância, como consensual entre os interlocutores". Ver também Habermas (1992b:445).

[30] Cooke, 2000:962; Gutmann e Thompson, 2004:56-59; Warren, 2006.

[31] Para Cohen (1997), quando não há acordo, as deliberações têm que ser concluídas levando-se em conta a decisão da maioria, seja através do voto, seja através uma outra forma qualquer de regra majoritária. A solução de Cohen é criticada por diversos autores como restritiva (Habermas, 1996a:26), como um retrocesso "decisionístico" (Avritzer, 2000a:41) ou, ainda, como insatisfatória, uma vez que "não proporciona qualquer padrão adicional para apreciar a qualidade dos resultados da deliberação" (Cooke, 2000:951).

[32] Esta é a idéia central que Rawls (1989) desenvolve em sua concepção de consenso sobreposto (*overlapping consensus*), um acordo razoável em torno de princípios de justiça e valores políticos com os quais os cidadãos possam se identificar, ainda que por razões distintas, mantendo suas diferenças de crenças e de estilos de vida.

[33] Gutmann e Thompson, 1996, 2004; Cooke, 2000; Shapiro, 2002.

[34] Gutmann e Thompson, 2004:29.

[35] Bohman, 1996; Avritzer, 2000a; Fung, 2004.

[36] Habermas, 1997a, v. 2, p. 30.

[37] Reis, 2000; D'Entrèves e Vogel, 2000.

[38] Warren, 2001:63.

[39] Como propõe Warren (2001:68), "a autonomia individual requer a autonomia política, mas, do mesmo modo, a autonomia política depende completamente da proteção dos indivíduos como pessoas privadas, permitindo, assim, a independência necessária para que eles se engajem como iguais no processo de julgamento público".

[40] Baynes, 1995:225; Cohen 1997, 2000; Warren, 2001:68.

[41] Benhabib, 1992; Habermas, 1997a.

[42] Conover, Searing e Crewe, 2002; Kim, Wyatt e Katz, 1999; Benhabib, 1996; Fishkin, 1991; Mansbridge, 1999; Barber, 2003; Marques, 2007.

[43] Dryzek, 2004:51; Warren, 2006:167.

[44] Benhabib, 1996:71-72.

[45] Habermas, 1997a, v. 2, p. 26.

[46] Ibid., p. 33.

[47] Habermas,1997, v. 2, p. 33 (grifo no original).

[48] Bohman, 1996:55.

2

Política deliberativa e reconsiderações acerca do conceito de esfera pública

Rousiley C. M. Maia

Na política deliberativa, a atenção deixa de estar voltada para o ato final da votação e os problemas de escolha social que o acompanham, para se concentrar no processo pelo qual se forma a opinião na esfera pública, e no modo como ela influencia a formação da vontade política ou a produção das decisões coletivas nos âmbitos formais do sistema político. O modelo busca levar em consideração o contexto em que as preferências emergem e são processadas, tanto na esfera cívica quanto na esfera política institucional-formal, com a respectiva divisão de poderes. Trata-se de examinar não apenas as preferências que os indivíduos têm num dado momento, mas também como complexas redes de argumentações, discussões morais e negociações pragmáticas vão-se constituindo e se sobrepondo umas às outras. Afirma-se a necessidade de os cidadãos e seus representantes justificarem as decisões tomadas e as regras impostas, de modo público, para produzir uma vinculação legitimamente democrática.

A atenção particular dada aos processos de formação da vontade política não significa deixar de lado questões tradicionais da teoria democrática, tais como representação, distribuição de bens e serviços, atribuição de poder sancionado pelo Estado etc. Ao contrário, no modelo de política deliberativa, o Estado permanece como agente central para organizar o sistema de direito; garantir a integridade da esfera íntima ou privada; incentivar os processos comunicativos informais que ocorrem entre os cidadãos; implementar demandas derivadas da sociedade civil;

alcançar justiça distributiva ou institucionalizar novos direitos, entre outras funções necessárias à democracia. Os teóricos deliberacionistas preocupam-se, no entanto, em compatibilizar os princípios e os procedimentos do governo com as condições para participação efetiva da sociedade civil no desenvolvimento democrático do Estado. Assim sendo, mostra-se fundamental combinar os processos interdependentes da constituição informal da opinião pública com os processos formais da produção de normas e decisões coletivas.

Nesse quadro teórico, o conceito de esfera pública como o *locus* do debate mostra-se central. O propósito deste capítulo é explorar o conceito de esfera pública e suas implicações para a teoria democrática.[1] Aqui daremos particular atenção às formulações de Habermas, uma vez que se tornaram particularmente influentes no contexto acadêmico, sobretudo após a tradução de *Strukturwandel der Öffentlichkeit* para o inglês em 1989, ainda uma referência central para o tratamento da questão. O conceito de esfera pública sofre uma série de alterações ao longo das obras de Habermas, que vem mantendo uma ativa interlocução com uma grande variedade de críticos contemporâneos. Assim sendo, buscaremos apontar as revisões principais que Habermas empreende no conceito de esfera pública, mostrando, ao mesmo tempo, os debates centrais que se deram em torno desse conceito.

O conceito de esfera pública e seus críticos

As formulações apresentadas em *Mudança estrutural da esfera pública* (1984b) são por demais conhecidas para serem aqui reproduzidas em detalhes. Habermas descreve, numa perspectiva histórica, a emergência de uma sociedade civil, de cidadãos que se reuniam como pessoas privadas para formar um público, com o propósito de debater assuntos do Estado e questões de interesse comum. Reunindo-se em salões e cafés do século XVIII e divulgando suas idéias através de panfletos políticos e da imprensa de pequeno porte, os burgueses formaram um público que, sem poder de governar, tinha capacidade de criticar e de formular recomendações para o exercício do poder político. Numa perspectiva normativa, pode-se dizer que se constituiu, assim, uma instância de mediação entre o Estado e os interesses privados que, através do debate crítico-racional, produzia uma nova fonte de legitimidade do poder. O debate crítico, dentro do Estado moderno, visa à "racionalização da dominação", uma vez que a democracia é entendida como forma de dominação consentida, na qual as normas e as decisões precisam ser justificadas e acatadas pelos membros da comunidade política.

A noção de esfera pública — como fórum aberto de debate entre uma comunidade política de cidadãos com status político igualitário — restrita aos homens da classe burguesa trouxe muitos problemas. Críticos como Ryan (1991), Fleming (1993) e Fraser (1993) protestam contra a exclusão das mulheres da vida pública. Geoff Eley (1992), Stanley Aronowitz (1993) e Oskar Negt e Alexander Kludge (1993) apontam deficiências na explicação habermasiana do desenvolvimento de uma esfera pública proletária. Outros autores[2] criticam a idealização da tese de Habermas sobre o declínio da esfera pública burguesa, exatamente no período da ampliação da participação política (como extensão do sufrágio universal), da difusão da educação para toda a população e da implantação do Estado de bem-estar social. Tais autores assinalam, com razão, que Habermas parece tomar o período de democracia limitada e de práticas liberais do século XIX como uma "época dourada", conduzindo assim sua teorização para um beco sem saída.[3]

Autores na área de comunicação sustentam que Habermas desenvolve uma visão redutora dos meios de comunicação e negligencia o potencial deles, inclusive dos meios alternativos, para gerar reflexão crítica e facilitar a participação democrática dos cidadãos.[4] Afirmam, ainda, que ele vê os meios de maneira monolítica, meramente como instrumentos para reprodução das relações de poder, e não como instituições híbridas, ao mesmo tempo políticas, econômicas e culturais-profissionais.[5] De mais a mais, sua visão da imprensa no século XIX, época áurea da esfera pública, parece um tanto anacrônica em relação à realidade atual. Nas palavras de Peter Dahlgren (1993:7-8), "a noção romântica de uma esfera pública composta de indivíduos falando face a face ou se comunicando por intermédio de uma mídia impressa de pequena circulação não é de muita utilidade. Vivemos numa era da mídia eletrônica e dos públicos de massa".

Habermas faz diversas reformulações no conceito de esfera pública e na caracterização do fenômeno nas sociedades complexas e pluralistas.

É surpreendente, no entanto, que boa parte do diálogo com as idéias do autor sobre esfera pública fique restrita ao quadro teórico desenvolvido em *Mudança estrutural*. Diversos aspectos de sua teorização contemporânea, seja com relação às premissas mais gerais da virada lingüística e da ética do discurso, seja com relação aos elementos específicos do próprio conceito de esfera pública nos quadros da sociedade complexa, não são incorporados nos debates e nas investigações empíricas.[6] Em alguns casos, a negligência é tamanha que mesmo aqueles pontos da *Mudança estrutural* que o autor explicitamente reconhece como lacunares ou insatisfatórios — e, por isso, os reformula inteiramente — não chegam a ganhar consideração. Para alguns pesquisadores, é como se o estado de questionamento atual de Habermas permanecesse no mesmo patamar que na década de 1960.

Em *Direito e democracia*, Habermas concede um lugar mais amplo, proeminentemente prático, à esfera pública política na sua teoria política e apresenta um quadro teórico mais congruente com as realidades atuais. O autor amplia, consideravelmente, a própria noção de esfera pública: "qualquer encontro que não se limita a contatos de observação mútua, mas que se alimenta da liberdade comunicativa que uns concedem aos outros, movimenta-se num espaço público, constituído através da linguagem".[7] Deixa claro que a esfera pública, enquanto *locus* da discussão, não pode ser entendida como uma "instituição", ou como um "lugar", pois se refere ao *uso* que os sujeitos fazem da comunicação, relacionado particularmente à troca argumentativa:

> A esfera pública constitui-se principalmente como uma *estrutura comunicacional* do agir orientado pelo entendimento, a qual tem a ver com o espaço social gerando no agir comunicativo, não com as funções, nem com os conteúdos da comunicação cotidiana.[8]

Diferentemente da mera conversação ou de uma discussão qualquer, as pessoas, ao fazerem uso do argumento, visam ao convencimento, através do livre assentimento. Ao argumentarem, elas agem como se tivessem boas razões para sustentar suas posições (pontos de vista, recomendações, proposições); como se seus fundamentos pudessem ser intersubjetivamente reconhecidos e aceitos razoavelmente pelo outro como algo que se justifica, sem a necessidade de ameaças ou recompensas. Ao agirem orientados para o entendimento, os interlocutores devem conceder liberdade comunicativa uns aos outros, seguindo as regras da razoabilidade, da reciprocidade, da não-coerção, da possibilidade de inclusão de novos parceiros ou novos temas,[9] como já discutido no capítulo anterior.

Embora Habermas tenha se dedicado a reconstruir as características racionais e intersubjetivas do uso da linguagem em sua famosa obra *Teoria do agir comunicativo*, ele não explora sistematicamente as implicações de suas formulações para a teoria democrática. Apenas recentemente, em *Direito e democracia*, ele relaciona explicitamente os fundamentos da teoria do agir comunicativo e da ética do discurso com as condições necessárias para que ocorra uma deliberação efetiva. Neste capítulo, tratarei das revisões que Habermas empreende no conceito de esfera pública, destacando os seguintes tópicos: reconhecimento de múltiplos públicos; diagnóstico das imbricações existentes entre Estado, sistemas sociais e esfera pública; tipologia de esfera pública e permeabilidade de fronteiras entre diferentes âmbitos de interação social; elementos essenciais do modelo dual de circulação de poder político (*two-track model*) e críticas a tal modelo.

Múltiplos públicos

Em *Direito e democracia*, Habermas procura construir o conceito de esfera pública de modo heurístico, a-histórico, não-datado, "como um fenômeno social elementar".[10] A esfera pública é a arena onde se processa a vontade coletiva e se justificam as decisões políticas. O autor utiliza a metáfora da "rede" para dar a entender que a esfera pública se configura de maneira reticular e descentralizada, a partir de diversas arenas discursivas espalhadas na sociedade civil.[11]

A esfera pública pode ser descrita como uma rede adequada para a comunicação de conteúdos, tomadas de posição e opiniões; nela os fluxos comunicacionais são filtrados e sintetizados, a ponto de se condensarem em opiniões públicas enfeixadas em temas específicos.

Essa rede se articula objetivamente de acordo com pontos de vista funcionais, temas, círculos políticos etc., assumindo a forma de esferas públicas mais ou menos especializadas, porém ainda assim acessíveis a leigos.[12]

Não se trata, portanto, da visão de uma arena única, totalizante, na qual um único grande público (como um macrossujeito) discute *todos* os temas concernentes à vida pública. Em vez disso, sustenta-se que diferentes públicos se articulam para debater temas específicos de interesse coletivo. Habermas abandona, assim, a perspectiva restrita adotada em *Mudança estrutural*,[13] em que considera apenas o público burguês como "o público" que pensa a política, com chances de poder dizer e contradizer, visando à racionalização da dominação, através da justificação racional das regras vinculantes.

Em *Further reflections*, o autor admite que a teorização desenvolvida em *Mudança estrutural* sobre essa questão é lacunar, já que deixa de dar atenção ao papel fundamental que os trabalhadores e as mulheres exerceram, ao lado da burguesia, na democratização da vida pública, no século XIX. Tanto os proletários quanto as mulheres se organizaram como públicos críticos — politizaram questões de interesse comum e inseriram novos temas na agenda política geral; estabeleceram de modo relativamente autônomo suas próprias organizações; arranjaram arenas e fóruns de encontro; criaram veículos para divulgação de suas idéias. Na sociedade contemporânea, é possível pensar numa vasta diversidade de públicos. Em *Direito e democracia*, o autor menciona "públicos literários", "eclesiásticos", "artísticos", "feministas" ou, ainda, aqueles que se reúnem em torno de "políticas da saúde, da ciência e outras".[14]

Essa visão tem implicações mais profundas. Habermas continua se atendo à noção fundamental da teoria democrática, segundo a qual o julgamento coletivo do povo é a fonte de legitimidade para o exercício do poder político. Agora, porém, a soberania "não se encarna mais numa reunião de cidadãos autônomos facilmente identificáveis (...) não se concentra mais numa coletividade, na presença física dos civis unidos ou de

Política deliberativa e reconsiderações acerca do conceito de esfera pública **61**

seus representantes reunidos".[15] Em vez disso, ela se dá "nos círculos de comunicação de foros, associações e corporações, de certa forma destituídos de sujeito (...) fazendo-se valer na circulação de consultas e decisões estruturadas racionalmente".[16]

Para estabelecer as bases de uma política mais racional, Habermas busca escapar de dois dilemas. Por um lado, afasta-se de perspectivas liberais que pressupõem haver uma forte racionalidade em indivíduos singulares, responsáveis por definir interesses privadamente e por articulá-los num quadro coerente de preferências. Nessa perspectiva, a formação racional da vontade é buscada apenas no nível individual das motivações de atores isolados, o que leva à negação de qualquer soberania popular indiferenciada. Por outro lado, Habermas afasta-se, também, de perspectivas comunitaristas que sobrecarregam os indivíduos com demandas cívicas exigentes, pressupondo que estes devessem ser virtuosos o suficiente para se engajarem em questões de interesse comum e exercerem a solidariedade necessária à constituição da vida pública. Nessa perspectiva, acaba-se por defender a necessidade de um *ethos* compartilhado (associado às tradições da comunidade) para expressão da vontade comum.

Em vez disso, Habermas procura ver a soberania, nas sociedades complexas e de larga escala, como resultado de um processo prático de argumentação, fruto de uma variedade de discursos que se interceptam e se sobrepõem. Sustenta que as preferências dos indivíduos e as possibilidades de escolha não podem ser tratadas como algo dado, pois elas se modificam através do debate público, no próprio processo político.[17] Assim, "a fonte de legitimidade não é a vontade predeterminada dos indivíduos, mas, ao invés disso, o processo de sua formação, a deliberação mesma".[18]

A perspectiva contemporânea de Habermas exige, pois, que se dê atenção aos diferentes públicos que participam das diversas arenas de debate na sociedade. Esse é um tema controverso. Ao chamar a atenção para a diversidade de públicos contestadores existentes na sociedade contemporânea, uma corrente de estudos utiliza o termo *counterpublics*. Em conhecida citação, Nancy Fraser (1993:123) define *counterpublics* como "arenas discursivas paralelas em que membros de grupos sociais subordinados inventam e fazem circular discursos contestadores para formular interpretações opostas de suas identidades, interesses e necessidades". De forma semelhante, Robert Asen e Daniel Brouwer (2001:7) assinalam que os "*counterpublics* vocalizam necessidades opostas e valores, sem apelar para a universalidade da esfera pública, e sim para a afirmação de raça, gênero, sexualidade, etnicidade ou outros eixos de diferença". Tais formulações fizeram emergir uma ampla gama de estudos sobre associações, populações marginalizadas e movimentos sociais.

Não raro, o termo *counterpublics* é utilizado com frustrante vagueza.[19] Na maioria dos estudos, aplica-se à investigação de biografias históricas e questões de identidade. Assim sendo, o termo "*counterpublics*" refere-se a grupos em desvantagem, subordinados ou explorados, que buscam a afirmação de suas identidades suprimidas ou distorcidas por regimes de poder e legitimação. Em alguns desses casos, a esfera pública passa a ser adjetivada como "esfera pública negra", "esfera pública feminista", "esfera pública *gay*", dando a entender, de modo um tanto ambíguo (e equivocado), que o processo de debate aconteceria através do isolamento e do separatismo do restante da sociedade, ou seja, sem a interação e a cooperação com outros grupos particulares, incluindo os grupos inimigos e opressores e, ainda, o conjunto mais amplo de cidadãos. Ao insistirem na oposição inerente às identidades marginais, muitos desses estudos subestimam as atividades dialógicas pelas quais esses grupos buscam negociar seus entendimentos e posicionamentos, não só para desafiar padrões institucionais e culturais de dominação, mas também para construir solidariedade e reconhecimento mútuo com outros grupos na sociedade, ampliando o espaço para a expressão de identidades e experiências possíveis nos diferentes domínios sociais.[20]

Além disso, ao abordarem apenas a oposição entre os grupos, tais trabalhos tendem a ocupar-se quase exclusivamente dos discursos dos marginalizados, negligenciando assim os modos pelos quais os discursos dominantes se tornam periféricos ou mesmo irrelevantes publicamente. Nos capítulos que tratam de grupos de sexualidade estigmatizada e de portadores de hanseníase, discutimos a importância de se adotar uma perspectiva relacional para compreender como o preconceito e a luta por sua superação se constroem por meio de sentidos compartilhados na sociedade.

Apesar da importância dos problemas de identidade e dos discursos de autocompreensão cultural na sociedade contemporânea, a esfera pública não fica restrita, de modo algum, a tais questões. Todos os assuntos são tidos como passíveis de debate na esfera pública, requerendo para tanto a conquista de um status de tema de interesse coletivo.[21] Os públicos podem promover debates em torno de conteúdos, desenhos e efeitos de certos projetos, estratégias ou programas do governo; podem trocar argumentos sobre situações problemáticas, como questões ambientais, criminalidade, riscos da engenharia genética etc., ou, ainda, examinar, coletivamente as ações de representantes políticos e órgãos públicos em processos de prestação de contas. Esses debates se processam de modos distintos, com mecanismos dialógicos diferentes, como veremos mais detalhadamente ao longo deste livro.

Dada a enorme variedade de questões controversas que se tornam temas de debates públicos, parece-nos mais apropriado utilizar, dentro de uma teorização de escopo mais genérico, a expressão "públicos críticos", tal como propõem James Bohman (1996) e John Dryzek (2000). Nesse contexto, o caráter crítico dos públicos estaria na competência de grupos de cidadãos para reconhecer, resistir a e negociar com discursos dominantes ou ideologias freqüentemente interpenetrados por forças sociais e econômicas. Trata-se da capacidade dos sujeitos de lidar com constrangimentos diversos, a fim de modificarem seu ambiente social ou físico, incluindo aí os recursos subjacentes que influenciam e moldam a própria capacidade de ação, de modo que eles possam "transformar-se naquilo que querem ser".[22]

A perspectiva de Habermas prevê a pluralidade de públicos, mas não chega a encaminhar uma teorização sobre os detalhes de modelos de associação cívica ou de desenhos institucionais para a deliberação pública efetiva. Autores preocupados em fortalecer a organização substancial e a capacidade das associações para aperfeiçoar a governança democrática têm tentado fazer avançar tais questões.[23] Por ora, interessa apontar que a esfera pública não tem um domínio definido. Ela encampa situações problemáticas diversas, criando interseções entre diferentes dimensões e grupos sociais: definição de regras comuns e de metas pragmáticas, considerações sobre justiça, problemas de identidade e autocompreensão cultural, processos de monitoramento das autoridades e prestação de contas etc.

Imbricações entre os sistemas sociais, o Estado e a esfera pública

Em suas teorizações contemporâneas, Habermas faz um grande esforço para compatibilizar as demandas da democracia participativa com a complexidade social, defendendo os ideais democráticos de soberania e autonomia dos cidadãos. Ele procura desenvolver um modelo que contemple a expansão dos sistemas funcionais e o aumento da complexidade da administração estatal, com a possibilidade da intervenção democrática na condução da vida pública. Para o funcionamento eficaz da esfera pública, Habermas se mostra preocupado, desde *Mudança estrutural*, com a necessidade de "demonstrar como o público pode desencadear um processo crítico de comunicação pública através de suas próprias organizações".[24] Em suas reflexões posteriores, reconhece que, com os meios teóricos então disponíveis, não teve como resolver tal problema.[25]

O arcabouço teórico da democracia socialista em *Mudança estrutural* toma como ponto de partida uma concepção holística de sociedade regulada centralmente pelo Estado através de normas legais. O diagnóstico da crescente interpenetração entre Estado e sociedade, por meio da amplificação do aparato burocrático estatal, levou à percepção de que grandes instituições passaram a organizar os processos sociais através de complexos mecanismos que escapam ao controle e até mesmo ao entendimento dos cidadãos. Ademais, o comportamento eleitoral é tratado sob a ótica do behaviorismo individualista, o qual detecta um crescente afastamento dos indivíduos da vida pública, apatia com relação às questões de interesse coletivo e ignorância política em geral. Habermas restringe os fóruns críticos da sociedade aos partidos políticos, grupos de interesse e corporações, os quais, a seu ver, tornaram-se crescentemente burocratizados e guiados por interesses corporativistas. Por fim, a influência da análise adorniana da indústria cultural reforça a noção da perda da autonomia e da capacidade crítica do público consumidor de cultura, levando ao declínio da vida pública na sociedade de massas e, assim, à integração mais completa dos indivíduos na ordem social vigente. Diante desse panorama, parece inevitável que Habermas, em *Mudança estrutural*, constatasse o declínio da esfera pública. Nas suas palavras, "a conclusão é que a interpenetração do Estado e da sociedade, por causa de seus objetivos

Política deliberativa e reconsiderações acerca do conceito de esfera pública **65**

funcionais, fez com que os processos de tomada de decisão passassem 'por cima das cabeças dos participantes'".[26]

Em *Teoria do agir comunicativo*, Habermas propõe um conceito dual de sociedade, baseado em sistemas e mundo da vida, seguindo tendências diversas no sentido de articular perspectivas teóricas macro e micro.[27] Para desenvolver sua teoria social, ele emprega uma abordagem multidimensional e apresenta uma explicação em que, laboriosamente, reconstrói as premissas de vários tipos e níveis da teoria crítica social, do nível macro de integração social das sociedades complexas[28] ao nível microinterpretativo da ordem social. Buscando compatibilizar essas duas dimensões, Habermas sustenta que, independentemente de o foco recair prioritariamente no macro ou no micro, o todo social deve ser compreendido tanto através de uma perspectiva "internalista" quanto "externalista", tanto através da agência (integração social) quanto do ponto de vista estrutural (integração sistêmica). Tal teorização permite estabelecer diversas conexões entre os sistemas e jogos sociais e os diferentes modos de explicar o potencial crítico dos indivíduos nas sociedades complexas e altamente diferenciadas.

A partir da tese da *diferenciação*, Habermas sugere que as democracias atuais passam por um processo crescente de diferenciação social em todas as esferas, o qual se faz acompanhar de uma intensa estratificação de grupos. Tendo começado com a diferenciação entre Estado e economia da sociedade, a diferenciação funcional culmina em sistemas crescentemente distintos, mas interdependentes, cada qual com seu conjunto de instituições típicas, suas lógicas, seus propósitos, suas formas de manutenção e atribuição de legitimidade. Cada sistema distinto desenvolve seu próprio código funcional (ou linguagem), que determina o significado das ações empreendidas dentro do sistema social. Por exemplo, o sistema político regula a ordem social através da lei e da administração, por meio de poder e de sanções. O mercado, por meio do dinheiro, organiza a produção e o consumo; regula as trocas internas entre empreendedores capitalistas, as trocas externas entre os consumidores e, ainda, as trocas de bens e serviços. Sistemas especializados para a reprodução do conhecimento e da cultura podem ser encontrados em universidades e instituições devotadas à arte e à cultura.

A diferenciação dos subsistemas leva a um maior grau de especialização, de divisão de trabalho, de impessoalidade e de abstração no sistema social como um todo. O tipo de integração entre as partes e o todo não é diretamente dependente das crenças compartilhadas e das orientações valorativas dos atores. Por exemplo, o mercado responde à demanda efetiva, a arte responde a critérios estéticos, os Estados operam dentro da lei positiva e das normas administrativas etc. Em outras palavras, a coordenação da ação se dá através de uma dinâmica própria, relativamente autônoma, não dependente das crenças ou das intenções dos sujeitos.

Em contrapartida à consideração dos sistemas, o conceito de *mundo da vida* é útil para descrever os processos que põem em evidência a "estrutura cultural" dos contextos e das situações de ação. O mundo da vida é concebido como um estoque de conhecimentos de fundo, pré-reflexivos, de orientações valorativas que persistem e são herdadas do passado.[29] Constituído de três elementos — cultura, sociedade e estrutura da personalidade —, o mundo da vida é um conceito que permite preservar a pluralidade das formas de vida contemporâneas, com suas respectivas diferenciações internas. Os sentidos do mundo da vida proporcionam uma base para um entendimento compartilhado, mas não podem ser imediatamente modificados pelos indivíduos; eles constrangem as crenças e as ações, sem determiná-las. Diferentemente da integração sistêmica, a integração social ocorre através da comunicação, tem como pano de fundo as certezas básicas (isto é, as premissas pré-reflexivas)[30] e depende do entendimento mútuo para a coordenação da ação. A força sociointegrativa é a solidariedade, na qual "os valores são fundamentais para diferentes formas de vida e têm a ver com a própria gramática da vida".[31]

Habermas procura demonstrar que somente através da ancoragem das instituições no mundo da vida, em contextos práticos da ação (e não através de alguma lógica interna misteriosa), é que os sistemas se expandem.[32] Os indivíduos socializados, ao traduzirem as normas sociais no reino micro, recriam a sociedade como uma força coletiva através de atos contingentes de liberdade.[33] Ao mesmo tempo que os sistemas tendem a "invadir" e "colonizar" o mundo da vida (isto é, impor-lhe suas lógicas funcionais próprias), eles alargam as zonas de conflito e aumen-

Política deliberativa e reconsiderações acerca do conceito de esfera pública **67**

tam as oportunidades para a politização de questões. No âmbito da integração social, a diferenciação aumenta as dificuldades de coordenação, já que os critérios enraizados nos sistemas mostram-se incompatíveis entre si. Por exemplo, a socialização dentro do contexto familiar entra em choque com as demandas do mercado; tecnologias orientadas por configurações mercadológicas entram em conflito com a ciência pura; éticas do dever cultivadas por códigos morais seculares e religiosos confrontam-se com modos de raciocinar instrumentais, típicos do mercado ou da burocracia administrativa. A crescente diferenciação funcional das sociedades modernas, ao ampliar as arenas de litígio entre os sistemas de valores e os contextos de ação, abre novas possibilidades de escolha e de ação para os cidadãos. Nas palavras de Mark Warren (2001:7), "em condições de modernidade tardia (...) a escolha não pode ser evitada, tampouco a responsabilidade que acompanha tal escolha".

Influentes análises do modo pelo qual a modernidade tardia leva a um incremento da reflexividade e da politização da vida cotidiana foram desenvolvidas por Anthony Giddens (1990, 1991) e Ulrich Beck (1995). Tais autores partem de uma preocupação semelhante à de Habermas para tentarem articular teoricamente o âmbito dos sistemas com aquele das interações e dos jogos sociais. Na perspectiva de Giddens, processos de larga escala — secularização e pluralização dos sistemas de valor; expansão de instituições abstratas orientadas por normas internas e auto-referenciais; novas articulações entre tempo e espaço, decorrentes dos processos de globalização e de expansão das tecnologias da comunicação — não devem ser vistos apenas como processos que levam à abstração, à perda da capacidade de ação dos indivíduos e à erosão da vida pública, como proposto por Weber, por teóricos da primeira geração da escola de Frankfurt e por autores como Richard Sennet (1986) e Christopher Lasch (1986). Nas condições contemporâneas, a impotência e a reapropriação ativa se interpenetram nos esforços dos indivíduos para conduzir a própria vida. Num "ambiente moralmente árido" — para utilizar os termos de Giddens —, em que não há um sistema de valor único ou uma moralidade objetiva, os indivíduos são forçados a se questionarem sobre "quem são" e sobre como devem lidar com suas localidades, suas interações com raça, gênero, etnicidade, religião, profissão, grupos de afinidade, estilos de vida etc.

Assim, a reflexividade e a pluralização permeiam os processos de individuação de maneira sem precedentes. Influências locais e distantes se interpenetram nos contextos de ação, de forma que as instituições contemporâneas também incorporam, de modo reflexivo e rotineiro, novos conhecimentos em suas rotinas. Isso leva a uma "política da vida", nos termos de Giddens, ou a uma "subpolítica", nos termos de Beck. Como Habermas, também Giddens e Beck sustentam que a vida cosmopolita apresenta uma série de oportunidades para se buscar interesses comuns com os outros, na sociedade, e para se cultivar valores e interesses variados.

Por ora, interessa examinar como os indivíduos podem resistir coletivamente aos imperativos funcionais. A crescente complexidade dos sistemas produz conseqüências imprevistas e não desejáveis, que escapam ao controle de um único sistema (por exemplo, defeitos genéticos causados por novos medicamentos; desequilíbrios ecológicos; desastres nucleares; custo de pesticidas em produção alimentar; terrorismo; mercado internacional de drogas; violência e tráfico etc.). A extensão dos efeitos imprevisíveis e as conseqüências inter-relacionadas desses problemas "de alto risco", como diria Beck, impossibilitam que eles sejam solucionados apenas com a *expertise* de especialistas de um único sistema, a partir de seus recursos funcionais. Contrário às abordagens da teoria dos sistemas que pressupõem uma regulação auto-referencial e um equilíbrio intersistêmico "cego", Habermas defende que há um intercâmbio entre especialistas que se esclarecem mutuamente sobre o modo de operar de seus respectivos domínios funcionais e, ainda, que as linguagens especializadas encontram-se abertas à linguagem comum que circula por toda sociedade.[34] Diante da incerteza, da ambigüidade de diagnósticos sobre os efeitos colaterais e os custos que os problemas acarretam para outros domínios funcionais, é necessário que diversos especialistas ligados à manutenção dos sistemas cooperem para um melhor entendimento do problema e para a redução de riscos. Nesse quadro teórico, presume-se que nenhum dos agentes dos subsistemas detém as informações completas e as soluções mais adequadas *a priori*, de modo que estas devem ser construídas coletivamente.[35] Isso abre novas possibilidades para uma estruturação discursiva e pública de problemas complexos, também levada a cabo pelos diversos públicos envolvidos. Ao participarem do debate público, os atores da sociedade civil podem exercer sua autonomia política e oferecer *inputs* do ponto de vista dos afetados.

Vale ressaltar que a resolução de problemas complexos não é impermeável à ação coletiva dos cidadãos, particularmente se uma vontade política forma-se de maneira discursiva em fóruns democráticos da sociedade. As escolhas e os riscos se distribuem de forma extremamente desigual na sociedade contemporânea. Boa parte da política de movimentos sociais e associações voluntárias, sobretudo aqueles com potencial democrático, consiste em tematizar as restrições, danos ou injustiças que impedem os indivíduos e os grupos de perseguirem os fins por eles escolhidos. Apenas indivíduos reflexivamente conscientes podem formular questões políticas do tipo "que devemos fazer?" ou "como devemos viver?". Como já discutido, o ideal democrático de autonomia individual estabelece uma relação normativa interna com o ideal de autogoverno coletivo. Daí a necessidade de negociar publicamente os conflitos de interesse e de valores, levando-os para arenas discursivas, a fim de encontrar regras comuns que orientem a convivência social. A construção de um "nós" e a ação coletiva — próprias da vida associativa — são muitas vezes imprescindíveis para ganhar acesso à esfera pública e conquistar capacidades deliberativas, como, por exemplo, a de articular os interesses e as demandas numa linguagem pública que seja não só compreensível, mas também capaz de suscitar respostas dos demais.

Como veremos nos capítulos 4, 5 e 6, os públicos críticos procuram valer-se da conversação e da troca pública de razões para tematizar as desigualdades de recursos, a opressão, a exploração e as injustiças estruturais, a fim de corrigir os efeitos indesejáveis dos sistemas ou as falhas de integração social. A incorporação de conhecimentos de especialistas, ou seja, de avaliações técnicas especializadas é importante para melhor compreender os problemas e resolvê-los. A "divisão cognitiva do trabalho", nos termos de James Bohman, certamente cria obstáculos à comunicação ingênua de leigos. Contudo, os públicos críticos — aqui entendidos como organizações voluntárias da sociedade civil — podem aprender com os próprios especialistas e adquirir conhecimento técnico para melhor defenderem seus interesses na arena pública. Em alguns casos, esses atores críticos podem polemizar e mesmo desafiar os especialistas através da troca argumentativa.

Além disso, os atores da sociedade civil podem introduzir novos temas no debate público, incluindo assuntos éticos e morais; podem oferecer novas interpretações que "enquadram" as questões de novos modos, apontando vantagens e prejuízos para os agentes, estabelecendo quem é culpado ou responsável por determinadas ações. Como veremos no capítulo 8, que trata do debate antitabagista, organizações voluntárias e grupos cívicos obrigaram poderosos agentes da empresa de cigarros a considerarem problemas morais e éticos (do ponto de vista da coletividade) e a darem soluções para os problemas numa arena discursiva, isto é, tomando-os como interlocutores responsáveis no processo argumentativo. Nesse caso, os públicos críticos exerceram um papel pleno de conseqüências, ao darem suporte ao governo para que novas regulamentações façam frente a interesses corporativistas e mercadológicos de grandes empresas, ou para que novas políticas limitem fontes não-democráticas de poder. Também nesse caso os ativistas tenderam a estabelecer uma conversação sistemática com não-ativistas, como forma de alimentar processos mais amplos de deliberação.[36] Dessa maneira, os movimentos sociais e as associações voluntárias, sobretudo aqueles com maior grau de organização, podem pressionar as instituições do centro do sistema político (casas do Legislativo e do Judiciário, e setores administrativos) a agirem levando em conta o interesse dos cidadãos.[37]

É importante lembrar que a deliberação não tem um domínio específico — inclui questões a respeito de bem viver, de como encontrar meios adequados para alcançar certos fins, de como interpretar determinados princípios e aplicá-los a casos particulares, entre outras.[38] Não é só o conhecimento de especialistas que conta na resolução política dos problemas. Assim, o debate público não pode ser especializado, sobretudo quando pretende ser inclusivo. Daí a necessidade de se utilizar uma linguagem comum, livre de vocábulos especializados e de códigos culturais específicos, visando à *compreensibilidade* geral dos problemas e também à cooperação dialógica entre os diferentes públicos da sociedade. "Somente nessa forma anônima, o (...) poder comunicativamente diluído [de fóruns cívicos críticos] pode ligar o poder administrativo do aparelho estatal à vontade dos cidadãos."[39] É importante deixar claro que esse é um processo distinto daqueles que regulam as tomadas de decisão nas instâncias formais do sistema político, como veremos adiante. "O exercício da autonomia política significa a formação discursiva de uma vontade comum, porém não inclui ainda a implementação das leis que resultam desta vontade."[40] Processos de contestação e negociação públicas, ações de mobilização cívica, vigilância sobre a atuação dos representantes, tudo isso estabelece uma importante interface com os meios de comunicação de massa nas democracias contemporâneas, como examinaremos mais detalhadamente no próximo capítulo.

Tipologia de esferas públicas e permeabilidade de fronteiras

A partir de sua teoria dual de sociedade como sistema e mundo da vida, Habermas não mais considera a esfera pública como instância que promove uma intermediação geral entre a sociedade e o Estado. Em vez disso, propõe que

> em sociedades complexas, a esfera pública forma uma estrutura intermediária que faz a mediação entre o sistema político, por um lado, e os setores privados e sistemas de ação especializados em termos de funções, por outro lado.[41]

Assim é que ele abandona o modelo bipolar Estado/sociedade civil, tal como desenvolvido em *Mudança estrutural*. De fato, como vários autores têm apontado, as associações cívicas encontram-se imbricadas com os Estados e os mercados, de modo que a imagem de domínios completamente separados do Estado *versus* os de organizações associativas pode levar a muitos equívocos. Um governo democrático pode oferecer aos cidadãos múltiplas oportunidades de participação e pontos de acesso, bem como facilitar a organização de fóruns de debates com configurações e propósitos distintos.[42]

As teorias democráticas sempre tiveram dificuldade em conectar o plano das interações simples do dia-a-dia com o plano das estruturas mais amplas da sociedade. Nas sociedades de larga escala, os cidadãos não podem se juntar num único fórum deliberativo (como a imagem da *ágora* sugere) em nenhum sentido realista. O processo de debate é inevitavelmente disperso através de uma diversidade de fóruns. Habermas constrói uma tipologia de diferentes modalidades de esfera pública, de acordo com "a densidade da comunicação, da complexidade organizacional e do alcance".[43] Aproxima-se, de certa maneira, da proposição de John Keane de conceber esferas públicas espacialmente diferenciadas, como "micro", "meso" e "macro" esferas públicas.[44] Conforme Habermas, existe

> *esfera pública episódica* (bares, cafés, encontros na rua); *esfera pública de presença organizada* (encontro de pais, público que freqüenta o teatro, concertos de *rock*, reuniões de partido ou congressos de igrejas); e *esfera pública abstrata*, produzida pela mídia (leitores, ouvintes e espectadores singulares e espalhados globalmente.[45]

Com essa tipologia ele constrói um quadro teórico com flexibilidade suficiente para pensar modos diferentes de articulação das trocas argumentativas — desde encontros informais, nos diferentes domínios do dia-a-dia, até discussões mais densas, em associações de natureza e formatos diversos da sociedade civil, ou ainda a disseminação de informações e argumentos através da mídia de massa. Tem-se assim um espaço diversificado para as formas reflexivas de comunicação que a deliberação pública requer na sociedade complexa. Aliás, alguns autores[46] vêm aperfeiçoando o modelo do processo deliberativo ampliado, concebendo-o como esferas discursivas interligadas, porosas, que se interceptam, mas que não exercem influência, de modo simétrico ou necessário, umas sobre as outras.

Esfera pública episódica

Aquilo que Habermas chama de *esfera pública episódica* — encontros entre amigos, familiares, colegas ou mesmo desconhecidos — baseia-se em interações simples e dá origem a trocas argumentativas que podem ser efêmeras ou de curto alcance. A troca argumentativa nesses espaços é geralmente pouco densa, com poucos participantes, encampa poucos pontos de vista e caracteriza-se como uma "comunicação ingênua", para utilizar os termos do próprio autor.

Para nossos propósitos, interessa ressaltar que tais ambientes, ao escaparem do controle político e administrativo, permitem a tematização de experiências, de problemas pessoais e sociais, do ponto de vista dos próprios envolvidos.[47] Discussões sobre a agenda governamental e as políticas públicas, bem como temas como aborto, ação afirmativa, orientação sexual etc. envolvem questões de valor e princípio para os cidadãos. Sob o pano de fundo do mundo da vida, os sujeitos, através da conversação diária, podem criticar operações de poder, preconceito, exploração e autoridade. Podem compreender melhor o que querem e o que necessitam, individualmente e coletivamente,[48] e ainda ordenar, de modo mais ou menos coerente, suas preferências.[49] É claro que a comunicação, nesses ambientes protegidos da publicidade, fica sujeita à livre manifestação de hostilidades, ódios e preconceitos. Um dos propósitos da deliberação — nas arenas com maior grau de publicidade, isto é, voltadas para audiências mais amplas — é exatamente produzir uma filtragem de preferências irracionais ou pontos de vista moralmente repudiáveis. Este seria um modo não paternalista de seleção de tópicos e de contribuições para o debate público.[50] Os autores deliberacionistas esperam que, através do debate, as pessoas possam produzir resultados mais bem fundamentados, ou seja, um debate que não exclua informações e pontos de vista relevantes e ainda gere resultados mais justos, que possam ser razoavelmente aceitos por todos, ainda que por motivos diferentes.[51] Como diversos outros teóricos, Habermas propõe que a vontade política é gerada através do próprio engajamento na conversação e no exame recíproco dos diversos pontos de vista.

"A esfera pública retira seus impulsos da assimilação privada de problemas sociais que repercutem nas biografias particulares."[52] Os problemas sociais, ou disfunções dos sistemas sociais, se fazem perceber nas experiências da vida pessoal dos sujeitos. "No início, tais experiências são elaboradas de modo 'privado', isto é, interpretadas no horizonte de uma biografia particular, a qual se entrelaça com outras biografias, em contextos de mundo da vida comuns."[53] A comunicação que aí se desenvolve é geralmente fluida, sem o propósito direto de tomar decisões. Visa, ao invés disso, ao processamento cognitivo[54] e ético-moral das questões, no qual os sujeitos "entendem a si próprios e os seus interesses legítimos".[55]

Esfera pública de presença organizada

A segunda modalidade de esfera pública diz respeito a *encontros de presença organizada* em que a comunicação se desenvolve de acordo com certos procedimentos mais formais — por exemplo, com pautas e temas predefinidos; regras para o debate, a tomada de posições e a definição de resoluções etc. No âmbito da sociedade civil, podemos pensar particularmente em arenas de discussão de associações voluntárias, organizações livres (não-estatais e não-econômicas) ou movimentos sociais. As associações voluntárias exercem as seguintes funções: detectam os problemas sociais que repercutem nas esferas privadas e os apresentam como problemas gerais, isto é, politizam as questões para que elas adquiram um status de questões de interesse geral; levam essas questões para arenas mais amplas de discussão política da sociedade, onde ganham maior visibilidade; exercem pressão em prol de certas políticas nas instâncias decisórias formais do sistema político (casas do Legislativo, tribunais, setores administrativos do governo etc.); e organizam conhecimentos e programas que contribuem para uma busca ativa de soluções.[56]

Há uma dificuldade na generalização encetada aqui. Boa parte da teorização contemporânea produz uma argumentação acerca dos efeitos desejáveis da associação. Ao dizerem que a definição do bem viver depende de bens públicos e da vida pública em geral, autores como Robert Putnam (1993), Sidney Verba e outros (1995) propõem que as associações voluntárias motivam hábitos de cooperação e solidariedade e cultivam espírito público em seus membros. Iris Young (1996, 1997) e Martha Minow (1997) assinalam que as associações e os movimentos sociais, em contraste com os grupos de interesse, contribuem para a educação cívica e para uma negociação democrática da diferença entre os grupos. Joshua Cohen (1996) e Archon Fung e Erik Wright (2003) afirmam que as associações secundárias podem sustentar a democracia ao proporcionarem informação, equalização de representação, educação dos cidadãos e partilha de poder nas tomadas de decisão política.

Uma nota de cautela é necessária para que não se tomem, de maneira equivocada, todas as associações como virtuosas, imbuídas de espírito público e com propósitos democráticos. Algumas associações — *skinheads*, grupos xenófobos, organizações secretas ou que visam ao status (como aquelas em prol da educação privada, por exemplo) — não se pautam pela tolerância e reciprocidade, nem se propõem contrabalançar a regra da maioria, concedendo voz pública aos indivíduos, ou ainda cooperar em políticas para estabilizar a democracia. Algumas associações não-liberais ou religiosas se pautam por opções autoritárias e trajetórias não-democráticas.[57] Para avaliar os efeitos das associações é preciso estar atento ao contexto sócio-histórico em que elas se inserem e à natureza de suas relações com os outros atores sociais.

O terreno do associativismo é complexo e plural, de modo que cada tipo de associação, seus propósitos e sua configuração local devem ser analisados em termos específicos, relacionados com os múltiplos planos demandados pela democracia.[58] É nesse sentido que, ao lado dos efeitos das associações no âmbito dos indivíduos ou da sociedade civil, é preciso considerá-las, de forma diferenciada, através de seus procedimentos políticos e legais. Os procedimentos da deliberação democrática podem ser úteis para produzir importantes distinções nesse terreno. Examinar os padrões mesmos da interação comunicativa ajuda a esclarecer a motivação dos atores para "questionarem a autoridade" e se engajarem num debate público, sustentando (ou não) a não-tirania, a reciprocidade, a inclusividade e a revisibilidade das opiniões. Ademais, cumpre notar a complementaridade existente entre a comunicação estabelecida em tais fóruns de associações voluntárias e as instituições políticas, em termos de seus efeitos para subsidiar e informar os representantes, criar pressões, cultivar parcerias e formas alternativas de governança, como discutiremos mais adiante.

Esfera pública abstrata

O terceiro tipo de esfera pública, chamado por Habermas de *esfera pública abstrata*, é produzido pelos meios de comunicação, que conectam "leitores, ouvintes e espectadores singulares e espalhados globalmente".[59] Em *Mudança estrutural*, Habermas concebe a imprensa opinativa como uma importante instituição para a divulgação de idéias e o estabelecimento do debate político na sociedade burguesa. Ao diagnosticar o surgimento das empresas de comunicação de massa, pautadas pelos imperativos mercadológicos e pela lógica da indústria cultural, ele conclui que a esfera pública torna-se completamente subjugada pelos poderes econômico e político. Habermas produz diversas reformulações na visão encetada em *Mudança estrutural*. Em sua *Teoria do agir comunicativo*, ele deixa de ver os meios de comunicação meramente a serviço da reprodução da ordem social como agentes de manipulação ou porta-vozes de grupos poderosos, infensos à participação democrática, e reconhece o potencial ambíguo dos *media*:

> Os *media* de massa pertencem a essa forma generalizada de comunicação. Eles libertam o processo comunicativo do localismo de contextos espaço-temporalmente restritos e permite que esferas públicas venham a emergir através do estabelecimento da simultaneidade abstrata de uma rede de conteúdos de comunicação virtualmente presente, conteúdos esses bastante remotos no tempo e no espaço, e também através da possibilidade de disponibilizar mensagens para vários contextos.[60]

Os *media* retiram o processo comunicativo de contextos específicos e, diferentemente das interações simples, do tipo face a face, criam um tipo peculiar de audiência: um público não simultâneo de ouvintes, leitores e telespectadores. A produção da mídia é, por definição, elaborada para ser enviada a um público difuso, diversificado e potencialmente ilimitado.[61] Aquilo que os meios de comunicação disponibilizam para o conhecimento público pode ser estendido a uma variedade de contextos, de modo que, em todos os casos, novas interpretações podem emergir através de dimensões temporais e espaciais distintas. Contudo, os *media*, em si, não podem ser compreendidos como uma esfera pública, como Habermas ambiguamente sugere e alguns de seus seguidores assumem expressamente. Os meios de comunicação disponibilizam expressões,

Política deliberativa e reconsiderações acerca do conceito de esfera pública **77**

discursos, imagens e eventos para o conhecimento comum, mas a possibilidade de acesso aos seus canais e a seleção de tópicos são fortemente regulados pelos agentes do próprio sistema. Em geral, Habermas não desenvolve uma teorização mais detalhada e consistente sobre as instituições da mídia como parte de um sistema,[62] nem sobre os jogos sociais envolvidos nos processos de mediação,[63] como discutiremos no capítulo 3.

Não se pode supor que, pelo mero fato de produzirem "visibilidade", os *media* gerem uma esfera pública. É fundamental fazer distinção entre "esfera de visibilidade" e "esfera pública" como *locus* da argumentação.[64] Na esfera de visibilidade dos *media*, ou na "cena midiática", há uma variedade enorme de bens simbólicos — noticiários, documentários, telenovelas, peças publicitárias etc. — que são disponibilizados para o público e podem exercer funções diversas de informação, entretenimento, vigilância e mobilização. Funções essas que não se reduzem ao fórum de debate cívico. É preciso considerar que, em meio a tantos bens simbólicos, debates sobre temas determinados se desenvolvem na cena midiática. Diante de certas polêmicas, os atores sociais buscam justificar publicamente seus pontos de vista, considerar e criticar os pronunciamentos uns dos outros e, algumas vezes, rever suas posições iniciais perante as proposições de outros participantes. O debate midiático é um fenômeno peculiar, com características e dinâmicas próprias, que deve, portanto, ser abordado com ferramentas específicas. Nesse processo, os profissionais da mídia desempenham um papel ativo selecionando tópicos, concedendo acesso aos canais dos meios de comunicação e ordenando e enquadrando os discursos das fontes, como será discutido no próximo capítulo.

Aqui interessa explorar alguns aspectos do potencial ambíguo dos *media* para pré-estruturar a esfera pública política, os quais se acham assinalados na obra de Habermas. Em suas formulações recentes, primeiramente ele reconhece que no ambiente midiático desembocam não só fluxos comunicativos que pretendem gerar lealdade política e mobilizar preferências de consumo, mas também fluxos comunicativos que buscam alcançar o entendimento, de modo cooperativo, através da livre troca de argumentos. Já em *Mudança estrutural* coloca-se a questão de como se dá o confronto entre a "opinião pública pré-fabricada", forjada por políticos profissionais e por grupos de interesse em processos subvertidos pelo poder através da utilização da mídia de massa, e a "opinião pública autêntica" (atitudes e julgamentos tomados como certos numa dada cultura). Em *Furhter reflections*, Habermas propõe que "é preciso ter em mente ambas as concepções se o objetivo é compreender o modo pelo qual a criação de legitimidade passa a operar nas democracias de massa configuradas através do Estado do bem-estar-social".[65] Para solucionar esse problema, ele diz ser necessário distinguir os atores que já têm recursos assegurados na sociedade para ingressarem na esfera de visibilidade dos *media,* daqueles que precisam se constituir nesse campo.[66] Há uma longa tradição de trabalhos na área de comunicação — desde os estudos de *agenda setting* até aqueles de enquadramentos — que investigam a disputa que ocorre entre os atores sociais para ganharem acesso aos canais da mídia de massa e assim interferirem na produção de bens simbólicos, na construção de narrativas jornalísticas e na elaboração de estratégias de apresentação ou de mecanismos dialógicos. Ao longo deste livro, analisamos diferentes modalidades de debates públicos, tomados em sua especificidade histórica e cultural, dando a ver possibilidades e obstáculos diversos no papel que os *media* exercem ao pré-estruturarem a esfera pública política.

Habermas passa a adotar, em suas obras mais recentes, uma concepção mais complexa do processo receptivo dos produtos da mídia. O autor reconhece explicitamente em *Further reflections* que as premissas sobre a transformação "do público produtor de cultura em público consumidor de cultura", adotadas em *Mudança estrutural* e derivadas da escola de Frankfurt, levam a um entendimento linear e altamente simplificado da questão. Em *The theory of communicative action*, ele sugere a possibilidade de o material midiático vir a gerar um processo reflexivo crítico por parte da audiência: "as formas de comunicação — tornadas abstratas e condensadas — não podem se esquivar, de maneira segura, da possibilidade de oposição ou crítica por atores responsáveis".[67] Em artigo recente, Habermas reconhece que:

> Apesar da estrutura assimétrica e impessoal da comunicação de massa, a esfera pública pode gerar, se as circunstâncias forem favoráveis, opiniões públicas ponderadas. (...) a estrutura de poder da esfera pública pode

Política deliberativa e reconsiderações acerca do conceito de esfera pública **79**

igualmente distorcer a dinâmica da comunicação de massa e interferir nos requisitos normativos, impedindo que os tópicos *relevantes*, a informação *necessária* e as contribuições *apropriadas* sejam mobilizados.[68]

Como vem sendo amplamente reiterado pelos estudos, o processo de recepção é bastante diversificado socialmente: as pessoas inscrevem elementos simbólicos mediados nas rotinas práticas da vida cotidiana, processando-os de diferentes maneiras dentro de comunidades e/ou contextos culturais e políticos específicos. Como discutiremos no próximo capítulo, os bens simbólicos divulgados pelos *media* — não só informação e material jornalístico, mas também programas de entretenimento, telenovelas, músicas e peças publicitárias — podem vir a alimentar diferentes discussões politicamente relevantes.[69] Isso gera diversas interações e disputas entre os agentes sociais e interfere de maneira dinâmica nas próprias relações sociais e na organização dos debates fora dos *media*.[70] Além disso, novas formas de comunicação pela internet permitem a construção de redes de comunicação e ação no plano global. Com os *media*, tanto a natureza quanto o ambiente da ação coletiva se tornam mais amplos e complexos.

Por fim, Habermas reclama da ausência de estudos empíricos que permitam averiguar se os agentes críticos da sociedade civil têm oportunidades de interferir na constituição de bens simbólicos, discursos, interpretações ou julgamentos na esfera de visibilidade dos *media*:

> E aqui se coloca uma outra questão à qual não saberemos responder sem um trabalho empírico: é possível, e em que medida, um espaço público dominado pelos meios de comunicação de massa oferecer chances aos atores da sociedade civil de desafiar, com alguma esperança, o poder político e econômico, ou seja, de mudar, de constituir de maneira inovadora e de filtrar de modo crítico o espectro de razões, de temas e de valores canalizados por uma influência exercida pelo exterior?[71]

Ao longo deste livro trataremos de diferentes casos empíricos em que os atores da sociedade civil enviam suas questões ao ambiente midiático seja para negociar valores e novos modos de comunicação, representação e reconhecimento de grupos que são vítimas de injustiça social, seja para ampliar o debate público sobre a reivindicação de direitos, seja ainda para exigir a prestação de contas de atos e pronunciamentos de representantes políticos.

Modelo de circulação de poder político em mão dupla

A partir de suas formulações recentes, Habermas entende que o sistema político se especializa na produção de decisões que envolvem toda a coletividade. Como requisito funcional, o estado de direito destina-se à resolução de problemas, a preservar a autonomia privada e política e, assim, a resguardar a complexidade de decisões livres e contingentes. "A política continua sendo o destinatário de todos os problemas de integração não resolvidos."[72] Devido ao nexo interno que mantém com o direito, o Estado (diferentemente de outros sistemas) guarda uma relação reflexiva com os problemas gerados pelos próprios sistemas e com as formas deficientes ou precárias de coordenação e de integração social.

Um Estado constitucional forte — para prover seguridade e justiça social, institucionalizar direitos, promover redistribuição — é importante para o estabelecimento de democracias robustas. Obviamente, nas situações contemporâneas de globalização e crescente interdependência de forças transnacionais, a autonomia, a soberania e a legitimidade dos Estados-nação não podem ser pensadas como em épocas anteriores. As forças da globalização — a dispersão em âmbito global dos processos de produção e consumo, os sistemas corporativos integrados em conjunção com mercados financeiros globais, a produção descentralizada de cultura e o avanço das tecnologias de comunicação — alteram profundamente os padrões de ação dos Estados-nação, bem como as relações que estes estabelecem com os públicos.

Como boa parte da vasta literatura sobre o assunto tem apontado, a globalização não é um processo de mão única que diminui a autoridade do Estado. Se os próprios Estados facilitam o fluxo de capital, de trabalho e de bens através das fronteiras nacionais, eles e seus sistemas legais permanecem como os principais agentes para estabelecer a propriedade e os

Política deliberativa e reconsiderações acerca do conceito de esfera pública **81**

direitos globais.[73] É exatamente por ser a instância destinada a resolver as disfunções dos sistemas sociais que causam prejuízos aos cidadãos e os problemas de integração social que o Estado se torna alvo das ações coletivas que visam à reconfiguração das instituições ou à implementação de novos direitos. Como assinalam Asen e Brouwer (2001:16), "os Estados constituem-se majoritariamente nas arenas mais importantes para a ação coletiva democrática visando tratar das questões sociais, econômicas, políticas e culturais".

Em *Direito e democracia*, Habermas formula um conceito de política deliberativa, dando a ver as relações que esta estabelece com a construção legítima da lei, dentro de um paradigma procedimentalista. A teoria da política deliberativa de Habermas é construída em dois planos. Há uma distinção normativa entre o processo informal da constituição da vontade na esfera pública e a deliberação política formal, a qual é regulada por procedimentos democráticos e voltada para a tomada de decisão pelas instâncias do estado de direito. A formação da vontade política e a tomada de decisão são processos distintos, porém interligados. Habermas procura destacar a relação dual, de mão dupla, existente entre as instituições políticas e os públicos deliberantes, para a constituição legítima da lei e para o estabelecimento de programas democráticos de política pública.

> A prática deliberativa de autodeterminação pode desenvolver-se apenas através do intercâmbio entre, por um lado, a formação da vontade parlamentar institucionalizada em procedimentos legais para alcançar decisões e, por outro, a formação da opinião pública informal em círculos de comunicação política.[74]

Por um lado, o público depende de garantias, providas pelo complexo estatal, para exercer sua liberdade comunicativa como direitos cívicos: liberdade de expressão e de associação, imprensa livre, proteção à integridade pessoal etc. Nas arenas discursivas informais, organizadas pelo público de maneira relativamente autônoma, os cidadãos podem "tematizar" seus desejos, interesses e prioridades e livremente negociá-los com outros grupos na sociedade, para alcançar o bem comum e produzir reivindicações legítimas e diretrizes de políticas públicas. Seria esse o contexto da "descoberta", da identificação e da tematização de problemas comuns, como já discutido. Contudo, a opinião pública exerce "influência", mas não pode "governar", ou seja, não pode produzir decisões que se tornem obrigatórias para a coletividade.

> A soberania do povo, diluída comunicativamente, não pode impor-se *apenas* através de discursos públicos informais (...) para gerar poder político; sua influência tem que abranger também as deliberações democráticas da formação da opinião e da vontade, assumindo a forma autorizada.[75]

Por outro lado, as instituições do estado de direito, autorizadas a agir em nome do todo através de meios para o emprego legítimo da coerção, institucionalizam o uso público das liberdades comunicativas e regulam o que o Habermas chama de transformação do "poder comunicativo" em "poder administrativo".[76] Em seu modelo, Habermas entende que o estado de direito preserva os princípios tradicionais de organização do direito, de sanção e de execução, mas fica na dependência do poder produzido comunicativamente na esfera pública para a *organização legítima* de direitos e para o *exercício legítimo* de seu poder administrativo. Em outras palavras, o Estado cria as condições para organizar a participação igualitária em processos legislativos democráticos, como a participação política nos partidos, nas votações gerais, na consulta e na tomada de decisão das corporações parlamentares. O Estado possui poder de sanção, a fim de proteger e desenvolver o direito nos casos litigiosos, inclusive quando se torna importante uma decisão impositiva.

Além disso, através do aparato burocrático e das funções das administrações públicas, o Estado possui os requisitos para implementar as demandas sinalizadas pelos públicos e realizar os programas acordados.[77] Contudo, nesse modelo, "não é a forma do direito, enquanto tal, que legitima o exercício do poder político, e sim a ligação deste com o direito *legitimamente estatuído*".[78] Somente o poder gerado comunicativamente é capaz de produzir a legitimidade.

Política deliberativa e reconsiderações acerca do conceito de esfera pública **83**

A passagem da socialização horizontal dos civis (âmbito em que se dá o desenvolvimento informal da opinião na esfera pública) para formas verticais de organização (âmbito em que o "poder comunicativo" se traduz em "poder administrativo", através da legislação) requer não apenas a argumentação, mas também a barganha e o compromisso. Este seria o contexto da "justificação" através de procedimentos parlamentares mais formais.[79] Embora a discussão de Habermas não possa ser sintetizada aqui, ele procura enfatizar que, a partir do momento em que são instaurados processos parlamentares para a tomada de decisão, através de uma agenda mínima para negociações específicas, há uma nova "filtragem" de contribuições e temas, argumentos e informações, tendo em vista a solução cooperativa de questões práticas, incluindo a compensação de interesses. Nesse processo, contudo, a formação política da vontade não fica meramente reduzida à constituição de compromissos. "É preciso supor a compatibilidade de todos os programas, negociados ou obtidos discursivamente, com aquilo que pode ser justificado moralmente."[80]

Apropriando-se da distinção que Fraser (1993:134) estabelece entre "públicos fortes" (representantes das casas parlamentares e outras instituições do centro do sistema político) e "públicos fracos" (os cidadãos encarregados de produzir a opinião pública), Habermas procura mostrar que as tomadas de decisão não encerram de uma vez por todas os debates desenvolvidos nas esferas públicas informais. O intercâmbio permanente entre as esferas públicas formais e informais, entre os "públicos fortes" e os "públicos fracos", contribui para corrigir os enganos que os cidadãos e os representantes cometem ao tomar decisões coletivas. Esse intercâmbio sustentaria o que Amy Gutmann e Dennis Thompson (2004:6) chamam de "economia do desacordo moral". Como esses autores alertam, "tanto na política quanto na vida prática, a tomada de decisão depende de processos de entendimento humano que são imperfeitos".[81] Além disso, muitas das decisões não são consensuais, de modo que as partes em conflito, quando têm a expectativa de futuramente reverter ou modificar os resultados, continuam a produzir argumentos para defender seus pontos de vista e seus posicionamentos.

Através do modelo de circulação de poder político de mão dupla, Habermas procura demonstrar que o público deliberante pode interferir nas tomadas de decisão, particularmente em situações de crise, isto é, quando falham os meios rotineiros de resolver problemas nas instituições. Diversos autores criticam tal modelo por conceder ao público apenas um poder de recomendação e uma capacidade meramente crítica. Dryzek (2004), por exemplo, critica o modelo de Habermas por não explorar mais detidamente o fato de que as decisões originadas pelo poder comunicativo, ao se transformarem em poder administrativo, passam por processos um tanto obscuros, podendo sofrer profundas alterações, o que abala a legitimidade dessas decisões.[82] Bohman (2000:185), por sua vez, propõe que as próprias instituições políticas precisam se tornar mais deliberativas e ressalta que elas devem conferir poder de decisão aos setores cívicos, para uma participação mais ampla e eficaz. Um número crescente de estudiosos vêm se preocupando em examinar o papel dos conselhos gestores e consultivos, ou mesmo das ONGs, que, em parceria com órgãos do Estado, estabelecem uma base institucionalizada para participar das decisões referentes às políticas públicas e para implementar formas de controle efetivo sobre elas.[83] Em muitos casos, não se trata de uma "circulação de contrapoder", e sim de uma cooperação democrática através de formas institucionalizadas de participação pública nas tomadas de decisão.

Nessa mesma linha, alguns críticos assinalam que Habermas tende a tratar a realidade empírica em termos abstratos e estilizados, prestando pouca atenção aos achados empíricos da ciência política;[84] negligencia as diferentes modalidades de agregação e engajamento cívico para aperfeiçoar a esfera pública, incluindo políticas públicas deliberativas direcionadas. Archon Fung (2004:174) oferece um bom exemplo de diferentes tipos de minipúblicos em deliberações públicas organizadas de modo autoconsciente.[85] São experiências com padrões de configuração e propósitos distintos que contribuem, cada uma a seu modo, para fortalecer o engajamento cívico e os processos de democratização, seja para a escolha de representantes, seja para a resolução pontual de questões controversas ou para tomadas de decisão numa base mais permanente de partilha de poder, seja ainda para assegurar o monitoramento da ação do Estado e da responsividade de seus funcionários.[86] As relações entre o Estado e a sociedade civil são tensas e permeadas de conflito, dependendo de quanto poder partilham e da centralidade com que o fazem.[87]

Se a teorização de Habermas é útil para pensar o nexo existente entre a deliberação (em âmbitos distintos) e a produção da decisão política, ela é lacunar para explicar diversos meios pelos quais os cidadãos podem interferir nos processos de governança. O caráter altamente abstrato do modelo de circulação de poder político de mão dupla requer investigações empíricas para esclarecer processos específicos de participação deliberativa em debates concretos. Torna-se particularmente instigante indagar sobre a formação política da vontade e o "uso público da razão" em sociedades com fortes tradições autoritárias, como o Brasil. Aqui, o Estado constitucional e as instituições políticas não são tão abertos e porosos quanto o modelo parece sugerir. No processo de redemocratização do país, o desenho institucional não foi reconfigurado para fortalecer as demandas da sociedade civil.[88] Na própria sociedade civil existem "ilhas de autoritarismo", e é preciso um grande esforço por parte das associações democratizantes para conquistar atenção pública e iniciar um processo de reflexão crítica e debate. Esses conflitos se fazem sentir na relação que os representantes do centro do sistema político estabelecem com os especialistas e os atores cívicos. Tais tensões se expressam também no modo como o sistema dos *media* e seus profissionais atuam para pré-estruturar a esfera pública política e configurar os debates públicos, como veremos no capítulo seguinte.

Notas

[1] Para o exame das matrizes conceituais de esfera pública, ver Lipmann (1925); Dewey (1954); Arendt (1991); Habermas (1984b).

[2] Calhoun, 1992; Schudson, 1992.

[3] Dahlgren, 1993; Calhoun, 1992.

[4] Curran, 1991; Stevenson, 2002:60-61; Downing, 2002:68.

[5] Hallin, 1993; Curran, 1991:36-38; Dahlgren e Sparks, 1993.

[6] Curran, 1991; Dahlgren e Sparks, 1993; Downing, 2002:65.

[7] Habermas, 1997a, v. 2, p. 93.

[8] Ibid., p. 92.

[9] Habermas expõe as seguintes condições para o estabelecimento do discurso: *racionalidade* (necessidade de os interlocutores justificarem suas preferências e seus pronunciamentos através do argumento para assegurar os entendimentos e os acordos); *expectativa de que os participantes questionem e superem suas preferências iniciais; inclusividade* (todos os concernidos devem participar); *igualdade* (os envolvidos no debate devem trocar opiniões na condição de sujeitos livres e iguais, moral e politicamente); *não-coerção entre os participantes* (os argumentos devem se sustentar apenas por suas qualidades, e não por coerção, como chantagens ou ameaças); *não-restrição de tópicos* (a esfera pública não compreende assuntos específicos, e qualquer tópico pode, em princípio, ser tematizado como publicamente relevante); *revisibilidade das decisões* (trata-se de um processo contínuo e em aberto, de modo que os membros esperam poder continuá-lo num futuro indefinido).

[10] Habermas, 1997a, v. 2, p. 92.

[11] Taylor, 1995; Hauser, 1998.

[12] Habermas, 1997a, v. 2, p. 107.

[13] Cabe lembrar que as teorias da democracia socialista também tendiam a entender o sujeito da emancipação como um macrossujeito, localizado no proletariado (Dryzek, 1995; Baynes, 1995; Benhabib, 1996; Bohman, 1999).

[14] Habermas, 1997a, v. 2, p. 107.

[15] Ibid., v. 1, p. 173.

[16] Ibid.

[17] Habermas, 1997a, v. 2, p. 66.

[18] Habermas, 1992b:446.

[19] Como indicado por Asen e Brouwer (2001), o termo "público" possui vários sentidos, servindo para designar fenômenos distintos, tais como: algo potencialmente aberto e disponível a todos (visibilidade em oposição ao segredo); algo potencialmente concernente a todos (de interesse comum, em oposição ao particular); uma reunião de pessoas (audiência). Sobre essas definições, ver também Weintraub e Kumar (1997).

[20] Asen e Brouwer (2001:9) defendem que a noção de *counterpublics* aplica-se também a tópicos que são introduzidos na agenda pública através da contrapublicidade (por exemplo, questões privadas ou de escolha pessoal que são construídas como questões que afetam a todos, como "problemas públicos"). Os autores mostram-se céticos quanto à possibilidade de essa concepção sugerir "que alguns temas são necessariamente públicos, enquanto outros são necessariamente *counterpublics*".

Política deliberativa e reconsiderações acerca do conceito de esfera pública **87**

[21] Há, certamente, a necessidade de preservar a dimensão do privado, essencial para a constituição da integridade e da autonomia de indivíduos e grupos (Weintraub, 1997; Habermas, 1997; Cohen, 1997, 2000).

[22] Cooke, 2000:954.

[23] Macedo, 1999; Young, 1989; Warren, 2001; Fung e Wright, 2003.

[24] Habermas, 1992b:441.

[25] Ibid.

[26] Ibid., p. 438.

[27] Para o debate da teorização macro e micro, ver Alexander (1988); Mouzelis (1995).

[28] Um amplo movimento teórico nos anos 1980 buscou superar as dicotomias geradas pelas teorias sociológicas macro e micro. As teorias macro (neomarxismo e teorias funcionalistas, por exemplo) são criticadas pela tendência acrítica das explicações, que colocam a ordem social moderna para além das intenções dos atores. As variáveis explicativas da ordem social são buscadas ou nas leis que governam o sistema ou nas determinações estruturais e funcionais que afetam os indivíduos. A suposição é a de que os sistemas e as estruturas sociais possuem propriedades inerentes que independem da orientação ou da vontade de seus componentes individuais, de modo que aqueles não podem ser derivados de princípios individuais. Já nas teorias micro (fenomenologia, etnometodologia, interacionismo simbólico, dramaturgia), os fenômenos coletivos são explicados por situações, orientações e crenças ou cognições de atores individuais, sem atenção às estruturas sociais mais amplas. Insiste-se em que a realidade social é constituída por orientações subjetivas de atores individuais, os únicos atores capazes de formular objetivos e agir intencionalmente. Acaba-se por supor que as estruturas extra-individuais podem ser modificadas por desejos individuais. Não se devem transformar as distinções entre a micro e a macro sociologia em dicotomias. A questão não é tentar abolir suas óbvias diferenças, já que a distinção ajuda o pesquisador a tornar-se sensível diante dos diferentes níveis de análise, quando se move para dimensões mais ou menos associadas aos sistemas ou aos jogos sociais. O esforço desenvolvido por autores como Habermas, Giddens, Bourdieu, apesar de trabalharem com matrizes conceituais distintas, é o de construir conceitos que fortaleçam as pontes entre as duas dimensões (Alexander, 1988; Mouzelis, 1995).

[29] Em termos estruturais, o mundo da vida é formado por: a) *cultura* — entendida como estoques de conhecimento que persistem ou são herdados do passado e dos quais os indivíduos se suprem para estabelecer suas interpretações; b) *sociedade* — consistente em ordens legitimadas através das quais os participantes na comunicação regulam suas afiliações aos grupos sociais e salvaguardam a solidariedade; c) *estrutura pessoal* — inclui todos os motivos e competências que habilitam os indivíduos a falar e agir de modo a assegurar a própria identidade. Cabe

ressaltar que os processos de transmissão cultural, de integração social e de socialização permanecem dependentes do entendimento mútuo como mecanismo para coordenação da ação.

[30] Segundo Habermas (1989:391), "sob a perspectiva de um mundo da vida racionalizado, os imperativos dos sistemas se confrontam com estruturas comunicativas independentes em processos de reprodução cultural, integração social e socialização — esses não respondem aos meios do poder e do dinheiro. Valores que são fundamentais para diferentes formas de vida têm a ver com a gramática da vida".

[31] Habermas, 1989:391.

[32] Nas palavras de Habermas (1989:259), "os sistemas precisam ser ancorados no mundo da vida através das instituições".

[33] Alexander, 1988:289.

[34] Nos termos de Habermas (1997a, v. 2, p. 84), "sistemas semanticamente fechados não conseguem encontrar por si mesmos a linguagem comum necessária para a percepção e a articulação de medidas e aspectos relevantes para a sociedade como um todo. Para conseguir isso, encontra-se à disposição uma linguagem comum, situada abaixo do limiar de diferenciação dos códigos especializados, a qual circula por toda a sociedade".

[35] Habermas, 1997a, v. 2, p. 74-79; Bohman, 1996:189; Avritzer, 2000a:44.

[36] Young, 2003.

[37] Não se pode esquecer que o terreno do associativismo cívico é altamente diversificado, e que algumas formas não democráticas de associação também exercem pressão nas instâncias de tomada de decisão do centro do sistema político e ainda competem por atenção e apoio do público.

[38] Bohman, 1996: 53.

[39] Habermas, 1997a, v. 1, p. 173.

[40] Ibid., p. 190. Na última seção deste capítulo veremos como Habermas defende a necessidade de uma relação de mão dupla entre os públicos críticos que sustentam processos de deliberação na esfera pública e as instituições políticas, seja para a constituição legitima da lei, seja para o estabelecimento de processos democráticos de regulação.

[41] Habermas, 1997a, v. 2, p. 107.

[42] Fishkin, 1991; Fung, 2004; Coelho e Nobre, 2004; Fung e Wright, 2003.

[43] Habermas, 1997a, v. 2, p. 107.

[44] Keane, 1997; Hendriks, 2006.

[45] Habermas, 1997a, v. 2, p. 107.

Política deliberativa e reconsiderações acerca do conceito de esfera pública **89**

[46] Mansbridge, 1999; Searing et al., 2004; Hendriks, 2006; Marques, 2007.

[47] Conover, Searing e Crewe, 2002; Kim, Wyatt e Katz, 1999; Mansbridge, 1999, Marques, 2007.

[48] Mansbridge, 1999:211.

[49] Benhabib, 1996:71.

[50] Baynes, 1995:216.

[51] Fishkin, 1991; Cohen, 1996, 1997; Bohman, 1996; Gutmann e Thompson, 1996, 2004.

[52] Habermas, 1997a, v. 2, p. 98.

[53] Ibid.

[54] Além da dimensão "cognitiva", Habermas (1997a, v. 1, p. 186) diz que as convicções produzidas através da argumentação passam a ser partilhadas intersubjetivamente, possuindo uma força motivadora: "o uso das liberdades comunicativas é (...) um gerador de potenciais de poder. Isso pode ser ilustrado através do modelo das tomadas de posição em termos de sim/não em relação à oferta de um simples ato de fala. A convicção comum entre falante e ouvinte, que é produzida ou simplesmente reforçada através do reconhecimento intersubjetivo de uma pretensão de validade, significa a aceitação tácita de obrigações relevantes para a ação; nesta medida, ela cria uma nova realidade social". Ainda segundo Habermas (1997a, v. 1, p. 227), os discursos ético-políticos devem "possibilitar a autocompreensão autêntica e conduzir à crítica ou ao fortalecimento de um projeto de identidade".

[55] Habermas, 1997a, v. 1, p. 227.

[56] Cohen e Arato, 1992:531; Habermas, 1997a, v. 2, p. 103.

[57] Warren, 2001; Chambers, 2002; Gurza Lavalle, Houtzager, Castello, 2006; Young, 2006.

[58] Warren, 2001.

[59] Habermas, 1997a, v. 2, p. 107.

[60] Habermas, 1989:390.

[61] Thompson, 1995, 2000; Braga, 2001.

[62] Blumler e Gurevitch, 2000; Hallin e Mancini, 2004.

[63] Pan e Kosicki, 2003; McCombs e Ghanem, 2003; França, 1998; Gomes, 2004.

[64] Gomes, 1999; Maia, 2004, 2006b.

[65] Habermas, 1992b:440.

[66] Habermas, 1997a, v. 2, p. 116. Mais recentemente, Habermas (2006:416) distinguiu cuidadosamente entre os atores que ganham acesso aos *media*. Além dos profissionais da mídia — "especialmente jornalistas que editam as notícias, repórteres e comentaristas" — e políticos —

"que ocupam o centro do sistema político", há: "(a) *lobbystas* que representam certos grupos de interesses; (b) *defensores de causas (advocates)* que representam tanto grupos de interesses quanto aqueles que carecem de representação, tais como grupos marginalizados que são incapazes de expressar eficazmente seus interesses; (c) *especialistas* que apresentam conhecimento científico ou profissional em alguma área especializada e que são convidados a dar conselhos; (d) *empreendedores morais (moral entrepreneurs)* que geram atenção pública para tópicos supostamente negligenciados e, finalmente, (e) *intelectuais* que, de modo distinto de defensores de causas ou de empreendores morais, gozam de reconhecida reputação em algum campo (...) e que se engajam (...) espontaneamente no discurso público, com a inteção declarada de promover interesses gerais".

[67] Habermas, 1989:390.

[68] Habermas, 2006:418.

[69] Maia e Marques:2002; Stevenson, 2002:68-74; Kellner, 2001; Tufte, 1999, 2000.

[70] Ver Gomes, 2004; Gamson, 2001; Bennet e Entman, 2001; Esteves, 2003.

[71] Habermas, 1992a:186.

[72] Habermas, 1997a, v. 2, p. 105.

[73] Schmakz-Bruns, 2001; Dryzek, 2000:115; Habermas, 2001:89; Calhoun, 1998.

[74] Habermas, 1996a:334.

[75] Habermas, 1997a, v. 2, p. 105.

[76] Ibid., v. 1, p. 221.

[77] Ibid., p. 171.

[78] Ibid., p. 172.

[79] De acordo com Habermas (1997a, v. 2, p. 32), "o sentido operacional dessas regulamentações (...) consiste menos na sensibilização para a colocação de novas formulações de problemas do que na justificação de escolha de problemas e na decisão de propostas concorrentes".

[80] Habermas, 1997a, v. 1, p. 209.

[81] Gutmann e Thompson, 2004:6.

[82] Ibid.

[83] Fung e Wright, 2003; Dagnino, 2002:283; Avritzer, 2000a:45.

[84] Cohen e Arato, 1992; Elster, 1998; Dryzek, 2000:26.

[85] Fung, 2004:174.

Política deliberativa e reconsiderações acerca do conceito de esfera pública

[86] Apropriando-se das abordagens de Dahl sobre minipúblicos, Fung (2004:176) propõe os seguintes fóruns: *fóruns educativos* — organizados com o propósito de criar condições para que os cidadãos formem, articulem e refinem opiniões sobre determinados assuntos públicos (tais fóruns buscam contemplar eqüitativamente a diversidade de vozes em termos geográficos, culturais, étnicos e socioeconômicos; prover informação qualificada para os participantes e estabelecer chances iguais de expressão e de escuta efetiva nos processos de debate); *conselhos consultivos participativos* — têm como propósito alinhar as políticas públicas com preferências pontuais imediatas; *cooperação para a resolução participativa de problemas* — prevê um relacionamento contínuo entre o público e o Estado, visando solucionar determinados problemas coletivos; *governança democrática participativa* — procura incorporar as vozes dos cidadãos na determinação das agendas políticas, através da participação direta dos mesmos, a fim de aumentar a eqüidade da elaboração de políticas públicas.

[87] Boggs, 1997; Dagnino, 2002.

[88] Avritzer, 2002; Alvarez et al., 2000; Dagnino, 2002.

3

Deliberação e mídia

Rousiley C. M. Maia

Devido ao tamanho e complexidade das sociedades contemporâneas, a deliberação pública é (e certamente precisa ser) em grande parte midiatizada. Os meios de comunicação respondem por importantes aspectos do processo de "trocar argumentos em público". Estabelecem relações com os diálogos e debates que ocorrem em esferas públicas episódicas, fóruns e encontros presenciais da sociedade civil e em instâncias formais do Parlamento, como visto no capítulo anterior. Não há outro espaço para a divulgação de informações que se iguale aos meios de comunicação, em termos de amplitude e repercussão. Além disso, os *media* são fundamentais para definir quem se comunica com grandes audiências. Mas como pensar o processo de deliberação através dos *media*? Quem tem acesso a eles? Como se dá o processo de mediação por seus profissionais? Que oportunidades têm os atores sociais para apresentar seus pontos de vista e defender suas causas de modo inteligível e esclarecedor? Quem responde a quem no espaço de visibilidade sustentado pelos meios de comunicação?

Boa parte dos estudos sobre comunicação política se preocupa em identificar o volume e a qualidade da informação política disponibilizada pelos meios em relação à agenda política.[1] Outra parte procura averiguar como os cidadãos selecionam e utilizam informações diversas, obtidas através de dispositivos e formatos diferentes, a fim de construir sentido sobre as questões políticas, as posições e os interesses do jogo político.[2] Preocupamo-nos aqui em examinar a constituição de debates na própria esfera de visibilidade dos *media*. A nosso ver, esse é um terreno com características próprias, que merece ser investigado independentemente dos "efeitos" que as mensagens possam causar na opinião pública. Isso não quer dizer que negligenciemos a profunda inserção dos *media* e das práticas comunicativas no todo social e no contexto sóciohistórico, nem que minimizemos a complexidade do processo de recepção, nem, ainda, que adotemos visões simplificadas da dinâmica entre as partes e o todo. Nossa atenção recai sobre a constituição do debate na esfera de visibilidade dos *media* em situações diversas: questões de identidade e lutas por reconhecimento; processos para especificação de novas normas; práticas de transgressão de poder e mecanismos de prestação de contas.

Por visibilidade midiática entendemos o "espaço do visível" produzido pelo aparato tecnológico dos meios de comunicação, onde um imenso conjunto de formas simbólicas — pronunciamentos, imagens, ações, eventos — pode ser publicizado, publicado, compartilhado, tornando-se "socialmente acessível", como salientou John Dewey (1954:176). Através desses meios, tais formas simbólicas podem se estender no tempo e no espaço, tornando-se disponíveis para outros em momentos e lugares distintos.[3] Nas palavras de Peter Dahlgren, "os *media* contribuíram para [criar] espaços de visibilidade pública onde o mundo e suas questões correntes se tornam, por diversos modos de representação, disponíveis para a maioria dos cidadãos".[4]

Neste capítulo buscamos esclarecer as características do sistema dos *media*, com suas próprias instituições encarregadas de produzir visibilidade. Primeiramente examinamos como operam os *media* para préestruturar a esfera pública política. O intuito é mostrar como os agentes do sistema promovem a mediação através de processos de agendamento e enquadramento. Em seguida, exploramos a função específica dos meios de comunicação como fórum para o debate cívico. Examinamos, em particular, como os *media* podem criar um espaço para "o uso público da razão" e o "intercâmbio de argumentos em público". Por fim, procuramos apresentar alguns indicadores para a apreensão do debate público midiático.

Os meios de comunicação como sistema

Não são poucas as dúvidas a respeito da capacidade dos meios massivos para formar plataformas para o debate público. As empresas de comunicação estabelecem diversas relações de interesse com grupos de poder e setores do mercado, o que pode comprometer os parâmetros da comunicação democrática, ou seja, a independência, a responsabilidade e a correção da informação.[5] Nem sempre os fatos relevantes da vida política recebem a devida atenção dos profissionais dos veículos, aos quais caberia reunir as melhores informações disponíveis e explicar e debater as idéias políticas públicas.[6] Além disso, as empresas privadas e públicas de comunicação têm optado por desenvolver gêneros de entretenimento e ficção em detrimento de programas instrutivos ou voltados para o interesse público.[7] Ao mesmo tempo que diminui a importância das editorias de política, ganham cada vez mais espaço as amenidades, o lazer e o esporte.[8]

Contudo, as apreciações sobre o desempenho dos meios de comunicação nas democracias contemporâneas têm que se basear num claro entendimento das instituições da mídia e seu contexto social, levando em conta o próprio sistema político e a cultura política, assim como os conflitos essenciais existentes na sociedade. Os *media* não são "canais" ou "provedores neutros" de informação, mas instituições híbridas, ao mesmo tempo políticas, econômicas e cultural-profissionais, que estabelecem relações tensas, conflituosas, com outros atores sociais.

Assim, é útil entender os *media* como um sistema, tal como proposto por Jeffrey Alexander (1988), Jay Blumler e Michel Gurevitch (2000), e David Hallin e Paolo Mancini (2004). Adaptando as proposições desses autores, podemos compreender os meios a partir de uma perspectiva sistêmica, com base nos seguintes componentes: as instituições da mídia e seus profissionais; as instituições dos demais sistemas e seus agentes; os membros da audiência, dispostos no final dos *outputs* produzidos por tais instituições; e o ambiente sociopolítico em torno de tais instituições. Em outro trabalho, examinei mais detalhadamente tais componentes.[9] Aqui interessa retomar os elementos principais da concepção dos *media* como sistema, dando atenção às suas funções e à diversidade de relações que estabelecem com outros sistemas e seus respectivos agentes.

Nas sociedades complexas, o sistema dos *media* é formado por instituições como imprensa, rádio, TV aberta, TV a cabo e telemática, e esses setores seguiram, muitas vezes, trajetórias peculiares. Num mesmo país, o sistema dos *media* não apresenta propósitos homogêneos ou orientações únicas. Em vez disso, estabelece quadros normativos distintos, com estratégias mercadológicas e padrões de regulamentação particulares.[10] A constituição de um sistema pressupõe uma "autonomização" das relações. Um conjunto de instituições é criado numa determinada esfera social e passa a exercer funções específicas, atuando de modo relativamente independente, diferenciado de outros sistemas, tais como o político, o religioso, a economia de mercado etc. Contando com uma coletividade de agentes, metas, padrões normativos, valores e papéis próprios, um determinado sistema desenvolve recursos responsáveis por sua própria manutenção. Promove uma divisão de trabalho e garante aos seus agentes considerável liberdade de movimento em relação às forças de outros sistemas.

As teorias da diferenciação social e dos sistemas são úteis como idéia norteadora, mas é preciso estar atento às interações sociais que ocorrem em contextos específicos, as quais são configuradas por relações de poder e tensões culturais numa dada sociedade. Estudos histórico-comparativos mostram que os meios de comunicação foram fomentados por grupos e instituições de diversas naturezas em diferentes países e regiões do mundo.[11] Assim sendo, a diferenciação das instituições da mídia ao longo dos séculos XIX e XX ocorreu em graus distintos, sob formas diversas de associação com grupos econômicos, religiosos, políticos ou regionais, em todas as sociedades modernas.

Entender os meios de comunicação a partir de uma perspectiva sistêmica significa elucidar as características de um conjunto de elementos interdependentes, isto é, ligados entre si por relações e formas de ação que perduram ao longo do tempo e que também contribuem para a manutenção do conjunto.[12] O primeiro elemento a ser considerado diz respeito à criação de uma cultura própria, com regras simbólicas compartilhadas, valores éticos e auto-identidade reconhecida. O avanço do profissionalismo é em grande parte responsável por organizar complexos simbólicos e articular relações sociais na área de comunicação. Um profissional plenamente qualificado é alguém que adquiriu as técnicas e os valores de um determinado ofício e é chamado a exercer o julgamento profissional num ambiente tipicamente não supervisionado.[13] Tal ação independente, de acordo com os padrões profissionais, inclui o exercício consciente dos deveres, algumas vezes descrito como "o senso do dever". No caso do jornalismo, por exemplo, tais normas podem envolver princípios éticos (como a obrigação de manter as fontes sob sigilo ou de fazer a separação entre o material de propaganda e o material editorial), rotinas práticas (como padrões correntes de noticiabilidade) e, ainda, critérios internos para julgamento do desempenho da profissão e alocação de prestígio. Esses critérios são compartilhados pelos atores, independentemente das biografias individuais, personalidades ou filiações políticas. Ademais, os critérios e suas constelações simbólicas são criados e mantidos internamente pelo próprio sistema, independentemente de supervisão externa.

Os sistemas são diferenciados internamente, com subunidades e ordens de profissionais que participam continuamente de processos de intercâmbio mútuo. Os diversos setores da comunicação — rádio, TV, mídia impressa, publicidade, relações públicas —, apesar de se estruturarem em organizações típicas, com lógicas e propósitos peculiares, promovem a integração dos diferentes âmbitos. A criação de novos setores produz diferenciações internas no próprio sistema midiático, no intercâmbio funcional estabelecido com as instituições de outros sistemas e seus respectivos ambientes de ação. Por exemplo, o surgimento da telemática impôs mudanças nas rotinas profissionais para a produção e divulgação de informação, seja pelo rádio, imprensa ou TV, nos processos de criação publicitária, nas lógicas de comunicação com o público etc.

Os sistemas organizam-se em torno de metas e propósitos próprios, levando em consideração o quadro de papéis estruturado e a expressão dos agentes. Cada sistema opera com um "código" ou uma "linguagem" particular. Por exemplo, o mercado responde ao dinheiro e à demanda existente; a política opera através do poder e de sanções de normas legais; a educação opera através da produção e reprodução de conhecimento. Em termos sucintos, pode-se dizer que o sistema dos *media* detém os recursos para a produção da visibilidade de que os atores de outros sistemas dependem. Os profissionais do sistema manejam regras de produção de sentido e de apresentação — gêneros narrativos diversos, formas de dramatização e construção de figuras, embates verbais etc.— que podem ser empregadas em matérias jornalísticas, shows de TV ou programas publicitários. Assim, o sistema dos *media* é capaz de gerar saber tecnocompetente e práticas de divulgação para amplas audiências de questões referentes aos sistemas econômico, científico-tecnológico, político, religioso, cultural etc. Dentro de cada organização de mídia há, certamente, uma enorme variedade de produtos e estilos de apresentação. Porém, todos os bens simbólicos — informação, documentários, entretenimento artístico, pastiches, comédias — são afetados pelos critérios utilizados pelos agentes da mídia para apresentar o material ao público.

As diversas relações que o sistema dos *media* estabelece com as instituições de outros sistemas têm normas específicas para diferentes funções e tipos de situação. Por exemplo, nas relações com o sistema político, é possível dizer que o jornalismo, em termos normativos, exerce diversas funções, tais como: fornecer informações para que os cidadãos possam fazer escolhas esclarecidas; monitorar a atuação dos representantes, a fim de evitar abusos de poder e salvaguardar as liberdades individuais; servir como fórum de debate para representantes do governo, partidos políticos, grupos de pressão e agentes da sociedade civil; servir como agente de mobilização.[14] Cabe destacar que não só o jornalismo, mas também os documentários, os programas de entretenimento ou mesmo os programas de humor e ficção possuem recursos para propiciar visibilidade aos agentes, aos negócios e aos jogos da política.[15] Isso gera pressões e contrapressões no sistema político, configura situações e disposições, impõe limites e constrangimentos à atuação dos atores políticos e proporciona oportunidades e vantagens para a aquisição ou perda de poder e de influência.

Por fim, é preciso considerar que a atuação dos agentes do sistema ajusta-se aos recursos que são subjacentes aos demais sistemas. Há uma série de condições às quais a ação precisa adaptar-se a fim de atender às exigências do ambiente externo. Nas inter-relações que estabelecem com os outros sistemas e seus ambientes de ação, os agentes da mídia têm que interpretar componentes normativos e negociar com padrões comparti-

Deliberação e mídia

lhados de ação. A apreensão dessas interconexões requer análises específicas do ambiente concreto de atuação dos profissionais, das situações de interação e de condições históricas particulares.[16]

Na prática, a apreensão do ambiente midiático requer a especificação de indicadores observáveis das divulgações de veículos específicos, a partir de seus dispositivos, modos de operação e produtos particulares, como discutiremos na seção seguinte. Contudo, é importante prestar atenção à totalidade das expressões da mídia, uma vez que muitas delas, com formatos e estilos variados, encontram seu caminho até a audiência. Os sujeitos são expostos a uma diversidade de meios e extraem insumos de canais diversos para suas conversas no dia-a-dia. Ademais, não só as matérias jornalísticas e informativas são relevantes para fomentar discussões politicamente importantes, mas também os programas de entretenimento e ficção, que põem em cena experiências, conflitos e lutas concretas de indivíduos e grupos na sociedade.[17] Os membros do público desenvolvem seus próprios modos de interpretação e incorporam os sentidos derivados dos produtos da mídia em seus estoques de conhecimento comum.[18] Eles falam sobre questões da política pública valendo-se dos recursos de que dispõem.

A constituição da visibilidade e os processos de mediação

Para entender o processo de mediação operado pelos meios de comunicação é preciso estar atento às regras, às convenções e aos constrangimentos, quer sejam criados pelo sistema, quer sejam auto-impostos pelos comunicadores profissionais. Os *media* não funcionam como meros "condutores" de informação para outras fontes. Décadas de estudos sobre *agenda setting* — investigando como os agentes da mídia controlam a agenda política ao selecionarem certos tópicos para uma ampla cobertura, e como o público subseqüentemente lhes atribui importância — evidenciam que os *media* servem pelo menos como organizadores da agenda pública e que isso certamente envolve uma seleção.[19] Porém, como os grupos de interesse controlam a agenda que se distribui entre os *media* e as fontes, e como se dá a luta para influenciar a produção de sentido das mensagens são pontos menos claros.[20] A transformação de certas matérias em "questões públicas" ou a construção de determinados "eventos" não são óbvias ou imediatas, como dá a entender o conceito de agendamento. Identificar causas e efeitos, definir situações, construir um campo prático de ações futuras, tudo isso envolve intensa luta política.

Os estudos sobre enquadramento são, aliás, mais apropriados do que aqueles sobre agendamento, quando se trata de conhecer melhor a disputa entre os atores sociais para interferir na produção de bens simbólicos da mídia, definir e configurar questões públicas, formular estratégias de apresentação e ganhar "ressonância" cultural.[21] Em alguns casos, o embate entre os atores se dá exatamente com o intuito de manter certos tópicos em segredo, longe da visibilidade midiática.

Boa parte dos estudos sobre enquadramento se inspira na dramaturgia de Erving Goffman. A partir dessa perspectiva, os teóricos propõem que as notícias são construídas através de determinados enquadramentos que definem, organizam e conformam a realidade.[22] Em definição bastante citada, Robert Entman diz que "enquadrar é selecionar uma realidade percebida e torná-la mais saliente num texto, de modo a produzir uma definição particular do problema, uma interpretação causal, uma apreciação moral e/ou uma recomendação".[23] Alguns autores definem enquadramento de modo mais amplo, como padrões de cognição e de interpretação de sentidos socialmente compartilhados e duradouros numa dada cultura. Os *frames* não podem ser reduzidos a um único indicador ou a tópicos singulares. Dizem respeito a um "esquema estruturador" da informação, ou seja, uma "idéia organizadora central para extrair sentido de eventos relevantes, sugerindo qual questão se encontra em pauta".[24] Todd Gitlin (1980) buscou demonstrar que os enquadramentos são, inevitavelmente, parte de um conjunto mais amplo de estruturas e ideologias sociais. A partir de tal perspectiva, Stephen Reese (2003:11) defende que certa dimensão dos enquadramentos resiste à contingência de "certas histórias" e refere-se, antes, a princípios organizatórios "persistentes através do tempo".

Assim, entende-se que a construção de sentido pelos profissionais da comunicação não é auto-evidente, fruto da vontade ou da consciência individual. Os textos da mídia são resultado de princípios que estruturam cognitiva e culturalmente os sentidos, em articulação com as próprias relações sociais. De tal sorte, a natureza dinâmica dos enquadramentos será melhor concebida se assumirmos a pluralidade de posições e valores e, conseqüentemente, a tensão entre as interpretações colocadas em movimento pelos indivíduos e grupos numa dada situação. Conforme Reese (2003:14), "o que se vê nos textos da mídia é freqüentemente o resultado de princípios concorrentes de fontes em disputa e, ainda, entre os próprios profissionais da mídia". Assim, pode-se pensar no espaço midiático de visibilidade como uma "arena", ou um "palco" onde vários grupos sociais e instituições competem sobre a definição e a construção de sentidos a respeito de questões-chave da vida pública. Contudo, os grupos sociais concorrentes não atuam no ambiente midiático de modo autônomo ou independente. Os profissionais da comunicação, como já apontado, são os responsáveis por criar visibilidade e agenciar os discursos desses grupos e, também, por produzir interpretações dos fatos, construir narrativas, formular juízos e recomendações.

Cabe ressaltar que o enquadramento presente nos textos da mídia não se reduz a posicionamentos "pró" ou "contra" determinadas questões. Alguns desses enquadramentos são claramente ambíguos e se desdobram em vários subenquadramentos. Num mesmo enquadramento geralmente há margem para posições variadas, o que permite certo grau de controvérsia entre aqueles que compartilham de um mesmo quadro interpretativo.[25] Por exemplo, no debate sobre a legalização da maconha, que será discutido no capítulo 7 deste livro, aqueles que são contra a legalização divergem entre si em uma grande variedade de questões morais ou práticas, como os efeitos da droga, os custos para os usuários e a sociedade, as medidas de repressão e combate ao narcotráfico, as políticas de reabilitação. O mesmo ocorre entre os que são a favor da legalização, que divergem entre si quanto aos direitos do usuário, a hierarquia dos vícios, as políticas de controle e de venda da droga.

Os estudos sobre enquadramento oferecem bons subsídios para tratar do papel dos meios de comunicação na produção da visibilidade dos atores, seus discursos e seus efeitos na audiência.[26] Não oferecem, porém, instrumental teórico-analítico para a investigação da troca de argumentos *em público*, da produção de consensos e dissensos. A nosso ver, para se investigar a constituição de debates na esfera de visibilidade da mídia e como eles competem entre si, é preciso que o aparato conceitual e as ferramentas analíticas tenham como referência o quadro teórico da deliberação. Antes de explorar essa questão é preciso deixar claro que o debate midiático é constituído através do "arranjo" das fontes ou das expressões dos sujeitos sociais, que formam uma "rede de discursos" dentro dos programas ou produtos da mídia.

A estipulação das normas e procedimentos da deliberação — fundamentados na estrutura da comunicação interpessoal, do tipo face a face — é insuficiente para abordar debates distendidos no tempo e no espaço. Como visto no capítulo 1, se os procedimentos apontados por Habermas, a partir da "situação ideal de discurso", já são demasiado exigentes para estarem todos presentes nos debates que acontecem no mundo real, eles o são muito mais para tratar dos debates que se dão através da mídia de massa. Contudo, como o próprio Habermas (2006:415) recentemente admitiu, "a comunicação política mediada não precisa ajustar-se ao padrão mais estrito de deliberação". Ainda que comunicação de massa apresente: (a) ausência da interação face a face entre os participantes numa prática coletiva de produção de decisão e (b) ausência de reciprocidade entre os papéis de ouvinte e de falante, em uma troca igualitária de reivindicações e opiniões", isso não nega a aplicabilidade do modelo da política deliberativa.

Para encaminhar essas questões, é importante retomar aqui a perspectiva da deliberação pública, a qual oferece um quadro teórico mais apropriado para pensar o papel dos *media* na promoção dos debates públicos. A deliberação pública, embora usualmente concebida a partir do modelo da discussão interpessoal, possui características diferentes das desta última. Em vez do encontro dialógico único, a deliberação pública é vista como um processo de trocas coletivas que se estende no tempo e no espaço. Como vimos no primeiro capítulo, Habermas, em suas obras posteriores, utiliza a expressão "conversação sem sujeito" (*subjectless conversation*), a qual se descola dos pronunciamentos específicos de sujeitos concretos, com suas crenças e vocábulos particulares inseridos num dado contexto. Seyla Benhabib (1996:74) refere-se a uma "uma conversação pública anônima" (*anonymous public conversation*) em "redes e associações de deliberação, contestação e argumentação entrelaçadas e sobrepostas".

A deliberação pública é desenvolvida por uma pluralidade de agentes composta por coletividades e sujeitos singulares que apresentam contribuições distintas, produzindo um processo dialógico que não está sob o controle de nenhum deles em particular. Os tópicos do debate são processados pelos participantes através de um vaivém de pontos de vista, argumentos e posicionamentos. Os embates argumentativos se desenvolvem através de um "toma-lá-dá-cá" em aberto. Bohman (1996:55) utiliza a metáfora do jogo para dar a entender que cada sujeito, singular ou coletivo, dotado de intencionalidades e estratégias próprias, produz seus lances discursivos na expectativa de obter certos resultados, mas sem jamais prever como os demais participantes irão interpretar aqueles pronunciamentos e agir na nova situação criada: "assim como num jogo, a deliberação pública é estruturada de tal modo que cada um de uma pluralidade de atores distintos coopera ao responder aos demais e ao influenciá-los".

Dryzek (2004:48) propõe que a deliberação pública pode ser entendida como uma "competição de discursos a longo prazo no espaço público". Ele procura dissociar a idéia do processo deliberativo de indivíduos singulares, de participantes individuais.[27] Isso porque um mesmo discurso[28] pode ser produzido e compartilhado por diversos indivíduos, grupos sociais ou tipos de agentes, num campo de posicionamentos concorrentes. "A esfera pública sempre haverá de abrigar uma constelação de discursos."[29] A opinião pública é vista, então, como o *resultado provisório* da competição de discursos na esfera pública.

A objeção a reduzir o processo deliberativo a indivíduos singulares não significa que estes devam ser expurgados do processo. Significa, isso sim, que não se exige que esses indivíduos façam sempre julgamentos bem informados e competentes sobre a totalidade do processo político (as regras do jogo, as políticas públicas, a agenda política etc.).[30] Obviamente, para a efetividade democrática, há necessidade de julgamentos em volume suficiente e com grau de informação adequado para conduzir os negócios da política e para processar os interesses em jogo. Mas esse processo cognitivo pode ser realizado por uma variedade de atores coletivos, como conselhos consultivos, associações voluntárias, grupos de pressão, movimentos sociais etc., na medida em que buscam tematizar publicamente problemas a serem resolvidos no âmbito do sistema político, representar vozes marginalizadas ou excluídas, constituir agendas públicas e organizar ações coletivas — atividades essas que se desenvolvem ao longo de um determinando período. Como visto no capítulo 2, supõe-se que os argumentos que se tornam disponíveis na esfera de visibilidade dos *media* tenham maiores chances de "generalizar-se", isto é, de ser incorporados pelos cidadãos em suas conversações diárias ou processados em debates travados em diferentes ambientes sociais.

Indicadores da deliberação mediada

Para caracterizar minimamente um processo de deliberação, é preciso que os interlocutores sustentem argumentativamente seus próprios pontos de vista, contestando os argumentos contrários. Logo, é preciso que cada um considere os argumentos dos opositores no seu próprio argumento, justificando suas objeções de modo inteligível e esclarecedor, para que possam ser aceitas pelos demais. Os argumentos se validam por suas próprias qualidades para gerar convencimento e livre assentimento, sem o uso da força ou da coerção. As perspectivas e as decisões permanecem abertas para serem revistas a qualquer instante no futuro.[31]

Como pensar esse processo na esfera de visibilidade dos *media*? No ambiente midiático, estará assegurada a participação de todos os interessados, ou pelo menos das vozes mais representativas, no debate sobre uma dada questão? Serão estabelecidas condições equânimes de participação para o exercício da responsividade, para o diálogo entre as fontes, com metas, perspectivas e mensagens concorrentes entre si?

Claro está que os agentes da mídia possuem um papel ativo na organização, no enquadramento de sentidos e no fornecimento de explicações para o público; e que as organizações midiáticas detêm os recursos para absorver disputas existentes em outros ambientes ou mesmo para criá-las. Falas de atores de origens distintas, provenientes de sistemas diversos, entram em contato nos textos dos *media*. Alguns autores[32] defendem que os *media* — particularmente as modalidades diversas de jornalismo — podem ser vistos como uma arena para a deliberação. Ao examinar editoriais e colunas de opinião, Benjamin Page (1996b:17) procurou entender como os "comunicadores profissionais interagem uns com os outros e falam para amplas audiências".[33] Contudo, a expressão política e a troca de razões não se restringem aos editoriais e colunas de opiniões, pois estão presentes em muitas outras matérias jornalísticas e outros veículos da mídia. Assim, permanece o problema de identificar e examinar o debate interno à esfera de visibilidade dos *media*. Com base no quadro teórico da deliberação, é possível, a meu ver, apontar os seguintes indicadores para se examinar a deliberação mediada:[34]

- *acessibilidade* — quem ganha acesso aos canais da mídia e se constitui como fonte para os textos jornalísticos? Tal acesso se dá de modo altamente diferenciado: ser objeto das narrativas jornalísticas é diferente de ter as "falas tal como proferidas" incorporadas em tais narrativas, o que, por sua vez, difere da oportunidade de aparecer como o próprio autor do discurso. Esse indicador aponta o grau de inclusividade dos diferentes atores nos debates midiáticos;

- *identificação e caracterização dos interlocutores* — como se dá a identificação dos participantes do debate, a partir de diferentes categorias de atores sociais e do espaço/tempo que lhes são destinados? Tais categorias permitem identificar os papéis institucionalmente definidos dos atores e o universo de expectativas a eles associadas;

- *utilização de argumentos* — os participantes apresentam razões para sustentar suas visões, preferências, recomendações e comandos? Busca-se o convencimento através de argumentos e procedimentos demonstrativos? Esse indicador refere-se ao aspecto crítico-racional do discurso e à organização das posições e contraposições;

- *reciprocidade e responsividade* — há possibilidade de diálogo entre as fontes com diferentes reivindicações? Os atores procuram justificar suas posições diante das questões em tela? Quem responde a quem? Tal indicador possibilita a identificação da interação discursiva entre os atores e seus discursos no contexto;

- *reflexividade e revisibilidade de opiniões* — diante dos argumentos apresentados pelos participantes, é possível notar mudanças de posição ou de preferências inicialmente expressas? Tal indicador aponta para um processo de aprendizagem pelo qual os participantes podem rever as próprias opiniões ou argumentos para incorporar novos aspectos ou aperfeiçoar as razões em disputa.

Graus de acesso e de reconhecimento, uso de argumentos críticos, reciprocidade/responsividade e reflexividade/revisibilidade das opiniões são, na esfera de visibilidade dos *media*, importantes indicadores para se apreciar a qualidade da deliberação nas democracias atuais. Certamente, tais questões precisam ser examinadas empiricamente, seja em estudos que empreguem métodos quantitativos e qualitativos, seja em análises de conteúdo e de discurso. Na seção seguinte veremos mais detalhadamente esses indicadores.

Acessibilidade e caracterização dos interlocutores

Os veículos de comunicação oferecem oportunidades altamente desiguais de acesso dos atores sociais à esfera de visibilidade midiática. Como já apontado, a definição das oportunidades resulta da interação dos agentes do sistema dos *media* com suas lógicas, seus compromissos profissionais e modos operatórios, com os agentes de outros sistemas e ambientes de ação, em situações concretas. Além dos filtros utilizados para selecionar tópicos e contribuições em conformidade com critérios próprios, como os de noticiabilidade e potencialidade para despertar interesse na audiência, os discursos dos atores sociais são apresentados de modo bastante diferenciado na esfera de visibilidade dos *media*.

Não cabe supor que os discursos presentes nos textos da mídia se igualem aos discursos de atores singulares, num paralelismo simples. Os discursos dos atores sociais são selecionados, editados e apresentados através de diferentes recursos no ambiente midiático. Na narrativa jornalística, por exemplo, alguns atores têm seus discursos apenas relatados e tomados como objeto da enunciação jornalística; outros têm suas próprias palavras empregadas pelo enunciador (através do discurso direto e do uso de aspas), numa mistura de fontes enunciativas; outros conseguem que partes mais longas de seus discursos sejam incorporadas ou, ainda, que eles próprios apareçam como autores de narrativas e interpretações (como nas entrevistas ou nos discursos televisionados ou reproduzidos em jornais). Como já apontado, os profissionais da mídia utilizam dispositivos como metáforas, frases de efeito, exemplaridade, representações, recursos visuais — os quais podem, ou não, ser sustentados pelas fontes. Eles conferem ou negam legitimidade à fala das fontes, intencionalmente confrontam essas vozes com a de opositores, utilizam estudos técnicos ou empíricos para sustentar ou minar a credibilidade do que é dito.[35] Enquanto algumas vozes ganham proeminência, outras são marginalizadas nas narrativas midiáticas. Segundo Norman Fairclough (1995:81), "não se pode apreender a igualdade ou o equilíbrio entre as vozes simplesmente verificando-se quais delas estão representadas e qual o espaço concedido a cada uma; a rede de vozes envolve um engenhoso ordenamento e uma hierarquização das emissões". Ademais, certas posições ou certos discursos de determinados atores sociais podem ser assumidos pelas narrativas ou pelas opiniões jornalísticas (em editoriais ou colunas de opinião, por exemplo). Esta seria uma forma de ganhar acesso ao ambiente midiático, pela porta central, aliás.[36]

Outro ponto a ser considerado é que a gramática midiática impõe limitações de tempo e espaço às fontes. Os profissionais do sistema dos *media*, particularmente no Brasil, desencorajam longos discursos em favor de breves pronunciamentos, devido aos custos das emissões e, também, de se atrair a escassa atenção da audiência. Os próprios atores sociais, cientes do valor de "estar na mídia", tendem a adequar suas falas a esse sentido de urgência resultante das restrições de tempo e espaço.

Em nossos estudos, temos nos preocupado em distinguir as falas de representantes oficiais do sistema político (Executivo, Judiciário, Legislativo) das de especialistas e membros da sociedade civil organizada e não organizada. Por ora, interessa destacar que a estrutura de acesso aos canais dos *media* tende a reproduzir as assimetrias de poder existentes na sociedade. Os atores sociais contam com recursos materiais e simbólicos, arranjos institucionais e cotas de poder altamente assimétricos para transacionarem com os agentes da mídia. Sabe-se bem que os representantes políticos e os grupos poderosos têm acesso facilitado aos canais dos *media*, e que a rotina jornalística privilegia as fontes oficiais para organizar suas histórias.[37] Contudo, os atores da sociedade também lutam por visibilidade. Na literatura corrente sobre o tema, alguns estudos mostram como os promotores (*sponsors*) de certos discursos e enquadramentos buscam "atrair" a atenção dos *media* e "adequar" a informação aos padrões e às gramáticas dos veículos, valendo-se de estratégias tais como a agregação de valor-notícia aos acontecimentos, para que possam ser utilizados pelos jornalistas; o fornecimento de imagens e *release* às redações; a organização de eventos que coincidam com os horários de fechamento das edições jornalísticas etc.[38] Este é o trabalho estruturado de relações públicas de certas empresas, grupos de interesse ou mesmo movimentos sociais.[39] Ao longo deste livro examinamos as dificuldades e possibilidades dos debates midiáticos, com maior ou menor grau de deliberação, dos quais participam não só representantes do governo e das elites, mas também atores da sociedade civil, cidadãos interessados, vítimas e testemunhas.

Uso de argumentos crítico-racionais

A fala sobre a política não se limita obviamente à troca de argumentos, e nem todas as questões requerem deliberação a todo momento. A política, de modo geral, sempre envolveu e valorizou a discussão, seja para conquistar votos, realizar barganhas, atrair aliados, expandir influências, mobilizar ação coletiva ou aumentar o capital político e as chances de sucesso numa contenda qualquer. Para nossos propósitos, interessa destacar que a deliberação não pode ser caracterizada meramente por sua ênfase na discussão ou pela tentativa, de um determinado interlocutor, de alterar as preferências dos parceiros de diálogo. Mais que isso, a deliberação confere ênfase ao ideal de justificação política, à troca recíproca de razões em público.[40] Como diz Dryzek (2004:51), "manifestações a favor de ou contra decisões coletivas requerem justificação em termos que, mediante reflexão, possam ser aceitos pelos indivíduos que se submetem a essas decisões".

Autores deliberacionistas, como Bohman (1996) e Gutmann e Thompson (1996, 2004), destacam o valor da publicidade para garantir a legitimidade de decisões coletivas. Por certo, muitos interesses, metas e barganhas não podem obviamente ser defendidos em público, pois violam o interesse dos demais cidadãos e são moralmente repugnantes ou injustos. Por exemplo, chantagens, ameaças, perseguições, uso do poder público em benefício próprio, peculato e formação de quadrilha são práticas que, para serem bem-sucedidas, precisam ficar em segredo ou restritas a um pequeno círculo de pessoas. Além disso, algumas questões que visam ao bem comum também precisam de segredo, como, por exemplo, as situações em que o Estado vê ameaçadas a segurança e a ordem públicas, as descobertas científico-tecnológicas que regulam o desenvolvimento econômico, as práticas para a proteção de testemunhas etc. A teoria da democracia deliberativa não demanda o exercício da deliberação em todas as circunstâncias. O importante é que os representantes tornem claros os princípios que os norteiam e que justifiquem suas decisões num fórum deliberativo, em algum momento do processo. Como afirmam Gutmann e Thompson (2004:43), "para justificar alternativas não-deliberativas, eles [os representantes] precisam engajar-se em deliberação".

Nota-se, aí, o papel da publicidade e da troca aberta de argumentos entre os interessados para distinguir aquilo que é legítimo ou ilegítimo, na produção das decisões coletivas. Para além da zona de segredo e das questões que os atores mantêm afastadas da cena pública, há a exigência, no sistema constitucional de direito, de os cidadãos e seus representantes justificarem suas políticas preferidas ou as regras que buscam impor uns aos outros. Como ressaltam Gutmann e Thompson (2004:3), "as justificações (...) devem apelar para princípios que os indivíduos, buscando encontrar termos justos de cooperação, não possam rejeitar razoavelmente". Isso não quer dizer que todas as razões oferecidas ganhem assentimento ou que as decisões sejam de fato justificadas ou, ainda, que aquilo que hoje é aceito o será indefinidamente. O debate é um processo dinâmico com prazo indeterminado.

A análise dos discursos presentes na esfera de visibilidade dos *media* mostra que alguns atores, ao justificarem suas posições, buscam antecipar ou prever, num exercício de raciocínio hipotético, os pontos de vista, as posições e as situações daqueles envolvidos nas questões. Não raro, políticos e especialistas sustentam que suas políticas preferidas são corretas para seus concidadãos. Mas é através do engajamento efetivo no debate com os interessados que se define "quem é afetado" e "como é afetado" por tais políticas. Em termos práticos, a comunicação e a troca de razões devem realmente existir na esfera pública, tanto para testar as razões alegadas quanto para manter seu caráter público.

Em meio à grande variedade de conteúdos presentes na esfera de visibilidade dos *media*, determinados atores fazem avançar idéias, sustentando ou refutando argumentos publicamente. Mas isso se dá de forma distinta daquela dos debates que acontecem no Parlamento ou nos fóruns acadêmicos. A troca de argumentos no ambiente midiático se espalha por veículos diversos, através de um conjunto de pequenas matérias que exploram aspectos pontuais: dados contextuais, entrevistas, duelos de idéias, apreciações de especialistas etc. Num mesmo veículo, como o jornal, por exemplo, as controvérsias se desdobram numa variedade de espaços (editorias, espaços reservados à opinião, cartas de leitores, editoriais etc.). É possível dizer que o debate midiático se desenrola através de vários "lances discursivos", e não pela troca de uma extensa linha argumentativa, desenvolvida e apresentada de uma única vez. Freqüentemente, nos textos dos *media*, apenas fragmentos do discurso de um determinado ator são aproveitados, editados e recompostos em termos de discussão ou integrados a novos textos. Não raro, as nuanças e os detalhes de um determinado pronunciamento ou discurso são sacrificados em função da brevidade.

A existência de "lances discursivos" não implica, necessariamente, uma perda de clareza ou de substância, da mesma forma que a publicação de longos pronunciamentos sobre posições não garante a efetividade daquilo que se diz. Em certa medida, os agentes da mídia também fornecem "atalhos cognitivos" e esquemas que podem reduzir o tempo e o esforço despendidos na obtenção de informações sobre questões de interesse público e sobre o que o governo faz.[41] No caso dos debates públicos, os jornalistas e comentaristas podem destacar as principais posições e as linhas argumentativas em disputa, a fim de que elas se tornem mais facilmente acessíveis à audiência. Em igual medida, os agentes da mídia podem simplesmente acolher determinados pontos de vista e advogar em favor deles, caracterizando negativamente as posições adversárias, antes mesmo de apresentá-las.[42]

Reciprocidade e responsividade

Pronunciamentos sobre questões sensíveis encorajam manifestações de apoio ou oposição. Nossa premissa é que aquilo que se torna "visível, público, socialmente acessível"[43] em qualquer estágio do processo compele os interlocutores a responderem publicamente por seus próprios pronunciamentos, diante da indagação dos outros. Em outras palavras, os atores são instados a justificar suas intenções e ações, suas alianças e composições no jogo político, de modo que possam ser compreendidos pelos demais.

Efetivamente, os debates sempre envolvem indivíduos ou grupos com posicionamentos ou metas diferentes e, algumas vezes, alinhados com quadros de sentido distintos. Num debate, há reciprocidade quando os atores se referem a uma determinada questão e oferecem respostas às perguntas feitas. Algumas de nossas observações empíricas sugerem que os participantes do debate muitas vezes defendem suas próprias visões e vigorosamente criticam as dos demais, mas poucos reconhecem a força das críticas que lhes são endereçadas ou admitem a necessidade de modificar e estabelecer novos compromissos no decorrer da própria argumentação. Em alguns casos, o debate não chega a se estabelecer porque os interlocutores ficam presos a suas proposições iniciais e não se abrem ao diálogo. A negligência sistemática em relação às preocupações dos outros ou o silêncio continuado diante das críticas afetam a imagem pública dos atores políticos, minam a credibilidade das proposições apresentadas e o respeito às decisões tomadas.

Para haver debate é preciso certo grau de reciprocidade entre os sujeitos ou atores, vistos como parceiros do diálogo. No entanto, não é necessário examinar ponto a ponto todas as indagações feitas. Em qualquer debate, algumas proposições se mostram mais relevantes, sendo acatadas e desenvolvidas pelos participantes, enquanto outras são negligenciadas ou mesmo suprimidas. Algumas contendas podem ser retomadas em debates posteriores, para melhor definição das questões, das recomendações e do encaminhamento de soluções. No texto jornalístico, percebe-se que as discussões podem se multiplicar e se modificar, ramificando-se por diferentes editorias (política, economia, cotidiano, polícia etc.). Em diferentes espaços, os argumentos podem divergir ou se sobrepor uns aos outros, de modo não contíguo. Contudo, para a eficácia do debate, não é preciso haver total linearidade na discussão. A fim de se definirem as posições no campo discursivo, são fundamentais: a qualidade dos argumentos, isto é, a capacidade de responder a proposições problemáticas baseando-se nas melhores informações disponíveis num dado contexto; a credibilidade empírica; e a comensurabilidade através da experiência. Geralmente é preciso percorrer um longo caminho — na prática de interações discursivas que se acumulam através da reflexão — para conquistar tais qualidades. Argumentos não-lineares também são válidos, seja para proporcionar diferentes ângulos na apreciação de questões que, de outra forma, pareceriam "verdades óbvias", seja para propor novas linhas de indagação.

Reflexividade/revisibilidade das opiniões

A reflexão crítica faz com que os conhecimentos que se possui não sejam jamais conclusivos, mas permaneçam abertos ao desafio e à revisão, diante de novas evidências ou de novos argumentos.[44] O caráter reflexivo da argumentação na esfera pública significa que "todos os participantes", como diz Habermas (2006a:418), "podem rever a opinião pública expressa e responder após consideração".[45] Gutmann e Thompson (2004:54-59) também ressaltam a importância da provisoriedade como mecanismo de autocorreção na política, como resposta a novas concepções morais ou descobertas empíricas. A reflexão crítica de cada um sobre os próprios argumentos em face da posição dos demais é difícil de detectar, pois em grande medida tal processo se dá internamente. Contudo, a certa altura é possível perceber que os atores não só reformulam seus argumentos, mas também passam considerar questões que antes negligenciavam; encampam novas proposições ou mesmo utilizam o vocabulário de outros atores. Em alguns casos, os participantes admitem, consciente e explicitamente, a transformação deles mesmos e de seus discursos, através da interação e da incorporação de melhores argumentos.

Diferentemente do que pode parecer à primeira vista, a troca argumentativa distendida no tempo e no espaço através da mídia de massa favorece a revisão do próprio posicionamento num dado campo discursivo. Não estamos falando aqui de casos pontuais de reportagem em que os atores são usualmente abordados "de surpresa" pelos agentes da mídia, e suas falas têm de ser espontâneas e imediatas. Em casos singulares de controvérsias a longo prazo, os interessados — principalmente os atores coletivos — podem examinar o desdobramento da disputa e os argumentos concorrentes apresentados. Os meios de comunicação permitem o registro durável dos "lances discursivos" e dos posicionamentos assumidos pelos participantes do debate. Os serviços de *clipping*, por exemplo, fornecem um precioso material para se captar a "rede de opiniões" ou "a contestação de discursos" na cena pública, para utilizar os termos de Habermas e Dryzek. Os participantes do debate podem, assim, ponderar sobre seus próprios posicionamentos, sobre a repercussão dos interesses e valores expressos, bem como sobre o contexto social mais amplo. Têm a oportunidade, conseqüentemente, de reverem o seu próprio discurso a partir de múltiplas perspectivas, antes de oferecerem novas contribuições ao debate público, seja em fóruns de debate face a face, seja em subseqüentes oportunidades de acesso aos canais da mídia.

Os meios de comunicação oferecem, pois, uma base reflexiva dinâmica para que os atores aprendam com suas próprias experiências públicas embaraçosas ou com as de outrem. Na esfera de visibilidade dos *media*, os sujeitos podem ser contestados por adotarem perspectivas restritas que negligenciam ou prejudicam os demais, por abraçarem representações equivocadas ou por usarem termos considerados ofensivos ou preconceituosos. Entre os recursos disponíveis na sociedade contemporânea, a dinâmica do debate público através dos meios de comunicação contribui para que os atores sociais aprendam sobre os posicionamentos, os interesses e os valores dos outros. Esse é um aprendizado prático fundamental para a constituição e o sucesso das expressões públicas.

Cabe ressaltar que a construção de sentidos políticos e sua defesa na esfera pública são elementos integrantes da vida política, e não apenas meras estratégias para apresentação nos *media*, como dão a entender alguns estudos. Geralmente, as pessoas não argumentam pelo simples prazer de argumentar, mas pretendem que suas discussões venham modificar as preferências dos outros ou influenciar as decisões coletivas. Com relativa freqüência, os representantes e os cidadãos, ao terem acesso aos canais dos *media*, persistem em justificar suas escolhas, mesmo quando as decisões já foram tomadas, assim como os oponentes continuam a responder com críticas e desafios aos julgamentos expressos.

No jogo político que se desenrola nos *media*, muitos atores sociais são excluídos; muitos mentem, ludibriam, trazem à tona razões particulares e egoístas ou, ainda, deixam de ouvir respeitosamente os outros, resistem à negociação das diferenças e à revisão de sua própria posição. Contudo, muitos agem como se reconhecessem a obrigação de justificar suas preferências diante de uma audiência ampliada e, assim, engajam-se numa comunicação pública. É preciso indagar, de maneira prática, o grau de acessibilidade, de reconhecimento, de uso de argumentos crítico-racionais, de reciprocidade/responsividade e de reflexividade/revisibilidade das opiniões na esfera de visibilidade dos *media*. O vaivém de razões não se dá de uma vez por todas, num único momento, mas se desdobra ao longo do tempo.

Considerações finais

Entender os *media* a partir de um quadro ampliado como a teoria dos sistemas evita diversos reducionismos. Primeiro, evita a compartimentalização dos componentes da comunicação de massa, tradicionalmente dispostos como produtor/emissor, mensagem e audiência. O ambiente de ação dos meios de comunicação é moldado por variáveis complexas, relacionadas à atuação de seus profissionais em interação com os agentes de outros sistemas sociais e o contexto sócio-histórico. Neste capítulo, procuramos apontar o caráter conflituoso dos bens simbólicos midiáticos, sobretudo das notícias, cujo conteúdo é estruturado a partir de lógicas e regras geradas pelo próprio sistema. A produção de sentidos desses bens simbólicos envolve uma ativa seleção de material, a atribuição de ênfases, a escolha de fontes, a concessão de legitimidade à fala de certos agentes, o uso de recursos narrativos e estilísticos diversos — e tudo isso é posto em prática pelos profissionais da comunicação de modo nem sempre consciente.

Em segundo lugar, pensar os *media* a partir de uma perspectiva sistêmica ajuda a entender a "esfera de visibilidade midiática", composta pelo conjunto de emissões dos meios. Se uma ampla quantidade de informação política está disponível em algum lugar no sistema, nem todos precisam prestar atenção todo o tempo ao material midiático. As emissões da imprensa, do rádio e da TV, bem como o material disponível na internet interceptam-se uns aos outros, formando um denso ambiente informativo. Na contemporaneidade, é possível supor que uma grande quantidade de informação e de proposições críticas terá mais chances de alcançar receptores interessados em aprender com os insumos providos pelos meios de comunicação. Isso inclui não só os líderes de opinião ou os que fornecem pistas para os cidadãos comuns, como proposto por Benjamin Page (1996:7). Envolve também aqueles que se interessam por causas específicas ou são sensíveis a questões políticas particulares. Os cidadãos comuns podem aprender a incorporar ou contestar os insumos fornecidos pelos meios de comunicação, a formular juízos competentes e trocá-los em conversações e debates politicamente relevantes. Vale ressaltar que tais debates podem se dar em grupos restritos de comunicação face a face, como a família, os amigos e os colegas de trabalho, ou em grupos mais amplos, em associações voluntárias ou mesmo entre representantes e pessoas que ocupam cargos públicos.

Os *media* dispõem de recursos para agrupar pontos de vista e discursos advindos de diferentes setores da sociedade. Podem absorver e dar continuidade a debates iniciados em ambientes específicos, conferindo-lhes ampla visibilidade. A partir do momento em que proposições, planos, idéias ou argumentos tornam-se disponíveis para o grande público, os interlocutores passam a considerar os fatores da publicidade para configurar sua própria expressão e os possíveis efeitos de seus pronunciamentos e de sua conduta. Obviamente, isso não elimina os interesses individualistas e corporativistas, o abuso de poder, os delitos e as transgressões, mas impele os atores a justificarem publicamente seus atos e suas políticas, dando a conhecer as sua razões. Boa parte da política se desenvolve em segredo, longe dos holofotes da cena pública. Diante das tensões existentes na fronteira entre a visibilidade e o segredo, os atores políticos devem, permanentemente, tomar uma série de precauções para que a zona de "segredo" não seja desvelada contraditoriamente por atos de descuido, por opositores políticos ou por profissionais da mídia. Os requisitos colocados pelos princípios da publicidade e da justificação política permanecem importantes para a qualificação das práticas democráticas.

Não é possível supor, de maneira reducionista, que o sucesso de determinados atores ou discursos na esfera de visibilidade dos *media* possa ser prontamente sintetizado num conjunto de medidas classificatórias, como índices de acesso, de tempo e de espaço a eles concedidos. A oportunidade de falar não garante efetividade àquilo que se diz. Para avaliar a qualidade democrática dos debates, torna-se fundamental ir além e indagar acerca dos graus de reciprocidade e responsividade, de reflexividade e revisibilidade das opiniões e dos argumentos apresentados pelos interlocutores. Os desdobramentos dos debates — o peso relativo e a ressonância cultural de certos discursos junto ao público — compõem um processo complexo.

No processo de debate, alguns discursos podem ganhar força e poder de organização das interpretações, enquanto outros podem entrar em declínio ou mesmo desaparecer. Contudo, esse não é um processo de seleção natural. Não é suficiente dizer que o conhecimento emerge naturalmente da interação de forças pluralistas, à maneira de um mercado de idéias, como sugerido por Page (1996:34). Negociar as diferenças, superar os pontos de vista reconhecidos como restritos e indicar rumos de ação potencialmente aceitáveis para os demais exige reflexão, crítica e disposição para a argumentação. O vaivém das trocas argumentativas, através do qual os sujeitos tentam explicar seus pontos de vista e justificar suas premissas, é importante para a construção de sentidos compartilháveis na sociedade, o que não significa a concordância ou o acordo entre os atores e os grupos sociais. Em algum ponto a deliberação se encerra, e os representantes tomam a decisão — os legisladores votam leis, os membros do Executivo implementam políticas, os juízes proferem sentenças.

Contudo, o processo de debate e crítica continua. A crítica constante é importante não só para sustentar processos de prestação de contas da atuação dos dirigentes, mas também para processar problemas, caso as medidas adotadas falhem ou as políticas se mostrem enganosas.

A apresentação de intenções, de ações ou de planos pelos meios de comunicação possibilita aos cidadãos escrutinar determinadas questões publicamente e definir, por si mesmos, "quem é afetado" e "como é afetado" por elas. Cabe ressaltar que, na perspectiva deliberacionista, o processamento cognitivo de problemas não se restringe à busca imediata de soluções. Destina-se, antes, a encontrar a melhor maneira de definir um dado problema, esclarecendo suas principais facetas a partir da perspectiva oferecida por múltiplos atores. Trata-se de um processo coletivo de cooperação dialógica entre aqueles que possuem pontos de vista distintos, visando conquistar algum nível compartilhado de interpretação, estabelecer pontos de convergência e de divergência. A competição de discursos ajuda, pois, a promover o esclarecimento recíproco sobre o que é relevante e desejável para as partes, sobre qual o efeito colateral de certos cursos de ação e sobre o que pode ser feito para aliviar certas contendas. Tem-se, assim, o refinamento das proposições apresentadas, visando à elaboração de possíveis soluções e alternativas de ação.

Não se trata aqui de buscar o ideal do consenso unificado. Afinal, a supressão das diferenças, assim como o consenso a todo custo não são plausíveis nem desejáveis nas sociedades pluralistas contemporâneas, como visto no primeiro capítulo. Um acordo coletivo baseado na fusão ou dissolução dos discursos eliminaria a possibilidade e a necessidade mesma da deliberação democrática entre atores com quadros valorativos distintos. A possibilidade de continuar dialogando e negociando as diferenças com aqueles de quem discordamos — aquilo que Gutmann e Thompson (2004) chamam de "economia do desacordo moral" — é bem plausível para a condução do processo democrático. Isso satisfaz também a necessidade de produzir uma decisão passível de ser justificada, inclusive perante os opositores.[46] Não se supõe, assim, que alguma decisão contemple integralmente as demandas de todos os discursos concorrentes, mas que todas elas sejam consideradas no processo de troca de argumentos pelo qual se chega a tal decisão. O assentimento a um determinado curso de ação pode ser assegurado por diferentes razões, sejam elas de eficácia, sejam de natureza ética ou moral.[47] Na esfera política, as decisões que tiverem maior grau de compatibilidade com os encaminhamentos processados pelos discursos na esfera pública gozarão de maior grau de legitimidade.

A expressão de pontos de vista ou discursos na esfera de visibilidade dos *media* é um processo dinâmico em que a própria exposição pública suscita reações e novas manifestações. Debates sobre uma variedade de tópicos podem se desenvolver através da comunicação dos *media*. A investigação da esfera de visibilidade midiática não nos permite fazer inferências sobre os modos pelos quais os membros da audiência apreendem as questões presentes nos debates midiáticos, integrando-as em suas histórias de vida e seus contextos sociais, para pensar o mundo político. Para entender como as pessoas produzem sentido do material da mídia são necessários estudos e metodologias sofisticadas, com variáveis e subvariáveis em situações diversas. A produção de sentido pelos receptores envolve uma seleção ativa do material ao qual eles concedem atenção. Várias são as mediações de natureza cultural e social presentes nesse processo, as quais dizem respeito aos quadros cognitivo e valorativo ligados aos papéis e às filiações grupais, além da própria biografia e da história de vida que os indivíduos trazem consigo. Assim sendo, não assumimos relações de causalidade direta entre as mudanças nos discursos acessíveis na esfera de visibilidade dos *media* e aquelas sustentadas pela opinião pública. Esses são processos que se imbricam de forma complexa e exigem patamares específicos de análise.

Não obstante, a esfera de visibilidade dos *media* fornece um vasto e profícuo campo para explorar os conflitos e as tensões existentes entre os indivíduos e os grupos em suas relações de cooperação, negociação e luta para utilizar recursos, para manter ou modificar o ambiente físico e social, para redefinir fronteiras entre o público e o privado, para proteger ou desafiar culturas e práticas, identidades e valores. Os próximos capítulos lidam com casos de grupos que sofrem exclusão, sobretudo simbólica, e lutam por reconhecimento; com casos de novas regulamentações ou normas legais e demandas para revisão das responsabilidades públicas; e, por fim, com casos de exposição pública de atos de transgressão ou abuso de poder por pessoas públicas e os subseqüentes processos de prestação de contas. Numa visão global, não se pode esquecer a importância da visibilidade e das trocas argumentativas que ocorrem em diferentes âmbitos — na vida cotidiana, nos fóruns da sociedade civil, nos *media* e em instâncias formais do sistema político — para a realização de debates que visam à democratização de práticas sociais e de políticas públicas.

Notas

[1] McCombs et al., 1997; McCombs e Ghanem, 2003; Gans, 2003.

[2] Neuman, Just e Crigler, 1992; Newton, 1999; Scheufele, 2002; McLeod et al., 1999.

[3] Thompson, 1995:126.

[4] Dahlgren, 2001:37.

[5] McChesney, 1999; Meyer, 2002; Schudson, 1995; Abreu, 2003.

[6] Kellner, 1990; Page, 1996; Gomes, 2004.

[7] Sartori, 2001; Keane, 1991.

[8] Sparks, 1993; Dahlgren e Sparks, 1993; Blumer e Gurevitch, 2000.

[9] Maia, 2006a.

[10] McQuail, 1994; Ekecrantz, Maia e Castro, 2003.

[11] Curran e Park, 2000; Waisbord, 2000; Briggs e Burke, 2002; Abreu, 2003.

[12] Hamilton, 1996; Alexander, 1988, 1998; Gomes, 2004.

[13] Mancini, 1999; Romzek e Dubnick, 1987:229.

[14] Dahlgren e Sparks, 1993; Norris, 2000; Blumler e Gurevitch, 2000; Waisbord, 2000; Correia, 2002; Lattman-Weltman, 2003; Servaes et al., 1996.

[15] Porto, 1994; Hamburger, 2000; Kellner, 2001; McLeod et al., 2002; Kornis, 2003; Gomes, 2004; Tufte, 1999, 2000.

[16] No caso das relações com o sistema político, Hallin e Mancini (2004:21) apontam quatro dimensões principais que devem ser levadas em consideração ao se comparar os sistemas dos *media* em distintas sociedades. São elas: o desenvolvimento do mercado de mídia e o grau de parceria entre os proprietários das empresas midiáticas; o paralelismo político, isto é, o grau e a natureza das ligações das instituições da mídia com os partidos ou, de modo mais amplo, com os segmentos das divisões políticas existentes numa dada sociedade; o desenvolvimento do profissionalismo dos jornalistas, assim como dos demais profissionais da mídia; e o grau e a natureza da intervenção do Estado no sistema dos *media*.

[17] Tufte, 1999, 2000; McLeod et al., 2002; Stevenson, 2002; Kellner, 2001; Maia e Marques, 2002.

[18] Neuman, Just e Crigler, 1992; Gamson, 1993; Livingstone, 1999; Scheufele, 2002.

[19] O paradigma do agendamento tem sido amplamente criticado por negligenciar o fato de que as diferentes formas de apresentar o material ao público podem afetar o modo pelo qual as pessoas produzem sentido político. Além de buscarem esclarecer o que o público pensa (primeiro nível de agendamento), os defensores do agendamento passaram a se preocupar com o modo como o público pensa sobre tais temas (segundo nível de agendamento). Ver McCombs et al., 1997; Protess e McCombs,1991; Ghanem, 1997.

[20] Pan e Kosicki,1993, 2003.

[21] Gitlin, 1980; Gamson e Modigliani, 1989; Pan e Kosicki, 2003; McAdam, 1996; Iyengar, 1991.

[22] De acordo com Goffman, os *frames* são definições de situação ou quadros de referência geral que permitem às pessoas dar sentido a eventos e, assim, organizar a experiência numa dada situação. As pessoas tendem a perceber as situações de acordo com enquadramentos que lhes possibilitam responder à questão "o que está acontecendo aqui?". Segundo Goffman (1974), os *frames* ajudam a classificar, permitindo aos indivíduos "localizar, perceber, identificar e rotular um número aparentemente infinito de ocorrências concretas, definidas em seus limites". Ver também Tuchman, 1978; Gitlin, 1980; Scheufele, 1999.

[23] Entman, 1993:2.

[24] Gamson e Modigliani, 1989:3.

[25] Ibid.; Gitlin, 1980:7.

[26] Na maioria das questões, existem *frames* ou "pacotes interpretativos" concorrentes à disposição da sociedade. Eles adquirem e perdem importância e são constantemente revistos em função de novos acontecimentos. No processo de competição entre enquadramentos, deve-se considerar que os *frames* sempre podem ganhar ou perder valor organizatório, ser adotados ou abandonados, respectivamente. Não se pode dizer de antemão o que faz com que um *frame* funcione para ganhar adesão da audiência, ou seja, conseguir oferecer uma abordagem útil e coerente da realidade (Chong e Druckman, 2006, 2007; Porto, 2007).

[27] Dryzek aproxima-se do esforço de Habermas para ampliar a noção de soberania popular, passando a entendê-la como "redes de opinião" que enfeixam discursos e posicionamentos pró e contra determinadas questões. Contudo, a concepção de "discurso" adotada por estes dois autores é diferente. Por discurso ou argumentação, Habermas entende uma comunicação de segunda ordem sobre a própria comunicação; trata-se de um nível reflexivo de comunicação que se desenvolve através de argumentos. É, assim, uma atividade pragmáica em que um falante busca providenciar explicação e justificação de seus proferimentos, seus comandos ou suas

Deliberação e mídia

expressões, quando esses se tornam problemáticos diante das demandas de um ouvinte. Nas palavras de Habermas, "falo em 'discurso' apenas em casos em que o sentido de uma reivindicação de validade problemática força conceitualmente os participantes a suporem que o acordo racionalmente motivado pode, por princípio, ser alcançado, sendo que o termo 'por princípio' expressa uma condição idealizada: apenas se a argumentação pode ser conduzida de maneira suficientemente aberta e estender-se pelo tempo necessário" (TCA, 1984, v. I, p. 42).

[28] Na acepção utilizada por Dryzek, entende-se por "discurso" uma maneira compartilhada de compreender o mundo, baseada na linguagem. Trata-se de um conjunto de enunciados apresentando certas assunções, juízos, discordâncias, predisposições e aptidões que constroem sentidos através de um determinado enredo, envolvendo opiniões sobre fatos e valores. Para Norman Fairclough (2002:90), "o discurso é uma prática não apenas de representação do mundo, mas de significação do mundo, constituindo e construindo o mundo em significado". Segundo Dryzek (2000:49), "os adeptos de um dado discurso serão capazes de reconhecer e processar estímulos sensoriais em histórias ou relatos coerentes, os quais, por seu turno, podem ser compartilhados de uma maneira intersubjetivamente significativa". Assim, qualquer discurso implica certo posicionamento num campo discursivo, podendo estabelecer relações explícitas ou implícitas com outros discursos num dado contexto. Ver também Charaudeau (2006); Pinto (1999); Fairclough (2001, 2003).

[29] Dryzek, 2004:52.

[30] Se buscassem atender às condições necessárias para a escolha esclarecida e bem informada, os cidadãos singulares logo sucumbiriam diante da enorme quantidade de informação e de detalhes sobre cada questão. Ver também Chambers (1996, 2000).

[31] Habermas, 1997, v. 2, p. 288; Gutmann e Thompson, 1996, 2003, 2004.

[32] Simon e Xenos, 2000; Bennett et al., 2004; Pan e Kosicki, 2003; Maia, 2004; Habermas, 2006; Ettema, 2007; Gastil, 2008.

[33] Ver também Ettema (2007).

[34] Tal perspectiva é parcialmente desenvolvida por Bennett et al. (2004).

[35] Cabe ressaltar que as formas de apresentar os discursos de outrem são manifestações do fenômeno constitutivo de todo discurso. Implicam a negociação permanente entre um conjunto de discursos e a relação entre os interlocutores, em situações determinadas. Ver Charadeau (2006:152-174); Fairclough (2003:121-156).

[36] Devo a Wilson Gomes a sugestão para a complementação de minhas idéias nesse item.

[37] Tuchman, 1978; Norris, 2000:26; Meyer, 2002; McLeod e Detenber, 1999; Parkinson, 2005.

[38] McCombs et al., 1997; Protess e McCombs, 1991; McCarthy, Smith e Zald, 1996.

[39] Ryan, 1991; McAdam, 1996; Klandermans e Goslinga, 1996; Camauër, 2000.

[40] Para Cohen (1997:413), "o conceito de justificação, que é o centro da democracia deliberativa, pode ser capturado no procedimento ideal da deliberação política. Nesse procedimento, os participantes consideram-se mutuamente iguais, almejam defender e criticar instituições e programas nos termos de considerações capazes de serem aceitas por outros (...), dado o pressuposto de que os outros são racionais e estão preparados para cooperar de acordo com os resultados da discussão".

[41] Norris, 2000:212; Correia, 2002; Neuman, Just e Crigler, 1992.

[42] Gomes, 2004.

[43] Dewey 1954:176-184.

[44] Cooke, 2000:955.

[45] Habermas, 2006a:418.

[46] Os partidários da política deliberativa defendem que não basta os dirigentes sustentarem suas políticas meramente pelo fato de serem fruto da barganha de grupos de interesse ou por representarem a preferência da maioria. Princípios morais e substantivos também contam para garantir a credibilidade e o respeito pelas decisões tomadas. Ver também Bohman (1996).

[47] Gutmann e Thompson, 2004:19; Dryzek, 2004:52.

PARTE II

Padrões de exclusão simbólica
e deliberação

4

Atores coletivos e participação: o uso da razão pública em diferentes âmbitos interacionais[1]

Ricardo Fabrino Mendonça

Rousiley C. M. Maia

A idéia da troca comunicativa, envolvendo a publicidade, a racionalidade, a revisibilidade e o princípio do melhor argumento, tem norteado uma série de estudos que ressaltam o papel central dos processos comunicativos na constituição da democracia. Na perspectiva deliberativa, adota-se um conceito alargado de política, destacando as interfaces que se estabelecem entre a vida cotidiana dos cidadãos ordinários e as instâncias decisórias formais. Entende-se que é por meio de trocas argumentativas cotidianas, *voltadas para o entendimento mútuo*, que as questões políticas tornam-se mais genéricas e são partilhadas coletivamente.[2] Os pontos de vista podem ultrapassar um certo caráter individualizado, convertendo-se em enquadramentos mais amplos. Constitui-se, assim, aquilo que Habermas chama de "comunicação sem sujeito": os argumentos se descolam de pessoas e contextos específicos, podendo tornar-se mais densos e politizados. O permanente choque de discursos pode levar a um enriquecimento — em termos de complexidade, densidade e abrangência — dos argumentos.

Apesar da especificidade de suas construções teóricas, vários autores deliberacionistas entendem que na esfera pública há uma "constelação discursiva", uma "conversação anônima"[3] ou um "embate de discursos",[4] de maneira que "fluxos comunicativos"[5] se enfeixam em posicionamentos pró ou contra uma dada questão. A troca de argumentos produz perspectivas que ultrapassam as posições de atores específicos. Isso porque a fala proferida em deliberação deve ser capaz de "conectar a experiência particular de um indivíduo, grupo ou categoria com algum princípio mais geral".[6] Indagamos, aqui, o modo pelo qual o plano do discurso de indivíduos singulares se articula com o plano do discurso de atores coletivos, de modo a constituir o embate discursivo na esfera pública e, assim, produzir generalizações de questões. Conversar diretamente com pessoas que partilham experiências e problemas semelhantes é muito diferente de falar para a militância como um todo, o que, por sua vez, é distinto de um discurso publicado por um jornal de grande circulação ou de uma reunião formal, a portas fechadas, com o governador de um estado.

No presente capítulo, busca-se investigar a constituição de fluxos comunicativos em diferentes *âmbitos interacionais*. A proposta está calcada na idéia de que é preciso atentar para as diferentes instâncias relacionais por meio das quais os atores coletivos — em particular os movimentos sociais[7] — se formam e definem suas ações. Assim, o campo da comunicação emerge como um espaço privilegiado para a realização de tal empreitada, já que permite pôr em foco os processos discursivos através dos quais se concretizam as relações que alicerçam os atores coletivos.

Partimos da premissa de que tais atores se constroem através das múltiplas interações estabelecidas por seus membros (tanto interna quanto externamente). Nesse sentido, a noção de *âmbitos interacionais* revela-se um interessante recurso metodológico, permitindo sistematizar empiricamente o alardeado pressuposto da heterogeneidade dos movimentos sociais.[8] Não basta estudar aquilo que emerge na cena pública mais ampla — o discurso geral do movimento e sua relação com o discurso de outros atores —, fazendo-se necessário atentar também para os *ecos* a partir dos quais as argumentações nascem e são reproduzidas.

Começaremos nossa discussão abordando a noção de *âmbitos interacionais* e o papel deles na construção de um movimento social. Em seguida, mostraremos como essa idéia pode ser útil no estudo de lutas sociais, ao abordarmos situações em que os problemas cotidianamente vivenciados são politizados e transformados em reivindicações gerais. Por fim, exemplificaremos nossa discussão com uma breve análise do Movimento de Reintegração das Pessoas Atingidas pela Hanseníase — Morhan, observando as semelhanças e discrepâncias que perpassam as falas de seus membros sobre uma questão polêmica (o futuro dos hospitais-colônia) em três contextos ou *âmbitos interacionais* distintos: conversações face a face, o jornal produzido pelo movimento e jornais de grande circulação.

Se considerarmos que a deliberação é um processo a longo prazo, no qual os fluxos comunicativos que se encontram na esfera pública podem gradativamente transformar-se em argumentos mais consistentes e publicamente defensáveis, é razoável supor que existe um processo de generalização quando os discursos transitam do âmbito das interações face a face entre pessoas que se conhecem para um âmbito midiático voltado para uma audiência ampla, passando por um âmbito (também midiático) exclusivamente voltado para a militância. Numa visão de conjunto, nossa suposição é que, através do "vaivém" *deliberativo* possibilitado por alguns âmbitos interacionais, os pronunciamentos podem ser aperfeiçoados até que se tornem mais defensáveis na *esfera pública*.

Âmbitos interacionais: a instauração de relações comunicativas em diferentes instâncias

Por *âmbitos interacionais* entendemos simplesmente as instâncias em que os integrantes de um ator coletivo *interagem* com outros atores sociais (sejam eles internos ou externos). A idéia remete ao conceito de *interação*, cujas principais bases estão na sociologia de Georg Simmel (1983:109), que a define como uma "ação mutuamente determinada". Nesse aspecto, Simmel está ligado às noções weberianas de *ação social* e *relação social*.[9]

De acordo com Max Weber (1994:16), a *ação social* — seja ela determinada pela racionalidade teleológica, pela racionalidade referente a valores, por afetos e emoções ou pela tradição — é sempre orientada pelas ações dos outros. Isso porque ela se processa no interior de uma *relação social*: um "comportamento reciprocamente referido quanto a seu conteúdo de sentido por uma pluralidade de agentes e que se orienta por essa referência". Tal reciprocidade não diz respeito à solidariedade. Trata-se apenas de uma orientação mútua. Antecipando uma idéia que seria desenvolvida por George Mead, Weber (1994:17) assinala que "há reciprocidade na medida em que o agente *pressupõe* determinada atitude do parceiro perante a própria pessoa (...) e orienta por essa expectativa sua ação, o que pode ter, e na maioria das vezes terá, conseqüências para o curso da ação e a forma da relação".

Erving Goffman (1999) é outro a discorrer sobre o conceito de interação, defendendo sua centralidade na conformação de indivíduos, de ações e da ordem social. Segundo o sociólogo, na ação reciprocamente referenciada e mutuamente modelada, os sujeitos constroem em conjunto uma resultante. Essa construção é guiada por certas expectativas partilhadas. Goffman assinala, ainda, que a chave para a compreensão da interação é percebê-la não como uma junção de dois pontos (como o fazem alguns conceitos de relação que não partem da raiz weberiana), mas como um agir em conjunto.

Entre os vários tipos de interação encontram-se as *interações comunicativas*, marcadas pela "presença do 'um' e do 'outro' em condições particulares — que são a construção de mensagens, a edificação de linguagens que vão exprimir e materializar simbolicamente o 'estar junto com'".[10] Essa idéia encontra raízes no pensamento de Mead (1993), que analisa as interações simbolicamente mediadas e seu papel na construção de sujeitos e da realidade social. Habermas (1989) potencializa as idéias de Mead ao destacar o papel da linguagem não apenas na *coordenação da ação* e na *socialização*, mas também na busca do *entendimento mútuo*.

Por certo, diversas formas de interação perpassam os movimentos sociais, já que eles se inserem naquilo que Klandermans (1992) chama de *campos multiorganizacionais*. Com isso quer ele dizer que tais organizações se constroem a partir de vários cruzamentos em que alianças e conflitos são instaurados. Os movimentos sociais não têm uma existência apriorística e fechada, mas reconfiguram-se o tempo todo no próprio ato de interagir. Eles são "o resultado de trocas, negociações, decisões e conflitos entre atores".[11] Interessam-nos, especialmente, as interações *comunicativas* que tomam corpo nesse processo.

Observa-se que há, em primeiro lugar, uma série de interações internas entre sujeitos que cotidianamente atualizam as redes de solidariedade do movimento e expressam questões, problemas e necessidades. É justamente por serem compostos de uma multiplicidade de sujeitos capazes de ação que os movimentos sociais são sempre marcados pela pluralidade e por tensões internas. Essa dinâmica interna envolve várias práticas comunicativas que se concretizam em diferentes *âmbitos*, que vão desde simples conversas num ponto de ônibus até reuniões mais formais. Elas são essenciais para a construção daquilo que Melucci (1996) chama de *semântica coletiva*, possibilitando, ainda, a generalização da questão.

Além disso, não se pode perder de vista que os movimentos sociais também se constituem em relação a seu exterior. É diante de outros grupos, do Estado, das empresas e dos governantes, por exemplo, que um movimento se apresenta e municia suas reivindicações. É preciso interagir com outros atores para se fazer visível e apresentar suas demandas. A própria interação reconfigura o ator, suas expressões e reivindicações, de modo que, como propõe Quéré (1991), mesmo intenções podem ser construídas no jogo relacional. Reuniões com "autoridades", audiências públicas, manifestações, cartazes, cartilhas, relatórios, jornais e campanhas de mídia são bons exemplos de *âmbitos interacionais* em que os integrantes do movimento se relacionam com pessoas que não pertencem a seus quadros.

Além dessa clivagem entre *âmbitos* internos e externos, as instâncias interativas que perpassam um movimento social também podem ser subdivididas de acordo com outros critérios. Pode-se, por exemplo, falar de âmbitos mais ou menos formais, de maior ou menor densidade argumentativa, de relações face a face ou midiatizadas. O importante é ter sempre em vista que *âmbitos* diferentes estão alicerçados em *contratos de comunicação* distintos.

Percebendo, com Patrick Charaudeau (1996:6), que o discurso tem um componente *lingüístico* (material verbal) e outro *situacional* (material psicossocial), que "são simultaneamente autônomos em sua origem e interdependentes em seu efeito",[12] destacamos que as *interações comunicativas* empreendidas em contextos distintos instauram *contratos* diferentes. Isso porque as condições de produção da fala e os laços que envolvem os interlocutores não são os mesmos.[13]

Para Charaudeau, a condição mínima do contrato — inerente a toda interação comunicativa — é o reconhecimento recíproco dos sujeitos no papel de *interlocutores*. Um segundo aspecto a ser destacado é que os parceiros de interação constatam que suas intenções são diferentes. O outro não é um *alter ego*, mas um *alter*, e por isso a comunicação circula com dificuldade. Assim, "falar é arriscar-se: à incompreensão ou à negação".[14] Em terceiro lugar, o reconhecimento entre os interlocutores (o qual embasa um *contrato comunicativo*) é em grande parte construído na própria relação. Por fim, há de se notar um quarto aspecto intrínseco ao contrato: a *pertinência do saber*. A fala sempre traz referências a um saber preexistente.[15] Produzir um discurso é inserir-se numa rede de *intertextualidades*.

O que nos interessa ressaltar aqui é que as interações sociais tomam forma de acordo com variados *contratos comunicativos*, dependendo do *âmbito interacional* em que ocorram. Os contratos possuem atributos distintos justamente porque são variáveis tanto os formatos interacionais estabelecidos quanto o contexto em que se efetiva a troca simbólica.

Troca pública de argumentos e a generalização das questões

Na complexa dinâmica de suas relações com as instituições, com outros públicos e os próprios membros, um movimento constrói formas de entender o mundo, sugere leis e práticas sociais distintas das que estão em voga. Em diversos *âmbitos interacionais*, os membros de uma agência social coletiva podem elaborar questões e proceder à *tematização pública* das mesmas. Por meio de uma trama de relações, podem *traduzir* e *generalizar* seus argumentos, mas para tanto dependem de aspectos da cultura partilhada.

Segundo Jeffrey Alexander (1998:25), as questões específicas, oriundas de um determinado subsistema, precisam ser generalizadas para a sociedade como um todo. Assim, os movimentos se ancoram em valores e perspectivas amplamente difundidos. A legitimidade dos movimentos sociais nasce da referência às *obrigações latentes* da sociedade, o que pressupõe que esta seja ética e solidária: "passar de um problema relativo a uma esfera específica da sociedade a um problema de toda a sociedade

Atores coletivos e participação

exige que os líderes dos movimentos sociais ajam com criatividade e imaginação". Exige, também, a interlocução em uma série de instâncias interativas, a começar por aquelas que estão na própria base do movimento.

As interações cotidianas entre pessoas que compartilham experiências e a vivência de situações problemáticas permitem que elas deixem suas marcas e confiram "um sentido próprio às condições que determinam suas vidas".[16] Cabe ressaltar que essas falas cotidianas não só mobilizam discursos mais amplos do próprio movimento e da sociedade, como também representam impulsos inovadores. Isso porque, como lembra Honneth (2003:258), "entre as finalidades impessoais de um movimento social e as experiências privadas que seus membros têm da lesão deve haver uma ponte semântica que pelo menos seja tão resistente que permita a constituição de uma identidade coletiva". Os movimentos sociais captam "os ecos dos problemas sociais que ressoam nas esferas privadas, condensam-nos e os transmitem (...) para a esfera pública política".[17]

Nesse processo de ligação entre o pessoal e o coletivo (entre os ecos e o discurso publicizado), bem como no embate entre esses discursos do movimento e os de outros atores sociais é possível observar a configuração daquilo que Habermas chama de "comunicação sem sujeito". Essa noção vem sendo explorada por diversos autores que desenvolvem a tese segundo a qual o encontro agonístico dos discursos pode fazer surgir fluxos comunicativos mais complexos e abrangentes. Trata-se do *ganho epistêmico* que, no entender de muitos, pode originar-se da deliberação. Paulatinamente, as questões tornam-se mais genéricas e complexas porque incorporam as perspectivas de vários atores.

Seyla Benhabib (1996) vê esse processo como a formação de uma *conversação pública anônima*. Defendendo que todos os interessados devem ter a oportunidade de apresentar seus pontos de vista num processo deliberativo, ela afirma que da colisão entre eles nasce uma *comunicação anônima* que não pertence a nenhum sujeito em particular. Isso não apenas porque os argumentos se complexificam reciprocamente, mas também porque os sujeitos se vêem compelidos a adotar perspectivas cada vez mais amplas. Recorrendo à leitura que Hannah Arendt faz de Kant, Benhabib destaca o conceito de *mentalidade ampliada*, assinalando que as redes discursivas da esfera pública geram um processo em que cada ator ultrapassa suas próprias posições e articula seus argumentos a partir de perspectivas mais gerais.

Na mesma direção, Simone Chambers (1996:102) alega que na "deliberação trata-se efetivamente de trabalhar os interesses que partilhamos uns com os outros, os quais podem elaborar uma razão para o reconhecimento coletivo de uma norma". Um interesse generalizável não se apóia em interesses particulares idênticos, mas representa a subjacente interseção oriunda da sobreposição de diferenças. Tal interesse não pressupõe, pois, uma verdade universal, mas é construído cooperativamente: "por meio da crítica e do argumento, da revisão e da reinterpretação, nós deliberativamente chegamos ao interesse generalizável".[18]

De acordo com Bohman (1996:43), "essas formas de comunicação estendidas e descontextualizadas podem ser generalizadas para a esfera pública, que está aberta para uma audiência ilimitada de comunicação". A seu ver, tal generalização tem duas conseqüências diretas: reduz a influência de características privadas sobre os argumentos e, ao mesmo tempo, gera uma certa ambigüidade, requerendo assim constantes interpretações e explicações.

Embora critique a idéia de comunicação sem sujeito, John Dryzek (2004:51), dá passo similar quando afirma que a deliberação transcende os indivíduos e se concretiza no embate de *discursos* publicamente acessíveis: "a possibilidade de deliberação é mantida desde que o intercâmbio refletido seja possível através das fronteiras de diferentes discursos". Na medida em que a *constelação discursiva* disponível na esfera pública permite o cotejamento e o embate de argumentos, podem-se produzir perspectivas não ligadas a interesses singulares.

Argumentos mais abrangentes são geralmente apresentados em *âmbitos interacionais* mais formalizados de interlocução. No caso dos movimentos sociais, os relatórios e as reuniões com membros do poder público são bons exemplos dessas instâncias. Os *media* também têm papel fundamental nesse processo, ao possibilitarem interlocuções mais amplas e publicamente acessíveis. A materialização do discurso em produções midiáticas demanda certas ordenações e construções que facilitem a compreensibilidade, além de impor certos constrangimentos, devido à amplitude de sua audiência. Afinal, há argumentos que não podem ser defendidos publicamente sem ferir as regras da civilidade.[19]

O que se afirma, em suma, é que os fluxos discursivos que perpassam um movimento social — e que ocorrem em diferentes *âmbitos interacionais* — se cruzam e embasam a própria configuração desse ator. É justamente porque os membros de uma agência coletiva falam em diferentes contextos que eles conseguem produzir reivindicações descoladas de indivíduos específicos. Ao mesmo tempo, e inversamente, essa porosidade entre os âmbitos permite uma reapropriação cotidiana de princípios abstratos e problematizações genéricas.

Não se trata, portanto, de um processo linear em que as questões sempre surgiriam ligadas à experiência concreta dos sujeitos, caminhando no sentido da generalização para a expressão pública. Nota-se um permanente processo de *reapropriação reflexiva* daquilo que é público, o que possibilita mudanças no modo como as pessoas percebem o mundo. A ação em variados *âmbitos interacionais* permite a que as pessoas afetadas por um dado problema se insiram num movimento de *generalização* e *reindividualização* dos argumentos, que é essencial para a permanente construção do movimento, de seus integrantes e de suas interlocuções.

Morhan: a luta dos portadores de hanseníase em distintos âmbitos interacionais

Para exemplificar empiricamente a proficuidade da noção de *âmbitos interacionais* na análise de movimentos sociais, bem como a porosidade entre eles no processo de construção de reivindicações, discutir-se-á o caso do Movimento de Reintegração das Pessoas Atingidas pela Hanseníase — Morhan. Fundado no início da década de 1980 no interior de São Paulo, o movimento vem lutando nacionalmente pela erradicação da enfermidade e pela garantia de qualidade de vida aos seus portadores.

Essa empreitada inclui desde lutas simbólicas até batalhas materiais e legais. Tendo em vista que o desrespeito assume formas variadas, como sustenta Axel Honneth (2003:213), também as lutas contra ele assumem múltiplas feições: "na autodescrição dos que se vêem maltratados por outros, desempenham (...) um papel dominante categorias morais que, como as de 'ofensa' ou de 'rebaixamento', se referem a formas de desrespeito, ou seja, às formas do reconhecimento recusado". Honneth aponta basicamente três tipos de *desrespeito*: impossibilitar a um ser humano a livre disposição de seu corpo (sobretudo através de maus-tratos e lesões físicas);[20] a exclusão da posse de determinados direitos (o que mina a possibilidade de o sujeito ver-se como igual aos outros); e o rebaixamento do valor de sujeitos e grupos (o que retira de alguns indivíduos a possibilidade de atribuir valor social às suas próprias capacidades).

Os portadores de hanseníase têm sido historicamente alvo dessas três formas de desrespeito.[21] Em primeiro lugar, foram freqüentemente submetidos a várias formas de violação corporal, patentes em situações como: afogamentos e incinerações coletivas na Idade Média; encarceramento em recintos sem as mínimas condições de vida; a realização de diversas experiências "científicas" antes da descoberta da cura da doença; o transporte de enfermos em vagões ferroviários lacrados no início do século XX; o exercício da prática de esterilização de hansenianos em diversos países; a separação entre pais doentes e seus filhos quando do nascimento destes; ou ainda as caçadas a "leprosos" durante as tentativas eugenistas de higienização da sociedade.

Em segundo lugar, muitos de seus direitos foram oficialmente negados ou tiveram seu exercício efetivo impossibilitado. Quer se trate de direitos civis, políticos ou sociais, os portadores de hanseníase foram geralmente relegados a uma condição de *subcidadania*. Richards (1993:159) lembra que, já na Idade Média, a exclusão formal do doente transformava seu estatuto: "ele se tornava uma não-pessoa, impossibilitada de legar ou herdar propriedade, de defender suas demandas em tribunal etc.". Béniac (1997:136) também assinala que a enfermidade "conferia às suas vítimas um estatuto jurídico especial que acaba por estabelecer-se no século XII. Depois do nome, menciona-se 'leproso', como 'padre', 'cavaleiro' ou 'donzel'".[22]

Exemplo mais recente de perda de direitos é a prática do internamento compulsório, que atravessou quase todo o século XX, cerceando as liberdades civis dos enfermos, como a de ir e vir ou a de expressão,[23] e praticamente eliminando suas possibilidades de participação na sociedade. Cabe ressaltar que, ao serem internados, muitos forneciam identidades falsas

Atores coletivos e participação **135**

para proteger seus familiares saudáveis, os quais certamente seriam prejudicados caso corresse a notícia de que tinham um parente com *lepra*.[24] Tiravam-lhes até mesmo o direito a seus nomes.[25] Há de se destacar, ainda, as severas restrições que lhes são impostas no que se refere aos direitos sociais. Se estes incluem "o direito à educação, ao trabalho, ao salário justo, à saúde, à aposentadoria",[26] fica claro que muitos hansenianos não podem desfrutá-los, seja porque foram impedidos de estudar, seja porque foram retirados de seus trabalhos na sociedade e levados para instituições onde são obrigados a exercer atividades quase não remuneradas, sob a justificativa da *laborterapia*, seja ainda porque não conseguem obter atendimento médico ou indenizações pelos danos que lhes foram causados pelo isolamento.

Em terceiro lugar, percebe-se uma duradoura *estigmatização* da doença e de seus portadores.[27] Vista desde o Oriente antigo como impureza moral e física, a *lepra* sempre esteve associada a um imaginário degradante. Nesse imaginário — permanentemente atualizado em discursos e práticas sociais — são recorrentes os mitos que falam de uma doença que leva ao apodrecimento em vida, bem como a imagem do bando de *leprosos* cobertos de faixas e que vivem a mendigar. A feiúra, a improdutividade, a desumanização[28] e a idéia de sujeira são elementos constantes quando se pensa em lepra.

Diante desse quadro de desrespeito — multifacetado e milenarmente enraizado —, muitos portadores de hanseníase têm-se engajado na luta para combatê-lo, buscando minar as práticas e discursos que contribuem para sua manutenção. No Brasil, o Morhan é o ator coletivo que mais se tem destacado nesse sentido, realizando atividades que vão das manifestações públicas à participação em conselhos de saúde ou comissões técnicas e científicas voltadas para a erradicação da doença. Há que citar, ainda, a estratégia de articulação com outros atores críticos em *redes de movimentos sociais*[29] e a luta incessante pela tematização da hanseníase, como se pode ver, por exemplo, nas várias tentativas de acesso à esfera de visibilidade dos *media*.

Basicamente, o que esse movimento reivindica é maior atenção à questão da hanseníase por parte do governo e da sociedade. Isso implicaria, por exemplo, um melhor atendimento de saúde; melhores condições para a inserção social dos egressos dos antigos hospitais-colônia; a divulgação de informações que combatam o estigma e as práticas preconceituosas; o treinamento de profissionais de saúde para a realização de diagnóstico precoce (evitando que a doença deixe seqüelas); e garantir aos que foram internados compulsoriamente que possam continuar vivendo em hospitais. Como já dito, trata-se de uma luta por reconhecimento que tem dimensões legais, simbólicas e materiais.

Para explorar essa questão, fizemos uma análise sucinta dos pronunciamentos de membros do Morhan em três instâncias relacionais distintas: uma em que os portadores da enfermidade trocam impressões sobre o seu cotidiano (interações face a face ocorridas no I Seminário Nacional de Antigos Hospitais-Colônia de Hanseníase);[30] outra em que os argumentos são enfeixados e as reivindicações ganham mais densidade (exemplares do *Jornal do Morhan*); e uma terceira de grande publicidade (pronunciamentos publicados pela *Folha de S. Paulo*, o jornal de maior circulação do país). Nessas três instâncias interativas estudaram-se as falas circunscritas à temática do *futuro dos hospitais-colônia*. Essa questão, que se arrasta há décadas, pode ser resumida da seguinte maneira: que fazer com as colônias — e com as pessoas que nelas foram internadas compulsoriamente — depois que o tratamento da hanseníase passou para o regime ambulatorial? Devem esses sujeitos ser compulsoriamente devolvidos à sociedade? Teriam eles direito às propriedades e benfeitorias desses "hospitais-cidade" que foram construídos para isolá-los do convívio social? Que fazer com as terras de tais colônias?

Na experiência ordinária, uma intrincada tela de reivindicações

Realizado pelo Morhan em novembro de 2004, no Rio de Janeiro, e sob o patrocínio do Ministério da Saúde, o I Seminário Nacional de Antigos Hospitais-Colônia de Hanseníase buscou reunir moradores das 33 colônias ainda existentes no Brasil para debater propostas de políticas públicas voltadas para a reestruturação de tais instituições. Tais discussões tiveram como ponto de partida a vivência dos moradores desses

Atores coletivos e participação

hospitais, mesmo porque o encontro buscou trazer "sujeitos que falem, com o coração, de suas próprias histórias de vida".[31]

Os organizadores do evento dividiram os participantes em oito grupos de trabalho (GTs), cada qual com cerca de 10 integrantes. Depois de duas sessões deliberativas nos GTs, os coordenadores dos grupos se reuniram e elaboraram um conjunto de propostas, o qual foi apresentado numa plenária final. Neste capítulo vamos nos ater a trechos dos debates sobre a questão da memória e da preservação patrimonial realizados num dos GTs.[32]

Entre as características do *contrato de comunicação* estabelecido nesse âmbito, cabe citar:

- o fato de as interações serem face a face e, portanto, marcadas por um *dialogismo imediato*,[33] pelo emprego de expressões relativas ("aqui", "agora", "este" ou "aquele") e *deixas simbólicas*,[34] e por constrangimentos automantidos e pressuposições normativas inerentes à presença física do outro;[35]

- a existência de muitas referências à *concretude da experiência*, até porque o fato de quase todos compartilharem certos fragmentos biográficos faz com que as referências detalhadas aos mesmos sejam fortalecedoras do vínculo interativo ali instaurado;

- o fato de a fala voltar-se para um público já simpatizante da questão;

- o uso da linguagem oral coloquial;

- a grande recorrência de falas testemunhais com emprego, em geral, de um tom de compartilhamento e solidariedade;

- a redução das assimetrias entre os participantes, pela própria organização da situação.[36]

Cabe dizer, ainda, que a observação dos grupos permite caracterizar as trocas discursivas aí ocorridas como argumentações pouco agonísticas e mais pautadas pela conciliação. Ressaltamos, todavia, que essa é mais uma característica das trocas observadas do que do contrato instaurado nesse âmbito.

Os trabalhos do GT por nós analisado tiveram início com a leitura de um pequeno roteiro que introduzia a questão da memória e falava da importância de sua "preservação".[37] Um dos membros do grupo, que aqui chamaremos de Antônio,[38] respondeu pronta e afirmativamente a questão, justificando sua posição com a apresentação de um diagnóstico:

> temos as pessoas que se criaram ali, que residem ali. Eu falo assim vendo que muitas das colônias foram desativadas. E hoje (...) houve assim uma invasão, né? E os hansenianos que lá moram — não sei se em outros estados já aconteceu alguma coisa de melhor para essas pessoas —, sei que no estado do Amazonas, nós, com o Morhan, vínhamos lutando para que os hansenianos tenham um tipo de propriedade das suas casas, porque o que a gente vê é a perda da área que foi feita para o hanseniano. Criaram lei para o isolamento, essa coisa toda, e hoje a gente vê o hanseniano quase que sem nada. Tem algumas pessoas que nos chamam de conservador, de não sei mais o quê, mas eu sempre digo que nós temos que lutar por aquilo que foi feito para nós.

Como se nota, ele parte de uma pergunta sobre memória para falar de seu medo da extinção da colônia e de seu anseio pelo direito de possuir parte da propriedade que "foi feita para o hanseniano". Aproveita também para desenhar um *frame de agência*,[39] por meio do qual convoca a ação coletiva. Esse argumento é prontamente corroborado por Pedro, que se vale de um argumento de testemunho ("também morei em colônia") e retoma a questão da memória:

> O que eu vejo é que a gente tem que preservar não só para a gente, mas para nossos filhos e nossos netos. Isso que é importante: fazer a história dessas pessoas que estão ali, como o companheiro Antônio, que é uma das pessoas que chegou com mais ou menos nove anos na colônia. Então, ele tem uma história. É fazer a história viva das pessoas e preservar até no cemitério também, porque é importante a gente preservar que ali se enterraram várias pessoas de várias gerações, e quando as pessoas forem lá na colônia, até criar um museu, tá?

Atores coletivos e participação

As temáticas se fundem: a preservação da memória e o direito à posse da terra aparecem ligados pelo argumento de que é preciso deixar algo para os descendentes, algo material ou simbólico. É preciso respeitar o passado: o que foi feito para os hansenianos deve continuar sendo deles, e o que essas pessoas fizeram (e fazem) em vida deve ser guardado de algum modo (seja no cemitério ou no museu).

Carla, uma integrante do grupo que não é portadora da enfermidade, toma a palavra e busca explicar por que aquele patrimônio material é tão desrespeitado na atualidade. Ela alega que as colônias ocuparam áreas grandes numa época que não era regida pela lógica do mercado imobiliário. Hoje, esses espaços teriam grande valor:

> são glebas grandes, são lugares de preservação ambiental, uma coisa muito na moda hoje... Agora, tem uma coisa: vocês foram para lá excluídos, num sofrimento, e podem excluir vocês de novo, todas as pessoas, porque o lucro vai chegar lá e vai querer tomar isso de vocês. Então, eu acho que a gente tem que fazer uma luta para preservar a memória de vocês, preservar a memória da cidade! Ter esses patrimônios públicos, porque a sociedade tem dívidas muito grandes, tem a do negro, que sempre foi expulso, tem a dos adoecidos da tuberculose, da hanseníase.

Ela busca enquadrar a questão a partir da crítica à lógica do lucro e aproveita para ligar a reivindicação do movimento a uma série de outras lutas sociais, construindo um argumento de fácil ressonância na *esfera pública*.[40] Carla prossegue sua fala com argumentos que buscam explicitar uma preocupação com o *bem comum*. Critica o governo de um determinado estado que estaria desapropriando a área de uma colônia para entregá-la a empresas que só pensariam no interesse próprio. Em vez disso, propõe a criação de uma área de proteção ambiental no lugar. Aqui ela constrói um argumento que contesta a idéia de que as pessoas atingidas pela hanseníase só levariam em conta seus próprios interesses e ataca o governo justamente com base nessa idéia.

Antônio afirma que essa situação de tentar lucrar com as terras das colônias é geral em todo o país e que, em sua colônia, "a maioria das casas

Mídia e deliberação

nem quintal tem mais". Jussara, outra participante, retoma, então, a questão da "conservação" dos hospitais. Defende que os enfermos têm o direito de continuar nessas áreas, valendo-se, para tanto, de um argumento que frisa as relações deles com esses locais:

> As pessoas que já entraram lá, como todo mundo já falou, não foram lá porque quiseram, foram arrancadas da sociedade e levadas para lá. Fizeram sua vida lá, tiveram filhos. Agora, simplesmente pegar e abandonar aquilo, tirar tudo... Então, a gente deve lutar para ficar! Lá no Sul é assim, nós tínhamos também cinema, acabou. Está tudo em ruínas: o prédio, igrejas... Está terrível, o nosso lugar. E nós tínhamos equipes de teatro — inclusive, eu trabalhava em teatro logo que eu fui para lá. Era lindo, gente! Acabou, acabou tudo. Então a gente deve lutar para não entregar o espaço que é nosso.

Jussara descreve com nostalgia as vantagens do período de internamento compulsório e mostra tristeza com os problemas surgidos após a desativação das colônias.[41] Passa de uma idéia já expressa por todos (os hansenianos foram segregados à revelia) para o caso específico da decadência de sua colônia. Mais do que um interesse puramente material, sua fala revela uma preocupação sentimental.

Embora também ressalte a importância da preservação, Clóvis alega que essa memória (de um tempo de agruras e dificuldades) deve ser conservada porque constitui "um exemplo de vida". Fala do dia em que foi internado (quando um médico o examinou, à distância, com uma varinha) para exemplificar as fortes lembranças ligadas a tais instituições. E defende o direito à propriedade das moradias nas colônias, alegando que "é muito ruim você ter uma família e não ter uma casa, para estar com a família".

Como se percebe, as interações comunicativas travadas nesse âmbito são muito ligadas às experiências cotidianas do *sujeito enunciador*. Temos o homem que foi maltratado quando de sua internação, a mulher que fala da especulação imobiliária em uma colônia específica, aquela outra que sente saudades do cinema, do teatro e do tipo de vida levado

Atores coletivos e participação

naquelas *sociedades singulares*.[42] As pessoas falam de suas vivências e contam casos. Esse aspecto altamente subjetivo da fala fica evidente em outras passagens:

Madalena: As ruas da colônia... É um absurdo! Faz uns quatro ou cinco meses que uma senhora caiu e quebrou o braço porque as ruas da colônia são muito desdeixadas. E foi lá que minha mãe se internou. Quando minha mãe se internou eu estava com um ano e seis meses, eu era criancinha, eu estava mamando, eu fui arrancada dos braços da minha mãe para eles trazerem ela para a colônia. E ela morou lá 53 anos. E já faz 41 que estou morando lá. Realmente a memória das colônias são uma só, tudo que uns passaram os outros passaram também. Teve gente que foi trazida, chegou na colônia, e foi só o tempo de dar um banho e aquela pessoa falecer, porque ficou dentro de um caminhão curtindo no sol o dia inteiro.

Pedro: Olha, eu me lembrei quando era criança, quando eu não tinha hanseníase, andando na beira do rio Amazonas, de barco. E lá, a gente quando pega um barco, aí as pessoas vão na rabeta do barco, um a um, né? E no último, que tinha um paciente de hanseníase, quando chegou no meio do rio, o cara cortou a corda, ele ficou lá no meio, tá?

Clóvis: Hoje esses padres, eles estão dominando. Eles fizeram cinco açougues, e eles criam os peixes. Se sustentam com o próprio dinheiro que... O governo repassa 25 mil reais todo mês, eles colocam a ração para os peixes e, depois que tá no ponto de colher, eles pegam e vendem pra nós por oito reais o quilo de peixe. Então, eu acho que isso não pode acontecer! Isso aí é uma injustiça, porque aquilo é nosso... Tem pessoas lá que estão aleijadas porque ficaram com a mão no cabo da foice, roçando, limpando, zelando, e hoje alguém está se aproveitando.

Maria: Quando eu ainda não tinha 18 anos, eu sentava lá e não entendia por que tinha que esperar nos domingos, quando meu irmão levava as flores... E eu perguntava: "por que eu não posso ir pra casa?" Uma vez por mês, os pais, os professores e o diretor do colégio, o frei, fazíamos aquela reunião de rotina, para discutir as questões de educação, do prédio públi-co... Eu cheguei para o meu diretor e disse: "tenho duas coisas importan-tes para dizer pro senhor: ou eu continuo trabalhando hoje pro senhor, ou a partir de hoje eu não trabalho mais". Ele disse: "mas o que te aconte-ceu, lhe trato tão bem e tudo", e eu disse: "a partir da próxima reunião, aquele grupo de mulheres que estão lá na ante-sala da sua casa, que são mulheres egressas da colônia, elas vão participar dessa reunião". Então, eu fiz uma visita a todas as pessoas, e na próxima reunião elas estavam todas sentadas, elegantes... Então, eu acho que esses momentos... até por-que são pessoas vivas, a maioria do meu município, a gente gostaria de fazer parte desse acervo de fotografia, e esse momento aqui me foi muito bom, há muito eu queria contar essa história. Obrigada, obrigada pelo tempo.

Mais do que criar uma linha argumentativa clara e coerente, com propostas concisas e bem formuladas, esses discursos evidenciam a ne-cessidade de falar sobre a própria experiência e sobre como o mundo é visto. Isso explica as aparentemente ilógicas guinadas nos assuntos, ain-da que a moderadora insista em retomar a questão da conservação do patrimônio e dos documentos. As reminiscências do passado e os relatos do presente se cruzam numa teia complexa, na qual se pode entrever a muldimensionalidade do cotidiano e das questões que afetam os hansenianos. Mais do que proporem a pintura de prédios ou a restauração de docu-mentos, por exemplo, essas pessoas falam de si mesmas. Reconstroem o passado e, ao fazê-lo coletivamente, já o percebem como algo vivo.

Nota-se, também, que os sucessivos reforços mútuos (tanto verbais quanto gestuais) levam os argumentos a serem concebidos como parti-lhados, ainda que os exemplos sejam sempre localizados, como se vê em outra fala de Antônio:

Nós temos que tomar medidas, para que a coisa não se acabe assim. A gente vê isso em toda colônia: a invasão do patrimônio. O Estado, em si, ele sentiu um alívio. Os governantes sentiram um alívio no momento em

Atores coletivos e participação

que começou a desativar, simplesmente porque a despesa que reduzida, né? Nós fizemos um levantamento, na colônia do Aleixo, quando nós começamos a lutar para que o Estado desse uma pensão mísera para os hansenianos impossibilitados de trabalhar, e o que nós constatamos? Que o governo tinha um gasto, por pessoa, de cinco salários e meio ao mês. Por pessoa... nós tínhamos novecentas e poucas pessoas internadas, então era um gasto sem retorno. E nós passamos dois anos lutando para que o governo, dos cinco salários e meio, ele retornasse meio salário, porque a previdência social na época pagava também meio salário mínimo, e nós conseguimos essa pensão.

Esse mesmo movimento — do geral para o particular, da proposição abstrata para o exemplo pessoal — pode ser percebido na fala de Carla sobre a necessidade de combater o preconceito e os termos degradantes, o terceiro tipo de desrespeito de que fala Honneth:

A gente tem que também desconstruir a memória da sociedade. Eu, que estou no conselho de saúde, recebi uma denúncia que eu fui apurar e era verdadeira. Quando voltou a crescer o índice de hanseníase, os funcionários queriam que botasse vidro pra atender... Então, eu acho que a gente tem que construir a memória de uma forma que ela possa ser repassada para a sociedade.

Na busca de argumentos mais gerais, além da exemplificação e do cruzamento dos assuntos, também se verifica a construção de metáforas ou pequenas narrativas que sintetizam longos processos históricos:

Antônio: Construíram 33 ratoeiras. Nos colocaram lá dentro como ratos de cobaia, fizeram toda a experiência que era necessária, descobriram o que era preciso, né? E depois disseram: "bem, agora nós não precisamos mais desses ratos, abram as colônias, deixem cada um tomar o seu destino, viver por conta própria". Só que não houve preparação, nem para nós nem para a sociedade. E, além do mais, 90% dessas pessoas que estavam na colônia saíram — ou saíram ou estão lá dentro —, mas sem olhos, sem pé, sem mão e sem família.

Nota-se que as propostas geradas nessa troca discursiva, teoricamente destinada à questão da memória, abrangem um amplo e imbricado leque de demandas. Convidados pela moderadora a falarem sobre aquilo que gostariam que se transformasse em "lei", os participantes do grupo vão além da dimensão legal da luta por reconhecimento e apontam, por exemplo, a necessidade de que o próprio movimento revitalize seu jornal e não deixe desaparecer a história da luta. Propõem, também, que a hanseníase se torne uma disciplina "na universidade" e que se criem museus dentro das colônias. Cinemas, pavilhões e cemitérios deveriam ser restaurados não apenas porque se deve preservá-los, mas, segundo Pedro,

porque tem muito paciente que procura e não tem espaço no hospital. Então a gente tem vários pavilhões, em todas as colônias do Brasil, que a gente pode restaurar... Porque, infelizmente, se a gente procura um hospital geral, é muito difícil o paciente ir pra lá se ele tiver seqüela.[43]

Sugerem, igualmente, que os moradores das colônias se tornem proprietários das casas dos pacientes ("já que eles estão lá") e de "todo o patrimônio da colônia". Mesmo quando essa discussão entra no campo jurídico, ela não cabe inteiramente aí, como explicita a passagem seguinte:

Clóvis: Esse problema de lei jurídica, eu não sei. Mas uma coisa eu sei: o que eu vim fazer aqui. Então, lá em Rio Branco, nós temos uma demanda de muitas pessoas, são sete comunidades que dependem do hospital. E nós gostaríamos que esse hospital da colônia fosse reformado, ampliado... E que eles colocassem médicos profissionais, enfermeiros qualificados, agente da família, que isso nós não temos, é uma comunidade carente, que precisa que o Ministério da Saúde olhe com mais atenção, e que esse hospital não seja só para atender os internados e os egressos, dos que já se trataram de hanseníase. Mas que esse hospital passasse a ser um hospital-colônia, que atendesse a população em geral.

Atores coletivos e participação

As pessoas parecem não querer pensar em termos jurídicos, pelo menos nesse âmbito interacional. Tanto assim que vários participantes do grupo propõem que o Morhan tenha uma assessoria jurídica para resolver esse tipo de problema. Ali a questão é outra: trata-se da experiência narrada, do cotidiano verbalizado, do sentimento expresso.

Nas tramas de um jornal, o enfeixamento das reivindicações

O *Jornal do Morhan* é o segundo elemento de nosso *corpus*, constituindo um *âmbito interacional* bastante distinto daquele que vimos abordando. Publicação impressa produzida pelo movimento desde 1982, o veículo tem uma circulação predominantemente interna.[44] A maioria das edições inclui uma seção de cartas dos leitores, uma seção de artigos de especialistas e, invariavelmente, matérias de teor educativo sobre questões de saúde e notícias sobre as ações organizadas pelos núcleos do movimento. Finalmente, cabe citar os editoriais e as reportagens sobre eventos, debates, leis, conjuntura sociopolítica, conquistas obtidas, denúncias de preconceito e decisões do movimento.

Tal veículo é um espaço privilegiado para a divulgação de informações acerca da hanseníase e para o fortalecimento da identidade coletiva do movimento, mediante o estreitamento das relações e o reforço de determinadas visões de mundo. Além disso, através dele estabelecem-se relações com outros atores sociais — na medida em que alguns deles são criticados e convocados ao debate — e explicitam-se as reivindicações por reconhecimento.

No que concerne às principais características do contrato de comunicação estabelecido nesse *âmbito interacional*, cabe destacar:

- o fato de essas interações serem midiatizadas, caracterizando-se como interações diferidas no tempo e no espaço;

- a fixação delas em um suporte (papel);

- o fato de ocorrerem em um jornal comunitário voltado para a defesa dos interesses do movimento e que abre espaço para o aprofundamento dos argumentos;

- o fato de a fala voltar-se predominantemente (mas não apenas) para um público já simpatizante do movimento;

- o uso da língua culta;

- a alternância entre o tom agressivo (na busca por "culpados") e o tom de compartilhamento de uma identidade coletiva.

Neste capítulo focalizaremos apenas uma edição do jornal, a de número 40, que dá especial destaque à questão dos hospitais-colônia, relatando o mesmo evento analisado na seção anterior, isto é, o I Seminário Nacional de Antigos Hospitais-Colônia de Hanseníase.[45]

Logo na segunda página há um editorial assinado pelo atual coordenador do movimento, Artur Custódio, contextualizando o histórico das colônias. O texto assume a forma de uma narrativa histórica generalizante, evitando exemplos específicos e procurando transmitir uma idéia mais geral:

A época, datada entre as décadas de 30 e 40, é marcada pelo isolamento daqueles que contraíram a hanseníase em pequenas cidades construídas para tal fim. A prática era considerada a única forma de conter a proliferação da doença. Hoje o isolamento não mais existe como prática de prevenção e cuidado de pessoas com hanseníase. Algumas unidades, porém, mantiveram-se em pé, com muitas dificuldades. O Brasil conta hoje com 33 antigos hospitais-colônia. Esquecidas, a maioria dessas unidades enfrenta sérios problemas: degradação de seus prédios, falta de assistência aos seus moradores, que em grande parte são idosos que já não têm mais para onde ir, entre outros.

O editorial já deixa patente a diferença desse âmbito em relação àquele anteriormente abordado. Aqui não cabem as mudanças bruscas de assunto, os exemplos que surgem difusos na memória, a fala embebida em sentimentos ou na concretude da experiência. Tratam-se os mesmos assuntos, mas de modo mais claro, mais direto, mais focado. Há indubitavelmente maior preocupação com a dimensão referencial da linguagem.

Das 12 páginas da edição, cinco, além daquela em que consta o editorial, são dedicadas ao futuro dos hospitais-colônia. Em matéria especial intitulada "Em pauta, a reestruturação dos antigos hospitais-colônia", abordam-se as questões tratadas no evento. Um dos únicos relatos testemunhais da reportagem é aquele que abre o texto:

> Nossas casas estão sendo destruídas, depredadas. Dói ver um hospital de 1970, como o caso do hospital-colônia do Paraná, sendo hoje cemitério de ex-pacientes da hanseníase (Francisca Bicoski, de 49 anos, a Dide, moradora e funcionária do antigo hospital-colônia São Roque, hoje conhecido por Hospital de Dermatologia Sanitária).

O testemunho é usado para exemplificar toda a discussão. A partir dele constrói-se um texto sobre um problema "durante muitos anos esquecido por governos e pela própria sociedade: os hospitais-colônia de hanseníase". Afirma-se que essas instituições, "construídas para serem pequenas cidades de abrigo para pessoas com hanseníase", enfrentam problemas como "desassistência", "depredações", "falta de medicamentos". Predominantemente na terceira pessoa, a narrativa fala *das colônias* (no plural), generalizando um argumento e buscando ir além de especificidades e particularidades.

O texto enfoca, notadamente, a iniciativa do Morhan e do Ministério da Saúde de promover o seminário para escutar o que as pessoas têm a dizer sobre o problema. Afirma-se que foram discutidas "questões como direitos trabalhistas e humanos e sobre a reestruturação das unidades existentes", mas não são mostrados os matizes e as facetas que assumiram tais discussões.

Nessa instância relacional, o importante é enfeixar aquilo que estava disperso na profusão de testemunhos e relatos observados no âmbito anterior:

> Em meio a tantos exemplos, os participantes construíram um documento, apontando as necessidades de mudanças, obras e mesmo preservação da história dos antigos hospitais, que foi encaminhado ao MS e passa pela

análise do grupo de trabalho de colônias da SVS/MS. Esse grupo foi recentemente constituído para realizar um diagnóstico situacional da atual realidade desses lugares.[46]

O que o texto procura destacar não são as propostas, nem as nuanças argumentativas, e sim que é preciso olhar para esse problema e fazer algo, e que o movimento (como coletividade) tem feito a sua parte. Se no *âmbito interacional* dos GTs a luta por reconhecimento funde as várias dimensões da luta social (questões privadas, legais, sociais e materiais), aqui se ignora a própria existência dessas dimensões, insistindo-se no argumento mais geral de que se luta por reconhecimento. O intertítulo da seção subseqüente, "Dignidade e qualidade de vida", parece resumir a idéia geral defendida.

Na continuidade da matéria, apresentam-se as autoridades que integraram a mesa de abertura do seminário. O secretário de Saúde do Rio de Janeiro elogiou o trabalho da governadora, que, ao fornecer alimentação e transporte aos enfermos, estaria mostrando a importância de garantir condições para que o tratamento seja efetivo. Disse, ainda, estar ciente de que o governo não conseguiu "dar dignidade aos seus hospitais-colônia", mas que providências já vinham sendo tomadas. A coordenadora do Programa de Eliminação da Hanseníase, do Ministério da Saúde, também concordou que melhorar os hospitais é uma das prioridades do governo, ao lado da eliminação da enfermidade. Outro membro da mesa, o coordenador do movimento, Artur Custódio, falou das iniciativas governamentais em relação às colônias. A matéria ressalta que "lembrar da história traz por um lado muitas tristezas e sofrimentos; por outro, serve de base para a reestruturação dos 33 hospitais-colônia".[47] Uma vez mais, o argumento permanece no âmbito genérico (ainda que ambíguo), afirmando que lembrar é importante, ainda que doloroso. Num dos GTs houve quem questionasse a própria importância de lembrar. Nesse âmbito, todavia, as coisas parecem estar mais adiantadas.

A reforma dos hospitais é colocada como "urgente". Uma das integrantes do grupo de trabalho do Ministério da Saúde explicou a metodologia de trabalho do grupo, que vinha visitando todos os hospitais. O jornal vê aí uma controvérsia. Muitos moradores de colônias presentes ao encontro criticaram a falta de atenção e empenho dessa comissão, que estaria

Atores coletivos e participação

privilegiando a opinião dos gestores em detrimento da dos moradores. Já outros elogiaram seu trabalho. Ficou decidido que algumas visitas deveriam ser repetidas e que cada colônia e núcleo do Morhan receberia uma cópia do relatório dessa comissão e outra do documento produzido no próprio seminário.

A última seção do texto fala do isolamento numa perspectiva histórica. Afirma-se que a segregação era considerada a única forma de controlar a doença, sendo os pacientes submetidos a doses de óleo de chaulmugra. Os leprosários integravam o "modelo tripé", juntamente com os dispensários (voltados para a observação dos "comunicantes") e os "preventórios" (destinados aos filhos dos pacientes). A matéria mostra, ainda, como as descobertas e os congressos científicos contribuíram, a partir da década de 1940, para o questionamento do internamento compulsório e o processo legal que pôs fim a tal prática. O texto termina recomendando o "documentário brasileiro *Os melhores anos de nossas vidas*, da cineasta Andréa Pasquini, um relato dos moradores do Santo Ângelo, antiga colônia em Mogi das Cruzes-SP".[48]

Como se percebe, o fragmento aqui em análise desse *âmbito interacional* é caracterizado por um discurso muito menos polêmico que o anterior.[49] Como já dito, seu objetivo parece ser apenas tematizar a questão dos hospitais, sem explorar nuanças e possibilidades. O texto acaba desenhando um enquadramento amplo que coloca os hansenianos como vítimas de uma prática segregacionista, que hoje lutam pela reestruturação dos logradouros para onde foram enviadas. Assuntos muito discutidos nos âmbitos face a face, como a luta pela propriedade legal de terras e moradias, não são sequer mencionados nessa edição do jornal. Trata-se, por um lado, de um enquadramento que não expressa muitos dos anseios coletivamente partilhados; por outro, ele é muito defensável publicamente. Os portadores de hanseníase não se apresentam, aqui, como uma facção voltada para os próprios interesses. Não fazem reivindicações materiais. Tudo o que parecem querer é a melhoria de hospitais públicos. Quem se oporia a essa idéia?[50]

No palco de visibilidade ampliada, um grande silêncio

O último *âmbito interacional* por nós analisado é a chamada grande mídia. Para tanto coletamos todas as matérias publicadas pela *Folha de S. Pau-*

lo nos anos de 2004 e 2005 que continham a palavra hanseníase. Nossa idéia era buscar as falas do Morhan nesse âmbito, cuja principal característica é a enorme amplitude do público interlocutor. Como o cerne dessa instância relacional é a visibilidade, as idéias devem ser expressas de modo publicamente aceitável, mesmo para aqueles que não simpatizam com a questão da hanseníase.

Considerando que o *sistema dos media* está imerso na vida social[51] — mobilizando quadros de referência, idéias, perspectivas e valores socialmente partilhados, ao mesmo tempo que os atualiza e constrói —, entendemos que suas narrativas produzem caminhos para a interpretação do mundo, assumindo assim um papel político. É nesse sentido que destacamos a importância de tal sistema nos processos em que a sociedade se transforma racional e coletivamente. Isso se dá de variadas formas, uma vez que ele exerce um papel:

- na sugestão de novas formas de ver o mundo (novos *mapas culturais*, no dizer de Stuart Hall);

- na pré-estruturação da esfera pública (fornecendo insumos para debates intra e extramidiáticos);

- como fórum de debates (promovendo contendas discursivas diferidas no espaço e no tempo);

- na instauração de processos de *accountability* (em que os atores são convocados a prestar contas publicamente de seus atos e palavras);

- de mediação na tessitura de identidades.[52]

Isto posto, é evidente que os movimentos sociais não raro necessitam dos meios de comunicação para promoverem suas perspectivas e se engajarem em interlocuções públicas. Afinal, como adverte Traquina (2001), estar na esfera de visibilidade midiática é garantir uma existência coletiva. Para obter sucesso nessa empreitada, em geral os movimentos têm que chamar a atenção dos profissionais do *sistema dos media*, o que requer o conhecimento das lógicas, das gramáticas, das linguagens e das regras que regem tal campo.[53] O Morhan sempre buscou espaço nos meios

Atores coletivos e participação

de comunicação para divulgar não apenas informações sobre a hanseníase, mas também as reivindicações do movimento. Já no primeiro estatuto da instituição consta um item que destaca a necessidade de "desenvolver trabalhos educativos que visem ao esclarecimento, educação e conscientização do doente, família e comunidade, através dos meios de comunicação em geral". Daí a tentativa constante de *fazer notícia*.[54]

Ao pesquisarmos as falas de integrantes do Morhan na *Folha de S. Paulo*, procuramos saber como as reivindicações desse movimento adquirem *publicidade*. Observamos como o Morhan interage com outros atores nessa cena social de visibilidade ampliada e como constrói argumentos a serem disponibilizados para uma platéia virtualmente irrestrita. Isso porque um dos principais atributos do contrato de comunicação estabelecido nesse *âmbito*, como já dito, é o fato de as interações que aí ocorrem voltarem-se para um público extenso e formado por pessoas não necessariamente simpatizantes da causa dos hansenianos. Também são características gerais desse *âmbito*: as interações são midiatizadas e marcadas pela lógica jornalística, que é pautada por valores como interesse, inteligibilidade, singularidade, periodicidade e atualidade,[55] e também pelo pacto fiduciário, em que o "fazer crer" é tão importante quanto o "fazer saber";[56] o uso da língua culta; o tom informativo, em que a parcialidade não se faz explícita; a escolha e a limitação do espaço destinado às falas não compete ao movimento, mas a jornalistas que se orientam principalmente pelos critérios da profissão e por suas visões de mundo.

Essas características têm algumas implicações que não podem passar despercebidas. Em primeiro lugar, é presumível que a fala do Morhan seja aqui bem mais reduzida do que nos outros dois âmbitos de interação. Segundo, nota-se que o Morhan não consegue falar sobre todas as suas questões no ambiente midiático: precisa ser convidado a opinar sobre um acontecimento que de algum modo lhe diga respeito, ou produzir ações *disruptivas* para galgar a visibilidade midiática, ou, ainda, manter-se constantemente em contato com os profissionais da mídia. Em terceiro lugar, nota-se que sua fala aparece ao lado de outras, sendo ressignificada por elas.[57] Afinal, como diz Charaudeau (1997:174), a "instância midiática se institui como um 'meganarrador' composto".[58] Em quarto lugar, o movimento precisa produzir argumentos que dialoguem com os quadros normativos que regem a sociedade e que sejam calcados nos sentidos e expectativas tácitas que a sustentam.

Nas matérias publicadas pela *Folha de S. Paulo* em 2004 e 2005, o Morhan é praticamente invisível: das 56 ocorrências da palavra hanseníase, somente em uma delas se fala do movimento. Ironicamente, trata-se de uma matéria cujo título é "Os invisíveis", o texto não aborda, especificamente, aquela enfermidade. Como o "bigode" da matéria explica, a questão enfocada é outra: "ONGs que lidam com temas considerados pouco atraentes, como homossexualidade, prostituição, HIV e hanseníase, têm dificuldade para conseguir patrocinadores". No texto, Artur Custódio diz que faltam patrocínios para esses movimentos justamente porque as causas por eles defendidas trazem pouca visibilidade midiática. A seu ver, as empresas querem publicidade e, portanto, promovem ações mais palpáveis: "é difícil medir o preconceito. É mais fácil contar quantas cestas básicas foram doadas, por exemplo".[59]

A questão que particularmente nos interessa (o futuro dos hospitais-colônia) aparece em quatro textos, mas o Morhan não é citado em nenhum deles. Isso parece corroborar a conclusão de Kucinski (2004:37), para quem os *media* "ignoram em geral os movimentos populares de saúde, seja como protagonistas ou como fontes". Apesar dessa invisibilidade, falaremos sobre tais textos por considerarmos que de algum modo eles dizem respeito ao movimento, visto que contêm falas de pessoas atingidas pela hanseníase.

O primeiro deles, intitulado "Leprosários e doença ainda resistem no país", examina a história dos hospitais-colônia. Utilizando-se de uma estratégia bastante similar àquela adotada pelo *Jornal do Morhan*, o jornalista inicia a matéria com um testemunho, instaurando um enquadramento que frisa o fato de esses sujeitos terem sido desrespeitados:

"Eu tinha nove anos quando os guardas vieram, levaram minha mãe e botaram fogo em casa com tudo dentro. Tive de ir morar com três irmãos na casa do meu avô num sítio; meu pai não podia cuidar de todos sozinho", rememora Nivaldo Mercúrio, 77. "Só voltei a ver a mãe dois anos depois, mas a 10 metros de distância. Ela não suportou o confinamento, morreu em cinco anos. Tinha 32." À primeira vista, lembra o relato de sobrevivente de guerra ou algo do gênero. A história de Nivaldo tem ingredientes como diáspora familiar, denúncias anônimas, fuga, perseguição policial, fichamento, clausura compulsória. Mas a infelicidade que atingiu primeiro sua mãe e depois ele próprio foi contrair, em pleno século XX, uma doença que existe e resiste desde a Antiguidade: a lepra.[60]

Após historiar a prática do internamento, reforçando sempre o enquadramento do desrespeito, a matéria passa a tratar da condição presente de tais asilos e de sua nova função social:

> Com um histórico tão trágico, era de se esperar que os leprosários tivessem sido banidos do mapa, fossem recurso de filme antigo ou de um passado distante. No Brasil, porém, eles resistem, assim como a própria doença — somos um dos nove países do mundo em que a hanseníase é endêmica. Os 33 asilos ainda ativos no país — quatro no estado de São Paulo — abrigam cerca de 5 mil. Agora nem todos doentes; boa parte dos moradores é sobrevivente dos tempos da internação compulsória, gente que perdeu o contato com os parentes e a vida fora dos asilos.[61]

Está colocado o problema. Afirma-se, no entanto, que o Estado já reconheceu a dívida que tem para com eles — desde 1995 —, garantindo-lhes o usufruto de suas moradias. A questão é dada como resolvida. Não se mostra o debate que há por trás do direito legítimo a essas moradias, nem o formato que ele deveria assumir. Se no primeiro âmbito vimos uma luta por reconhecimento multidimensional, e no segundo, uma luta como que sem dimensão, aqui quase não há luta. Não há sujeitos reivindicantes, mas nota-se uma quase romantização do espaço da colônia na breve descrição de um dos hospitais:

> Localizado a 15 km do centro da cidade, o ex-asilo-colônia de Pirapitingüi virou um bairro de ruas arborizadas e jeito de interior. São quase 300 casinhas, que abrigam a maior parte dos 280 moradores em condições de viverem sozinhos. Outros 130 internos que requerem maiores cuidados

ficam nas enfermarias, no hospital psiquiátrico ou num dos dois pavilhões coletivos. Dentro dos 330 hectares cercados por arame farpado, existem casas e prédios abandonados, quase em ruínas, como o antigo edifício da cadeia. Tem ainda um pequeno comércio gerido pelos próprios internos e áreas comuns, como o refeitório. E igrejas, muitas igrejas, católicas, protestantes, evangélicas e espíritas. Dos cerca de 650 habitantes do "Pira", 72 são menores de 12 anos. Pacientes que recebem tratamento para a hanseníase ou, mais comum, para seqüelas e problemas relacionados são 408, pouco mais de 100 remanescentes do tempo da "compulsória". Os doentes novos não chegam a uma dúzia.[62]

O único problema destacado é o dos prédios em ruínas, em especial o da cadeia, justamente aquele que dá uma idéia maior de opressão. A luta dos hansenianos não seria, portanto, pelas colônias e suas terras ou pela melhoria do atendimento (mesmo porque a instituição teria um orçamento de "R$ 13,5 milhões" e nela morariam uns poucos portadores de hanseníase).

A luta seria contra o preconceito. Eis uma causa ampla, contra a qual seria difícil sustentar argumentos. Para especificar essa luta, o texto se utiliza de um segundo exemplo, contando o caso de uma mulher que, anos atrás, fora espancada na escola após descobrirem que ela morava na colônia. Como se percebe, o conflito parece concentrar-se no terceiro âmbito a que se refere Honneth (2003), isto é, o dos valores e significados socialmente compartilhados, que permitem a valorização de sujeitos singulares. Seria preciso combater os significados que geram práticas desrespeitosas. Não se fala da luta por leis, nem da luta privada desses sujeitos. A questão das colônias não é problematizada, não se faz menção à ampla gama de conflitos que as envolvem.

Outra matéria publicada no mesmo dia parece reforçar esse enquadramento pouco polêmico das colônias. O texto, de cunho altamente descritivo, descreve uma dessas instituições como um local tranqüilo e agradável:

Quando o carro cruza o portão de entrada do "Pira", a primeira sensação é de paz. Quem sai de uma cidade como São Paulo sente que pisou no

Atores coletivos e participação

155

mais pacato solo do interior. Um rápido giro inicial confirma esse clima de bucolismo. Ruas largas e arborizadas quase não são invadidas por carros, casais namoram na escadaria do centro espírita, crianças brincam com cachorros na porta da igreja evangélica, alguém passeia de bicicleta e diz "bom dia" para os desconhecidos.[63]

Na seqüência, há uma sucessão de exemplos em que se delineia um modo de vida específico e interiorano, que teria vindo substituir a reclusão obrigatória. A narrativa do cotidiano (da mulher que olha o macarrão na panela, do homem sentado no sofá lendo a Bíblia, dos evangélicos que batem à porta das pessoas, da festa de família, da mulher que vai ao cabeleireiro, do bar vazio, do homem que caminha com a marmita na mão, das rodas de conversa) retrata vidas que não se restringem a uma enfermidade. A colônia é o espaço social que elas geram juntas e que lhes é, muitas vezes, essencial:

> O ex-leprosário rende emprego informal a muitos não-hansenianos. "Meu marido faz horta no quintal de um paciente e, como ele não pode pagar, a verdura que plantamos é nossa. E eu conservo a casa dele limpa", diz Maria do Carmo Nunes, casada com Benedito, 60. O casal mora em frente ao hospital, no bairro Cidade Nova, e vende as verduras num carrinho de mão.[64]

No que se refere à exemplificação e à forte presença de falas de portadores de hanseníase, nota-se que o fragmento desse âmbito se assemelha em muito à primeira instância por nós analisada. Além disso, a matéria deixa transparecer a dimensão afetuosa da relação que muitas pessoas estabelecem com as instituições onde um dia foram mantidas cativas. No entanto, as falas aqui apresentadas não levantam críticas aos hospitais e nem instauram conflitos sociais, como se vê mais freqüentemente nos outros âmbitos. Predomina uma descrição-narrativa que sugere um enquadramento mais pacífico e tranqüilo. Ao que parece a idéia do texto é quebrar o estigma que envolve a doença e as pessoas por ela acometidas, através da pintura, quase impressionista, de um quadro "bucólico".

Diz-se que ali transcorreram "*Os melhores anos de nossas vidas*", como no título do documentário de Andréa Pasquini, abordado em outra matéria. Segundo esta, o filme "deu voz a alguns dos milhares de internos de uma colônia de portadores de hanseníase, mas mostra que a vida desses personagens vingou, apesar das violências".[65] Muito curta, a matéria chega a falar da questão do "internamento social", ainda que não a explore: "Apesar de o isolamento ter sido descartado como estratégia de tratamento, 33 hospitais-colônia ainda existem no país. Boa parte, como Santo Ângelo, porque foram desfeitos laços dos pacientes com as famílias. Ninguém mais tem para onde voltar".[66]

O último texto a ser citado merece menção especial: foi publicado por ocasião do lançamento de um relatório-diagnóstico do Ministério da Saúde sobre a condição das colônias. O já analisado Seminário de Antigos Hospitais-Colônia foi um dos elementos usados nesse diagnóstico, além de visitas aos hospitais. Assim, é curioso que o texto não mencione o Morhan, ainda que este tenha sido figura central em ambas as etapas. A matéria refere os vários problemas detectados, como a estrutura física das colônias, a assistência médica aos enfermos, a "inexistência de uma rede de saneamento básico e coleta de lixo, dificuldades de acesso, restrição na entrada de visitantes e insuficiência de funcionários".[67]

O enquadramento do desrespeito — ou de *injustiça*, como prefere Gamson (1992) — é claramente delineado, valendo assinalar a menção a aspectos que afetam a integridade corporal:

> "Há lugares onde, à noite, os funcionários trancam o galpão da enfermaria pelo lado de fora, com um cadeado, e os doentes ficam lá dentro, na cama, sem poder sair, muitas vezes por não ter as pernas", disse Magda Levantezi, técnica do ministério que coordenou o levantamento.[68]

O próprio governo reconheceria esse quadro desrespeitoso ao liberar "R$ 8 milhões para a reforma de 12 unidades", depois de ver os "dados do diagnóstico".[69]

Uma vez mais, fica patente a estruturação de um enquadramento de desrespeito. Este não desencadeia, todavia, um *frame de agência* nesse

Atores coletivos e participação

âmbito interacional. A matéria da *Folha de S. Paulo* conta uma história de pessoas que sofreram (e continuam a sofrer), mas que vivem de forma relativamente tranqüila nas instituições onde foram segregadas. A conquista de uma verba para a melhoria da qualidade de vida deles não é colocada como fruto de luta, mas como uma concessão do Ministério da Saúde. Como já dito, aqui o enquadramento não é nem o da luta multidimensional, nem o da luta geral, mas o do *desrespeito*, passível de assistência.

Considerações finais

Essa breve análise não teve por objetivo esgotar a idéia de *âmbitos interacionais* ou mesmo fazer considerações generalizantes sobre as conversações ordinárias, o jornalismo comunitário e os *media* convencionais. O que desejamos mostrar é a necessidade de se proceder a uma análise estratificada de atores coletivos, mesmo porque eles se conformam e assumem posturas distintas — ou são representados de maneiras diferentes — em contextos variados. Tentamos demonstrar que as interações que perpassam um movimento social transformam-se de um âmbito para outro, e que qualquer análise restrita a apenas uma instância relacional acaba por unificar o discurso do (e sobre o) movimento.

Entendemos que um método profícuo para a análise de tais atores deve, pois, levar em conta a existência de muitos e diferentes formatos interacionais. Formatos esses, a bem da verdade, que levam à tessitura do movimento. Vale destacar que a escolha dos três *âmbitos* aqui abordados foi parcialmente arbitrária, já que muitos outros poderiam ter sido escolhidos: audiências públicas, peças publicitárias, reuniões locais do movimento, encontros nacionais, congressos médicos, discussões dos conselhos de saúde, conversas entre lideranças etc. No entanto, selecionamos aqueles não somente para explorar a idéia metodológica em questão, mas também porque os contratos aí estabelecidos tenderiam, acreditamos, à formação de argumentos mais genéricos e publicamente defensáveis.

Encontramos, indubitavelmente, uma certa generalização. As falas expressas no primeiro âmbito, profundamente marcadas pela vivência ordinária, são de fato mais particularistas do que o discurso que coloca "em pauta a reestruturação dos antigos hospitais-colônia"[70] ou do que o enquadramento de *desrespeito* cunhado pelas matérias da *Folha*. Essa generalização, contudo, não se fez acompanhar de um aprofundamento das temáticas. Os argumentos mais amplos não se mostraram publicamente mais defensáveis porque mais consistentes. Eles podem ser mais aceitáveis, mas isso sob pena de um esvaziamento das dimensões da luta, no primeiro caso, ou mesmo da idéia de luta, no segundo.

No que concerne ao *Jornal do Morhan*, entendemos que a prática de redação por jornalistas profissionais que não integram os quadros do movimento contribui para a produção de um jornal mais ameno e menos imerso nos fluxos argumentativos que perpassam a questão em tela, dentro do Morhan. Já no tocante à grande mídia, percebemos que a invisibilidade do movimento (que aglomera os sujeitos em luta) acaba por apaziguar os conflitos que envolvem a enfermidade. Atribuímos tal invisibilidade não apenas à prática freqüente, no jornalismo, de recorrer a fontes oficiais,[71] mas também à realização de poucas *ações disruptivas* por parte do Morhan, cujas lideranças têm adotado uma estratégia de aproximação maior com as entidades governamentais, em vez de uma postura mais conflitiva. Assinalamos também o fato de a *Folha* privilegiar a construção de uma história que narra os avanços e fracassos na epopéia humana rumo à erradicação da enfermidade, o que acaba por obliterar outras possíveis narrativas, como a das pessoas que lutam de muitas maneiras contra o desrespeito.

Notas

[1] Uma versão preliminar deste texto foi publicada em Contemporânea, v. 4, n. 1, jun. 2006, sob o título "Movimentos sociais e interação comunicativa: a formação da comunicação sem sujeito." Para elaboração deste capítulo, agradecemos as valiosas contribuições de Wilson Gomes, Ângela Marques, Simone Rocha, Danila Cal, Márcia Cruz, Helen Guicheney, Regiane de Oliveira, Augusto Leão, Débora Bráulio, Sivaldo Pereira, Odilon de Jesus e Dilvan de Azevedo.

[2] Cohen, 1996, 1997; Bohman, 1996; Benhabib, 1996; Arato e Cohen, 1994; Habermas, 1995, 1997; Avritzer, 2000; Gutmann e Thompson, 2002; Ackerman e Fishkin, 2003; Maia, 2004; Dryzek, 2004; Fung, 2005; Cooke, 2000; Shapiro, 2002; Chambers, 1996.

[3] Benhabib, 1996.

[4] Dryzek, 2004.

[5] Habermas, 1997a.

[6] Dryzek, 2004:51.

[7] Restringiremos nossos apontamentos à temática dos movimentos sociais, a fim de facilitar nossa exposição. Claro está, todavia, que os movimentos são apenas um tipo de ação coletiva, entre uma infinidade delas. Segundo Melucci (1996), o conceito de "movimentos sociais" designa o tipo de ação coletiva em que há *solidariedade, manifestação de conflito e geração de rupturas* nos modos de organização da vida social. Embora esclarecedor, o conceito ainda parece bastante amplo, deixando de precisar o tipo de ação em questão. Nessa definição caberiam vários tipos de associações voluntárias voltadas exclusivamente para interesses particularistas ou mesmo coletividades sectaristas, por exemplo. A ação dos movimentos sociais se pauta necessariamente pela defesa da noção de bem comum, sendo freqüentes a reformulação da própria idéia desse bem comum e a defesa de princípios ligados à noção de respeito. Além disso, essa ação coletiva é caracterizada pelo engajamento em interações com outros atores sociais, e não pelo fechamento em si mesma. Cabe frisar, ainda, que a noção de "movimentos sociais" tem dupla dimensão: designa tanto uma forma de ação quanto um tipo de ator social. Acreditamos ser necessária essa oscilação entre tais noções justamente por percebermos que, se o movimento não pode ser pensado como entidade indivisa, já que se configura no próprio ato da ação coletiva de sujeitos em diversos momentos, ele assume o caráter de ator público, apresentando reivindicações coletivas e inserindo-se em debates com outros atores. O movimento é uma ação que, em diversos momentos, apresenta-se como ator.

[8] É consenso teórico atual, em diversas áreas das ciências sociais, a noção de que os atores coletivos são plurais, fragmentados e marcados por uma heterogeneidade interna (Melucci, 1996). Destaca-se o fato de eles serem formados em meio a campos de tensões, sendo suas práticas construídas no próprio desenrolar dos conflitos políticos (Klandermans, 1992; Quéré, 1991). Eles não são entidades indiferenciadas ou monolíticas. No entanto, esse consenso ainda permanece bastante frágil quando se sai do exercício teórico. Isso não apenas porque as lideranças ativistas insistem em apelar para "o" movimento, mas também porque a maioria dos pesquisadores toma a fragmentação do coletivo como um dado *a priori*, sem, contudo, adotar suas implicações para a realização do estudo.

[9] A herança weberiana de Simmel fica clara em sua defesa da agência dos sujeitos e em sua aposta na necessidade de se atentar para os significados subjetivos que estão no cerne da ordem social.

[10] França, 1995:37-38.

[11] Melucci, 1996:4.

[12] Vale assinalar aqui a semelhança entre a concepção de *discurso* presente em Charaudeau e o esforço teórico-filosófico de Habermas para agrupar elementos lingüísticos e pragmáticos da

linguagem num conceito de *discurso* que ultrapassa o nível meramente expressivo. O discurso não se restringe à sua dimensão *locucionária*, sendo construído interacionalmente quando do uso encarnado da linguagem.

[13] Criticando a lingüística pura, Charaudeau (1996:8) faz uma incursão por várias perspectivas de estudo da linguagem e propõe um referencial que busca recuperar a inserção da linguagem na vida social e atentar para díades que perpassam várias perspectivas (proposicional/relacional, explícito/implícito, interno/externo): "aceitar a existência de um sentido relacional e de uma dimensão implícita da significação discursiva é aceitar que existe um 'fora da linguagem' (realidade extralingüística) que se combina de modo pertinente (...) com o local da manifestação discursiva". A significação é, assim, construída por meio de duas inter-relações: entre os espaços interno e externo da construção lingüística; e entre dois espaços enunciativos (eu-tu) interpostos por uma avaliação.

[14] Charaudeau, 1996:24.

[15] Charaudeau (1996:26) explica que é a acuidade de tais referências que dá direito à fala. Os sujeitos precisam fazer-se reconhecidos no que concerne ao saber (discurso sobre o mundo), ao poder ("grau de adequação que se estabelece entre a identidade psicossocial do sujeito — espaço externo — e seu comportamento enquanto ser linguageiro — espaço interno —", e ao saber-fazer, "que permite julgar o sujeito competente em sua ação de sujeito que comunica".

[16] Melucci, 1994:186.

[17] Habermas, 1997b:99.

[18] Chambers, 1996:104.

[19] Cohen, 1997.

[20] Para Honneth (2003:215), "a particularidade dos modos de lesão física, como ocorrem na tortura ou na violação, não é constituída, como se sabe, pela dor puramente corporal, mas por sua ligação com o sentimento de estar sujeito à vontade de um outro, sem proteção, chegando à perda do senso de realidade".

[21] Gould, 2005; Carvalho, 2004; Monteiro, 1995; Kakar, 1998; Béniac, 1997; Bakirtzief, 1994; Claro, 1995; Richards, 1993; Guerra et al., 2002; Oliveira et al., 2003; Diniz, 1961.

[22] Vale lembrar que esse processo de perda da cidadania tinha raízes bastante antigas. Já no édito de Rotário, rei dos lombardos, de meados do século VII d.C., infligia-se aos leprosos a morte civil. Ver também Carvalho (2004).

[23] Também eram comuns a censura da correspondência dos internados e a punição àqueles que reclamassem de alguma coisa.

[24] Diniz, 1961; Bechler, 2003.

[25] Goffman (2003:27) lembra que "a perda de nosso nome é uma grande mutilação do eu".

Atores coletivos e participação

[26] Carvalho, 2003:10.

[27] A respeito da noção de estigma, ver Goffman (1988).

[28] Prova dessa desumanização é o próprio léxico empregado para falar de hansenianos: sua face é "leonina"; suas mãos, "em garra"; seu pé, "eqüino"; sua pele, "de ganso"; e seu nariz, "em sela".

[29] De acordo com Ilse Scherer-Warren, é uma tendência contemporânea a grande articulação de movimentos, buscando "a formação de identidades coletivas em torno de princípios éticos universalizáveis, sem, contudo, eliminar as especificidades ou particularidades comunitárias, regionais, setoriais ou de outra natureza" (1996:118).

[30] Claro está que não se trata, aqui, da observação do cotidiano *in loco*, mas de uma aproximação possível, justificada pela natureza do evento (incluindo sua estrutura e a filosofia de condução das discussões, como veremos na próxima seção) e pela observação das falas aí proferidas.

[31] Palavras do coordenador nacional do Morhan em entrevista não-estruturada realizada em 4 de novembro 2004.

[32] Vale mencionar que o pesquisador participou do evento, observando o contexto em que ocorreram tais discussões e gravando as falas de quatro dos oito grupos de trabalho.

[33] Braga, 2001.

[34] Thompson, 1998.

[35] Goffman, 1999.

[36] Não se afirma, obviamente, que haja uma eliminação de tais assimetrias, já que a qualidade da oratória e a posição de certos sujeitos na estrutura do movimento sustentam alguma forma de estratificação. O que se defende, aqui, é que a estrutura da situação comunicativa desse âmbito é propícia ao desenvolvimento da forma argumentativa em que os pronunciamentos contam por seu valor e por sua qualidade de justificação.

[37] Destacava, igualmente, a importância da reestruturação dos hospitais-colônia, lembrando a responsabilidade social do Estado brasileiro para com aqueles que foram segregados.

[38] Todos os nomes aqui citados são pseudônimos.

[39] Gamson (1992) cita três componentes essenciais nos *enquadramentos* cunhados por atores coletivos: os *frames* de *injustiça*, os de *agência*; e os de *identidade*. Os primeiros referem-se à indignação moral expressa em palavras. Os de *agência* são mais propositivos e partem da idéia de que é possível alterar certas condições problemáticas. Os de *identidade* são caracterizados por sucessivas tentativas de definir um "nós".

[40] Sobre a idéia de ressonância, ver Gamson (1993); Snow et al. (1986).

[41] A desativação teve início com o Decreto Federal nº 968, assinado pelo então primeiro-ministro Tancredo Neves.

[42] Bechler, 2003.

[43] Para Pedro, isso deveria ficar a cargo do próprio Morhan, cabendo ao Estado o pagamento dos técnicos.

[44] A publicação pretendia ser trimestral, mas as edições não acompanharam o cronograma original. O número de páginas varia entre um máximo de 24 e um mínimo de oito. A tiragem gira em torno de 10 mil exemplares. O formato oscila entre o tablóide e o A4.

[45] A data que consta na capa é ago./set. 2004, mas a edição só circulou em 2005 e traz os resultados do evento realizado em novembro do mesmo ano.

[46] *Jornal do Morhan*, n. 40, p. 5.

[47] Ibid., p. 6.

[48] Ibid., p. 8.

[49] Vale ressaltar que essa edição do *Jornal do Morhan* é bastante diferente de outras que analisamos em outros contextos. O tom pouco agressivo que marca esse número do jornal não é o mesmo de tantas outras edições, notadamente aquelas publicadas ao longo da década de 1980.

[50] Vale destacar que o exemplo aqui utilizado não busca, nem conseguiria, mapear um processo deliberativo mais amplo no interior de tal *âmbito interacional*. Metodologicamente, essa empreitada demandaria uma análise diacrônica de várias edições do *Jornal do Morhan*, o que não seria exeqüível neste capítulo, tendo em vista seus objetivos e escopo. O exemplo evidencia, porém, a configuração de lances discursivos que são atravessados por outros lances e que permitem vislumbrar a existência de uma matriz mais ampla em que cada lance ganha sua significação em relação a um todo. Cada fala no jornal é uma jogada de um jogo argumentativo que aqui exploramos apenas transversalmente. Em nossa pesquisa, no entanto, buscamos delinear também alguns traços gerais desse jogo a partir da observação histórica dos debates no âmbito daquela publicação.

[51] Silverstone, 2001; Kellner, 2001; Hall, 2003; Stevenson, 2002; Braga, 2001; França, 1995; Castro, 1997.

[52] Mendonça, 2005.

[53] Gomes, 2004; Castro, 1997; Assis, 2005.

[54] Como afirmou Artur Custódio em palestra proferida no II Simpósio Brasileiro de Hansenologia, "o movimento é meio Darlene: faz de tudo para aparecer" (referência à personagem de uma telenovela nacional, cujo objetivo de vida era tornar-se conhecida). Uma demonstração contundente desse aspecto é o fato de um portador de hanseníase ter carregado a tocha olímpica quando da passagem dela pelo Rio de Janeiro, em 2004, em evento amplamente coberto pelos *media*.

[55] França, 1998.

Atores coletivos e participação

[56] Mouillaud, 2002.

[57] Ibid.

[58] Assim como não se pode perder de vista que essa fala está inserida em narrativas jornalísticas (sendo por elas interpretada e enquadrada, também não se pode negligenciar que a própria fala tem o poder de se fazer demarcar dentro do discurso que a transmite. Trata-se do encadeamento de um enunciado dentro de outro. Ver Charaudeau (1997:177-179).

[59] *Folha de S. Paulo*, 28 jun. 2005. "Folha sinapse", p. 6-7.

[60] *Folha de S. Paulo*, 18 set. 2005. "Cotidiano", p. C6.

[61] Ibid.

[62] Ibid.

[63] *Folha de S. Paulo*, 18 set. 2005. "Revista da Folha", p. 8-9.

[64] Ibid.

[65] *Folha de S. Paulo*, 2 set. 2005. "Ilustrada", p. E12.

[66] Ibid.

[67] *Folha de S. Paulo*, 31 mar. 2005. "Cotidiano", p. C1.

[68] Ibid.

[69] Ibid.

[70] *Jornal do Morhan*, n. 40, p. 1.

[71] Traquina, 2001; Tuchman, 1991.

5

Apelo emocional e mobilização para a deliberação: o vínculo homoerótico em telenovelas

Ângela C. S. Marques

Rousiley C. M. Maia

A deliberação não comporta somente argumentos centrados na racionalidade. Muitas formas alternativas de comunicação podem ser bem-vindas ao processo deliberativo, desde que, conforme salientou Dryzek (2001:660), induzam à reflexão, sejam não-coercitivas e relacionem a experiência particular de indivíduos ou grupos a algum princípio mais geral. Nessa perspectiva, Patrícia Paperman (1992), Jane Mansbridge (1999) e Simone Chambers (2004) reivindicam um papel mais central para a emoção nos processos de deliberação pública sobre problemas de interesse coletivo. A seu ver, formas alternativas de comunicação, como a retórica, o apelo de filmes e romances, a narração da própria história de vida, o humor, permitem-nos transcender nossas próprias experiências através de sentimentos como a solidariedade e a compaixão, por exemplo, para que possamos imaginar as situações dos outros:

> A emoção pode e deve ter um papel respeitável na esfera pública (...). Um debate público vibrante sobre questões importantes também requer a mobilização de um grande número de cidadãos. (...) Se a deliberação e a busca de razões públicas requerem uma tentativa de ver as coisas do ponto de vista do outro, então as habilidades associadas com a retórica, por exemplo, parecem contribuir em muito para o sucesso da deliberação. Uma retórica de sucesso conhece verdadeiramente sua audiência, seus desejos,

preocupações, medos e interesses, e usa esse conhecimento a fim de "falar para o coração".[1]

O propósito deste capítulo é evidenciar como o apelo emocional de histórias ficcionais pode promover uma mobilização para a deliberação pública. Para tanto, tomaremos duas telenovelas brasileiras, a saber, *A próxima vítima* (Globo, 1995) e *Torre de Babel* (Globo, 1998/99), ambas de Sílvio de Abreu, que apresentaram concepções e representações alternativas de sujeitos homoeróticos, desafiando e desestabilizando significados culturais e discursos dominantes. Buscamos mostrar como o apelo emocional pode aproximar ou contrapor uma pluralidade de experiências de vida e de pontos de vista, de maneira que os atores constroem e reelaboram entendimentos comuns, enquanto argumentam através de suas diferenças. A exibição das "histórias" de dois casais *gays* em horário nobre fez com que diversos indivíduos e grupos sociais assumissem opinião a respeito de uma série de questões polêmicas sobre orientação sexual, estilos de vida e direitos de *gays* e lésbicas na sociedade brasileira e se posicionassem no espaço público. Tais vozes, encampadas pela *mídia impressa*, promoveram uma rede de visões e argumentos sobre diversas questões controversas a respeito do vínculo homoerótico, contribuindo para a instauração de processos públicos de troca de razões que seguiram trajetórias completamente distintas nas duas telenovelas em questão.

Partimos da premissa de que formas de comunicação como a retórica, as experiências retratadas em filmes e romances, a narração da própria história de vida e o humor podem estimular os indivíduos a travar conversações politicamente relevantes. Contudo, a deliberação não se sustenta apenas com a utilização dessas formas alternativas de comunicação, uma vez que elas são insuficientes para cumprir alguns princípios fundamentais do processo deliberativo desenhado na esfera pública, como discutido no primeiro capítulo.[2] A deliberação exige que os argumentos pró ou contra determinadas posições sejam sustentados publicamente, a fim de se tornarem inteligíveis e potencialmente aceitáveis pelos demais interlocutores. Por isso a emoção tem seu papel assegurado na generalização de questões problemáticas, de modo a torná-las compreensíveis a todos. Mas o processo de troca de perspectivas em público sustenta-se de modo racional, na medida em que os interlocutores precisam defender ou rever suas razões e interesses quando interpelados por seus parceiros. Essa atividade é que garante a racionalidade do processo deliberativo.

Na primeira parte deste capítulo, nosso objetivo é esclarecer como uma produção cultural associada às emoções pode conduzir os sujeitos a uma argumentação reflexiva e racional. Para tanto buscamos recuperar a polêmica instaurada pelas telenovelas *A próxima vítima* e *Torre de Babel*, através de matérias veiculadas na mídia impressa de grande circulação nacional. Partimos da premissa de que as matérias referentes a tais telenovelas lidam com um conjunto de questões relativas aos grupos de sexualidade estigmatizada[3] e instauraram, na própria esfera de visibilidade dos *media*, uma rede de contestações, diálogos e argumentações.[4] Procuramos identificar as questões em torno das quais se deu a troca pública de razões, conforme a trama e a natureza das relações homoeróticas apresentadas nas duas telenovelas. Na segunda parte investigamos os focos discursivos[5] sobre questões específicas, ou seja, os discursos de grupos e entidades da sociedade civil, de instituições religiosas, da comunidade GLBTS (*gays*, lésbicas, bissexuais, transgêneros e simpatizantes), de especialistas e do público em geral, bem como de atores e autores de telenovelas, expressos nos textos das matérias. Com isso buscamos detectar a configuração — o escopo e a natureza — da deliberação pública em ambos os casos.

Da ficção à política

Pode a telenovela, um produto ficcional geralmente associado à exploração e exacerbação dos sentimentos, gerar um processo deliberativo politicamente relevante no espaço público?[6] Para tentarmos esboçar uma resposta a essa instigante questão é necessário, num primeiro momento, examinar como as narrativas ficcionais encontram-se interligadas com as narrativas originadas de experiências concretas dos indivíduos.

Uma das acepções do termo "ficção" está ligada à idéia de que ela apresenta falsidades, ou seja, algo que não corresponde à realidade concreta dos indivíduos. Contudo, não podemos nos esquecer do "valor de verdade" (ou verossimilhança) que algumas ficções contêm. Mesmo que certas ações sejam por nós identificadas como existentes apenas no plano da ficção, os sentimentos que movem as personagens, seus gestos e intenções muitas vezes correspondem ao que conhecemos a respeito do mundo em que habitamos.

Outra acepção do mesmo termo vincula-se às considerações feitas por filósofos e teóricos da área de literatura,[7] para quem as ficções são instrumentos para a organização de nossas experiências. Certamente, o mundo ficcional não funciona segundo as mesmas regras, tradições, valores e temporalidades do mundo onde os sujeitos vivenciam suas experiências concretas. Nem por isso a ficção deve ser tomada como algo "falso", em contraposição à "verdade" contida no mundo factual. O importante é destacar que tanto as convenções adotadas na ficção quanto os códigos simbólicos que permeiam a "realidade" são fruto de práticas sociais histórica e culturalmente condicionadas.[8] Não existe uma única realidade pronta, nem ficções que obedeçam rigorosamente a certas fórmulas e formatos. Por serem construídas através da linguagem, a "realidade" e a "ficção" estão sujeitas ao vaivém dos significados e sentidos que os indivíduos produzem acerca de si mesmos, dos outros e do mundo.

Nessa perspectiva, a ficção não nos devolve o mundo que aí está, por dois motivos fundamentais. Primeiro, porque a complexidade do mundo e das relações sociais não pode ser apreendida num conjunto de representações simplificadas.[9] Segundo, porque a ficção funciona de acordo com regras próprias, tendo como pano de fundo eventos de nossa experiência no mundo. Os múltiplos aspectos da realidade são construídos e interpretados através de práticas comunicativas nas quais os sujeitos negociam entendimentos e representações.[10] Através da linguagem e dos encontros intersubjetivos, a realidade é produzida e transformada. A ficção participa desse processo a partir do momento em que fornece aos sujeitos em comunicação algumas representações que, ao serem reflexivamente apreendidas, auxiliam na produção de novos sentidos e significados, além de possibilitarem aos interlocutores maior conhecimento de si mesmos e dos outros.[11] Em contrapartida,

O mundo real penetra nos mundos ficcionais aportando modelos para sua organização interna e, em suma, subministrando materiais (previamente transformados) para a construção de tais mundos, ou seja, ele participa ativamente na gênese dos mundos possíveis.[12]

Essa aproximação entre a ficção e as dimensões sociais da concretização de experiências possibilita que os assuntos referidos pela telenovela passem da vida privada à vida pública e vice-versa. Para Chris Barker (1998) e Anthony Giddens (1991), o fato de as pessoas comentarem sobre as cenas das telenovelas lhes dá oportunidade de tornarem inteligíveis os dilemas éticos e morais com que se deparam freqüentemente e de obterem algum controle sobre eles.

Acreditamos que a problematização introduzida nas telenovelas por temáticas tabus — e por toda uma gama de discursos e pontos de vista que se articulam em torno delas — contribua para a amplificação de um processo público de troca de razões igualmente públicas, no qual os atores sociais podem não somente dar visibilidade às suas demandas e identidades, mas também negociá-las com os outros:

A popularidade das novelas não se mede somente pela cotação do Ibope, mas exatamente pelo espaço que ocupam nas conversas e debates de todos os dias, pelos boatos que alimentam, por seu poder de catalisar uma discussão nacional, não somente em torno dos meandros da intriga, mas também acerca de questões sociais. A novela é, de certa forma, a caixa de ressonância de um debate público que a ultrapassa.[13]

É de nosso interesse, então, esse processo de debate que ultrapassa a telenovela. Partimos da premissa de que o entrelaçamento do ficcional com o real está tanto nas formas de representação presentes nas telenovelas quanto no diálogo que a obra estabelece com o seu entorno. A permeabilidade entre essas duas áreas distintas existe porque ambas se constroem, se desafiam e se reformulam reciprocamente através dos encontros comunicacionais cotidianos dos sujeitos. É no espaço desses encontros que os sujeitos constroem símbolos, expressam afetos e se servem de elementos ficcionais para articularem acontecimentos vividos narrativamente.[14] A aproximação entre o ficcional e o vivido se dá,

170 Mídia e deliberação

então, pelo modo semelhante de organização e produção de sentido em torno de eventos e ações, apesar da diferença entre as regras que regem esses dois espaços. A forma "narrativa" assumida pelos acontecimentos históricos e ficcionais é, de acordo com Helena Bomeny (1990:89), uma "forma primária e irredutível da comunicação humana, parte integrante na constituição do senso comum". A representação do mundo na ficção e a ficcionalização do mundo e das relações sociais são processos indissociáveis, na medida em que são fruto da utilização dos critérios de coerência e articulação da narrativa.

Para Kátia Costa Bezerra (2002:119), a ficção contribui para a elaboração das identidades dos sujeitos através das formas narrativas que oferece, as quais são capazes de interconectar o social e o particular:

> A ficção é responsável pelo estabelecimento de um vínculo de reciprocidade entre discursos, representações e práticas sociais e as contingências pessoais de cada indivíduo. Nessa perspectiva, a ficção transmuta-se num espaço que pode propiciar modificações de hábitos a partir da veiculação de práticas e de formas de representação que podem ocasionar alterações na manifestação de demandas no espaço público.

Assim, nosso interesse é mostrar, por meio da análise das representações do vínculo homoerótico em duas telenovelas brasileiras, em que medida elas induzem e convocam uma deliberação pública. Veremos como o discurso ficcional da teledramaturgia auxilia na luta por reconhecimento empreendida pelos grupos de sexualidade estigmatizada, fazendo com que eles — e também a sociedade em geral — assumam uma posição, através de uma dinâmica argumentativa, diante do amplo leque de representações (consideradas estereotipadas ou não) que aí aparecem.

Reconhecemos que Sílvio de Abreu não é um precursor no tratamento não-estereotipado de temáticas referentes à homossexualidade na teledramaturgia brasileira.[15] Contudo, os personagens das duas telenovelas aqui focalizadas têm sido reiteradamente identificados por estudiosos e por participantes do próprio movimento homossexual como exemplos principais de representações que burlaram os estereótipos atrelados ao riso e à marginalidade.[16]

Nossa hipótese é que, quando demandas políticas são articuladas através dos significados culturais, ocorre uma mobilização que se destina a alterar o espaço moral em que as identidades são negociadas. As discussões que envolvem questões de ordem moral exigem a instauração de uma esfera pública para que as diferentes perspectivas dispostas na esfera de visibilidade dos *media* sejam consideradas durante a deliberação. Quando se questionam valores, tradicionais ou não, os atores sociais são chamados a rever tanto os recursos culturais e simbólicos que norteiam suas práticas cotidianas quanto seus modos de agir, julgar e solucionar problemas.

O sistema deliberativo e formas alternativas de comunicação

Como discutido no primeiro capítulo, o sistema deliberativo, em sua acepção mais ampla, congrega desde as conversas e debates formais entre representantes políticos até as conversações cotidianas travadas no ambiente íntimo, passando pelas emissões dos *media*. Mansbridge (1999:211) ressaltou a importância da conversação, nesses diferentes âmbitos, para que os interlocutores possam "entender melhor o que querem e o que precisam, individual e coletivamente (...) entender melhor a si mesmos e seu ambiente". O sistema deliberativo também auxilia os participantes a "mudar a si mesmos e os outros, através de formas que são melhores para eles e para a sociedade como um todo, embora às vezes esses objetivos entrem em conflito".

Nessa perspectiva, o sistema deliberativo comporta não só argumentos construídos racionalmente, mas também linguagens como o melodrama. Mas, para que o melodrama possa contribuir para o funcionamento do sistema deliberativo, é preciso destacar, em primeiro lugar, a maneira pela qual a linguagem melodramática da telenovela aciona preferências, de modo a permitir que os indivíduos focalizem sua atenção em determinado aspecto de situações ou problemas concretos.[17] Assim, entendemos que as formas alternativas de comunicação, sobretudo aquelas destinadas a fazer repercutir aspectos da emoção, cumprem importante papel na

172 Mídia e deliberação

definição de enquadramentos possíveis para as questões de interesse público. Como proposto por Patrícia Paperman (1992:105),

> as emoções implicam uma tomada de posição em relação à realidade percebida e compreendida em comum. Elas possuem um valor ou uma função demonstrativa, indicando aos outros o que é importante notar em uma situação, afetando a definição social das circunstâncias, ou ainda o tipo de perspectivas (ou de pontos de vista) que é conveniente adotar a propósito de um objeto público.

Acreditamos, pois, que a telenovela é capaz de fornecer elementos para que os indivíduos assumam um ponto de vista valorativo, como apreciação pertinente de uma dada situação. A telenovela, ao abordar temas próximos do cotidiano vivido pelos telespectadores — privilegiando histórias que assumem um caráter de "crônica do cotidiano" —, permite-nos transitar entre os domínios do público e do privado, entre as experiências subjetivas e as coletivas.[18]

É preciso ressaltar, contudo, que a formação de um ponto de vista ou de uma opinião não é condição suficiente para que haja uma deliberação pública. A deliberação é aqui entendida numa acepção particularmente reflexiva,[19] constituindo-se num processo aberto e cooperativo de discussão e ponderação no qual diferentes pontos de vista são expressos e considerados. Como vimos no primeiro capítulo, nem sempre a finalidade do processo deliberativo é a busca de uma solução para questões problemáticas. Muitas vezes, a deliberação é útil para se chegar a um melhor entendimento do problema ou a novas maneiras de abordá-lo.[20] De acordo com John Dryzek (2000:163), o aspecto reflexivo da deliberação se concentra justamente no "questionamento de forças previamente estabelecidas e tidas como imutáveis, as quais controlam as regras de sociabilidade e de ação social". Assim, a deliberação toma corpo quando uma comunicação intersubjetiva e não-coercitiva, baseada na reflexão e na troca de argumentos racionais, se desenvolve na esfera pública.

De acordo com Habermas (1991:217), os indivíduos buscam, através do discurso, negociar sentidos, interpretar pontos de vista, questio-

Apelo emocional e mobilização para a deliberação **173**

nar o conteúdo das normas propostas, visando um consenso pela força do melhor argumento. Tal consenso não se encontra livre de futuras revisões e contestações. Quando se tornam públicos, os pontos de vista dos participantes da deliberação podem ser aceitos ou contestados, desde que estejam livres de forças coercitivas e não fiquem restritos a interesses individuais, mas se articulem em torno do que é comum a todos. Ainda segundo Habermas (1995b:100), a forma cooperativa com que se dá a busca pelo entendimento recíproco indica que há um esforço mútuo para tornar claro, através da linguagem, o que cada participante almeja diante de uma situação problemática.

Entendemos que o esforço para "tornar claro" aquilo que afeta a própria vida, os problemas concernentes a grupos específicos ou à organização das relações sociais, faz com que os sujeitos entrem em diálogo, troquem experiências e opiniões. Quem se engaja numa troca argumentativa assume o risco de ter a própria perspectiva alterada, ao tentar elaborá-la e apresentá-la diante do outro. A deliberação exige sempre que os participantes estejam "preparados para questionar as complexidades e ambigüidades de suas próprias identidades, e das identidades dos outros".[21] É através dessa negociação de entendimentos e expectativas que as identidades são construídas e que o reconhecimento mútuo é expresso.[22]

A telenovela, ao proporcionar linguagens e discursos de cunho emocional, estético e valorativo, contribui para aumentar e/ou melhor definir o escopo de perspectivas conflitantes. Quanto à intrincada relação que se estabelece entre os diferentes canais e veículos da mídia, cabe salientar que não desconsideramos a existência de estratégias mercadológicas da própria emissora de televisão e das empresas do jornalismo impresso, que se valem de temáticas polêmicas para gerar expectativa entre os telespectadores e leitores e assim aumentar o "consumo" de seus bens. Como produto da indústria cultural, a telenovela não escapa às suas regras de produção e veiculação. Contudo, concentramos-nos na capacidade que tem esse bem simbólico de desencadear uma recepção crítica e reflexiva. A mobilização para a deliberação não é garantida somente pela visibilidade conferida a questões tabus. Para que a deliberação ocorra, os setores sociais já devem estar previamente atentos às situações que se configuram como problemas endereçados à coletividade. Em outras palavras, já deve existir no meio social um grau de reflexividade que é responsável pela percepção de assimetrias e injustiças ancoradas nas relações sociais.

Estereótipos questionados

Os estereótipos que circulam nos *media* tendem a classificar os homossexuais como pervertidos, doentes ou personagens cômicos.[23] Essas imagens que categorizam o grupo de forma homogênea não apenas desvalorizam a pluralidade interna do coletivo, acionando a homofobia, mas também e, talvez, principalmente ameaçam a dignidade dos sujeitos como cidadãos moralmente capazes de expressarem suas necessidades de maneira plural e assim defenderem seus pontos de vista. A negação do reconhecimento dos sujeitos homoeróticos constitui-se uma forma de injustiça simbólica que impede a negociação e a alteração recíproca dos entendimentos que os grupos e indivíduos produzem acerca de si mesmos e dos outros.[24]

Ante a "supremacia" dos códigos heterossexuais e de representações pejorativas[25] dos grupos de sexualidade estigmatizada, *gays*, lésbicas, travestis e transexuais têm conquistado vitórias significativas nos campos dos direitos civis e da cidadania, como, por exemplo, a implementação de leis que protegem o afeto homoerótico em público ou que permitem o casamento *gay* e a adoção de crianças por casais do mesmo sexo.[26] Com relação à representação desses grupos nos *media*, é possível identificar um farto repertório de representações destinadas a manter o silenciamento e a exclusão dos sujeitos homoeróticos. É possível também encontrar, ainda que em menor proporção, representações que escapam ao estereótipo. Assim, as condições de visibilidade proporcionadas pelos *media* devem ser concebidas como uma chave política para que os indivíduos que sofrem algum tipo de injustiça simbólica possam transferir sua experiência do domínio do particular para o domínio público e vice-versa.[27] As condições de invisibilidade, de hostilidade e de desrespeito podem ser questionadas e desestabilizadas a partir do momento em que os indivíduos e/ou grupos que se sintam injustiçados não se reconheçam em imagens

Apelo emocional e mobilização para a deliberação **175**

pejorativas e reivindiquem o direito de se posicionar com dignidade diante dos demais e de participar, em pé de igualdade, de qualquer tipo de deliberação. Podem, assim, alterar o entendimento que a sociedade produz acerca de suas identidades, desencadeando uma luta por reconhecimento.[28]

Nas telenovelas brasileiras, as personagens homossexuais começam a aparecer nos anos 1970.[29] A partir dos anos 1980, algumas telenovelas passaram a trazer representações que investiam no questionamento das tipificações e modelos preconcebidos de relacionamentos entre indivíduos do mesmo sexo.[30] Mas foi nos anos 1990 que surgiu um tipo de representação que fugia aos padrões anteriormente adotados. Entre as diversas obras então produzidas destacam-se *A próxima vítima* e *Torre de Babel*. No período de exibição dessas telenovelas, diversos veículos da mídia impressa produziram matérias que, por um lado, resgatavam um breve histórico das representações mais correntes dos homossexuais em telenovelas; por outro, anunciavam uma "mudança dos tempos", em que os homossexuais passam a ser retratados como "normais". No entanto, podemos questionar se essa visão não exclui aqueles que querem se expressar por meio de trejeitos, gestos efeminados, roupas extravagantes etc. Assim, cabe indagar o que acontece, por exemplo, quando algumas telenovelas começam a explorar representações alternativas do vínculo homoerótico.

Em *A próxima vítima*, os adolescentes *gays* Sandrinho (André Gonçalves) e Jefferson (Lui Mendes) têm como desafio principal revelar sua homossexualidade às suas respectivas famílias. No início da trama, os dois são retratados como bons filhos, alunos exemplares e ótimos amigos. A preocupação principal de Sílvio de Abreu, autor da novela, era fazer com que o preconceito fosse discutido pelas famílias brasileiras. Para evitar a rejeição das personagens logo no início da trama, ele optou pelo artifício da ambigüidade:

> Antes, quis que o público conhecesse mais esses dois personagens. Mas, mais do que mostrar se o casal vai ou não terminar junto, me interessa falar sobre o relacionamento e a aceitação dos homossexuais por suas famílias. (...) Quanto mais se discutir o tema de maneira natural, melhor.[31]

Somente seis meses após o início da novela o vínculo homoerótico entre os adolescentes vai ganhando evidência, à medida que as desconfianças das famílias, especialmente das mães de cada um deles, começam a surgir. Sandrinho e Jefferson enfrentam então os dilemas e riscos de "sair do armário": a instabilidade marca tanto o relacionamento íntimo entre eles quanto o convívio familiar. É importante ressaltar que o contato físico entre ambos é praticamente inexistente.

Já *Torre de Babel* apresenta ao telespectador uma história de amor entre duas mulheres bonitas, ricas e assumidamente lésbicas. Leila (Sílvia Pfeifer) e Rafaela (Christiane Torloni) dividem o mesmo apartamento e a mesma cama desde o início da trama. Contrariamente aos dilemas enfrentados por Sandrinho e Jefferson, elas vivem um relacionamento maduro, permeado por uma forte sensualidade e cumplicidade.

O destino desses personagens na trama é diametralmente oposto. Sandrinho e Jefferson são presenteados com um belo *happy end:* passam a morar juntos e preparam uma festa, no último capítulo, para comemorar a união. Já Leila e Rafaela foram condenadas à morte na explosão de um shopping center, apenas dois meses após o início da telenovela. A troca pública de razões em torno dos *gays* de *A próxima vítima* e das lésbicas de *Torre de Babel* realizou-se, também, de maneira notadamente distinta, mobilizando perspectivas e argumentos diferenciados.

Cumpre esclarecer que uma série de fatores contribuiu tanto para a diferença entre os processos argumentativos suscitados por essas telenovelas quanto para o final dado aos respectivos casais de *gays* e lésbicas. Sabemos que as escolhas do autor ao elaborar as mensagens — momento da codificação, segundo Hall (2003) — são capazes de definir modos de endereçamento[32] que, por sua vez, traçam rotas interpretativas de "decodificação" das mensagens. Nesse processo de codificação atuam variáveis intervenientes próprias do modo operatório da indústria cultural. Ou seja, um autor de telenovela sabe quais forças (políticas, econômicas, mercadológicas, religiosas etc.) irão atuar sobre seu processo de composição dos enredos. Ele deve estar preparado para negociar com essas forças.[33] Por outro lado, nem a visibilidade de temas tabus, nem os modos de seu endereçamento têm total controle sobre a interpretação e utilização das mensagens veiculadas. O contexto de recepção de cada novela, assim como seus contextos de produção e codificação[34] foram bastante distintos. Houve aí a atuação de múltiplas determinações que, ao estabelecerem um quadro possível de limites e possibilidades de entendimento, podem explicar as diferenças entre os processos deliberativos produzidos em torno de *A próxima vítima* e *Torre de Babel*. A seguir, exploraremos alguns aspectos dessas múltiplas determinações e também algumas características dos processos deliberativos alimentados por ambas as telenovelas.

Os dilemas do armário em *A próxima vítima*

Evidentemente, há uma complexa interseção de questões em qualquer processo de troca de razões no espaço público. No caso dos *gays* de *A próxima vítima*, foi possível identificar três temas principais que emergiram da confluência de opiniões e polêmicas expressas nas matérias da mídia impressa: a questão do estereótipo e do preconceito; a discussão da homossexualidade em família; e os depoimentos pessoais do público *gay*. Quanto ao estereótipo, como já ressaltamos, outros personagens, antes de Sandrinho e Jefferson, podem ser vistos como resultado da tentativa de desvincular a imagem do homossexual da caricatura. Contudo, Sandrinho e Jefferson são o primeiro casal assumidamente *gay* da teledramaturgia brasileira, encarnando a possibilidade de representações mais fluidas e multifacetadas. Como declarou Paulo César Fernandes, presidente do grupo Atobá-RJ: "Acho bom que o homossexualismo seja abordado na TV, porque a pior coisa do mundo é o silêncio. Principalmente porque já ouvi dizer que o Sílvio de Abreu não pretende estereotipar os personagens. Com isso, vamos acabar com a imagem da bicha louca".[35]

Segundo Sílvio de Abreu, "a caricatura não exige respeito do indivíduo. A caricatura permite que o espectador se sinta superior. Já quando o personagem se comporta igual a todo mundo, não há margem para brincadeiras".[36]

Como mencionamos anteriormente, a grande preocupação de Sílvio de Abreu era que a homossexualidade fosse discutida em família. Isso fica claro numa série de diálogos que Sandrinho e Jefferson mantiveram com seus familiares, particularmente com suas respectivas mães. Quando o autor declara expressamente suas intenções no que diz respeito ao relacionamento homoerótico entre os dois personagens, podemos notar uma intensificação da troca argumentativa sobre a questão na esfera de visibilidade dos *media*. Alguns membros de movimentos *gays* manifestaram preocupação com as concepções de cidadania e auto-estima. Como afirmou Toni Reis, secretário-geral da Associação de Gays, Lésbicas e Travestis, com sede em Curitiba:

> *Sinto-me dignamente representado por Sandro e Jefferson. A novela os apresenta como cidadãos.* Os dois estudam, têm família e amigos. Não são irresponsáveis nem folclóricos como os personagens de programas humorísticos. Não saem rebolando pelas ruas à caça de parceiros. Também não se comportam como os tipos exóticos que o dramaturgo Nélson Rodrigues criou. Não são suicidas nem assassinos em potencial. *Tratar os homossexuais na televisão com delicadeza, sem exageros, eleva a auto-estima da comunidade gay.*[37]

Toni Reis associa a cidadania de Sandro e Jefferson ao fato de ambos estudarem, terem família e amigos. De acordo com Honneth (1995), um indivíduo que tem o apoio de sua família e de seus amigos, que exercita sua criatividade nos estudos ou no trabalho, que se posiciona dignamente diante dos outros é potencialmente capaz de fazer planos, de estabelecer relacionamentos, de realizar projetos, de lutar por seus direitos e de viver de acordo com um projeto de vida que deve ser moralmente valorizado por todos. Sandrinho e Jefferson não aparecem como excluídos, nem como minorias desvalorizadas, uma vez que são ressaltadas as características que os aproximam de outros grupos sociais.

O fato de uma representação alcançar o universo da cidadania fez com que Toni Reis mencionasse o aumento da auto-estima da comunidade gay. O cidadão é aquele que é valorizado por sua capacidade moral de defender seus posicionamentos de maneira autônoma, isto é, ele se posiciona diante dos outros como sujeito portador de direitos.[38] Por isso acreditamos que a cidadania está muito além da necessidade de simetria

Apelo emocional e mobilização para a deliberação

entre direitos e deveres. Um cidadão é capaz de mobilizar recursos subjetivos e coletivos para refletir sobre as injustiças que o atingem e em relação às quais deve elaborar suas próprias demandas.

Por outro lado, se inicialmente a representação de Sandrinho e de Jefferson pareceu agradar aos militantes de movimentos *gays* de vários grupos do país, estes depois se mostraram incomodados com essa representação "ideal" que neutraliza a sexualidade e, portanto, sua própria diferença. Para Luiz Mott, presidente do Grupo Gay da Bahia, "Sandro e Jefferson são muito tímidos, muito pudibundos. Trocam olhares lânguidos, tocam-se pouco, insinuam um afeto que não faz jus à Paulicéia Desvairada, à cidade maluca em que vivem. Parecem morar na Inglaterra vitoriana".[39]

Segundo Cláudio Nascimento, presidente do Grupo Arco-Íris e secretário de Direitos Humanos da Associação Brasileira de Gays, Lésbicas e Travestis, "a relação entre Sandro e Jefferson foi mostrada de uma forma muito bonita, mas não vimos nenhuma expressão de afeto. A TV costuma desassociar a relação homossexual do sentimento, como se fosse apenas sexo. Por que não falar de história de amor entre *gays*?"[40]

A falta de proximidade física entre Sandrinho e Jefferson é assim justificada por Jorge Fernando, diretor-geral de *A próxima vítima*: "Não quero intimidades! Ficaria grosseiro e apelativo. Um desrespeito ao público".[41] E por Sílvio de Abreu, autor da telenovela:

> *Não estou tratando de uma história de amor gay. Mas da aceitação do homossexualismo dentro da família.* (...) Colocar os dois se beijando ou se acariciando de mãos dadas atingiria a grande maioria não *gay*. Não gosto de ofender ninguém. Detesto causar constrangimento. A minha preocupação com o universo *gay* é fazer com que as pessoas respeitem esse tipo de relacionamento.[42]

Ao "proibirem" a expressão do afeto homoerótico, os produtores da novela delimitam um possível quadro de leitura da mensagem apresentada. Esse modo de endereçamento, ou de codificar a mensagem, reflete uma escolha que, a nosso ver, exerce grande influência sobre a troca de perspectivas na esfera de visibilidade dos *media*, sobre a dinâmica argumentativa instaurada no espaço público e sobre o desfecho dado ao casal na trama.

Da sombra à visibilidade

A próxima vítima estreou em março de 1995, mas somente em agosto do mesmo ano pôde-se confirmar a relação homoerótica entre Sandrinho e Jefferson. Após a cena em que Sandrinho conta à sua mãe que é *gay*, a mídia impressa veiculou uma série de depoimentos autobiográficos. O jornal *Folha de S. Paulo*, por exemplo, publicou no caderno "Folhateen" uma reportagem que traz, entre outros dados, o depoimento biográfico de três adolescentes que já haviam passado pela experiência do "assumir-se". Obviamente não podemos desconsiderar aqui as estratégias de marketing da mídia impressa, que se serve de temas polêmicos para despertar o interesse de um segmento específico de seus leitores. Contudo, para nossos propósitos, interessa assinalar que o ato de contar uma história particular ou o ato de dar um testemunho subjetivo são formas importantes de despertar a sensibilidade dos demais membros de uma dada coletividade, podendo perfeitamente conviver com as formas de argumentação racionais. Iris Young (1996) e John Dryzek (2000) consideram que esses atos são formas de valorizar a experiência singular de um indivíduo ou grupo, de modo a torná-la passível de ser compartilhada.

As histórias de alguns adolescentes, relatadas principalmente em matérias da *Folha de S. Paulo*, podem ilustrar tal ponto. A experiência do químico A. P., de 22 anos, é utilizada para reafirmar os propósitos de Sílvio de Abreu, que, ao tratar da homossexualidade no horário nobre da Rede Globo, pretendia que o assunto fosse discutido pelas famílias que assistem à telenovela:

> Segunda-feira, dia 31 de agosto, 20h30min. A. P., 22, assistia com a família à novela da Globo, *A próxima vítima*. Na TV, Sandrinho (André Gonçalves) diz para a mãe, Ana (Suzana Vieira) que é *gay*. Na sala, A. P. e a mãe começam a chorar e lembram de uma conversa semelhante, há quatro

anos. A diferença: na novela, tudo fica bem. Ana apóia o filho. Na sala de estar, o pai de A. P. sai batendo a porta e diz que não quer ficar "ouvindo bobagem". (...) A. P. passou por maus momentos quando seu pai descobriu. "Ele saiu correndo atrás de mim pela rua, querendo me bater", diz o garoto, que à época tinha 18 anos. Hoje em dia, os dois vivem mal. Pai: "você não tem roupa de mulher para vestir?". A. P.: "eu me sustento e não preciso de você". Pai: "olha que lindo, seu primo com a namorada no carro. Eu queria tanto um filho assim...". A. P.: "olhe que lindo o carro que o tio deu para meu primo. Queria tanto um pai assim..."[43]

Abreu ressalta que se inspirou no caso de alguns amigos para escrever a cena do diálogo entre Sandrinho e sua mãe. Para Abreu, a mãe do personagem mostrou-se aberta ao diálogo e à compreensão porque ele acredita que, se os adolescentes encontrarem o apoio e o carinho dos pais, os traumas poderão ser evitados: "Conheço muita gente que saiu de casa quando os pais descobriram que eles eram homossexuais e acabou caindo na marginalidade".[44]

No caso de Jefferson, tudo se torna mais complicado, pois, além de *gay*, ele é negro. Assim, após a exibição da cena em que ele assume sua homossexualidade diante da família (algumas semanas depois de Sandrinho), a *Folha de S. Paulo* publicou depoimentos biográficos e comentários que expressavam a opinião dos telespectadores em relação ao papel de "negro e *gay*" interpretado pelo ator Lui Mendes. Os entrevistados tinham sempre essas duas posições identitárias, ou seja, eram negros e *gays*.

A título de exemplo, destacamos dois depoentes que narram suas próprias experiências com o preconceito em diferentes âmbitos sociais (família, trabalho, colégio, bairro), associando-as explicitamente ao drama vivido por Jefferson. Segundo Leonardo Avritzer (2000:77), esse nível, no qual a experiência do outro é "comparada e nivelada com a experiência conhecida, implica uma reflexividade na medida em que a experiência do outro é submetida a um crivo moral que permite a sua contextualização e discussão". Ressaltamos que isso ocorre mesmo que esse outro seja um personagem de TV:

Quando contei aos meus pais que era gay, há quatro anos (eu tinha 17), a reação foi parecida com a da família do Jefferson. Minha mãe chorou, meu pai ficou revoltado e só uma irmã (são três) aceitou. Uma outra fez um drama danado. Disse que tinha amigos homossexuais, mas não queria que o irmão dela fosse. Tive que me mudar no mesmo dia. Morei fora um tempo e voltei, mas não se toca no assunto. Contei tudo para minha família porque eles começaram a desconfiar e ficavam me controlando (Denevaldo dos Santos, 31, vendedor).[45]

"Todos os meus amigos comentam", diz o garçom do bar Ritz, Luiz Wenceslau, 31, que é negro e homossexual assumido. "O Jefferson é uma dupla conquista. Ele é negro e *gay*, sem ser estereotipado."[46]

Os casos destacados se assemelham à experiência de Jefferson por dois motivos: a interseção entre raça e sexualidade. Os depoimentos revelam não só injustiça cultural, mas também econômica, como a experiência de demissão do trabalho, de expulsão de casa e o risco de ficar sem moradia. De acordo com Nancy Fraser (1997), grupos e indivíduos que sofrem ambos os tipos de injustiça precisam tanto do reconhecimento de sua diferença quanto de uma nova forma de redistribuição do acesso a bens materiais responsáveis por um padrão de vida digno:[47]

Desde criança sofri preconceito no colégio e no bairro. O fato de ser negro, além de homossexual, piora muito. O preconceito surge de maneira muito sutil. Há sete anos perdi o emprego em uma loja porque era *gay* e, tenho certeza, também por ser negro. Entre os *gays*, também há preconceito racial. Uma vez, um cara branco disse a um amigo que se eu não fosse neguinho ele até namorava comigo. No caso do Jefferson a reação do público é boa porque eles romanceiam um pouco a história. Em casos isolados, ninguém é tolerante (Denevaldo dos Santos, 31, vendedor).[48]

Wenceslau conta que já enfrentou duplo preconceito. "A síndica de um prédio em que eu morei, nos Jardins, comandou um abaixo-assinado para me expulsar dali. Eu era o único negro do prédio e ela espalhou que eu era *gay* também. Reagi e só saí quando quis", lembra.[49]

Apelo emocional e mobilização para a deliberação

O "duplo preconceito" revelado pelas falas aqui destacadas nos remete à concepção não essencialista de grupo social. Um grupo não pode ser entendido como uma entidade homogênea em que todos os indivíduos compartilham as mesmas características, anseios e dilemas. Entendemos que um grupo é composto por indivíduos plurais, que transitam também por outros grupos e que, por isso, têm posicionamentos e "identidades intersecionantes".[50] Sendo assim, os membros de grupos oprimidos podem compartilhar alguns interesses, experiências e percepções comuns, mas eles são também heterogêneos e, algumas vezes, profundamente divididos: "Dentro do próprio movimento negro, ainda existe muita resistência aos homossexuais (Fernando Conceição, 33, coordenador do Núcleo de Consciência Negra de São Paulo)".[51]

Vemos, assim, que as histórias que documentam o universo "secreto" do homoerotismo, ou que expressam o infortúnio de indivíduos isolados, ao serem reveladas publicamente, mostram o impacto do silêncio e da repressão sobre as vidas dessas pessoas e trazem à tona sua trajetória de contingências, ambigüidades e esperanças. A experiência publicizada, por sua vez, passa a "expressar a experiência compartilhada de muitos outros, fazendo emergir o potencial para uma ação coletiva voltada para o alargamento de padrões de reconhecimento".[52]

Vale destacar que o conhecimento inerente a cada grupo, aquele que é constituído a partir de experiências singulares, quando entra no processo deliberativo, contribui para o enriquecimento das diferentes perspectivas e para a negociação dos pontos de vista. As narrativas autobiográficas refletem a necessidade de, num debate pluralista, considerarmos os interesses, as particularidades e as necessidades dos nossos parceiros deliberativos diferentemente situados.[53] Num contexto em que diversos sujeitos plurais procuram compreender-se uns aos outros, a experiência revelada em uma narração torna-se um código capaz de reunir ou separar tais sujeitos, mas faz também com que marcas subjetivas se tornem inteligíveis para a coletividade.[54]

Acreditamos que os diálogos que se estabelecem entre as experiências cotidianas desses grupos e as experiências dramatizadas nas telenovelas podem esclarecer como as injustiças simbólicas influenciam tanto o auto-entendimento dos grupos oprimidos quanto os processos de entendimento, de comunicação e de solidariedade entre os distintos grupos existentes em nossa sociedade. Segundo Bohman (1996:60), experiências biográficas diferentes podem revelar os limites e o caráter perspectivo dos entendimentos compartilhados por muitos na comunidade política. Cabe ressaltar que esse mecanismo não se resume ao ato de ouvir o discurso confessional de alguém. O diálogo baseado na troca de experiências expande os entendimentos que os grupos produzem acerca de si mesmos e dos outros, além de contribuir para a reformulação de interpretações e representações, abrindo espaço na deliberação para um amplo escopo de identidades e experiências.

Duas lésbicas em *Torre de Babel*

Ao contrário do que aconteceu com *A próxima vítima*, a polêmica em torno das lésbicas Rafaela (Christiane Torloni) e Leila (Sílvia Pfeifer) começou a ocupar espaço na *mídia impressa* um ano antes do início da trama. É possível identificar três questões nucleadoras da dinâmica deliberativa nos textos de jornais e revistas:

- a polêmica em torno da propriedade ou impropriedade da presença das lésbicas na telenovela;

- a "cruzada" a favor da moral e dos bons costumes, encabeçada pela Igreja Católica, pela Tradição, Família e Propriedade (TFP) e por algumas escolas de São Paulo, com várias manifestações de repúdio à visibilidade alcançada pelas personagens lésbicas;

- a explosão do shopping center — ocorrida quase dois meses após a estréia —, em que Leila e Rafaela morrem, o que suscitou pedidos de telespectadores e de militantes *gays* para que as duas voltassem à trama.

Em dezembro de 1997, isto é, cinco meses antes da estréia da telenovela, o jornal *Estado de S. Paulo* anunciara a presença de um relacionamento aberto entre duas lésbicas[55] — que viveriam uma relação estável há vários anos — na próxima telenovela de Sílvio de Abreu.

Em março de 1998, a *mídia impressa* revelou que, logo nos primeiros capítulos da telenovela, iriam acontecer cenas de banho e de intimidade sexual entre Leila e Rafaela. Antes mesmo que os capítulos estivessem sendo exibidos, a polêmica já estava instalada: duas lésbicas elegantes, bonitas e ricas iriam tomar banho juntas e poderiam até se beijar. Além disso, como já apontamos, a sinopse da telenovela já antecipava que Rafaela morreria e que Leila teria um relacionamento amoroso com Marta, personagem interpretada por Glória Menezes, símbolo da grande esposa e mãe da televisão brasileira. As possíveis cenas de intimidade entre as lésbicas eram as mais comentadas e as que mais geravam aversão e reações controversas no público:

Mulher com mulher tem uma delicadeza que acho que desperta até um fetiche nas pessoas (Dira Paes, atriz).

Eu tenho horror, ojeriza a isso (Clara Hilda Weber, 70, dona-de-casa).

Ridículo. Não dá nem para pensar numa coisa dessas: trocar o Tarcísio Meira por uma mulher (Iracema Gama, 49, dona-de-casa).

Eu acho estranho, se fosse minha filha, teria dificuldade em aceitar. Fico chocada (Janete Magalhães, 54, professora aposentada).

Não me choca ver mulher com mulher na TV. Homem com homem me choca mais. Mas são coisas que tendem a ficar cada vez mais em evidência (José Carlos Albuquerque, 51, dentista).[56]

Para tentar serenar os ânimos, a Globo e as próprias atrizes revelaram à mídia que cenas de sexo, beijo, abraço ou contatos mais íntimos não iriam acontecer:

Para não chocar os telespectadores, a direção da Rede Globo mandou avisar à equipe que cenas de beijo e frases do tipo "eu te amo" estão terminantemente proibidas. Carinho no rosto também não pode.[57]

Não vai ter nenhuma cena de sexo e muito menos beijo na boca. É muito difícil a TV Globo exibir em horário nobre algo que vá chocar a família brasileira (Christiane Torloni).[58]

Acho que uma abordagem mais explícita afastaria o telespectador médio e constrangeria as pessoas em suas casas diante de suas famílias. Não quero que o relacionamento entre Rafaela e Leila seja rejeitado pela sociedade. Quero que seja aceito como agradável e harmonioso (Sílvio de Abreu).[59]

Sílvio de Abreu se mostra preocupado com a aceitação de Leila e Rafaela pelo público, pois logo no início da trama elas já são apresentadas como lésbicas. É preciso estar atento para o risco de tentar estabelecer causalidades diretas entre o gosto do "telespectador médio" e a rejeição a temas polêmicos. Basta lembrar que, muitas vezes, as classes mais baixas são muito mais resistentes a temas como a homossexualidade.

Após a estréia de *Torre de Babel*, os setores conservadores da sociedade brasileira passaram a demonstrar, com mais veemência, sua insatisfação com as cenas de extrema violência mostrada logo nos primeiros capítulos. É importante registrar que as primeiras reações contra *Torre de Babel* são difusas e abrangem outros personagens, além das lésbicas. O primeiro capítulo é marcado não apenas por cenas que mostram a intimidade de Leila e Rafaela, mas também por um assassinato a golpes de pá cometido por Clementino (Tony Ramos), por uma crise de abstinência do drogado Guilherme (Marcelo Antony) e pela invasão, seguida de tiroteio, da mansão da abastada família Toledo, por um grupo de traficantes armados. Esse conjunto de elementos fez com que alguns telespectadores fizessem associações entre temáticas como sexo, drogas, homossexualidade, assassinato, ódio, vingança, infidelidade etc.:

A exploração do *homossexualismo, lesbianismo, crimes, infidelidades, aborto* etc., fatores que afetam a família, em nada constrói ou reforça os alicerces dessa mesma família tão desvalorizada nos dias de hoje. Posso afirmar com segurança que essas e outras novelas, bem como programas que se apóiam na vida real ou histórica, não refletem a realidade. E mesmo que

Apelo emocional e mobilização para a deliberação

fosse assim, estariam contribuindo para a destruição dos valores morais. Os responsáveis darão contas a Deus e também os patrocinadores e até os que sintonizam, pelo apoio financeiro ou moral que dão a essas mazelas (Dom Eugênio Sales, cardeal arcebispo do Rio de Janeiro).[60]

Sílvio de Abreu conseguiu uma façanha: reunir, em uma só novela, todos os ingredientes negativos dos sentimentos humanos. *O assassinato, a traição, o homossexualismo, o ódio, a vingança, a infidelidade, as drogas* estão presentes na TV, no horário das 20h30min, quando a audiência é maior e mais diversificada, atingindo até mesmo as crianças (Lenita Soares, RJ).[61]

O que está acontecendo com os meios de comunicação ultimamente? Em especial com as novelas que têm dedicado tanto espaço para promover as mais diversas formas de homossexualismo? Já que Sílvio de Abreu se preocupa tanto em mostrar a realidade, ele deveria mostrar aquela vivida pela maioria do público, como menores cheirando cola nas ruas, em vez de mostrar *riquinhos drogados, homossexualismo, temas estes que levam à desagregação familiar* (Aziz Beze, GO).[62]

Contrariamente, outros telespectadores, assim como a atriz Christiane Torloni, conseguiram desvincular homossexualismo de violência e imoralidade:

O que mais me surpreende é que se ponha no mesmo balaio violência, drogas e homossexualismo. Os dois primeiros tópicos são problemas sociais. Já o homossexualismo é uma opção, e em muitos países há até legislações específicas que permitem a essas pessoas se casarem e adotarem crianças. Não aceitar isso é uma demonstração de atraso (Christiane Torloni).[63]

Pela primeira vez um casal homossexual mostrou seu cotidiano sem agredir os telespectadores. *Imoral é a fome, a violência e a corrupção* que aparecem todos os dias nos noticiários e, o que é pior, de forma realista, sem ficção (Alexandre Fiore, RJ).[64]

Aproveito para registrar a minha indignação contra as pessoas que insistem em reclamar de *Torre de Babel*. É lastimável constatar o preconceito e a ignorância que ainda imperam em nossa sociedade. *Não concordo com os leitores que afirmam que o homossexualismo exposto na novela agride os telespectadores.* Por ser algo tão atual e real, já deveria ser aceito e compreendido. Peço também para que Leila e Rafaela continuem juntas na trama (Andréia Rocha, RJ).[65]

De maneira mais específica, a organização social Tradição, Família e Propriedade (TFP) protestou contra a presença das lésbicas em *Torre de Babel*. Ao ser indagado sobre a posição da TFP com relação à visibilidade alcançada pela temática da homossexualidade feminina, Paulo Corrêa de Brito Filho, diretor de imprensa dessa entidade, respondeu:

> É a mesma posição da doutrina católica, reiterada em ensinamentos recentes do papa João Paulo II. O homossexualismo — quer feminino, quer masculino, tanto faz — é uma prática que viola não apenas a lei de Deus, mas a própria lei natural. O instinto sexual, integrante da natureza humana, existe em ordem à procriação. Desviá-lo dessa finalidade, além de ser grave pecado, importa práticas contra a natureza.[66]

Ao revigorar a campanha "O Amanhã de Nossos Filhos", que existia desde 1989, a TFP teve como objetivo maior "protestar contra a imoralidade desenfreada de programas de TV". A campanha enfatiza que os princípios católicos da sociedade brasileira estariam sendo subestimados pela TV:

> É difícil tratar de pontos positivos numa obra repleta de ensinamentos e atitudes contrárias à moral católica e à tradição de nosso povo. Seria como, num copo com água envenenada, tentar tomá-la sem o veneno. O aspecto deletério da novela não reside apenas nos episódios das lésbicas e do drogado. E uma reação do público à novela constitui exemplo salutar e um convite aos empresários de TV a mudar a orientação de seus programas.[67]

Torre de Babel foi tomada como maior exemplo nocivo da televisão para mobilizar um processo deliberativo acerca do excesso de violência e

Apelo emocional e mobilização para a deliberação

dos "abusos" dos *media* por um grupo de 58 escolas particulares de São Paulo. Ciro de Figueiredo, presidente dessa associação, apontou *Torre de Babel* como um exemplo de exacerbação de violência e erotismo, ao referir-se às cenas de sexo entre os casais heterossexuais da novela.[68]

Além da manifestação das escolas particulares, uma comissão especial foi criada no Senado para inaugurar um "conselho comunitário" que seria responsável por avaliar criticamente a programação televisiva e radiofônica exibida no país. O senador Pedro Simon (PMDB-RS), relator da comissão — o relatório final por ela elaborado apresentava uma análise da programação das emissoras de rádio e televisão brasileiras —, afirmou que jamais vira alguma cena de *Torre de Babel*, mas, pelo que já tinha ouvido falar, estava ciente de que seu conteúdo era altamente polêmico:

> Não existe hoje nada que influencie mais a formação do povo brasileiro do que a televisão. É mais importante que a própria família, que a escola e a religião. A novela *cai sob medida para a comissão*. Vai causar repercussão e, com isso, possibilitar o debate que estamos propondo. Se fosse água com açúcar, esvaziaria as questões levantadas pelo relatório. *Torre de Babel* é a prova de que quem faz a televisão brasileira é o Ibope.[69]

Vimos que a polêmica instaurada nas primeiras semanas de exibição de *Torre de Babel* não se ateve somente às lésbicas. Para muitas entidades sociais, como as escolas, a TFP e a Igreja, a telenovela serviu apenas para ilustrar um farto repertório de programas que contrariam a moral e os bons costumes, por privilegiarem cenas de violência, erotismo e homossexualidade. O movimento de insatisfação contra tais programas já se encontrava, de tal sorte, presente na sociedade. Contudo, a reação contra as lésbicas teve uma característica peculiar: o medo de que, ao mostrar um casal de lésbicas feliz e bem-resolvido, a telenovela pudesse incitar e propagar essa orientação sexual entre os telespectadores. Aqui os modos de endereçamento escolhidos também estipularam margens possíveis para rotas interpretativas. O que devemos perceber é que a reação às duas telenovelas se diferencia por múltiplos fatores, ligados tanto aos processos de produção e codificação das tramas quanto aos contextos de sua recepção.

Quem tem medo da visibilidade?

A troca argumentativa motivada pela presença de duas lésbicas em *Torre de Babel* tendeu a se reduzir ao dilema sintetizado pela pergunta: "elas ficam ou saem da telenovela?" Aqueles que defendiam a permanência delas na trama enfatizaram o talento das atrizes Sílvia Pfeifer e Christiane Torloni, argumentando que a *visibilidade* é um dos meios mais poderosos que os grupos de sexualidade estigmatizada possuem para lutar contra a injustiça simbólica:

> Por que é tão difícil admitir a diferença? Toda forma de preconceito é cruel e segregadora. Quanto mais invisível mais desumana ela se torna. (...) Mais corrosivo que o racismo é o preconceito contra o homossexual, que torna difícil para eles construírem sua identidade e lutar por seus direitos (Fabiana Carvalho, MG).[70]

> Mesmo o tema sendo rejeitado, é um passo gigantesco para o fim do preconceito. A sociedade ainda vê os homossexuais como um desvio de conduta, e não como uma opção sexual (Alfredo Romero, médico e sexólogo).[71]

> Fiquei decepcionada ao saber das mudanças na trama de *Torre de Babel*. O que mais me entristeceu foi que, além da morte da personagem Rafaela, Leila também morre. O casal homossexual é bem-resolvido e feliz, sem aquele estereótipo comum que as pessoas imaginam. Todas as cenas apresentadas com as duas foram impecáveis. As atrizes mostram sutileza e delicadeza (Bernadete Sena, MG).[72]

A forma de violência simbólica a que os homossexuais estão submetidos apresenta-se como a negação da existência pública desses indivíduos.[73] As regras sexistas promovem categorizações e tipificações que levam ao estigma e à invisibilidade social. Os homossexuais são prejudicados não apenas no âmbito dos direitos — este ainda regido por normas que não contemplam devidamente suas reivindicações —, mas também por representações que impedem o seu relacionamento em parceria com os outros, visto que são tidos como invisíveis:

> A opressão como forma de invisibilização traduz uma recusa à existência legítima, pública, isto é, conhecida e reconhecida, sobretudo pelo direito, e por uma estigmatização que só aparece de forma realmente declarada quando o movimento reivindica a visibilidade.[74]

Os grupos que defendem a invisibilidade procuram justificar tal postura alegando, sobretudo, os malefícios que uma abordagem explícita do homoerotismo feminino no horário nobre da televisão poderia trazer aos padrões de mentalidade e às regras de socialização da sociedade. O medo instaurado pela presença de Leila e Rafaela em *Torre de Babel* baseou-se no chamado "poder de sugestão subliminar" da mídia, supostamente capaz de induzir e alterar comportamentos:

> Nenhum pai ou mãe aceita um casal homossexual vivendo conjugalmente na TV, pois acredita que o filho possa seguir o exemplo (Alfredo Romero, médico e sexólogo).[75]

> Eu não concordo. A gente até sabe que homossexualismo existe na vida real, mas ainda é uma coisa marginal. Mostrar na televisão é um incentivo. E não é conveniente (Alvânea Guimarães, 58, economista aposentada).[76]

Há, na sociedade, uma espécie de temor de que basta conviver com um homossexual para que alguém, automaticamente, se transforme em homossexual. No segundo capítulo de *Torre de Babel*, a mãe de uma das funcionárias da loja de Leila e Rafaela obriga a filha a deixar o emprego por medo de que ela "virasse" lésbica. A amizade de Rafaela com Marta (Glória Menezes), intensificada após a separação desta última, também rendeu especulações nesse sentido:

Como aquela mulher, que não tem mais marido, tem amizade com aquela que é sapatão? Se essa amizade vai levar ou não a uma relação sexual eu não sei. É o mesmo que você ter um amigo *gay*, sair junto com ele, e falarem que você é veado (Sílvio de Abreu).[77]

Várias foram as vezes em que Sílvio de Abreu teve de defender sua posição de que "novela não muda a cabeça de ninguém":

A novela não cria novos homossexuais, apenas ajuda quem já era a se assumir. O que é muito bom.[78]

Uma abordagem séria, sem preconceito ou caricatura, como foi a da novela *A próxima vítima* e será a de *Torre de Babel*, contribui para que mais pessoas tenham a coragem de se assumir ou como homossexuais ou, simplesmente, como defensores de um estilo de vida alternativo que pode ser tão respeitável e digno quanto o tradicional.[79]

Se coloco duas lésbicas que se dão bem numa novela, eu não estou dizendo para as esposas que larguem seus maridos e peguem suas mulheres. O que eu faço sempre em minhas novelas é lutar contra o preconceito. Sempre.[80]

A visão dos meios de comunicação como detentores de um "poder de sugestão subliminar" é, a nosso ver, bastante redutora, uma vez que não há como verificar de maneira simples ou imediata como se dá o processo de mudança de comportamento por efeito direto de um produto midiático. É claro que padrões consumistas ou de apropriação de gírias ou "bordões", frutos de modismos lançados por uma determinada telenovela ou programa de televisão, são fáceis de serem detectados. Contudo, ressaltamos que o papel mais relevante dos meios de comunicação está em proporcionar referências e bens simbólicos com os quais os sujeitos sociais lidam reflexivamente a partir de seus próprios quadros interpretativos e padrões valorativos diferidos, provocando o questionamento de imagens ou de concepções cristalizadas, pejorativas ou tidas como imutáveis. Os meios de comunicação não são meros reprodutores de mensagens ou comportamentos, mas participam ativamente dos processos deliberativos e de comunicação intersubjetiva na sociedade.[81] É através da esfera de visibilidade dos *media* que muitas representações se difundem e passam a compor um quadro de pré-entendimentos compartilhados que nos auxilia a compreender e a tematizar problemas que nos afetam de modo direto ou indireto.

O universo das certezas compartilhadas, de suposições inquestionáveis, do senso comum, é descrito por Habermas (1998:237) como o "terreno do imediatamente familiar e do conhecimento implícito". O conhecimento pré-reflexivo faz parte da construção dos sentidos e das experiências nas práticas cotidianas, e pode ser contraposto ao conhecimento que é constantemente tematizado e mobilizado em situações discursivas de reflexão acerca de problemas. Podemos dizer, então, que as representações estereotipadas dos homossexuais que circulam rotineiramente na sociedade fazem parte de um horizonte de convicções coletivas e de um conjunto de modelos interpretativos tidos como imperturbáveis. Entretanto, a familiaridade expressa por esses modelos é suspensa quando uma representação considerada inquestionável passa a ser tematizada como problema.

Explosão conservadora

Após apenas 12 dias de exibição de *Torre de Babel*, ao perceber que os índices do Ibope despencavam vertiginosamente, a Rede Globo decidiu antecipar o primeiro *group discussion*, ou seja, uma pesquisa qualitativa de opinião em que um grupo diversificado de telespectadores de São Paulo e do Rio de Janeiro se reuniu, a portas fechadas, para discutir a trama. A rejeição à telenovela era quase total.

Paralelamente, os diretores da Globo fizeram inúmeras reuniões para decidir sobre um novo rumo para a história. Foi realizada, então, uma "gambiarra urgente":[82] decidiu-se pela morte das lésbicas e de outros personagens que desagradavam ao público. Carlos Manga, diretor do núcleo de dramaturgia da Rede Globo, reeditou pessoalmente as cenas que já haviam sido gravadas até o capítulo 40. Mas quem vetou as personagens lésbicas foi Daniel Filho, diretor artístico da Globo.[83] Tais atitudes revelam algumas das variáveis que intervêm no processo de produção de uma telenovela. Para resguardar as vertentes mercadológicas, econômicas e de aceitação pela audiência, o autor de novelas é desprivilegiado na negociação assimétrica entre setores hierárquicos da equipe de produção.

A morte de Rafaela já estava prevista, desde o início da trama, para o capítulo 45. Contudo, Sílvia Pfeifer desistiu de permanecer na trama sem a sua companheira. A explosão de um shopping center retirou da história todos os personagens que não estavam agradando à audiência, inclusive as lésbicas. Antônio La Pastina (2002) e João Silvério Trevisan (2000) acreditam que a morte simbólica das lésbicas teve como motivo a harmonia do relacionamento entre duas lindas e bem-sucedidas mulheres:

> Tais reações negativas certamente não ocorreriam caso as personagens lésbicas fossem mal-amadas, grosseiras e infelizes, quer dizer, não poderiam criar tanta empatia social com uma imagem positiva. Parece que diante de amores lésbicos o lar brasileiro tanto mais se vulnerabiliza quanto mais essas mulheres forem parecidas com aquilo que a fantasia machista caracteriza como "nossas filhas, irmãs ou esposas".[84]

Ao contrário do que aconteceu em *A próxima vítima*, a audiência não conseguiu estabelecer paralelismos entre a representação de "lésbica" e os papéis sociais de "filhas", "irmãs", "esposas" e "mães". Em relação a Sandrinho e Jefferson, as dimensões de "*gays*", "irmãos", "estudantes" e "filhos" se encaixavam perfeitamente. Por que isso não aconteceu com Leila e Rafaela? É plausível supor que o tratamento dado por Sílvio de Abreu ao relacionamento entre Sandrinho e Jefferson tenha contribuído para que o público tivesse tempo suficiente para estabelecer múltiplos laços de identificação com os dois. A lenta descoberta da homossexualidade, marcada sempre por certa ambiguidade do vínculo homoerótico (eles são ou não são *gays*?), acompanhou passo a passo a construção do auto-entendimento e da identidade sexual do casal. Em contrapartida, o vínculo homoerótico entre Leila e Rafaela recebeu um tratamento direto do autor. Elas não deixaram margem a dúvidas ou desconfianças, pois se apresentam como lésbicas desde o primeiro capítulo da trama.

Apelo emocional e mobilização para a deliberação

Leila e Rafaela mostraram, audaciosamente, o que os telespectadores brasileiros admitem que aconteça somente entre quatro paredes e bem longe de seus olhos e de seus lares. Elas trouxeram ao público uma intimidade estranha, porém não risível:

> [Leila e Rafaela] estavam muito perto do público, porque tinham família, dinheiro, beleza, trabalho, dignidade e auto-estima. Como rir disso? Aqui, a homossexualidade torna-se impossível de ser ignorada, pois ela integra o mundo em que vive o público médio.[85]

A imagem de Leila e Rafaela também pôde fazer com que esse mesmo público estabelecesse aproximações e distanciamentos em relação às suas próprias experiências. É interessante perceber como a representação das lésbicas desafia também as identidades heterossexuais. Mais uma vez o processo reflexivo nos mostra que a apropriação de representações dispostas pelos meios de comunicação deve ser sempre associada ao contexto de cada telespectador, à sua capacidade seletiva crítica, à biografia particular.[86] Segundo Jane Pantel, presidente da Associação de Lésbicas da Bahia, "as pessoas complicam muito as coisas e só querem ver na TV modelos de sucesso. Quando as personagens fogem aos padrões, elas logo pensam: eu sou hetero e não tenho uma relação tão positiva quanto elas, que são ricas, bonitas e felizes".[87]

Após a explosão do shopping e a morte das lésbicas, boa parte dos telespectadores manifestou o desejo de voltar a vê-las na trama. A atriz Christiane Torloni afirmou:

> Veja que coisa interessante: do "não" que se levantou e ecoou pelo país, lentamente foi surgindo um "sim", pois existe um lugar onde está a nossa humanidade. As pessoas vão demonstrando essa moralidade completamente relativa que nossos "eus" têm.[88]

Muitos foram os protestos contra a morte das lésbicas. Desde uma missa seguida por um enterro simbólico organizado pelo Grupo Ação, de

São Paulo, até sites na internet, telefonemas para a Globo e cartas para os cadernos de TV da mídia impressa:

> Matar homossexuais é um recurso que existe desde a Inquisição. Repudiamos a decisão do autor de *Torre de Babel* de matar o casal de lésbicas. Isso representa um afago ao conservadorismo. Nós, do Identidade, grupo que luta pelos direitos dos homossexuais, somos contra a arte que imita o pior da vida (Grupo Identidade, SP).[89]

> A Secretaria de Direitos Humanos da Associação Brasileira de Gays, Lésbicas e Travestis e o Grupo Gay e Lésbico da Bahia solicitam a *todos(as) que lutam por uma sociedade mais justa e igualitária, respeitadora da livre orientação sexual dos cidadãos e cidadãs, que apóiem este protesto contra a Rede Globo,* por ter tirado do ar o casal de lésbicas da novela *Torre de Babel,* que, de forma tão delicada e sutil, mostrava um relacionamento digno e tranqüilo de duas mulheres. *A mesma Globo que há dois anos não se curvou à homofobia de certos setores mais retrógrados da nossa sociedade mantendo no ar o casal gay Jefferson e Sandrinho na novela A próxima vítima, agora imita a Inquisição, "explodindo" as lésbicas* (Luiz Mott, presidente do Grupo Gay da Bahia).[90]

Essa fala de Luiz Mott nos revela aspectos interessantes a respeito do processo deliberativo. Embora pertença a um grupo particular da sociedade civil, Mott articula sua demanda de modo a incluir todos aqueles que lutam por "justiça" e "cidadania". Desse modo, ao utilizar valores morais potencialmente aceitos e defensáveis por todos, ele consegue generalizar e traduzir uma luta por reconhecimento que, a princípio, ficaria restrita aos grupos de sexualidade marginalizada. Além disso, para tratar de uma questão polêmica atual, Mott aciona discursos e situações presentes em argumentações anteriores, o que mostra que a deliberação pode ser entendida como um embate entre discursos que podem ser acessados a qualquer tempo, dependendo do engajamento que as pessoas estabeleçam com o problema público em questão.[91] Nesse caso, percebemos claramente o embate entre os discursos de justiça e de homofobia.

Dada essa pluralidade de argumentos e de atores que manifestaram seus pontos de vista a respeito da temática da homossexualidade, podemos perceber como certos assuntos, ao tornarem possível uma conexão entre o particular e o geral, convidam à livre expressão de perspectivas dentro do processo deliberativo.

Uma discussão pública pode nos mostrar que, apesar de tudo, nós temos algo em comum, que nós somos um "nós", e concordamos com, ou pressupomos certos princípios que constituem nossa identidade coletiva. Estas se tornam as dimensões de conteúdo de normas legais legítimas e a fundação da solidariedade social.[92]

A deliberação pública oferece aos indivíduos e grupos a possibilidade de dialogar sem deixar de lado suas especificidades, pois a função da deliberação é fazer com que as singularidades ao mesmo tempo enriqueçam e sejam contempladas por uma reflexão e/ou solução razoável para todos, ainda que parcial.

Considerações finais

Ao analisarmos a troca pública de razões que se processou na mídia impressa acerca das duas telenovelas, notamos, em primeiro lugar, que essa troca foi determinada por múltiplos fatores ligados a questões de natureza complexa. Gostaríamos de destacar aqui alguns desses fatores. Primeiramente, as escolhas feitas por Sílvio de Abreu no momento de codificação das duas tramas traçaram um quadro possível de limites e possibilidades de entendimento das histórias apresentadas. Isso não quer dizer que as rotas interpretativas estivessem definidas de antemão, mas que apenas algumas fronteiras fluidas foram construídas, de modo a orientar a leitura dos telespectadores. Lembramos que o processo de construção do sentido é imprevisível, mas não pode ser avaliado sem que consideremos, conjuntamente, os âmbitos da produção e da recepção.

Em segundo lugar, os contextos de recepção em que as telenovelas foram exibidas apresentam diferenças marcantes. *A próxima vítima* demorou a instaurar a questão do homoerotismo, o que, aliado ao tratamento conferido ao casal, favoreceu certa identificação com as personagens. Por outro lado, em *Torre de Babel*, a polêmica foi instaurada um ano antes do início da novela. Tal polêmica, articulada de forma antecipada, somou-se a movimentos conservadores, sobretudo a TFP e a Oanf, fazendo com que as lésbicas se tornassem exemplos emblemáticos do que deve ser repudiado na televisão brasileira. Enquanto Leila e Rafaela foram alvo da intolerância — terminando por serem brutalmente retiradas da trama —, Sandro e Jefferson ganharam a estima e solidariedade do público. No final de *A próxima vítima*, os dois rapazes passam a morar juntos com as bênçãos de familiares e amigos.

De um lado, o processo de troca pública de razões acerca das lésbicas viu-se reduzido ao "temor" gerado pela visibilidade: "é bom ou é ruim que um casal de lésbicas apareça na novela das oito?" De outro lado, Sandrinho e Jefferson instauraram um processo deliberativo que podia envolver e afetar a todos: "como deve alguém lidar com um filho, colega, amigo ou irmão homossexual?" Esse tipo de questionamento nos remete às considerações de James Bohman (1996) e John Dryzek (2001) sobre a importância de uma forma dialógica conseguir estabelecer uma ponte entre o particular e o coletivo. Em linhas gerais, enquanto a história de Sandrinho e Jefferson se endereçava a todos, a história de Leila e Rafaela servia apenas como exemplo do caráter nocivo apresentado pela programação de TV. E, ainda, enquanto a história dos dois adolescentes *gays* fez aflorar uma deliberação que visava realmente questionar quadros de entendimentos e idéias preconcebidas, a história das lésbicas proporcionou, em grande parte, uma reafirmação de posições já endurecidas. Assim, enquanto Leila e Rafaela mostraram aos telespectadores uma intimidade sexual "estranha", definindo fronteiras entre um "nós" e um "eles", Sandrinho e Jefferson revelaram quão próximos "eles" estão de "nós".[93]

As telenovelas analisadas promoveram um espaço em que o não-problemático tornou-se questionável. Como apontamos anteriormente, representações que retratam *gays* e lésbicas como tipos risíveis e caricaturais são amplamente aceitas e fazem parte de um conhecimento compartilhado, construído conjuntamente, abrangendo as intuições e as certezas básicas de determinada comunidade. Diferentemente, representações que mostram *gays* e lésbicas felizes e bem-sucedidos — não como excluídos, e sim como cidadãos virtuosos — destoam do que é aceito pelo senso comum. As representações de grupos de sexualidade estigmatizada apresentadas em *A próxima vítima* e *Torre de Babel* forneceram quadros interpretativos diferenciados para a argumentação efetuada no espaço público.

Nas matérias examinadas, foram expressas várias opiniões sobre o vínculo homoerótico, e ponderadas várias perspectivas valorativas, através de um processo reflexivo apresentado publicamente. Tal processo não teve como resultado uma decisão ou solução concreta. Contudo, ele nos revelou a complexidade de se instaurar uma discussão pública baseada numa questão específica, na qual não existiram parceiros fixos ou autorizados, mas a troca de razões e argumentos. Do estigma localizado no nível pré-discursivo, passou-se a um movimento de troca de razões voltado para a reconstrução de sentidos e interpretações. Do senso comum passou-se, então, à reflexividade. Essa passagem é de grande importância, pois ressalta o fato de que a luta contra padrões culturais de injustiça deve envolver uma coletividade capaz de processar um conjunto de opiniões, para recompô-las nos termos de uma deliberação pública.

Mesmo que as vozes e os pontos de vista captados pela esfera de visibilidade dos *media* fossem relativamente previsíveis e facilmente identificáveis com as posições de militantes de movimentos *gays* ou de representantes de organizações conservadoras, os elementos da deliberação encontram-se presentes. Certamente, não é o inusitado de opiniões inovadoras que sobressai na análise apresentada, mas o senso comum constituído na convivência intersubjetiva e através dela, a fim de se estabelecerem critérios e referências com validade compartilhada. Contudo, o resgate do senso comum expresso nas falas dos atores sociais permitiu evidenciar que o "familiar", quando aparece sob uma nova forma de apresentação, promove um deslocamento do campo do conhecimento implícito para o campo do questionamento explícito. Desse modo, podemos também considerar que a luta contra as injustiças simbólicas se dá através da linguagem, das representações e dos sentidos que produzimos de forma coletiva. No caso aqui estudado, vimos que as representações que levam à opressão, à invisibilidade e ao desrespeito passaram por uma deliberação pública, alimentada por formas alternativas de comunicação providas por telenovelas, proporcionando a reconstrução e a reelaboração conjunta de sentidos, entendimentos e identidades.

Não se trata, portanto, de indagar "qual foi o saldo dessa deliberação", tendo em vista uma decisão, e sim de perceber o valor do processo como um todo:

- a estruturação de um espaço público para a troca pública de razões em que múltiplas experiências mediadas e vividas se interceptam;

- a diversidade de temáticas, demandas e experiências que se tornam públicas;

- o posicionamento de diversos sujeitos plurais;

- e a variedade de pontos de vista e de justificativas trocados de forma pública, cooperativa e recíproca.

Enfim, a análise desenvolvida não mostra somente que a sociedade falou sobre as telenovelas: mostra também "como" ela falou.

Notas

[1] Chambers, 2004:402-403.

[2] Habermas, 1997; Dryzek, 2000; Cohen, 1997; Benhabib, 1996.

[3] Consideramos que a concepção de "grupos de sexualidade estigmatizada" — cunhada por vários autores, entre eles Nancy Fraser (1997) — reflete com maior propriedade o fato de que os sujeitos homoeróticos sofrem injustiças simbólicas ligadas a representações culturais opressoras e que, portanto, lutam para modificar os vocabulários e quadros de entendimento que norteiam as práticas comunicativas da sociedade. Sendo assim, enfatizamos não a nuance pejorativa do termo, mas sua capacidade de instigar o debate público, configurando-se como ponto de reflexão para contestações e formas de resistência.

[4] Dada a grande diversidade de veículos que dedicaram espaço à discussão sobre a presença dos homossexuais nas telenovelas, não elegemos um veículo específico para enfocar nossa análise. Nosso enfoque não é um veículo específico, mas a pluralidade de "vozes" que se manifestaram

a partir da polêmica instaurada pelas telenovelas em questão. Foram examinadas matérias veiculadas em jornais impressos nacionais como *Folha de S. Paulo*, *O Globo* e *O Estado de S. Paulo*, revistas semanais como *Veja*, *IstoÉ* e *Manchete* e algumas revistas destinadas ao público GLBTS, como *Sui Generis*, *G Magazine* e *Um Outro Olhar*. Selecionamos 60 "textos" da mídia impressa, entre artigos, matérias, cartas, entrevistas, depoimentos, notas e reportagens. O critério utilizado para a seleção foi o assunto discutido em cada texto. Privilegiamos aqueles que tratavam da homossexualidade tendo como base as telenovelas e os casais nelas retratados. Ocasionalmente encontramos alguns textos de anos posteriores e anteriores à veiculação das tramas (1997, 2000, 2001 e 2002), entre os quais alguns foram extraídos de sites da internet.

[5] Falamos em foco discursivo para evidenciar a pluralidade de atores e ao mesmo tempo lembrar que cada ator (grupo, indivíduo ou organização) contribui para o debate com perspectivas distintas, porém parciais. Segundo Habermas (1997a, v. 2, p. 94), "na esfera pública as informações e argumentos são elaborados na forma de opiniões focalizadas a partir dos contextos comunicacionais das pessoas virtualmente atingidas".

[6] Utilizamos aqui a noção de espaço público formulada por Hannah Arendt (1987: 61, 67, 220), segundo a qual o que aparece nesse espaço é "tido como relevante, digno de ser visto ou ouvido por todos". O espaço público, enquanto "espaço mundano de que os homens necessitam para aparecer", "conta com a presença simultânea de inúmeros aspectos e perspectivas nos quais o mundo comum se apresenta e para os quais nenhuma medida ou denominador comum jamais pode ser inventado. Pois, embora o mundo comum seja o terreno comum a todos, os que estão presentes ocupam nele diferentes lugares. Ser visto e ouvido por outros é importante pelo fato de que todos vêem e ouvem de ângulos diferentes. É este o significado da vida pública".

[7] Eco, 1994; Whitebrook, 1996.

[8] Berger e Luckmann, 1971.

[9] Remetemo-nos à concepção de representações sociais desenvolvida por Berger e Luckmann (1971), segundo a qual existem, no mundo da vida cotidiana, diferentes e múltiplas realidades que podem ser apreendidas não por meio de orientações subjetivas, e sim por pensamentos e ações dos indivíduos envolvidos em interações. As representações fariam parte de um sentido comum, ou de um conhecimento de fundo, que auxilia os sujeitos a conferirem sentido ao mundo a partir do contato intersubjetivo que estabelecem em seu cotidiano. O auto-entendimento e o entendimento da realidade dos outros se fazem, portanto, à luz de esquemas representacionais que devem ser negociados reciprocamente. Assim, as representações emergem e circulam nos espaços das relações humanas. Elas servem tanto para construir a realidade ou realidades nas quais os indivíduos se inserem quanto para auxiliá-los a dizer quem são, como se situam no campo social e como interpretam a si mesmos e os outros no campo das trocas comunicativas.

[10] Porto, 1994:58.

[11] Barbero, 1993:28; Berger e Luckmann, 1971.

[12] Tesche, 2002.

[13] Mattelart, 1989:111.

[14] Giddens, 1991; Sommers e Gibson, 1994.

[15] Em 1992, a telenovela *Pedra sobre pedra* (Globo) trouxe o personagem Adamastor, um *barman* apaixonado pelo dono do cassino onde trabalhava. No final da telenovela, o sentimento de Adamastor não é correspondido por seu patrão, mas um policial recém-chegado à cidade dá um tom de final feliz ao personagem. Aguinaldo Silva, autor dessa telenovela, disse, à época, que, ao procurar mostrar várias facetas de um personagem *gay*, e não somente aquela ligada a marcas estigmatizantes, procurou quebrar os preconceitos da sociedade.

[16] Monteiro, 2002; Oliveira, 2002; La Pastina, 2002.

[17] Porto, 1994, 2002.

[18] Hamburger, 1998.

[19] Cohen, 1997:73.

[20] Bohman, 1996; Mansbridge, 1999.

[21] Dryzek, 2000:58.

[22] Honneth, 1995; Bohman, 1996.

[23] La Pastina, 2002; Fry, 1982; Monteiro, 2002.

[24] Calhoun, 1995; Benhabib, 1996; Young, 1997.

[25] As representações são construídas por meio da linguagem, a fim de conferirem sentido às experiências vividas. Assim, podemos questionar se existe uma única representação, ou uma que seja adequada, para expressar a experiência homoerótica. Há dois tipos de representações: uma mais cristalizada e fechada (entre as representações estereotipadas de personagens homossexuais estão a bicha louca, o desmunhecado, o *gay* que dá pinta, a lésbica que é mecânica ou caminhoneira etc.) e outra mais fluida, aberta às nuances e opacidades trazidas pelas experiências (são representações que não se restringem a um aspecto apenas das personagens homossexuais, mas exploram suas várias "faces").

[26] Ver o trabalho desenvolvido por Roberto Alves Reis, *Quando o afeto ganha a esfera midiática: casos de sujeitos homoeróticos e estratégias jornalísticas para enquadrar as vozes de leigos e especialistas*, dissertação de mestrado, 2004, Fafich/UFMG. Ver também a discussão por ele desenvolvida no capítulo 6 deste livro.

[27] Maia e Marques, 2002.

[28] Honneth, 1995; Calhoun, 1995.

[29] Merecem destaque, entre outras, *O machão*, (Tupi, 1972, 20h30min), de Sérgio Jockyman, ; *O rebu* (Globo, 1974, 22h), de Bráulio Pedroso; *Dancin'days* (Globo, 1978, 20h), de Gilberto Braga; e *Os gigantes* (Globo, 1979, 20h), de Lauro César Muniz.

[30] Podemos citar, entre outras, *Malu mulher* (Globo, 1980); *Ciranda de pedra* (Globo, 1981, 18h), de Teixeira Filho; *Brilhante* (Globo, 1981, 20h), de Gilberto Braga; *O homem proibido* (Globo, 1982, 19h), de Teixeira Filho; *Um sonho a mais* (Globo, 1985, 19h), de Daniel Más; *Roda de fogo* (Globo, 1986, 20h), de Lauro César Muniz; *Mandala* (Globo, 1987, 20h), de Dias Gomes; *Vale tudo* (Globo, 1988, 20h), de Gilberto Braga, Aguinaldo Silva e Leonor Basseres; e *Carmem*, (Manchete, 1988, 21h30min), de Glória Perez.

[31] *Sui Generis*, n. 6, out. 1995.

[32] O conceito de modos de endereçamento é utilizado por Fischer (2003:379) para chamar a atenção para o fato de que os pólos da produção e da recepção devem ser simultaneamente considerados quando se pretende desenvolver uma análise dos produtos dos *media*, de modo que as estratégias metodológicas de investigação levem em conta "não só as estratégias complexas de interpelar alguém, um certo público, estudando cada detalhe da linguagem de determinados produtos, mas também as possíveis posições de sujeito esperadas pelo emissor, pelas formas de veiculação e, principalmente, as possíveis posições de sujeito manifestadas por grupos variados, em situações especiais de recepção".

[33] Souza, 2003.

[34] Segundo Hall (2003:389), o processo de produção envolve "rotinas de produção, habilidades técnicas historicamente definidas, ideologias profissionais, conhecimento institucional, definições e pressupostos, suposições sobre a audiência etc.". Já a codificação apresenta-se como a forma discursiva, ou "forma-mensagem", através da qual se realizam a circulação do produto e sua distribuição para diferentes audiências. Para Hall, "a codificação não pode determinar ou garantir quais códigos de decodificação serão empregados pelos receptores", mas ela influencia os modos de apreensão e a significação das mensagens.

[35] *O Globo*, 2 abr. 1995.

[36] *Jornal do Brasil*, 27 ago. 1995.

[37] *Folha de S. Paulo*, 4 jun. 1995 (grifo nosso).

[38] Cooke, 1997; Telles e Paoli, 2000.

[39] *Folha de S. Paulo*, 4 jun. 1995.

[40] Disponível em: <http://ultimosegundo.ig.com.br/home/cadernoi/artigo/0,2945,703445, 00.html>.

[41] *O Dia*, 27 jul. 1995.

[42] *Jornal do Brasil*, 27 jul. 1995 (grifo nosso).

[43] *Folha de S. Paulo*, 7 jul. 1995.

[44] *Folha de S. Paulo*, 7 ago. 1995. Em *Torre de Babel*, a personagem Rafaela (Christiane Torloni) é expulsa de casa aos 16 anos e permanece morando na rua até que encontra uma mulher rica que lhe apresenta o mundo, lhe dá amparo e uma profissão.

[45] *Folha de S. Paulo*, 28 out. 1995 (grifo nosso).

[46] Ibid.

[47] Vale esclarecer que as lutas por reconhecimento e por redistribuição se encontram entrelaçadas e mutuamente determinadas. Os grupos que conseguem superar representações estigmatizantes derrubam um dos vários obstáculos que os impedem de ter acesso a bens materiais. De maneira similar, os grupos que conseguem superar uma injusta divisão de renda podem vir a desenvolver representações mais positivas acerca de si mesmos, melhorando assim a comunicação com outros grupos e instituições.

[48] *Folha de S. Paulo*, 28 out. 1995.

[49] Ibid.

[50] Young, 1997:392; Somers e Gibson, 1994; Hall, 1997; Maia; 2002.

[51] *Folha de S. Paulo*, 28 out. 1995.

[52] Silva, 2000:126.

[53] Young, 1997; Dryzek, 2000.

[54] Habermas, 1989:136.

[55] A telenovela *Vale tudo* (1988), de Gilberto Braga, também foi lembrada por várias matérias da mídia impressa para contextualizar o aparecimento das lésbicas na ficção televisiva. Nessa telenovela, Laís (Cristina Prochaska) e Cecília (Lala Dehenzelin) têm um envolvimento afetivo que é retratado, contudo, de maneira muito sutil. Pressionada pela censura da época, a direção decide "matar" Cecília, fazendo com que Laís lute por seus direitos de "viúva" sobre a herança deixada por Cecília. No final da novela, Laís fica com a herança e encontra outra companheira.

[56] *O Dia*, 22 abr. 1998.

[57] *O Globo*, 5 abr. 1998.

[58] *O Dia*, 5 abr. 1998.

[59] Nunes, 1998.

Apelo emocional e mobilização para a deliberação

[60] *O Estado de S. Paulo*, 30 maio 1998 (grifo nosso).

[61] *O Globo*, 21 jun. 1998. "Cartas dos leitores" (grifo nosso).

[62] *IstoÉ*, 24 jun. 1998. "Cartas dos leitores" (grifo nosso).

[63] *O Globo*, 8 jun. 1998 (grifo nosso).

[64] *O Globo*, 26 jul. 1998. "Cartas dos leitores" (grifo nosso).

[65] *O Globo*, 12 jul. 1998. "Cartas dos leitores" (grifo nosso).

[66] *Folha de S. Paulo*, 12 jul. 1998.

[67] Ibid.

[68] *Folha de S. Paulo*, 7 jun. 1998.

[69] *Folha de S. Paulo*, 1 jun. 1998 (grifo nosso).

[70] *IstoÉ*, 24 jun. 1998. "Cartas dos Leitores".

[71] *IstoÉ Gente*. Disponível em: <www.terra.com.br/istoegente/135/reportagens/preconceito_venceu_02. htm>.

[72] *O Globo*, 19 jul. 1998. "Cartas dos leitores".

[73] Bourdieu, 1999:143.

[74] Ibid., p. 144.

[75] *IstoÉ Gente*. Disponível em: <www.terra.com.br/istoegente/135/reportagens/preconceito_venceu_02.htm>.

[76] *O Dia*, 22 abr. 1998.

[77] IstoÉ Gente,17 jun. 1998.

[78] *Manchete*, 6 jun. 1998.

[79] *Sui Generis*, n. 33, v. 4, 1998.

[80] Disponível em: <www.observatoriodaimprensa.com.br/artigos/qtv300520012.htm>. Acesso em: 25 maio 2001.

[81] Thompson, 1998; Maia, 1998, 2001.

[82] *Veja*,1 jul. 1998.

[83] Motter, 2000:58.

[84] Trevisan, 2000:306.

[85] Monteiro, 2002:280.

[86] Barker, 1997.

[87] *Jornal do Commercio*, 15 jul. 1998.

[88] *Contigo*, 25 ago. 1998.

[89] *Folha de S. Paulo*, 19 jul. 1998. "Seção de cartas".

[90] Disponível em: <www.geocities.com/stevanfl/explosao.htm>. (grifo nosso).

[91] Dryzek, 2001.

[92] Cohen e Arato, 1992:368.

[93] Maia e Marques, 2002.

6

Do pessoal ao político-legal: estratégias do jornalismo para enquadrar os movimentos *gays*

Roberto Alves Reis

Rousiley C. M. Maia

Neste capítulo busca-se examinar as conseqüências da mobilização dos movimentos GLBT (*gays*, lésbicas, bissexuais e transgêneros)[1] para a introdução de novos temas na esfera de visibilidade pública. A visibilidade é fundamental para que atores coletivos conquistem uma existência pública.[2] Para ser minimamente eficaz na deliberação, contudo, é preciso mais que isso. É preciso que os grupos sociais com demandas específicas sejam capazes de iniciar um diálogo público sobre determinado tema ou questão, de modo que suas razões recebam atenção e possam ser ouvidas e respeitadas.[3] Entendemos que os movimentos sociais precisam da chamada grande mídia para introduzir seu discurso na esfera pública, alargar o escopo do debate e, em última instância, alterar os modos de perceber e interpretar os conflitos sociais. A conversação pública que se desenrola nos meios de comunicação é fundamental para redefinir as noções estabelecidas de bem comum, negociar entendimentos sobre as fronteiras do privado e do público e reorganizar as regras que orientam a convivência social.

Como discutido no capítulo 3, os profissionais dos *media* não são condutores neutros de informação ou porta-vozes de suas fontes. Ao divulgarem um assunto, eles transformam o acontecimento em notícia: recortam passagens, selecionam pontos-chave, inserem personagens, conferem ênfases, enfim, enquadram o tema numa determinada perspectiva, em conformidade com as regras e os procedimentos do sistema dos *media*.[4] Para inserirem suas interpretações na esfera de visibilidade midiática, os atores da sociedade civil precisam competir com um grande número de atores sociais, já que o acesso aos *media* é restrito; a atenção do público, escassa, e o foco das notícias tende a privilegiar as falas de autoridades e representantes da política institucional formal. Ganhar visibilidade pública não significa que um determinado movimento social seja capaz de influenciar o processo deliberativo de modo favorável, diante de outros participantes com metas, interesses ou mensagens conflitantes. Não obstante, a presença na esfera de visibilidade dos *media* confere validade aos movimentos sociais como interlocutores importantes, evitando, pelo menos, que suas preocupações sejam constantemente ignoradas. Partimos da premissa de que os enquadramentos sugerem ao público leitor uma interpretação que pode ser acatada, negociada ou completamente rejeitada pelos indivíduos.[5]

Interessa-nos aqui investigar dois casos interligados, dando a ver as tensões para enquadrar temas polêmicos concernentes ao coletivo GLBT nas narrativas jornalísticas, ao agenciarem opiniões, conhecimentos especializados e posicionamentos morais. De modo específico, buscamos entender de que modo o coletivo GLBT contribui para o debate público sobre as questões em tela. O primeiro caso refere-se à cobertura da tramitação e aprovação da Lei nº 14.170, que protege a expressão de afeto em público por *gays* e lésbicas. Sancionada pelo governador mineiro Itamar Franco em 15 de janeiro de 2002, tal lei "determina a imposição de sanções a pessoas jurídicas por ato discriminatório praticado contra pessoa em virtude de sua orientação sexual". Fruto do engajamento ativo do grupo GLBT, essa lei pode ser vista, em primeiro lugar, como uma tentativa de alargar o escopo do que é público, por transformar questões que pareciam ser meramente privadas em questões de interesse coletivo. Se, na maioria das sociedades modernas ocidentais, a expressão de afeto em público por heterossexuais nem sequer e vista como uma questão política — uma vez que faz parte das regras que regulam a convivência no reino social —, as pessoas de sexualidade estigmatizada reivindicaram proteção a esse direito de expressão, para poderem se ver como titulares de direitos iguais diante de seus concidadãos. Em segundo lugar, a Lei nº 14.170 mostra que não só as necessidades materiais e sociais, mas também aquelas emocionais e afetivas estão ligadas aos processos de deliberação e de construção das leis.

Do pessoal ao político-legal

No Brasil, a trajetória da coletividade GLBT tem evoluído rumo à conquista de direitos, mas nem sempre de maneira linear e no ritmo em que os movimentos sociais aí envolvidos desejariam. Em situações concretas, membros do coletivo GLBT freqüentemente têm seus direitos violados e são alvo de preconceito e hostilidades. Segundo Honneth (2003:93), os eventos vivenciados como injustiça podem compelir os indivíduos a construírem um debate público para eliminar os constrangimentos que os impedem de alcançar a auto-realização pessoal e estima social: "são as lutas moralmente motivadas dos grupos sociais — a tentativa coletiva destes de estabelecer, institucional e culturalmente, formas expandidas de reconhecimento recíproco — que direcionam normativamente as mudanças sociais".

A fim de evidenciar a conexão existente entre reconhecimento, moralidade e legalidade, interessa-nos investigar o segundo caso, o "beijaço", que reuniu casais de homossexuais num shopping para beijarem-se publicamente, evento de que participaram mais de 3 mil pessoas. O protesto, organizado por grupos de defesa dos direitos GLBT, foi uma resposta à ação da administração do shopping, causando constrangimento a dois rapazes advertidos de que não podiam se beijar no local. O "beijaço" ocorreu em 3 de agosto de 2003, na praça de alimentação do shopping Frei Caneca, na capital paulista. O evento chamou a atenção do público e da imprensa não só por irromper na cena pública de forma original, mas também por acarretar questionamentos sobre o tratamento desigual entre indivíduos heterossexuais e homossexuais, bem como reivindicações pelo fim dessa prática.

Neste capítulo buscamos evidenciar que as vozes dos membros de movimentos sociais apenas pontualmente ganham visibilidade pública. Contudo, a introdução do discurso desses atores na esfera de visibilidade dos *media* alarga o escopo do conflito e alimenta um estoque comum de sentidos culturais. Os argumentos que se tornam públicos podem ser acionados por outros atores sociais, a qualquer tempo e lugar, ainda que para serem contestados. Ademais, o modo pelo qual as interpretações dos movimentos sociais são encampadas pelos meios de comunicação de massa dá aos ativistas meios de avaliar a própria apresentação e repercussão de seus discursos, preparando-os para interações futuras. Através dessas lutas moralmente motivadas os indivíduos conseguem expressar socialmente as demandas (em contínua expansão) de suas subjetividades.

Do pessoal ao legal: redefinindo as fronteiras do privado e do público

A vida política, em qualquer circunstância, envolve necessariamente uma tensão entre a afirmação de interesses de indivíduos e grupos e a definição de graus de solidariedade e reconhecimento em diferentes âmbitos.[6] Compatibilizar o livre desenvolvimento de cada um com o livre desenvolvimento de todos sempre foi problemático nas democracias contemporâneas. Os critérios para demarcar as fronteiras entre o privado e o público modificam-se ao longo do tempo, em conformidade com o preceito democrático de que os indivíduos são capazes de desenvolver autonomamente suas necessidades e interesses. Ainda que os arranjos institucionais visem garantir a proteção de direitos e as fronteiras da liberdade, a democratização pressupõe que as regras sejam incorporadas às ações concretas dos indivíduos, no cotidiano.

Os avanços do movimento GLBT no Brasil devem ser analisados com cautela. Ao lado de políticas públicas que pretendem estabelecer tratamento equânime, ainda vigoram arraigadas formas de exclusão e violência simbólica e física. Desde o I Encontro Brasileiro de Grupos Homossexuais Organizados, em 1980,[7] reunindo apenas nove grupos, o movimento cresceu consideravelmente e passou a contar com a contribuição de revistas, jornais e sites exclusivamente voltados para esse coletivo, além de colunas em periódicos de grande circulação. Em 2000, a Associação Brasileira de Gays, Lésbicas e Travestis — ABGLT, contava com mais de 80 grupos filiados.[8] Para nossos propósitos, interessa ressaltar que a reivindicação de direitos pelos movimentos sociais organizados por esses indivíduos — a possibilidade de terem seus vínculos reconhecidos através da parceria civil, de constituírem família por meio da adoção de crianças e de serem protegidos por uma lei que garanta a livre manifestação de afeto em ambientes públicos — promove um alargamento da esfera pública. Novos personagens, com novos temas, são incluídos no debate público.

Os debates tendem a avançar para além do círculo íntimo das relações e adquirem status político, isto é, "algo que o público deve discutir enquanto coletividade, tendo em vista uma possível mudança".[9]

A conquista de direitos é um processo que apresenta ambigüidades e contradições, desenrolando-se num terreno repleto de conflitos. As conquistas do movimento GLBT — como a maioria daquelas alcançadas pelos movimentos sociais — ocorrem com dificuldade, "sob o pano de fundo de uma gramática social (e política) regida por regras muito excludentes que repõem velhas hierarquias"[10] e, às vezes, estabelecem outras. Em 1988, durante a aprovação da Constituição, o item que proibia a discriminação "por orientação sexual" não foi aprovado. "A bancada evangélica bateu palmas, ante a derrota da assim chamada 'emenda dos veados' ou, para usar os termos do líder do governo Carlos Sant'Anna, emenda da 'desorientação sexual'."[11] Catorze anos depois, a Lei nº 14.170, de Minas Gerais, passou a assegurar, em seu artigo 5º, na composição do Conselho Estadual de Defesa dos Direitos Humanos, "a participação de um representante das entidades civis, legalmente reconhecidas, voltadas para a defesa do direito à liberdade de orientação sexual".[12] Cumpre salientar que essa lei não se encontra isolada e deve ser analisada tendo em vista o avanço da legislação brasileira sobre os direitos dos homossexuais na última década do século XX. "Por todo o país, inúmeras comissões de direitos humanos passaram a incluir a questão homossexual em suas preocupações."[13] A Lei nº 14.170 é a formalização dos anseios de um coletivo historicamente estigmatizado.

É possível dizer que, de modo geral, a identificação dos direitos dos homossexuais com os direitos humanos vem conferindo à discussão um caráter de justiça do qual é difícil escapar. O debate baseado na retórica de direitos avançou e se fortaleceu — mesmo que, diariamente, esses princípios sejam violados.[14] De acordo com Simone Chambers, aquelas idéias ou princípios que resistem ao tipo de exame crítico da modernidade — em que os temas são submetidos a um escrutínio por diferentes pontos de vista — tendem a ser mais racionais, ou seja, apresentam boas razões que os sustentam. Assim, é possível dizer que os

> princípios que são largamente aceitos ao mesmo tempo que são extensamente debatidos (por exemplo, os direitos humanos) têm um fundamento

racional maior do que os princípios que não foram capazes de sobreviver ao exame crítico (por exemplo, as hierarquias raciais).[15]

Esse processo de racionalização não implica falar em verdades morais, e sim que aqueles princípios que "sobrevivem" a esse escrutínio têm maior credibilidade.

As declarações públicas, mesmo quando completamente insinceras, podem, às vezes, conduzir o orador a caminhos imprevisíveis. Engajar-se na retórica de direitos faz com que os representantes públicos tenham que prestar contas em termos de direitos humanos.[16]

Mesmo que o preconceito contra homossexuais permaneça na sociedade, será cada vez mais difícil apresentar argumentos para defendê-lo publicamente ou, pelo menos, supõe-se que tais argumentos serão menos persuasivos.

Seguindo o raciocínio de Chambers (2000), a associação dos direitos dos homossexuais aos direitos humanos representa, sem dúvida, uma racionalização do debate — mesmo que, a curto prazo, não produza efeitos práticos. Se essa associação estreitar-se cada vez mais, as discussões tenderão a mudar de patamar, seja para os que defendem os direitos dos homossexuais, seja para os que são contra. Cabe lembrar que a institucionalização de novos direitos significa a adoção dos novos princípios pelos arranjos de regulamentação do Estado. Isso permite, por exemplo, que os públicos interessados venham a exigir das autoridades ações efetivas de sanção, caso tais regras sejam transgredidas.

Na seção seguinte veremos como os jornais locais e nacionais cobriram a tramitação e aprovação da Lei nº 14 170. O *corpus* de análise foi constituído por 30 matérias dos jornais *Folha de S. Paulo, Jornal do Brasil, Estado de Minas, Hoje em Dia* e *O Tempo.* O recorte procurou privilegiar o momento em que a discussão esquenta, levando os interessados a se posicionarem. Daí tomar-se como ponto de partida o polêmico veto, por inconstitucionalidade, do deputado Adelmo Carneiro Leão, então relator da Comissão de Constituição e Justiça da Assembléia (fevereiro de 2000). Foram ainda investigadas a rejeição, em plenário, do parecer que deter-

Do pessoal ao político-legal

minou sua inconstitucionalidade (julho de 2001), sua aprovação, no primeiro turno (outubro de 2001) e no segundo (dezembro de 2001), pela Assembléia Legislativa de Minas Gerais e, finalmente, sua sanção pelo governador Itamar Franco (janeiro de 2002).

Uma discussão de valor: a cobertura da Lei nº 14.170

A cobertura jornalística do Projeto de Lei nº 694 e da respectiva Lei nº 14.170 seguiu, de modo geral, o calendário da Assembléia Legislativa de Minas. Estudos mostram que os eventos atrelados à agenda governamental tendem a ganhar espaço na mídia por se adequarem mais facilmente à rotina dos meios.[17] Os atores sociais, ao emergirem na esfera de visibilidade dos *media* reivindicando a aprovação de uma lei que garantiria a livre manifestação de afeto, acionaram preferencialmente o enquadramento de defesa da igualdade. No contexto das atuais democracias, o valor da igualdade situa-se no topo da "hierarquia do preferível" (embora se possa alegar que não ocupa esse lugar sozinho). Um argumento construído por meio do apelo à igualdade e à justiça tem forte poder de persuasão.

Uma série de matérias dos veículos selecionados trata de questões circunstanciais, como a aprovação do projeto em primeiro e segundo turnos.[18] O editorial do jornal *O Tempo*, criticando o veto ao Projeto nº 694, ilustra o enquadramento preferencial promovido pelos jornais: o apelo à igualdade, reconhecendo como injustiças as discriminações sofridas pelos homossexuais. O fato de ser um editorial tem grande importância, uma vez que denota o posicionamento oficial do veículo diante do tema:

> Vivemos em um país onde a homofobia atinge os piores índices. Segundo dados de grupos que defendem os diretos dos homossexuais, a cada dois dias um *gay*, travesti ou lésbica é assassinado no Brasil. Por isso é urgente a aplicabilidade de normas que protejam essas consideradas minorias.[19]

O fato de a discussão sobre a lei se tornar notícia em uma coluna intitulada "Interesse público"[20] indica que ela alcançou o status almejado pelo próprio movimento *gay* no país. Considere-se, por exemplo, o artigo de Bertha Maakaroun, que discute brevemente, por meio de um raciocínio dedutivo, o ideal da igualdade: "se de fato o que se busca na sociedade é a igualdade, é preciso lutar contra a natureza desigual das coisas. E, nesse sentido, é necessário tratamento desigual aos desiguais, se o que se pretende é a igualdade".[21]

O princípio da igualdade é tratado não só de modo geral e abstrato. Depoimentos de membros da coletividade GLBT relacionam esse valor a aspectos concretos da biografia daqueles que se consideram injustiçados. Os jornais usam esses depoimentos para mostrar a disparidade das condições entre os indivíduos do coletivo GLBT e os heterossexuais:

> Uma lei pela qual a minoria homossexual vem lutando há muitos anos. O afeto em público era o mais claro exemplo de discriminação, confundido com atentado ao pudor. Se todos os heterossexuais podem, por que os homossexuais não podem demonstrar amor?[22]

Em nenhum momento, no *corpus* analisado, se diz que os homossexuais são mentalmente desequilibrados, sofrem de distúrbios hormonais ou carregam o fardo de um transtorno de personalidade, embora saibamos que esses argumentos são correntes na sociedade. Cabe então questionar por que não vieram à tona. Talvez seja porque não tenham passado no "teste da racionalidade pública", ou porque tenham perdido validade, ou seja, tenham sido superados, ainda que provisoriamente. Os atores envolvidos na discussão (profissionais do sistema dos *media*, os homossexuais e seus adversários) têm conhecimento da atual precariedade desses argumentos. Usá-los em público, portanto, pode ser contraproducente. As normas da publicidade, como vimos no primeiro capítulo deste livro, obrigam os falantes que se expressam "em público" a se adequarem àquilo que é tido como moralmente correto e justo. "A essência do discurso público é a sensação de falar para uma galeria."[23]

A inexistência de um oponente que se proponha debater publicamente suas posições merece exame minucioso. Um movimento social tende a construir-se à medida que identifica (o verbo "construir" também é inadequado) seu adversário.[24] "Ser um agente coletivo implica ser parte de um 'nós' que pode realizar algo. O componente de identidade dos enquadramentos de ação coletiva diz respeito a um processo de definir um 'nós' em oposição a 'eles', que têm interesses ou valores diferentes dos nossos."[25] No *corpus*, os oponentes ("eles") praticamente não se manifestam, mas também não estão de todo ausentes do debate. Acabam aparecendo de modo indireto, por meio da fala de outros atores. A figura "eles" serve de contraponto aos objetivos da lei. Entretanto, esses adversários, embora citados, são sempre genéricos ou abstratos. Por vezes se encarnam em um grupo social específico. Uma abstração excessiva da injustiça sofrida pode provocar efeitos desmobilizadores num movimento social, uma vez que insinua que as mudanças necessárias encontram-se além da ação humana:

> Do ponto de vista daqueles que desejam controlar ou desencorajar o desenvolvimento de enquadramentos de injustiça, as estratégias simbólicas devem enfatizar alvos abstratos que tendem a tornar a agência humana invisível. A reificação ajuda a alcançar isso culpando entidades desprovidas de atores tais como "o sistema", "a sociedade", "a vida" e "a natureza humana".[26]

Expressões como "os hipócritas", "aqueles que ainda não aceitam fazer uma revisão de seus preconceitos", "tradição do conservadorismo" ou, simplesmente, "a sociedade", empregadas nas reportagens analisadas, carecem de um alvo concreto. Pode-se argumentar que o tipo de injustiça sofrida por homossexuais — uma opressão estrutural — caracteriza-se por sua natureza abstrata e polimorfa, em que nem sempre é possível identificar um grupo opressor. Essa opressão viceja e se reproduz nas instituições culturais, políticas e econômicas, e nas práticas cotidianas. Para Young (1990:41),

> a opressão nesse sentido é estrutural, em vez de ser o resultado das escolhas de algumas pessoas ou políticas. Suas causas estão arraigadas em normas, hábitos e símbolos não-questionados, em pressuposições subjacentes

a regras institucionais e nas conseqüências coletivas de se obedecer àquelas regras.

Young não nega que nesse sistema de opressão haja indivíduos que intencionalmente prejudicam os membros de um grupo oprimido, nem que existam grupos que se beneficiam dessa opressão: "na verdade, para cada grupo oprimido há um grupo que é privilegiado em relação àquele grupo".

A inexistência, nos jornais analisados, de falas daqueles que se opõem ao Projeto de Lei nº 694 pode ser talvez creditada ao fato de que nenhum indivíduo ou grupo tenha desejado arcar com o ônus da exposição *naquele espaço*. Isso significaria estar exposto e vulnerável a retaliações futuras. Pode-se, todavia, chegar a outra conclusão — agora enfocando de modo mais específico o enquadramento promovido pelos jornais. Realçando o valor da igualdade na sociedade, e partindo do pressuposto da (recém-conquistada) autonomia dos homossexuais, os artigos e reportagens acabam por restringir bastante os argumentos dos possíveis antagonistas — que, nesse caso, deveriam se valer da retórica do direito. Cientes dessa possibilidade, os membros da coletividade GLBT e os próprios jornais se preocupam em distinguir direitos de privilégios — novamente apelando para o pressuposto comum da igualdade:

> Não se fala em tratamento diferenciado, em concessão de privilégios com base na orientação sexual, mas em igualdade, em buscar uma convivência fraterna com o outro, independente das diferenças. Essa concepção depende essencialmente de uma revolução nos conceitos culturais e transcende as leis e a simples tolerância. Seu fim é o respeito.[27]

"A gente não pode legislar em favor de uma causa que vá contra o que está previsto na Constituição, mas, no caso, queremos ampliar e fazer valer o que já está previsto", disse João Batista [deputado autor do projeto].[28]

A igualdade, ao ser colocada no topo da escala do preferível, limita também a entrada dos especialistas, uma vez que a retórica do valor não se faz entender pela retórica deles ou, de modo geral, da ciência. No *corpus*, os dados de pesquisas científicas são usados apenas para reforçar o valor da igualdade, e mesmo assim poucas vezes. Isso pode ser creditado às próprias características dos sistemas dos especialistas, que se movimentam num terreno moralmente árido. As regras do bem viver ou os dilemas existenciais costumam estar ausentes desses campos do saber, que obedecem a uma regulamentação interna.

A discussão sobre o valor da igualdade é, sobretudo, uma discussão moral — acerca da adoção de um princípio que acreditamos ser melhor para a sociedade. Pode-se afirmar, seguindo o raciocínio de Chambers (2000) sobre os direitos humanos, que esse princípio, por se submeter a um constante escrutínio público, tende a ser mais racional do que, por exemplo, o preconceito contra homossexuais. Trata-se, não obstante, de um "deve ser", um "preferível" que se situa nos alicerces das sociedades democráticas. A definição de tal princípio, em situações concretas, encontra-se aberta às disputas morais e aos conflitos travados entre os grupos sociais. O contexto sócio-histórico da sociedade brasileira anuncia avanços no reconhecimento dos direitos dos homossexuais (pelo menos no plano normativo), mas persistem as injustiças, assimetrias e violências que os indivíduos vivenciam no seu dia-a-dia.

Do pessoal ao político: a história de um beijo

A aprovação da Lei nº 14.170 representa considerável avanço na legislação do país, mas a democratização pressupõe regras incorporadas às práticas cotidianas das pessoas. Cabe indagar como se configura o debate público em situações concretas de conflito envolvendo a expressão de afeto em público por indivíduos do mesmo sexo.

Fatos cotidianos prosaicos — como o constrangimento devido à proibição de um beijo num shopping — vivenciados como injustiça podem oferecer uma chave para esclarecer a relação existente entre reconhecimento, moralidade e legalidade.[29] A dor experimentada na esfera privada, contudo, não se transforma em tema político se não for trazida para as arenas públicas. Alexander (1998:27) destaca o papel dos tradutores de movimentos sociais, cujos líderes devem agir com criatividade e imaginação para transporem problemas de uma esfera particular para o conjunto da sociedade:

A política é uma luta discursiva: trata da distribuição de líderes e seguidores, grupos e instituições, ao longo de conjuntos simbólicos altamente estruturados. Os conflitos de poder não se referem apenas a quem leva o quê e quanto, mas também a quem será o quê e por quanto tempo.

Bohman (1996) destaca os avanços que os movimentos sociais promovem no processamento cognitivo de problemas ao trazerem temas inesperados para a cena pública ou oferecerem novas interpretações para questões dadas como estabelecidas. Assim, os movimentos sociais acabam redefinindo as fronteiras dos domínios público e privado, e ampliando a noção de cidadania e o espectro dos direitos. Nesse caso, é particularmente relevante a visibilidade que os meios de comunicação podem dar a assuntos antes silenciados ou nunca submetidos ao escrutínio público, de modo que práticas e ações cotidianas que são fonte de sofrimento para indivíduos ou grupos oprimidos passam a ser objeto de discussão e conflito. Tome-se como exemplo o caso dos namorados Rodrigo Rocha, publicitário de 22 anos, e João Xavier, jornalista de 25, que em 6 de julho de 2003 encontraram-se na porta de entrada do shopping Frei Caneca, em São Paulo, para assistir a um filme. Beijaram-se e encaminharam-se para o cinema, quando um segurança veio repreendê-los por causa do beijo. Os namorados se defenderam invocando a Lei Estadual nº 10.948, em vigor desde novembro de 2001 e que, assim como a Lei nº 14.170, de Minas Gerais, garante a livre manifestação de afeto. Embasado na lei paulista, o jornalista João Xavier fez um boletim de ocorrência, denunciando discriminação, e levou o caso à Secretaria de Justiça e Defesa da Cidadania. Os namorados disseram que trocaram apenas um beijo rápido ("selinho"), enquanto a direção do shopping alegou que o casal cometeu excessos. Não houve testemunhas. No caso, a intensidade do beijo é de grande importância: não se admitem excessos nem para homossexuais, bissexuais e transgêneros, nem para heterossexuais.

O confronto poderia ter-se encerrado nesse ponto, restrito ao âmbito legal e longe dos holofotes da mídia. Não foi o que ocorreu. Em protesto contra a discriminação sofrida pelos dois rapazes, 3 mil integrantes dos grupos GLBT promoveram um "beijaço" no mesmo shopping, em 3 de agosto de 2003. Tal como a Lei nº 14.170, a Lei nº 10.948, de 5 de novembro de 2001, pune "toda manifestação atentatória ou discriminatória praticada contra cidadão homossexual, bissexual ou transgênero". A lei, válida para todo o estado de São Paulo, considera ato discriminatório "proibir a livre expressão e manifestação de afetividade, sendo estas expressões e manifestações permitidas aos demais cidadãos". Os integrantes do "beijaço" procuraram fazer com que a lei funcionasse "na prática", mobilizando para tanto a atenção dos *media* e, por conseguinte, o interesse público. A respeito do "beijaço", compuseram o *corpus* por nós examinado 10 matérias publicadas desde 1º de agosto até uma semana após o ocorrido, nos seguintes veículos: *Folha de S. Paulo, Jornal do Brasil, Estado de Minas, Hoje em Dia, O Tempo, IstoÉ, Veja* e *Época.*

O caráter inusitado do protesto — milhares de pessoas do mesmo sexo beijando-se simultaneamente num espaço público — introduziu-o na agenda midiática numa semana em que o tema da homossexualidade encontrava-se "em alta". Posicionamentos polêmicos do papa João Paulo II e do presidente dos Estados Unidos, George W. Bush, contra essa coletividade causaram protestos de grupos organizados em várias partes do globo. Essas discussões deram uma sobrevida ao "beijaço", que reapareceu em reportagens das revistas de circulação nacional uma semana depois — quando os jornais já não falavam mais dele. Mesmo considerando o momento, o protesto, por si só, tem seu valor midiático.

Nem quebra-quebra nem panelaço. As manifestações promovidas por grupos *gays* em várias capitais brasileiras contra a campanha que condena a união homossexual, lançada no dia 31 de julho pelo Vaticano, tiveram o beijo como arma de protesto. A comunidade do arco-íris realizou um irreverente "beijaço". Na capital paulista, esse protesto se juntou a outro, contra a discriminação sofrida pelo jornalista João Xavier e o publicitário Rodrigo Rocha no *shopping* Frei Caneca. No domingo 3, mais de 3 mil pessoas se reuniram na praça de alimentação do *shopping* para uma troca de beijos coletiva.[30]

Ao som de músicas como "Kiss", de Prince, e "Beijinho doce", sucesso sertanejo, o "beijaço" promovido por grupos GLBT (gays, lésbicas, bissexuais e transgêneros) lotou a praça de alimentação do *shopping* Frei Caneca, ontem, em São Paulo.[31]

Jeffrey Weeks (1998:39) fala da tematização de assuntos "típicos" da esfera privada e da busca pela ampliação da cidadania promovida por alguns movimentos sociais.

> O que é diferente nisso é trazer à cena assuntos e lutas que, em noções anteriores de cidadania, estavam apenas implícitos ou silenciados. Em um nível, como já sugerido, esses são temas recentemente rearticulados no conceito de cidadania sexual. Mas a idéia de cidadania sexual vai muito além disso. É uma tentativa de pôr na agenda temas que somente vieram à cena a partir dos anos 1960 e deslocaram-se das margens para o centro de nossas preocupações devido a poderosas mudanças sociais e culturais.

Para Weeks, os movimentos sexuais da geração passada (principalmente o feminismo e o movimento *gay* e lésbico) apresentaram dois elementos característicos: um momento de transgressão e um momento de cidadania. O primeiro seria baseado em invenções e reinvenções do eu, no desafio às instituições e tradições que tendem a excluir esses novos sujeitos — por exemplo, aqueles momentos em que as pessoas revelam-se *gays* ou lésbicas, rejeitando estereótipos. É peculiar a essa forma de expressão a tentativa de subverter modos de ser tradicionais desafiando o *status quo* e as formas de exclusão com manifestações exóticas da diferença: homens fantasiados de freira, mulheres de motocicleta usando roupas de couro e abrindo paradas de orgulho *gay*, "beijaços" em espaços públicos etc. Mas a transgressão não se esgota nela mesma. Há que passar a um momento de cidadania no qual os movimentos tendem a reivindicar inclusão, respeito à diversidade, proteção igual diante da lei, reconhecimento de modos alternativos de ser. Embora sejam diferentes, esses momentos são complementares.

O "beijaço" foi uma estratégia bem-sucedida para atrair a atenção pública despertando o interesse dos meios de comunicação. Os veículos, já então informados pelos organizadores, compareceram ao protesto, que rendeu boas histórias e imagens com apelo. O "beijaço" pode ser entendi-

Do pessoal ao político-legal

do como uma forma de protesto pacífica, criativa, em que pares do mesmo sexo beijam-se em locais públicos para garantir ou assegurar direitos próprios a essa coletividade.

Embora o protesto tenha sido uma estratégia original para captar a atenção dos *media*, a suposta discriminação sofrida pelo casal de namorados também era dramatizável em muitos aspectos — uma boa história que poderia receber pinceladas de romance em que "mocinhos" e "bandidos" são identificáveis. "A maioria dos jornalistas entende que escrever uma notícia é contar uma história."[32] O "beijaço", nessa perspectiva, torna-se o clímax da controvérsia entre o casal homossexual e a administração do shopping.

As narrativas enfocam atores motivados, em vez das causas estruturais dos eventos. Quando os eventos reportados se desdobram e surgem mudanças nas condições de vida das pessoas, os agentes humanos são identificados tipicamente como agentes responsáveis numa peça moral sobre o bem e o mal, sobre honestidade e corrupção. A análise mais abstrata das forças socioculturais favorecida por cientistas sociais não recebe ênfase, se é que chega a entrar na história.[33]

Contrapor o casal que se beijava (e aqueles que o apóiam) ao segurança e à administração do shopping é a estratégia comumente adotada no enquadramento construído pelas matérias analisadas — enquadramento que tende, como assinala Gamson, a desfavorecer as análises mais abstratas feitas por certos especialistas. A administração do shopping Frei Caneca ora aparece como responsável, *de fato*, por um ato discriminatório, ora como o antagonista que procura se justificar:

Segundo eles [Xavier e Rocha], o segurança teria dito que o procedimento não era aceito no estabelecimento, mas que não vetaria o beijo se o casal fosse heterossexual. (...) O shopping diz que o casal foi tratado com respeito, não foi convidado a se retirar e só foi abordado porque teria cometido excessos.[34]

No dia do protesto, a administração do shopping disponibilizou infra-estrutura para o evento: decorou o próprio shopping, espalhando adesivos de bocas vermelhas pelos corredores, forneceu palco e um DJ de renome, que tocou músicas que falavam de beijo. Tal estratégia pretendia desfazer o clima de confronto, transformando-o em mera festa, destituída de conteúdo político.

Contudo, o evento já havia sido enquadrado em termos de confronto, seja pelos envolvidos (aí incluída uma parcela da coletividade GLBT), seja pelos *media*. Nesse caso, o preconceito contra indivíduos homoeróticos toma corpo, podendo-se identificar quem é o opressor. O próprio ato de opressão torna-se visível (pode ser apontado), permite a dramatização e a tematização do acontecimento como uma situação-problema envolvendo um conjunto de condições estruturais deficientes ou conflitantes que podem gerar risco, alarme ou temor.[35] Enfim, tem-se aí uma controvérsia — que os promotores do "beijaço" souberem explorar midiaticamente.

> A ação extra-institucional é melhor do que a institucional para criar controvérsia. Em particular, os *meios de comunicação* mais populares e visualmente orientados enfatizam o espetáculo na ação coletiva. Espetáculo significa drama e confronto, eventos emocionais com pessoas inflamadas, que são extravagantes e imprevisíveis. Isso valoriza a novidade, o ultraje e a confrontação.[36]

A estratégia da administração do shopping não foi bem-sucedida ao tentar desvencilhar-se do confronto — como prova a repercussão nos *media*. O antagonismo aí presente acaba por influenciar o enquadramento dos *media*. Por sua vez, esse enquadramento tem suas próprias implicações ao privilegiar um enfoque narrativo que se vale da dramatização.

> A ênfase da mídia na forma narrativa tende, pois, a tornar concretos os alvos, encorajando enquadramentos de injustiça. Longe de servir às necessidades sociais do controle das autoridades nesse exemplo, a cobertura dos meios dá freqüentemente razões às pessoas para ficarem irritadas com

alguém. Naturalmente, esse "alguém" não precisa ser a fonte real da injustiça, mas simplesmente um substituto conveniente.[37]

O enquadramento que privilegiou a dramatização colocou em campos distintos os membros da coletividade GLBT que promoveram o "beijaço" e a administração do shopping, alvo do protesto e necessário mote para tematizar as injustiças promovidas contra os homossexuais. A opressão subjacente às práticas sociais nas quais esses indivíduos se envolvem vem então à tona, pelo menos por alguns momentos, e ganha as feições do segurança e dos responsáveis pelo shopping Frei Caneca. No final das contas, tem-se uma empolgante história para ser contada pelos jornais.

A dramatização do "beijaço" na cena pública tem especial significado, se considerarmos que "a contestação do dia-a-dia é pré-pública"[38] e, portanto, pouco efetiva na mudança de padrões culturais de entendimento. Romper a invisibilidade no circuito dos *media* significa que, naquele episódio, os atores de um movimento social surgiram como interlocutores que reivindicam reconhecimento, mobilizando-se para expor seus pontos de vista e idéias. Nada garante que continuarão nessa posição. Com freqüência, retornam à invisibilidade midiática até que outro evento (casual ou promovido por esses mesmo atores) os lance novamente na cena midiática. "Uma vez estabelecidos como porta-vozes, essa oportunidade tende a permanecer aberta enquanto o tema for relevante."[39] Nas palavras de Weeks (1998:37):

> Sem o momento transgressivo, as reivindicações dos excluídos até agora seriam pouco notadas nas estruturas aparentemente rígidas e acomodadas de sociedades velhas e bem fortificadas. A transgressão parece necessária para enfrentar o *status quo* com suas inadequações, trazer à tona seus preconceitos e medos (não é de surpreender que tais momentos transgressivos tendem a causar ultraje e controvérsia: essa é sua finalidade; acertadamente ou não, eles supõem que nada é mais eficaz que o excesso). Mas, sem a reivindicação de uma cidadania plena, a diferença pode jamais encontrar um lugar apropriado. [Há] uma reivindicação de transcender os limites da esfera pessoal vindo a público, mas vir a público é, num gesto necessário e não obstante paradoxal, proteger as possibilidades de vida privada e de escolha privada numa sociedade mais inclusiva.

Dizer que os porta-vozes dos movimentos encontram-se num fluxo de emersão e imersão nos *media* não significa que o tema sobre o qual discutem apresenta a mesma inconstância. De fato, um assunto pode surgir e desaparecer repetidas vezes no ambiente midiático, mas não se deve avaliar esse movimento de vaivém por esse prisma. Um tema, ao reentrar na esfera de visibilidade, não começa do zero — se os movimentos sociais tiverem sido bem-sucedidos em suas empreitadas.

> Os movimentos sociais não apenas utilizam e recombinam elementos do estoque cultural, mas expandem esse estoque. Os enquadramentos dos movimentos vencedores se traduzem em políticas públicas e em *slogans* e símbolos da cultura geral. Os movimentos perdedores são postos de lado e marginalizados (embora freqüentemente retornem quando a roda da história traz novamente à tona questões ou desavenças submersas).[40]

Num processo mais a longo prazo, a incorporação das falas dos atores críticos da sociedade civil na esfera de visibilidade dos *media* é melhor apreendida como uma contribuição à ação conjunta de deliberação pública.[41] Nesse processo, alguns argumentos perdem seu poder de persuasão e acabam sendo expurgados ou burilados. "A melhor defesa para a deliberação pública é que ela é mais propícia para melhorar a *qualidade* epistêmica das justificações para as decisões políticas. Quando a deliberação transcorre de forma aberta, a qualidade das razões tende a se aperfeiçoar."[42] O ganho epistêmico aqui mencionado nada tem a ver com a sazonalidade da inserção das falas dos porta-vozes dos movimentos ou dos próprios interessados. As razões que se tornam públicas podem ser tomadas como ponto de partida, ainda que seja para a contestação. Mesmo que fiquem à margem no debate, esses argumentos podem ser usados por qualquer um dos atores envolvidos, visto que passaram a fazer parte do estoque cultural comum. Uma semana após o "beijaço", as revistas semanais de circulação nacional o resgataram — agora inserindo o protesto num contexto maior, englobando outros antagonistas.[43]

Os meios de comunicação, inseridos num contexto sociocultural mais amplo, também se abastecem desse estoque cultural, evidentemente adequando-o à sua própria dinâmica e, de modo mais específico, à linha editorial de cada veículo. O movimento GLBT conseguiu atrair a atenção de jornais e revistas para o "beijaço", fazendo deste uma maneira criativa de reivindicar o cumprimento de uma lei.

> Homens públicos e dirigentes de grandes organizações consolidadas têm seu lugar na mídia em virtude de seus papéis. O mesmo não ocorre com os atores do movimento, que freqüentemente têm de se esforçar para estabelecer sua posição e para tanto podem precisar de uma ação coletiva extra-institucional. Os membros do clube entram na mídia pela porta da frente, mas aqueles que contestam devem encontrar seu caminho através de uma janela, geralmente usando para isso algum ato chamativo e desordenado.[44]

A "janela" através da qual o movimento GLBT penetrou no dia 3 de agosto de 2003 foi aberta por meio de um grande beijo coletivo. À disposição dos *media*, vários "ganchos" para uma boa dramatização: um beijo (amor/romance) que gera uma controvérsia (conflito) em que é possível identificar um suposto adversário (o segurança e/ou a administração do shopping), e um final original, inusitado e até mesmo feliz — ao som de "Kiss", de Prince, e da sertaneja "Beijinho doce". Além de nos perguntarmos se um espetáculo foi ou não encenado ou se uma narrativa foi ou não construída através da personalização, igualmente relevante é indagarmos que elementos estariam ali presentes para permitir uma interpretação politicamente relevante, dentro dos conflitos e jogos políticos existentes na sociedade. A tentativa coletiva dos grupos GLBT de estabelecer formas expandidas de reconhecimento nos âmbitos institucional e cultural insere-se num sistema de relações com outros atores, a partir de um conjunto de oportunidades. A luta por reconhecimento deve ser continuamente ativada — incluindo o ambiente midiático — para tornar possível a negociação intersubjetiva de sentidos compartilhados socialmente.

Considerações finais

Os debates suscitados pelos movimentos sociais — com os possíveis argumentos pró e contra que daí emergem — ganham as páginas impressas, mas, como se viu, nunca *in natura*. Eles são sempre recortados, interpretados, adaptados para se adequarem tanto ao espaço limitado do papel quanto à linha editorial dos jornais (que tem em vista seu público-alvo). Mas a constelação dos diversos elementos presentes em situações particulares promove um agenciamento diferenciado das notícias. Esse agenciamento é o resultado de um padrão complexo de interações, e não de relações de causalidade lineares.

Por sua vez, a visibilidade conferida pelos meios de comunicação tem implicações no transcorrer das discussões, visto que a publicidade acaba por criar constrangimentos para as declarações dos atores. No caso da cobertura da Lei nº 14.170, a inexistência de vozes opositoras pode ser explicada pelo enquadramento promovido pelos jornais, que enfocaram o valor da igualdade em nossa sociedade. A aproximação entre os direitos dos GLBT e os direitos humanos, estes últimos com forte apelo nas atuais democracias, dá maior credibilidade e legitimidade às reivindicações. Falar para uma ampla galeria (o público leitor dos jornais) coage os interlocutores a suprimirem os elementos nitidamente preconceituosos das comunicações ingênuas e descompromissadas do dia-a-dia, que são típicas da esfera privada.

O episódio do "beijaço" deve ser entendido como uma estratégia de mobilização de grupos GLBT para transformar um caso específico de discriminação num episódio emblemático da opressão sofrida pelos homossexuais no contexto brasileiro. O constrangimento por que passou o casal no shopping não foi o primeiro nem será o último enfrentado por casais homossexuais. Mas a diferença entre esse constrangimento e os outros reside no fato de que ele saiu da penumbra dos locais prosaicos para os holofotes da cena pública. A transposição, que culmina com sua politização por meio do "beijaço", altera o próprio entendimento da questão — agora com a possibilidade de ser debatida por uma ampla galeria. Indivíduos que passaram por uma situação semelhante podem, por exemplo, identificar-se com a história do casal e perceber que não

Do pessoal ao político-legal

foram vítimas isoladas. Injustiças acontecem, de fato, no dia-a-dia das pessoas, mas é sobretudo o espaço de visibilidade gerado pelos meios de comunicação que pode generalizá-las, tornando-as compartilhadas coletivamente.

Notas

[1] Não há ainda consenso sobre como nomear os movimentos GLBT no Brasil. O termo "gay", que ganhou força nos anos 1960 nos Estados Unidos, passou a ser adotado por algumas entidades brasileiras, como o Grupo Gay da Bahia (GGB), nos anos 1980. Esse é o motivo por que utilizamos os termos "movimento gay" ou "movimento GLBT" neste trabalho. Estamos cientes das discussões de Jurandir Freire Costa (2002), a respeito das vantagens de termos como "homoerotismo" ou "sujeitos homoeróticos". Como bem defende o autor, a idéia de homoerotismo afasta-se da crença de que existe uma substância comum a todos os indivíduos homoeroticamente inclinados. "Homoerotismo é uma noção mais flexível e que descreve melhor a pluralidade das práticas ou desejos dos homens *same-sex-oriented*" (Costa, 2002:21). Deve-se, entretanto, considerar o entendimento que os integrantes do movimento GLBT têm de si mesmos.

[2] Arendt, 1991; D'Entrèves e Vogel, 2000.

[3] Fiskhin, 1991:33.

[4] Gitlin, 1980; Gamson e Modigliani, 1989; Entman, 1993; Pan e Kosicki, 2003.

[5] Gamson, 1993; Neuman, Just e Crigler, 1992.

[6] Honneth, 2001, 2003; Reis, 2000; D' Entreves e Vogel, 2000.

[7] Para uma melhor compreensão do início do movimento *gay* no Brasil, ver MacRae (1990); Trevisan (2000); Facchini (2005).

[8] Lopes, 2002:19.

[9] Mansbridge, 1999:215.

[10] Paoli e Telles, 2000:105.

[11] Trevisan, 2000:158.

[12] O Projeto de Lei nº 694, de 1999, de autoria do deputado João Batista de Oliveira (PDT-MG), foi elaborado por uma rede de entidades GLBT, principalmente de âmbito local, com apoio de grupos de outros estados.

[13] Trevisan, 2000:383.

[14] No primeiro semestre de 2004, o governo federal, por meio da então Secretaria Especial dos Direitos Humanos e em parceria com entidades do movimento GLBT, lançou o Brasil sem Homofobia, programa de "combate à violência e discriminação contra GLTB e de promoção da cidadania homossexual", no qual se enfatizam os vínculos entre direitos dos homossexuais e direitos humanos. Disponível em: <www.mj.gov.br/sedh/ct/004>. Acesso em: jun. 2006.

[15] Chambers, 2000:198.

[16] Ibid., p. 199.

[17] Ghanem, 1997; Protess e McCombs, 1991; McCombs e Ghanem, 2003.

[18] Projeto anti-homofóbico é aprovado. O Tempo, Belo Horizonte, 25 out. 2001; "Gays sob a proteção da lei". Estado de Minas, Belo Horizonte, 25 out. 2001.

[19] "Em busca da igualdade". O Tempo, Belo Horizonte, 18 fev. 2001. p. 8.

[20] A coluna dá destaque ao Projeto nº 694 também em outros momentos. Em 15 de fevereiro de 2001, sob o título "Homossexuais na Assembléia", noticia o comparecimento de integrantes do movimento GLBT reivindicando a aprovação do projeto. No dia 17 de janeiro de 2002, dois dias após a sanção do governador, a coluna anuncia: "Entra em vigor lei pró-gay".

[21] "A questão da homossexualidade". Estado de Minas, Belo Horizonte. 15 fev. 2001. "Gerais/Interesse público", p. 29.

[22] Danilo Ramos de Castro, presidente do Clube Rainbow de Serviços (O Tempo, Belo Horizonte, 19 jan. 2002. "Magazine/GLS", p. 4).

[23] Gamson, 1993:19.

[24] McAdam, 1996:353.

[25] Gamson, 1993:84.

[26] Ibid., p. 32.

[27] O Tempo, Belo Horizonte, 18 fev. 2001. "Editorial", p. 8.

[28] O Tempo, Belo Horizonte, 4 jul. 2001. "Geral", p. 7.

[29] Honneth, 2001, 2003.

[30] Época, São Paulo, n. 273, p. 86-87, 11 ago. 2003.

[31] Folha de S. Paulo, São Paulo, 4 ago. 2003. "Folha Cotidiano".

[32] Gamson, 1993:34.

[33] Ibid.

[34] Estado de Minas. Belo Horizonte, 4 ago. 2003. "Nacional", p. 8.

[35] Quéré, 1995:106.

[36] Gamson e Meyer, 1996:288.

[37] Gamson, 1993:34.

[38] Bohman, 1996:135.

[39] Gamson e Meyer, 1996:288.

[40] Zald, 1996:270-271.

[41] Maia, 2004:29.

[42] Bohman, 1996:27.

[43] Enquanto *IstoÉ* e *Época* fazem a cobertura tanto do beijaço quanto de temas ligados ao movimento GLBT, *Veja* (13 ago. 2003) traz uma entrevista com o bispo da Igreja Católica Karl Josef Romer onde este, entre outras posições conservadoras, faz críticas às relações entre pessoas do mesmo sexo ("uma relação homossexual é extremamente parcial e fragmentada; não é uma união aberta para a vida") e aos novos arranjos familiares. O destaque dado por *Veja* ao clérigo vai na contra-mão das abordagens das outras duas revistas nacionais.

[44] Gamson e Meyer, 1996:288.

PARTE III

Debates públicos em torno da
implementação de novas normas

7

A música entra em cena: Planet Hemp, dissenso moral e o debate sobre a legalização da maconha

Pedro S. Mundim

Rousiley C. M. Maia

Estamos aqui para jogar lenha na fogueira e fazer as coisas acontecerem.
(Marcelo D2, Planet Hemp)

Neste capítulo vamos ver como um determinado tipo de expressão artística, a música, pode ser visto como *medium* de inserção de temas controversos na esfera pública, revelando novos padrões de relevância. A tentativa de superar barreiras morais e políticas através da música pode ser assentida sem que se tenha necessariamente que submeter uma composição a altos graus de exigência estética. Se as letras de música nem sempre se pretendem coerentes e convincentes, elas têm ao menos o potencial de uma racionalidade comunicativa através de ações lingüísticas em que os atores exprimem, ou pelo menos tentam exprimir, algum significado, alguma visão de mundo, algum ponto de vista. Assim, interessa-nos tomar a música como um importante recurso à disposição dos atores sociais para o incremento dos processos de debate público em situações concretas.

A música, enquanto expressão artística, cria mensagens de sentido figurado utilizando-se de figuras de linguagem, e essas mensagens são passíveis de múltiplas interpretações. "A música mantém com a política um vínculo operante e nem sempre visível: (…) ela atua (…) na vida individual e coletiva, enlaçando relações sociais e forças psíquicas."[1] A música torna os indivíduos sensíveis a questões polêmicas que freqüentemente desafiam tradições, opiniões majoritárias ou pressões para a acomodação a uma dada situação, e que por isso mesmo dificilmente são discutidas abertamente pela sociedade. Os atos estéticos restauram a abertura e a plasticidade necessárias para inventar novas possibilidades e modos de interpretação. Assim, entendemos que a música contribui para criar as condições sob as quais os agentes podem começar a contestar os entendimentos correntes que se encontram incorporados nas instituições. Como proposto por Bohman (2000:205), isso inclui

> ironia, piada, metáforas e outros modos indiretos de expressar algo, tal como narrativas tratando das experiências por detrás das reivindicações políticas e normativas de alguém. Tais formas de comunicação são tentativas típicas de desbloquear a capacidade de "assumir posição" numa audiência — um dos mecanismos dialógicos da deliberação pública.

Para uma crítica ser bem-sucedida, ela precisa ter o efeito de se reproduzir também na audiência, na medida em que "o convite à reflexão" indique novas relevâncias e abra novas possibilidades de entendimento: "não é suficiente criar novas possibilidades (embora seja esse o primeiro passo); é preciso que essas possibilidades sejam testadas reflexiva e apropriadamente [pela audiência]".[2]

Em outras palavras, aquilo que o ato estético iniciou precisa ser verificado, testado, confrontado com outras realidades em atos posteriores de reflexão.[3] Daí nosso interesse em investigar o debate público em torno da reivindicação da legalização da maconha pelo grupo carioca de *rap/rock* Planet Hemp em meados dos anos 1990. Desde a redemocratização do país, vários grupos se organizaram para demandar novas formas de regulamentação das drogas, particularmente a maconha. Assim, a originalidade do Planet não está no fato de seus membros terem-se declarado usuários de maconha, de estarem felizes com esse hábito e de reivindicarem o direito individual de usar a droga, e sim no fato de terem levado essas idéias para um espaço mais amplo de debate, não na perspectiva do especialista (médicos, psicólogos, cientistas sociais etc.) que fala pelo usuário de maconha, mas do próprio usuário que fala por si. As controvérsias sobre a maconha e seus efeitos já eram conhecidas por quem quer que se interessasse em entrar na discussão, mas ainda não haviam sido problematizadas *publicamente* no cenário nacional pela voz dos próprios usuários, isto é, "a partir dos contextos comunicacionais das pessoas virtualmente atingidas".[4]

O posicionamento do Planet a favor da maconha estimulou o dissenso moral na sociedade brasileira a respeito do uso e regulamentação da droga, além de ter provocado punições legais, como o cancelamento de shows, a apreensão de CDs e até mesmo a prisão dos integrantes da banda. Interessa-nos, nesse cenário, examinar como um debate nos *media* possibilitou que sujeitos diversos da sociedade confrontassem seus posicionamentos sobre o uso e a legalização da maconha. Nossa premissa é que as novas potencialidades de sentido e de expressão apresentadas pelas músicas do Planet devem ser apropriadas através de uma linguagem direta. Os próprios artistas que deram início a tal polêmica com suas músicas são convocados a se posicionar como interlocutores na esfera pública, a reelaborar discursivamente suas reivindicações e a justificá-las diante dos demais, diante das interpretações já disponíveis publicamente.

Na primeira parte deste capítulo buscamos evidenciar como a música do Planet Hemp serviu de *medium* para mostrar a existência de uma cultura da maconha, com um discurso justificativo de defesa do consumo da mesma. Em seguida, fazemos uma breve exposição historiográfica da legalização/descriminalização do uso da maconha, estabelecendo distinção entre essas duas noções. Por fim, examinamos a repercussão das músicas do Planet nas reportagens jornalísticas e no debate público midiático estabelecido em torno da banda, e a conseqüente polêmica sobre a maconha. Procuramos delinear as diferentes vozes que se manifestaram, em diversos momentos da história do grupo, não só sobre a questão da maconha, mas também sobre temas como apologia à maconha, censura e liberdade de expressão.

Música e questões controversas

Para Adorno e Horkheimer (2000:184), a indústria cultural está ligada à "indústria do divertimento". Ela faz com que "os elementos inconciliáveis da cultura, arte e divertimento sejam reduzidos a um falso denominador comum". Com isso a indústria cultural[5] pode vangloriar-se de "haver atuado com energia e de ter erigido em princípio a transposição (...) da arte para a esfera do consumo".[6] Conseqüentemente, a obra de arte tem o seu valor de uso, ligado à fruição desinteressada e ao prazer estético, substituído pelo valor de troca, isto é, sua capacidade de ser comercializada.[7] No que toca à música moderna, Adorno (1986:136) afirma que ela é um simples entretenimento, com função de distração, ligado ao atual modo de produção: "esse modo de produção (...) tem seu correlato 'não-produtivo' no entretenimento, isto é, num relaxamento que não envolva nenhum esforço de concentração. As pessoas querem divertir-se".[8] Em outros termos, "os momentos parciais já não exercem função crítica em relação ao todo pré-fabricado, mas suspendem a crítica que a autêntica globalidade estética exerce em relação aos males da sociedade".[9] E isso impossibilita a própria constituição de uma sociedade democrática, pois esta "não se poderia salvaguardar e desabrochar senão através de homens não tutelados".[10]

Por certo é possível concordar com Adorno em alguns pontos. Obviamente, não se pode negar a uma música como a do Planet a condição de mercadoria, de produto de massa, que as pessoas usam como entretenimento e diversão, uma vez que ela só alcançou ressonância pública através de sua utilização por uma indústria fonográfica que, afinal, visava ao lucro.[11] Deve-se levar em consideração que o próprio tema da legalização da maconha foi explorado estrategicamente como meio de aumentar os índices de venda, o prestígio e o capital artístico da banda. Mas, ao contrário do que poderia pensar Adorno, mesmo uma manifestação artística de qualidade estética "não-autêntica", como ele diria, pode ter importância política. A música do Planet não apenas traz as marcas de uma cultura e de uma racionália[12] da maconha, de interpretações e visões de mundo, como também evidencia um dissenso moral ao reivindicar explicitamente a legalização da maconha e a mudança do estatuto de seu usuário.

Mas o mais importante, por ora, é perceber que existe uma forte relação entre as "formas de viver" ou os "modelos específicos de pensar o mundo" e as formas expressivas. A música, no caso, "materializa uma forma de viver e traz um modelo específico de pensar para o mundo dos objetos, tornando-o visível". Assim, a política é também uma dessas arenas onde a cultura — que Geertz (1989:207) chamou de "estruturas de significado através do qual os homens dão forma à sua experiência" — ganha expressividade, manifesta-se publicamente. As "canções de protesto" ilustram bem essa questão nos anos em que o país esteve sob o regime militar. À época os compositores se valeram das possibilidades estéticas que as canções proporcionam para, entre outras coisas, denunciar e criticar as arbitrariedades do Estado e trazer os problemas vividos no dia-a-dia para o âmbito público.

> As canções, em sua maior parte, reafirmavam o prestígio da temática social, trabalhando com referência às dificuldades colocadas pela nova situação política, tanto no nível da expressão intelectual quanto em relação ao cotidiano das classes populares, representadas por marias, motoristas de caminhão e violeiros.[13]

Também os chamados "cantores de empregada", mesmo que não estivessem falando de temas explicitamente ligados aos problemas do Estado, conseguiam fazer com que suas mensagens políticas atuassem de forma sensível no meio social.[14]

Apresentando temáticas um pouco diferentes, mas não menos importantes, o *rock* brasileiro dos anos 1980,[15] e o *rap* e o *funk* dos anos 1990 são dois outros exemplos. Micael Herschmann e Ivana Bentes sugerem que é possível ver os *rappers* como uma espécie de porta-vozes das periferias e favelas. A partir de uma condição social particular, os *rappers*, como atores sociais, fazem com que as diversas temáticas de suas letras ocupem "a mídia com um novo discurso de rebeldia e potência, decisivo na mobilização e na sedução das camadas juvenis, sejam elas da periferia ou não".[16] As letras das músicas permitem que esses jovens denunciem sua condição de proscritos e reivindiquem a cidadania, "o direito ao discurso e de acesso à cidade, colocando em pauta as contradições do processo de democratização do país".[17]

As letras do Planet podem ser entendidas não apenas como expressões artísticas, mas como falas de cunho político visando a algum tipo de transformação no mundo. Através da música o grupo busca mostrar uma visão alternativa da maconha, com base na condição de usuário e na cultura daí originada. Essa visão da droga extrapola as fronteiras dos pequenos grupos, das rodas de fumo, das conversas informais entre usuários ou não-usuários, ganhando assim o ambiente midiático, de modo que sua existência não pode mais ser ignorada. Não caberia aqui detalhar os diversos núcleos do discurso em torno dos quais se articulam certas premissas, metáforas e interpretações a favor da legalização da maconha. Contudo, faremos uma breve exposição de alguns dos eixos principais do posicionamento discursivo construído através das letras do Planet ao longo de sua trajetória.

Primeiro momento: os discursos do usuário feliz, do direito ao consumo, da autoridade da vivência pessoal e da hierarquia dos vícios

O Planet não foi a primeira banda na cena musical brasileira a falar da maconha em suas letras. Isso já vinha acontecendo pelo menos desde os anos 1970. Nos anos 1990, por exemplo, algumas letras dos Raimundos, como "Nega Jurema" ou "Tora Tora", ou de O Rappa, em "A feira", têm títulos que se referem à maconha. Mas foi o Planet o primeiro grupo a defender a legalização dessa droga e a falar abertamente sobre seus pontos positivos. "Legalize já" é, sem dúvida, o slogan de todo o discurso presente nas letras do Planet. Além de ser a "música de trabalho" do primeiro álbum (*Usuário*, 1995), trata-se de uma espécie de manifesto pró-legalização da maconha, o qual deu visibilidade ao grupo na grande mídia.[18]

Para defender a maconha e sua legalização, os músicos se baseiam primeiramente no que se poderia chamar de "discurso do usuário feliz", enfatizando a satisfação propiciada pelo hábito de fumar maconha, já que ela "não faz mal, não prejudica o viver cotidiano e promove o relaxamento".[19] Assim, a maconha é algo positivo em suas vidas, prazeroso, que faz "olhar" além, "romper as barreiras do cérebro". Trata-se, como diz Boon (2002:30), de um desejo de "libertação" através de lampejos de gnose — seja para entrar em contato com outras dimensões do mundo que se conhece em estado sóbrio, seja para adquirir outros conhecimentos. Este trecho de "Mantenha o respeito" é bastante ilustrativo dos apregoados benefícios: "Quando eu fumo marijuana como eu fico chapado/ Além do que me acontece de me chapar faz olhar/ Me fascina, me ilumina, deixa a cabeça no lugar/ Eu fumo porque eu quero sentir os efeitos do *ragga* [maconha]".

Em segundo lugar, para defender a maconha e sua legalização, os músicos apóiam-se no princípio de que os "indivíduos devem ter assegurado o seu direito ao consumo da maconha, *mesmo que este possa, individualmente, lhes causar danos*".[20] Isso já fica evidente nos primeiros dois versos da música "Legalize já": "Digo foda-se às leis e todas as regras/ Eu não me agrego a nenhuma delas".

Tal proposição, popular entre os usuários de maconha satisfeitos com o hábito, é correlata ao "princípio do dano" de John Stuart Mill, segundo o qual o Estado não deve empregar seu poder legal ou coercivo para prevenir qualquer atividade praticada por um indivíduo que não venha a causar danos a terceiros, mas apenas ao próprio indivíduo.[21] Mais que isso, o grupo alega que o ato de fumar maconha não é nocivo: "Legalize já! Legalize já! Porque uma erva natural não pode te prejudicar". Daí considerar-se que a interferência da lei, que tenta coibir o uso da droga, é uma arbitrariedade que só faz ferir as pessoas em sua individualidade. Entendendo a questão como um legítimo direito de escolha individual,[22] o grupo lança um claro apelo a favor da autonomia do indivíduo e do prazer subjetivo: "Penso em mim por mim mesmo e sou sincero/ Não faço apologia às drogas e nem quero fazer, faça o que você quer e o que te dá prazer".

Os integrantes do Planet apelam também para um "discurso da hierarquia dos vícios", buscando questionar a legitimidade/autoridade do discurso médico-legal, o qual em grande medida *baliza* a determinação do estatuto social das drogas e cria uma *partilha moral* entre as substâncias moralmente qualificadas (como os remédios) e as desqualificadas (como os tóxicos).[23] A música "Não compre, plante!" mostra essa condição:

> Você já pensou que o problema pode ser você falando sem se informar/ Você vai se fu-d, você confunde os outros querendo aparecer/ Cê fala por falar mas nunca vai me convencer/ Cê pensa que eu fico louco por fumar

uma erva/ Ela rompe as minhas barreiras, me deixa com a mente aberta/ Quem é você pra falar do meu comportamento/ Cumpadi, você não tem base nem conhecimento.

Ao compararem a maconha às drogas lícitas, eles propõem que ela faz menos mal "do que outros vícios que não são proibidos (...) não deve ser proibida, e sua atual proibição é uma hipocrisia".[24] É o que mostra, por exemplo, este trecho de "Legalize já": "O álcool mata bancado pelo código penal/ Onde quem fuma maconha é que é o marginal/ E por que não legalizar, e por que não legalizar?/ Estão ganhando dinheiro e vendo o povo se matar".

Em "Phunky Buddha" faz-se uma comparação semelhante, mas com o tabaco: "Tabaco ou maconha, pergunte ao médico qual faz mal/ e então pergunte ao deputado por que é ilegal".

Critica-se, numa visão de conjunto, a incoerência da lei que regula a questão dos entorpecentes no Brasil, visando proteger o indivíduo do dano: ela permite o livre consumo de outros tipos de drogas mais prejudiciais, que "matam", enquanto proíbe outra que, segundo o grupo, é "inofensiva". Sugerem que gostar de fumar maconha é algo inato no ser humano, algo que "nasce no sangue",[25] e que a recriminação é ilegítima.

O grupo contesta a imagem do usuário doente, marginal, incapaz de pensar por si mesmo e de produzir, de modo compatível com os padrões sociais de trabalho. Negam que o uso da maconha implique dependência e provoque necessariamente danos sociais:

Trabalho oito horas sete dias por semana/ Só por fumar uma erva eu vou entrar em cana/ Deputados cheiram, bebem e não vão para a prisão/ Por que é ilegal?/ Eles roubam no Planalto e não pensam em ninguém/ Quem é o marginal?/ Crianças morrem por sua culpa e eu que sou o ilegal/ Não vou ficar calado porque está tudo errado/ Políticos cruzam os braços e o país está uma merda/ Trabalho pra caralho e fumo minha erva.

No plano supra-individual, as letras do Planet denunciam várias formas de injustiça geradas pela ilegalidade da droga. A marginalização social dos usuários de maconha acaba gerando, num ciclo vicioso, mais intolerância e violência social. Em "Dig dig dig (Hempa)":

Morreu um irmão como safado sem-vergonha/ Tiro na cabeça porque foi buscar maconha/ Hoje parece que isso não tem mais valor/ Menos um maconheiro, ninguém se importou/ Será que isso é pura ignorância?/ Não, é um sistema manipulando a informação/ Cê pensa que todo maconheiro não presta/ Que esse safado tem que tomar tiro na testa/ Mas pense bem, mas pense bem no que fazer/ Porque esse ódio e preconceito podem estar apontados pra você/ A solução pro Planet Hemp é legalize ganja.

Assim, ao propor "aprenda a dizer não", tal como num ato de desobediência legítima, o grupo confere um significado invertido ao famoso slogan *"just say no"* ("simplesmente diga não") da "guerra às drogas" americana. A partir da experiência compartilhada daquilo que Becker (1977) chama de cultura da droga — conhecimentos práticos que auxiliam os usuários no manejo das técnicas, na interpretação de suas sensações e no *controle informal* do uso da maconha — os membros do Planet conferem autoridade ao próprio lugar de fala.[26] A autoridade da vivência pessoal torna-se efetiva a ponto de o Planet afirmar que é impossível convencer os usuários de que a maconha representa algo perigoso. Isso porque quem não fuma não possui "base nem conhecimento" para qualquer tipo de questionamento.

Por causa desses discursos o Planet teve vários problemas com a lei. Em abril de 1995, o videoclipe da música "Legalize já", o primeiro feito pelo Planet, teve sua exibição proibida antes das 23h pelo Ministério da Justiça. "O vídeo mostra um homem fazendo um 'baseado' (...). Mas a imagem que teria chocado o ministério, segundo a MTV, foi a de uma menina, de cerca de 10 anos, regando um pé de maconha."[27] Em novembro daquele ano, o juiz da 3ª Vara Criminal de Goiânia (GO) proibiu um show que o grupo iria fazer na cidade e expediu um mandado de busca e apreensão que confiscou material promocional do grupo e mais 53 CDs.

Em 1996, vários episódios de cancelamento de shows e apreensão de CDs marcaram a trajetória da banda. Em julho, o delegado de Tóxicos e Entorpecentes de Salvador (BA), Itamar Casal, deteve cerca de 60 jovens que assistiam à apresentação do Planet Hemp. A juíza da 1ª Vara Privativa de Tóxicos da Bahia, Daisy Ribeiro Coelho, expediu uma liminar impedindo a realização de um show do Planet numa casa de espetáculos de Salvador. Ainda naquele mês, dois shows foram cancelados por determinação da Justiça do Espírito Santo, sob a alegação de apologia do uso da maconha por meio do material usado na divulgação. Também no Espírito Santo foram presos Roney Helaim Gomes, responsável pela promoção do show em Vitória, e Rogério Tristão, candidato a vereador pelo PSB, que se preparava para fazer um comício de protesto pelo cancelamento do show, em frente ao ginásio onde a banda tocaria.

Com o lançamento do segundo disco, *Os cães ladram mas a caravana não pára*, em meados de 1997, o grupo continuou sendo alvo de sanções ainda mais severas. Segundo uma nota na imprensa, de cada cinco shows da banda, três eram cancelados.[28] Em novembro daquele ano, os integrantes do Planet foram presos em Belo Horizonte, sob acusação de apologia às drogas, com base na Lei de Tóxicos nº 6.368/76. Ainda naquele mês, eles foram presos em Brasília pela Polícia Civil do Distrito Federal, sob acusação de apologia às drogas, com base na mesma lei. Se fossem aceitas pela Justiça as acusações contra os músicos, eles estariam sujeitos a penas de três a 15 anos de prisão.

Tais episódios contribuíram para que os integrantes da banda dessem uma importante guinada temática no segundo disco, que fala sobre a liberdade de expressão.

Segundo momento: contra a apologia e a favor da liberdade de expressão

A defesa da liberdade para falar da maconha torna-se um tema mais freqüente nas músicas do que a própria legalização da droga.[29] Nos dois discos seguintes, a mensagem mais enfática é que o grupo estava de volta para falar das mesmas coisas, questionar a condição ilegal da maconha, reafirmar a posição de "incomodar" e pôr "lenha na fogueira" — uma reivindicação da liberdade de expressão e uma rejeição à idéia de que as músicas da banda fariam apologia da droga. Essa nova forma de interação com o público fica bem clara, por exemplo, na música "Queimando tudo", do álbum *Os cães ladram, mas a caravana não pára*:

Eu canto assim porque eu fumo maconha/ Adivinha quem tá de volta explorando a sua vergonha/ Eu sou o melhor do microfone, não dou mole pra ninguém/ Porque o Planet Hemp ainda gosta da marijane/ Então, por favor, não me trate como um marginal/ Se o papo for por aí, já começamos mal/ Quer me prender só porque eu fumo *cannabis sativa*/ Na cabeça ativa, na cabeça ativa/ E isso te incomoda?/ Eu falo, penso, grito e isso pra você é foda/ A mente aguçada mermão/ Eu sei que isso te espanta/ Mas eu continuo queimando tudo até a última ponta.

Já "Ex-quadrilha da fumaça", música de *A invasão do sagaz homem-fumaça*, traz o seguinte refrão: "Adivinha doutor, quem tá de volta na praça/ Planet Hemp, Esquadrilha da Fumaça".

O cidadão tem o direito de ser governado com sabedoria por leis legítimas, justas e atualizadas. A não-garantia dessas condições pode desencadear um processo de resistência ativa por parte dos cidadãos. A música "12 com 18", que abre o terceiro disco, é ilustrativa nesse sentido:[30]

A primeira emenda da sua Constituição/ Eu uso pra fazer a minha revolução, com microfone na mão/ Dispara com a metralhadora e não falha/ Ninguém leva o meu pensamento em vão/ Ninguém tira o microfone da minha mão/ Andando de cidade em cidade espalhando revolução.

A letra sugere que uma revolução pacífica estaria sendo realizada com o uso da "mente". As detenções, o cancelamento de shows e a apreensão de CDs não impediram que o Planet seguisse mais ou menos o mesmo caminho para tentar modificar o ordenamento normativo, assumindo uma atitude mais inovadora que destruidora. E tudo isso sem deixar de fumar maconha.

Revolução eu vou fazer de maneira diferente/ Tiro o ódio do coração e tento usar mais a mente/ Botam barreiras no caminho, mas sou persistente/ Posso cair, mas me levanto e sigo em frente/ Seguro a bronca, dou dois e mantenho a calma/ Onde passo e planto a minha semente/ (...) Esperem sentados a rendição/ Nossa vitória não será por acidente.

A "subversão" promovida pelo grupo pode ser agora qualificada como mais astuta, ou mais "malandra".[31] Assim, "a lei pode ser esquecida, ou até mesmo burlada, com certa classe ou jeito", e a ordem pode ser subvertida através da "zombaria e da sagacidade", de modo que se abandonam e se ridicularizam "todos os símbolos de poder e hierarquia da nossa sociedade".[32] A letra de "Contexto" mostra bem essa proposta de "evasão oculta", ao falar de um usuário que burla a lei e sabe disso, mas quando está prestes a ser pego dá um jeito e se livra malandramente da infração, do "flagrante". Mas, além de passar a "lei para trás" e, simbolicamente, também a sociedade que a criou e a sustenta, há ainda a chacota, a zombaria, mostrando "descontrole" dos que são responsáveis pelo "controle" da ordem social:

> Eu sou o primeiro e como sempre eu tô inteiro/ E se a polícia chegar eu jogo tudo no banheiro/ E dou descarga e finjo que só to fazendo a barba/ E só vou relaxar quando sai o homem de farda/ (...) Querem me controlar mas são todos descontrolados/ Vou te bombardear com rima por todos os lados / (...) Cabeça feita, pago o que eu consumo/ Se eu quiser beber eu bebo/ Se eu quiser fumar eu fumo/ Marcelo D2, sinônimo subversão/ De novo abalando geral.

Antes de passarmos ao debate suscitado pelas letras e episódios que envolveram o Planet, cabe contextualizar historicamente as demandas de legalização e descriminalização da maconha na sociedade brasileira, refletindo experiências que já aconteciam fora do país.

Os movimentos pela legalização/descriminalização da maconha

Apesar da contundência das polêmicas que acompanharam a trajetória do Planet, suas reivindicações nada têm de extraordinário. Os anos 1960 marcam o início das manifestações a favor da legalização da maconha, a partir da "matriz da revolução cultural no sentido mais amplo de uma revolução nos modos de gozar o lazer e as artes comerciais".[33] Em vários países, tais manifestações e até mesmo certas medidas governa-

A música entra em cena

245

mentais acabaram por tematizar a questão.[34] No Brasil, durante o regime militar, não se teve notícia de manifestações semelhantes, ao menos de forma explícita. Mas é fato que o consumo era difundido, e nem mesmo a repressão foi capaz de contê-lo. A música brasileira oferece casos interessantes. Vários artistas foram presos e acusados de usar maconha.[35] Somente a partir da abertura política, em 1978, é que surgiram manifestações contra a repressão ao uso da maconha. Posições favoráveis foram bastante exploradas na chamada imprensa nanica, em oposição à postura assumida nos grandes jornais impressos.[36]

Na década de 1980 surgiram diferentes vozes que, de uma forma ou de outra, tentaram se organizar para reivindicar a descriminalização do usuário da droga, deixando de lado a idéia mais extrema da legalização.[37] As manifestações públicas pela descriminalização da maconha começaram em 1980, primeiramente num debate promovido pela Faculdade de Filosofia da USP e depois num simpósio psiquiátrico na UFRJ. Nas eleições de 1982, o tema entrou em pauta na campanha de diversos candidatos, como Ruth Escobar e Baeco Viana, no Rio de Janeiro, além do músico Galvão, letrista dos Novos Baianos, na Bahia.[38] Alguns desses candidatos, como Caterina Koltai e Liszt Vieira, tiveram seus programas proibidos pela Justiça Eleitoral e/ou foram processados.

Também os estudantes se mobilizaram em torno da causa, lançando jornais para discutir a descriminalização e organizando movimentos e manifestos. Os dois grupos mais engajados localizavam-se em São Paulo e no Rio de Janeiro. Na capital paulista, a campanha se desenvolveu em três frentes: o movimento pela descriminalização propriamente dita, uma assessoria jurídica para usuários e uma comissão científica para divulgar textos sobre a questão da maconha. No Rio, o grupo "Maria Sabina" (nome de uma feiticeira mexicana) promoveu, no Instituto de Filosofia e Ciências Sociais da UFRJ, o I Simpósio Carioca de Estudos sobre a Maconha.[39]

Em maio de 1984 foi divulgada a "Moção pela descriminalização da *cannabis sativa*", aprovada por unanimidade em reunião da Associação Brasileira de Antropologia, realizada em Brasília.[40] De fato, parte considerável da pesquisa recente no país sobre o uso de tóxicos foi produzida por antropólogos[41] que contestaram algumas das bases fármaco-médico-psicológicas das abordagens que dão respaldo à política policial-legal de repressão ao tráfico e ao uso de tóxicos.[42]

Por fim, no campo jurídico, alguns acontecimentos também serviram de precedente para se questionar a propriedade do artigo que dispõe sobre o porte pessoal da maconha. Em agosto de 1980, o juiz Álvaro Mayrink da Costa absolveu um jovem pelo porte de uma trouxinha de maconha com a seguinte justificativa:

> A maconha já faz parte dos usos e costumes da sociedade de hoje: 80% dos jovens entre 19 e 23 anos já a experimentaram. Considerar como crime essa prática atenta contra os direitos humanos e as garantias individuais. É uma herança nefasta do Estado totalitário".[43]

O juiz ainda questionou a validade do art. 16[44] da lei antitóxicos: Pela repetição dos fatos (...) senti que chegara o momento histórico de enfrentar essa realidade: fumar maconha deixou de ser crime. Cada geração tem a sua verdade, e essa é uma verdade da nossa geração".[45] Depois disso, outros juízes também rejeitaram a acusação de flagrantes.

Cabe ressaltar que as demandas pela descriminalização da maconha no Brasil nos anos 1980, embora criticassem o excessivo poder que a lei e o policial detêm sobre o usuário, não iam mais a fundo a ponto de desqualificar a própria política repressiva contra as drogas. Em geral, a justificativa para tal proibição era o vício, com seu custo social. Não obstante, alegava-se que o uso da maconha distinguia-se do das demais drogas — como a cocaína ou a heroína, por exemplo —, que é tido como insidioso e nocivo até mesmo por muitos usuários da maconha.[46] Assim, o ponto positivo da descriminalização seria livrar o simples usuário do ônus da condenação legal e moral.

Nos anos 1990 — quando surge o Planet com a sua "Legalize já" —, começa a configurar-se a percepção de uma *falência* da política policial-legal de repressão ao tráfico. O discurso da legalização ganha então maior força.[47] Paixão (1994:140) usa o exemplo da guerra à maconha, declarada pelo presidente Reagan em 1982, para demonstrar esse fracasso: "Foram gastos um bilhão e 200 milhões de dólares. Para quê? Em nada se alterou o mercado consumidor de 20 milhões de pessoas que gastam anualmente entre 20 e 35 bilhões de dólares com drogas". A legalização da maconha é uma proposta bem mais controversa que a descriminalização e só faz sentido se admitirmos que "a política de proibição falhou".[48] E, dado o aumento da violência gerado pelo tráfico de drogas, especialmente nas grandes cidades do país, essa é uma das questões mais delicadas, complexas e controversas dos tempos atuais.

Drogas e dissenso moral

Como reza o princípio da publicidade,[49] é difícil alcançar novos entendimentos sobre qualquer coisa no mundo sem que posições alternativas, divergentes ou contestadoras possam legitimamente expressar-se. Assim, acreditamos que o Planet, através de suas letras, conseguiu trazer para a cena pública a opinião dos próprios usuários sobre a legalização da maconha, tornando-a do conhecimento de todos. Assim como outros agentes críticos que reivindicavam a descriminalização/legalização do uso da maconha, os membros do Planet trouxeram à tona um "dissenso moral". Para utilizar as palavras de Paixão (1994:129):

> Quer dele gostemos ou desgostemos, a avaliação do uso de drogas envolve o exame das relações do agente com suas razões, intenções e motivos do mundo institucional e cultural que articula, externa e coercitivamente, obrigações, expectativas e demandas de natureza moral e seus membros individuais. A controvérsia em torno da criminalização do tóxico é exemplo adequado do dissenso moral da cultura moderna.

Pode-se dizer que é precisamente nas estruturas comunicacionais[50] da esfera pública, através da deliberação, que um conflito moral tem o seu lugar ideal, ou "ótimo", de resolução,

> pois o âmago da política deliberativa consiste precisamente numa rede de discursos e de negociações, a qual deve possibilitar a solução racional de questões pragmáticas, morais e éticas — que são precisamente os problemas acumulados de uma fracassada integração funcional, moral e ética da sociedade.[51]

Para que algo seja seriamente considerado, a ponto de tornar-se tema de debates, é preciso haver condições que possibilitem a cooperação dialógica e a argumentação, como discutido no primeiro capítulo deste livro. Por exemplo, os envolvidos no debate devem trocar opiniões na condição de sujeitos iguais e livres, e os argumentos devem se sustentar apenas por suas qualidades, e não por coerção. Os pronunciamentos devem ser formulados de modo que possam ser compreendidos por todos, a partir da linguagem ordinária (livre dos códigos especializados ou daqueles excessivamente estilizados). Para obter eficácia e legitimidade nos resultados da discussão, os pontos de vista apresentados devem ser seriamente considerados por diferentes públicos recrutados da totalidade de pessoas privadas.[52] Os parceiros do diálogo deverão responder publicamente pelas pretensões levantadas, e as explicações e justificativas podem ser aceitas ou não. Por sua vez, as partes contestadoras deverão responder continuamente umas às outras, no decorrer mesmo do processo deliberativo. Só assim pode o processo deliberativo contribuir para desestabilizar padrões culturais e/ou visões de mundo, de modo que os participantes comecem a ver as coisas de um novo modo, assumam uma perspectiva diferente ou modifiquem suas atitudes.

Contudo, tais condições "ótimas" de troca discursiva na esfera pública, como o próprio Habermas admite, na maioria das vezes não se verificam. Como veremos a seguir, a deliberação segue uma dinâmica específica: os próprios membros do Planet, ao proferirem discursos públicos — como aqueles direcionados aos meios de comunicação — apresentam, na defesa da legalização da maconha, argumentos distintos daqueles expressos nas letras das músicas; as questões que se tornam contundentes, passíveis de intercâmbio de razões públicas, nem sempre são aquelas consideradas relevantes pelos agentes que iniciaram a discussão; o rumo da deliberação não é determinado por um sujeito particular, mas resulta da contribuição de vários interlocutores que se influenciam mutuamente num processo sem fim determinado.

Para nossos propósitos, é importante ressaltar, como sugeriu Anthony Henman, que o dissenso moral carrega em si, muitas vezes, um discurso oficial "auto-suficiente e fechado em si mesmo", que impossibilita o estabelecimento "de um elo de simpatia e entendimento entre 'as autoridades competentes' e as supostas 'vítimas do flagelo'". Como isso impede que visões divergentes sejam negociadas, em vez da cooperação dialógica o que se tem é "um confronto entre *dois universos culturais* que se assemelha a uma guerra de trincheiras".[53] Assim, o dissenso moral acaba impedindo que a cooperação dialógica se instaure na esfera pública.

Segundo Amy Gutmann e Dennis Thompson (1996:41), "a deliberação democrática aborda o problema do desacordo moral diretamente em seus próprios termos". A natureza aberta da deliberação permite aos cidadãos e homens públicos processarem conhecimento novo de algum tipo, seja para reconhecerem o mérito das reivindicações apresentadas pelos interessados, seja para descobrirem novos meios de lidar com o desacordo e escolher o melhor caminho moral para administrar o conflito, seja ainda para desafiarem as primeiras decisões tomadas (pelos cidadãos ou legisladores) e produzirem um acordo mais justificável no futuro.

As músicas do Planet Hemp falam de maneira positiva sobre a maconha e seus efeitos, e sobre sua legalização, mas o debate que se estabeleceu a partir daí, em vez de corroborar tais argumentos do ponto de vista do próprio usuário, ou de refutá-los, acabou provocando outros tipos de disputa: as músicas do Planet eram ou não uma apologia à maconha? As supostas "perseguições" ao grupo eram ou não atos de censura, especialmente de uma censura como a do período militar? A ação da justiça em relação à banda fora ou não arbitrária? A prisão dos músicos fora ou não uma espécie de atentado à liberdade de expressão?

Debate público: reivindicações bem-comportadas e apelo para o fim do tráfico de drogas

No início de 1995, a polêmica que cercava a banda se dividia entre as acusações de exploração de marketing e as de apologia à maconha. O jornalista André Forastieri comentou:

> Pela milionésima vez rola um certo bafafá com essa história de legalizar ou não a maconha (...) agora por causa de um vídeo da banda Planet Hemp (...) de um lado, isso é uma espécie de censura comercial (...). De outro, é

um grande golpe de marketing. Garante fama de rebelde e constestador ao Planet Hemp (...). Se a maconha fosse legalizada, o Planet Hemp vendia menos discos (...). Mas fumar maconha é proibido e ilegal. Por enquanto. Então, fique esperto.[54]

A banda foi ameaçada de sanções, depois que o vocalista Marcelo D2 apareceu fumando maconha num *Globo Repórter* sobre a droga. Era o início, de forma mais contundente, de uma onda de ações contrárias às idéias defendidas pelo grupo em suas músicas. Nesse momento, ao se indagar dos membros do Planet se a banda fazia apologia à maconha, respondiam que agiam só e em decorrência da própria consciência.

Em entrevista, Marcelo D2 afirmou que a banda não poderia fazer reivindicações mais "comportadas":

Dizemos apenas o que sai na mente. Não temos preocupações jurídicas. Nós nos preocupamos com o jeito que vivemos nas ruas. Queremos a legalização da maconha e, enquanto isso não acontecer, levamos tudo até as últimas conseqüências. Queimamos até a última ponta (...) o próximo disco será do mesmo jeito (...). Estamos aqui para jogar lenha na fogueira e fazer as coisas acontecerem. Esta é a proposta da banda, acima de tudo.[55]

Os membros do Planet reconheciam que os incidentes envolvendo a banda funcionavam como uma espécie de marketing:

Sinceramente, no fundo funciona como marketing. Não é um marketing que a gente deseje, mas é um jogo sujo, cada um tem que jogar com as armas que tem. (...)

Tratamos dessa coisa [legalização da maconha] sem demagogia, por ideologia. Nós acreditamos nisso. Quando escrevo as letras, procuro sempre incomodar as pessoas que me incomodaram a vida toda, que você vê vendendo arma (...). O Planet foi feito para incomodar.[56]

A música entra em cena **251**

Os argumentos de boa parte do discurso apresentado nas letras do grupo se baseiam em premissas altamente polêmicas e passíveis de contestação. Afinal, se a maconha é uma droga ilícita, exaltá-la com fervor — invocando o caso do usuário feliz, a autoridade da vivência pessoal ou o direito individual — não parece ser o caminho mais fácil para convencer as pessoas a respeito da legalização.

Toda vez que foram chamados a esclarecer seus pontos de vista nos meios de informação, os integrantes do Planet recorreram a argumentos que poderiam ser mais facilmente aceitos na sociedade. Ao contrário das letras, onde predominam os discursos do usuário feliz, da defesa do direito individual de consumo da maconha, da hierarquia dos vícios e da autoridade da vivência pessoal, tais depoimentos têm um outro tipo de ênfase: o fim do violento poder exercido pelo tráfico de drogas e a liberdade de expressão.

> "A gente não é pró-maconha; é contra o tráfico." A solução para a violência do Rio, segundo a banda, é a legalização da droga.[57]

> O que gera a violência é a ilegalidade das drogas, não a droga. É o policial dando tapa na cara de moleque de 14, 15 anos porque ele está fumando um baseado com os amigos. Isso traumatiza qualquer um. A ilegalidade das drogas favorece esses caras que estão envolvidos.[58]

Associar a ilegalidade das drogas, o tráfico e a violência é um argumento muito comum entre os que condenam a criminalização dos entorpecentes e dos usuários, e defendem uma mudança nas leis sobre o consumo e a venda de drogas ilícitas.[59] O Planet, por exemplo, propõe que o governo deveria cuidar do *comércio* das drogas, caso elas fossem legalizadas:

> Deveria tomar conta não só da maconha, mas também do álcool. Ele deveria plantar, produzir e fazer propaganda esclarecedora na mídia.[60]

> Acho que devia ser tudo legalizado. Mas o Brasil ainda não está preparado para isso. Não estou dizendo que devia ser liberado. Acho que devia ser

legalizado, com lugares próprios e idade certa para o consumo. Com isso, acaba a violência que o tráfico gera.[61]

De modo geral, os músicos assumem uma posição relativamente moderada em suas entrevistas e procuram tornar banal o fato de serem usuários de maconha: "Meu relacionamento com a maconha é o mesmo que meu pai sempre teve com o chope, de usar socialmente com os amigos. Nunca tive relação de vício com a maconha".[62]

Na perspectiva dos membros do Planet, eles não são propagadores culturais do consumo da droga:

> Acho que muito poucas pessoas fumaram por causa do Planet Hemp. Encontro fãs da banda que não fumam nem gostavam desse tipo de música, mas que gostam do Planet por causa da atitude, do som. Não acho que a gente fez a maconha virar moda. Garanto que a banda não faz nada de proibido no palco e que maconha tem em qualquer *show*.[63]

A acusação de que a banda fazia apologia à maconha era um tipo de ferida aberta, e os músicos tinham sempre que lidar com esse assunto em suas entrevistas. Ao falar sobre o disco *Os cães ladram...*, Marcelo D2 ressaltou que o caso do Planet era uma questão de liberdade de expressão e negou que o grupo fizesse qualquer apologia da maconha:

> De jeito nenhum. Não quero que as pessoas fumem maconha. (...) a principal bandeira da gente é que as pessoas possam fumar ou não, sem sofrer com isso.[64]

> Nunca gritamos que as pessoas fumassem maconha, não sou a favor que todo mundo fume. O que defendemos é a liberdade de expressão.[65]

Liberdade de expressão

Desde o início de 1995, as sanções ao Planet eram interpretadas como censura à liberdade de expressão e intervenção do Estado no campo da

A música entra em cena

253

arte. Contudo, foi em meados de 1996 que os protestos contra a censura, associando-a às práticas de regimes autoritários, começaram a ganhar força:

Dona Solange "Mãos-de-Tesoura", implacável e famosa censora do regime militar, deve ter um pouco de inveja dos últimos acontecimentos. A censura está viva e ensaia a sua volta em grande estilo. As vítimas mais recentes são o rap-fumaça do Planet Hemp, as baladas de heroína, o filme inglês *Trainspotting — sem limites* e a "nega" do palhaço Tiritica. Os velhos censores aplaudem.[66]

Em artigo intitulado "Censura, não; ofensa basta", o cantor e compositor Chico César afirmou:

Sou negro, não fumo maconha nem tomo pico de heroína. Sou adepto da liberdade de expressão, por necessidade. E favorável a uma intervenção cada vez mais branda do Estado no controle da área de artes, comunicação e entretenimento. [Qualquer tipo de] censura econômica ou ideológica bancada pelo governo deve ser repelida com vigor (...) a cidadania já dispõe de alguns instrumentos legítimos e dinâmicos para dialogar com seus artistas e empresários da indústria de espetáculos.[67]

Numa extensa entrevista dada ao *Jornal do Brasil*, Marcelo D2 falou sobre o direito de lutar pela legalização da maconha:

A gente acaba sendo tratado como marginal. Mas me acho no direito de pedir isso. Se vão 8 mil pessoas aos nossos *shows*, é sinal de que existe muita gente a favor das mesmas coisas (...) a democracia me dá o direito de falar. Quem não quer ouvir, não precisa.[68]

Após enfrentar problemas com a justiça em Salvador e Vitória, o vocalista B Negão também falou à imprensa. Inicialmente, criticou a postura da justiça das duas capitais, que proibiu a realização dos shows da banda. Posteriormente, associou tais medidas a atos retrógrados de regimes autoritários:

> É uma merda, parece que estamos na época da ditadura. Fico pensando o que pode levar o ser humano a fazer essas paradas. Toda essa celeuma por causa de um punhadinho de mato (...) dá muita tristeza, parece que estamos regredindo. Você já tem que ralar para poder comer, ainda não ter o direito nem de falar o que acha?[69]

Essa alusão à censura, que, nas palavras do vocalista, remete à ditadura militar, foi endossada pelo jornal: "O Planet Hemp (Planeta Maconha) é a banda que mais sente na pele a ameaça da volta da censura". Sabemos que a ditadura marcou a memória do país de forma extremamente negativa. Não por acaso, a menção a esse período de nossa história tornou-se um ótimo argumento para certos tipos de crítica, como, por exemplo, as que condenam supostas censuras artísticas.[70]

Contudo, cabe fazer uma distinção importante. Durante o regime militar, havia um grande aparato ideológico para o estabelecimento da censura, incluindo desde os grandes meios de comunicação e seus produtos até os poderes Legislativo e Judiciário. Era uma estrutura coerciva que visava à "proteção autoritária do próprio Estado" e também "esconder o autoritarismo de forma autoritária, assim como as resistências a ele".[71] Nunca houve uma regulamentação que estabelecesse critérios mais claros para o que deveria ou não ser censurado. Isso fez com que diferentes autoridades se arrogassem o direito de censurar, "legalmente ou não".[72] Graças a esses mecanismos de controle, a história do país ficou marcada pela "mais radical abolição dos direitos civis e políticos dos cidadãos".[73]

No regime autoritário, a censura está associada a uma ação arbitrária do Estado, que, sem qualquer base legal, prende, proíbe e às vezes até tortura, sem quaisquer justificativas, reprimindo duramente as manifestações contrárias. A suposta "perseguição" ao Planet foi promovida por representantes do Poder Judiciário, como promotores públicos e juízes, e dos órgãos de segurança pública, especialmente delegados de polícia ligados às delegacias de tóxicos e entorpecentes (DTEs), e não necessariamente por pessoas do Poder Executivo ou a ele ligadas. Além disso, sempre houve certo cuidado em justificar a ação, dando-lhe legitimidade jurídica, mesmo que os motivos alegados tenham sido os mais esdrúxulos, e a interpretação da lei tenha sido a mais conservadora. Isso sempre abria brechas para que se pudesse questionar essas ações, ou mesmo sua legitimidade, de maneira ampla e pública, inclusive através dos meios de comunicação de massa, o que obviamente não acontecia na ditadura.

As repetidas prisões dos membros da banda intensificaram os debates e suscitaram pedidos explícitos de liberdade para eles. O escritor Marcelo Rubens Paiva escreveu um breve artigo em que caracteriza os shows do Planet como atos de desobediência civil.

> Meu camarada, nada se parece a um *show* do Hemp (...) o *show* do Hemp é, também, um admirável ato de desobediência civil. Planet Hemp é mais que uma banda, é a irreverente ponta de lança do movimento pela legalização da maconha. Independente do valor da causa, eles provocam a discussão num país que, usualmente, varre para debaixo do tapete temas que incomodam a moral vigente, como aborto, união homossexual e drogas. Eles assumem que fumam maconha. São perseguidos por juízes do Brasil afora, que proíbem seus *shows*. Planet Hemp é um alento diante desse mundinho tão sem graça, mesquinho e sem causa.[74]

Ao caracterizar os shows do Planet como "desobediência civil", Rubens Paiva afirma que esta tem como fim imediato mostrar publicamente a injustiça da lei, e como fim mediato induzir os legisladores a mudá-la. Os atos de desobediência civil não devem ser entendidos como opostos à ordem social, como anomalias sociais, mas como instrumentos importantes e complementares da própria dinâmica transformadora de uma sociedade. Os atores sociais podem apelar, através dos atos de desobediência civil, aos responsáveis e mandatários para que revejam eventualmente suas decisões.[75]

Só não se deve esquecer que, na sociedade democrática, os atos de desobediência civil, por serem extremos, exigem "alto grau de explicação". Exatamente por seu caráter demonstrativo e inovador, a desobediência civil deve ter uma dimensão publicitária. Esta pretende ser justificada, uma vez que a defesa pública é o que a diferencia de outras modalidades de transgressão. Enquanto o desobediente civil se expõe ao público, e só se expondo ao público pode alcançar seus objetivos, o transgressor comum deve agir às ocultas, se quiser alcançar suas metas.[76] A dinâmica explicativa estabelecida através da argumentação é importante para introduzir mudanças cognitivas no modo social de ver as coisas, especialmente se a comunidade política encontra-se pouco ciente de algumas verdades ou argumentações que são rejeitadas por visões fixas e rígidas.

Liberdade para o Planet: vozes de políticos, fãs e artistas

Os membros do Planet ficaram presos em Brasília por cinco dias, de 9 a 13 novembro de 1997. Essa situação fez com que o colunista Artur Xexéo escrevesse um artigo atacando a hipocrisia que, na sua opinião, perseguia o grupo:

> Poucas vezes a hipocrisia da sociedade brasileira se mostrou tão perversa quanto na perseguição que vem sofrendo o grupo de rock Planet Hemp. A banda tem a ousadia de pregar a descriminação da maconha e, por isso, está tendo suas apresentações canceladas por diretores de clubes e juízes de menores. (...) Este é o país que se orgulha de ter conquistado a liberdade de expressão? (...) se a justiça proibir todo *show* de artistas que já tenham tido espectadores fumando maconha em suas apresentações, o melhor é limitar o *rock* a execuções no rádio e vedar a praça da Apoteose para espetáculos de música. Fumar maconha na platéia é hábito corriqueiro até em apresentaçoes de artistas caretas. O Planet Hemp não tem exclusividade nessa área. E depois, se a descriminação da maconha é assunto de deputados no Congresso Nacional, por que um grupo não pode trazer o assunto para o palco? Liberdade para o Planet Hemp![77]

A prisão do Planet foi vista como abusiva por alguns políticos e autoridades públicas que foram chamados a expressar publicamente sua opinião e a se posicionar diante do caso:

A música entra em cena **257**

Para Fernando Gabeira, a prisão deles é um abuso do sistema policial. Segundo ele, o Planet Hemp não faz apologia da maconha. "O que eles fazem é a descrição do efeito de uma substância. Uma descrição que poderia ser feita por qualquer cientista", disse o deputado, autor de projeto de lei sobre a legalização da maconha.[78]

À tarde, os integrantes do Planet Hemp foram visitados pelo secretário de Cultura do Distrito Federal, Hamilton Pereira, que disse ter ido levar sua solidariedade aos músicos. (...) Ontem, Gabeira foi duas vezes à CPE [Coordenadoria de Polícia Especializada, onde o grupo estava preso]. Também passaram por lá o deputado Augusto Carvalho (PPS-DF) e o senador Roberto Freire (PPS-PE). (...) O deputado do PT Carlos Minc organiza a manifestação e o abaixo-assinado "Liberdade de expressão, liberdade para o Planet Hemp" (...). "Eles foram presos por falar sobre um assunto que está sendo discutido hoje dentro do próprio Congresso Nacional. A Câmara já aprovou a lei (...) dizendo que nem o usuário nem o dependente químico podem ser detidos. Se eles não podem ser presos, ainda mais quem debate o assunto."[79]

Na verdade, houve um grande número de cartas de leitores que apresentaram argumentos pró e contra a prisão do Planet.[80] Vários artistas, ouvidos pelos jornais, reclamaram que as sanções aplicadas à banda eram excessivamente rígidas, impedindo a expressão de certas possibilidades de auto-interpretação cultural. Segundo a cantora Fernanda Abreu, dizer que o

grupo faz apologia da maconha é uma hipocrisia. Temos que discutir as drogas, assim como o aborto, a Aids, o sexo anal e a camisinha. Esses são os tabus da sociedade. (...) o que mais me preocupa é a questão da censura. Essa foi uma atitude violenta.[81]

A atuação dos artistas ficou marcada por mobilizações críticas mais amplas. No Rio de Janeiro, de acordo com uma nota do *Jornal do Brasil,* artistas levantaram-se em defesa do Planet Hemp. A partir de hoje, na abertura de todos os *shows* em cartaz na cidade, será lido um manifesto pela liberdade de expressão e pela libertação imediata dos integrantes da banda (...) escrito por Marisa Monte e Gilberto Gil.[82]

As cantoras Marisa Monte, Paula Toller (Kid Abelha) e Fernanda Abreu, e o guitarrista Dado Villa-Lobos (Legião Urbana) foram a Brasília ter uma audiência com o ministro da Justiça, Íris Resende, obtida por intermédio de Gabeira. Os artistas queriam "pedir a liberdade dos integrantes da banda Planet Hemp".[83] Em São Paulo, VJs da MTV e alguns músicos, como os do grupo Pavilhão 9, fizeram um protesto contra a prisão do Planet, conseguindo reunir cerca de 300 pessoas na praça Charles Miller, no Pacaembu, debaixo de chuva.[84]

Vozes das empresas jornalísticas

Os jornais, através de seus editoriais, também emitiram opiniões sobre a prisão do Planet.[85] O *Jornal do Brasil* buscou colocar-se numa posição intermediária, criticando tanto as letras do grupo quanto a atuação das autoridades. E ressalta que a prisão dos integrantes serviu para trazer à tona o problema das drogas no país:

> A semana em que o grupo de rock Planet Hemp passou na prisão em Brasília serviu para demonstrar mais uma vez que existe no Brasil um problema de drogas e que a questão não vem sendo tratada de maneira adequada pelas autoridades. (...) Entre a censura disfarçada e a necessidade de se combater as drogas fica claro que as autoridades brasileiras ainda não deram com o meio-termo indispensável. (...) A luta inglória pelo consumo de droga acabou sendo apenas uma disputa de gato e rato pela divulgação de letras nem sempre de bom gosto, mas que se tornam inchadas pela repercussão nos meios de comunicação. (...) Quem é o gato e quem é o rato nessa comédia de erros?[86]

A *Folha de S. Paulo* valeu-se do episódio da prisão do Planet para pedir mudanças na Lei de Tóxicos, tal como já fizera anteriormente em 1995. De modo geral, ficou a favor dos que defendiam o grupo, usando argumentos que valorizavam um conceito amplo de liberdade de expressão. O jornal foi, como de costume, mais liberal:

A recente prisão dos integrantes do grupo de *rock* Planet Hemp, acusados de fazer a apologia do uso da maconha, deve servir de alerta para os perigosos precedentes que vêm sendo criados para o cerceamento da liberdade de expressão no país. (...) É preciso notar também que a severidade da atual Lei de Tóxicos, criada no regime militar, não se ajusta às recentes mudanças sociais (...) A detenção dos integrantes do grupo procurou, como já de costume, atingir alvos fáceis (porque ostensivos) no combate de uma prática com a qual o mundo contemporâneo tem convivido de maneira bastante conflituosa. (...) O episódio torna, pois, mais do que oportuna a tarefa de rever a atual legislação de tóxicos; alerta também para a importância de a sociedade não transigir na defesa contínua da liberdade de expressão, sem a qual a democracia fenece.[87]

O Estado de S. Paulo criticou duramente os integrantes da banda e os que os defenderam publicamente, como certos artistas e o deputado Gabeira, a quem chamou de "o demagogo-mor da ignorância e da irresponsabilidade":

A prisão dos integrantes da banda carioca Planet Hemp será muito bemvinda se for o prenúncio de uma atitude mais rigorosa das autoridades contra as campanhas, mais ou menos explícitas, que se fazem neste país para promover o consumo de drogas. (...) Não seria preciso assistir ao *show* para constatar que o grupo se dedica à apologia das drogas. O nome da banda já é uma referência explícita. (...) A apologia das drogas ainda é uma causa alegremente abraçada por uma fração expressiva do chamado meio artístico e intelectual no Brasil. Predomina aí uma propaganda criminosa calculada, porque a apologia das drogas é uma mercadoria fácil de vender. As drogas se apresentam como um inimigo implacável da sociedade, um desafio à segurança pública e uma ameaça à dignidade e à integridade dos cidadãos. Não há nada de engraçado nem de artístico e muito menos de democrático ou libertário em sua apologia. Todo o rigor da lei ainda será pouco para deter aqueles que ganham a vida, seja negociando, seja fazendo propaganda das drogas. Eles são criminosos de extrema periculosidade.[88]

Dias após a libertação do Planet, o mesmo jornal trouxe outro editorial novamente elogiando a atitude do poder público de prender os integrantes do grupo e criticando o "espetáculo de insensatez" daqueles "representantes do mundo artístico, pretensos intelectuais, setores da mídia e alguns juristas" que "vislumbraram no episódio um grave atentado à liberdade de expressão":

> Na verdade (...) o que está em jogo não é o direito à discussão sobre a conveniência ou não da descriminalização do uso de algumas drogas, mas a irresponsável apologia do seu consumo. (...) O espectro da censura, por exemplo, é utilizado como fator inibidor de qualquer esforço normativo. Pretende-se dar à liberdade de expressão a qualidade de um direito absoluto, esquecendo-se que direito absoluto não significa um direito ilimitado. Afirmar que um direito é absoluto significa que ele é inviolável nos limites que lhe são assinalados pelos motivos que justificam a sua vigência, e sobretudo que esses limites são balizados pelo respeito aos valores básicos da sociedade. (...) Por isso, ao contrário do que pretendem os partidários da moral descartável, a atuação do Estado na defesa dos valores morais e sociais é rigorosamente um dever democrático. (...) A proteção dos valores sociais, sem os quais a sociedade entra em decomposição, é um ato de legítima defesa social.[89]

O Estado de S. Paulo caracterizou os membros do Planet como "criminosos de alta periculosidade" e aplaudiu o rigor na aplicação da lei. Por certo, a democracia é feita por regras. A liberdade de expressão deve ter limitações éticas e legais. O constrangimento legal de discursos racistas e nazistas, por exemplo, tem por objetivo proteger as comunidades de danos e prejuízos causados por esses tipos de discurso. No que toca à questão dos entorpecentes, mesmo em países liberais com o consumo da droga, como a Holanda, existem restrições ao que se pode dizer publicamente sobre ela.[90] Contudo, isso não pode obscurecer o fato de que a liberdade é uma condição necessária para que os cidadãos constituam autonomamente uma relação aberta e dialógica com as condições em que se realizam as

A música entra em cena   **261**

atividades políticas públicas. Tal relação aberta permite aos agentes, em determinados contextos culturais, mudar as condições para o entendimento das leis tidas como problemáticas, ilegítimas, injustas, defasadas.

Mesmo que tenha sido vista como exagero, hipocrisia, medida radical, resquício da ditadura, a prisão do Planet também serviu para mostrar que, ao contrário do que talvez se pensasse em outras épocas, a prisão de "quem incomoda", como medida rotineira para debelar problemas morais e políticos, não é necessariamente o modo mais legítimo e eficaz de solucioná-los. Para resolver certas situações conflituosas, nem sempre é possível e preferível dispensar o papel normativo e mediador que o direito ocupa na sociedade.[91] O debate público, nesse sentido, assegura também a legitimidade do exercício do poder político e a configuração democrática das instituições.

Vozes de juristas

A respeito do caso do Planet, diversos especialistas na área do direito foram ouvidos pelos jornais. O criminalista José Carlos Fragoso disse: "Não me parece que mencionar maconha nas letras seja apologia às drogas, mas uma expressão artística e de livre expressão do pensamento".[92] José Luis Mendes de Oliveira Lima defendeu posição semelhante: "A liberdade de expressão é garantida pela Constituição. Se não fosse assim, um deputado que fosse à televisão defender a legalização deveria ser preso. Falar que fuma maconha não é crime, não pode dar processo".[93]

Ao contrário do que geralmente se concebe, não há homogeneidade de visões entre especialistas quando questões éticas extrapolam o domínio tecnocientífico. Na área jurídica, houve quem defendesse a prisão do Planet, com base na acusação de apologia, como o professor de direito constitucional da PUC-SP, Celso Ribeiro Bastos:

> Estou convencido de que as letras, o nome da banda, tudo configura apologia à droga. A polícia, o que é raro no Brasil, atuou de forma britânica. (...) Eles não têm nada de inocentes. (...) Estão muito bem na cadeia. Cantar de forma fanfarrona como eles fazem é, sim, apologia.[94]

Bastos escreveu também um artigo no qual reafirmou suas convicções:

A lei pode ser dura. Não obstante isso, em vigor, tem de ser cumprida. Quem não gosta das leis em vigor deve lutar politicamente pela sua mudança e, se se considerar atingido por qualquer lei de forma abusiva, procurar a reparação pelo Judiciário. Esse é o funcionamento normal de um estado democrático de direito. Se os roqueiros não se enquadram nessa normalidade, têm, inevitavelmente, de arcar com as conseqüências.[95]

Alberto Corazza, delegado de polícia da Divisão de Prevenção e Educação do Departamento de Investigações sobre Narcóticos de São Paulo (Dipe-Denarc/SP), aproveitou o caso do Planet para falar da Lei nº 6.368. Assinala o papel formador de opinião da pessoa pública, no caso, o artista, e diz que pode haver limites para a liberdade de expressão:

O artista precisa ter consciência do seu papel na formação de opinião e na indução de condutas, devido ao fascínio que exerce no público. Liberdade de expressão não significa ausência total de controles sociais. O limite deve estar delineado na lei. Afinal, queremos uma democracia compatível com o estado de direito.[96]

As opiniões expostas por Bastos e Corazza foram rebatidas num artigo do criminalista e professor de direito penal de PUC-SP, Alberto Zacharias Toron. De início, ele afirma: "Evidente que a liberdade de expressão não é ilimitada". Em seguida, critica a Lei nº 6.386 e as brechas que ela abre para certas acusações: "Se as penas para quem incentiva o uso de drogas são excessivas, o caso do grupo musical Planet Hemp chega a ser aberrante. É o resultado de uma mentalidade marcada pelo obscurantismo da guerra contra as drogas". E conclui:

Soa ridículo que se queira tratar os jovens membros do grupo musical como criminosos por colocarem de uma maneira artística as mesmas coisas que são ditas na universidade, em livros, no Congresso Nacional e, de resto, entre jovens e adolescentes nas conversas informais. Quem aplaudiu a ação da polícia, reduzindo o acontecimento a mera aplicação da lei penal, por uma questão de coerência, deveria reclamar a prisão das pessoas citadas e, também, de uma legião de pessoas que pensam da mesma maneira. (...) uma sociedade democrática não pode amordaçar os que discordam das idéias dominantes, sob o risco de se criar algo ainda pior, que é o totalitarismo engessador das inexoráveis mudanças sociais.[97]

Essas discussões deixam evidente a particularidade jurídica que envolve o caso do Planet. Obviamente, há discordâncias de opinião no que tange à interpretação da Lei de Tóxicos nº 6.386. Como, porém, a prisão dos integrantes do grupo foi feita com bases legais, sob o argumento de que as letras das músicas constituem apologia à maconha, pode-se questionar a legitimidade da lei. Ao ganharem visibilidade, por menor que seja o seu alcance, as questões controversas defrontam-se com as normas da publicidade, tal como definida pelas teorias deliberativas, e com as regulamentações normativas. Em nenhuma das duas possibilidades, porém, existe uma regra que impeça para todo o sempre que as questões controversas possam aparecer ou reaparecer publicamente, sobretudo quando as injustiças causadas pelas normas tornam-se problemáticas. Nesses casos, geralmente apela-se para uma moral mais elevada do que as leis existentes, tendo como base o discurso auto-referencial da soberania dos cidadãos no estado democrático de direito.

Considerações finais

Ao introduzirem no debate público novos fatos e temas, os agentes críticos, através de expressões artísticas, abrem muitas vezes um novo campo de sentido e de ação numa dada cultura. Se os críticos radicais pretendem "mudar" o *background* cultural e o contexto que informam as instituições e seus conceitos, tomados como dados, familiares, isso não pode ser feito sem que uma explicitação sobre tais temas seja oferecida na esfera pública. Somente quando os públicos se organizam em torno desses novos entendimentos é que o processo deliberativo se torna realmente dinâmico, podendo alterar os padrões culturais e os regimes institucionais.

No caso do Planet, a inovação criada esteticamente pelas metáforas e pelos novos vocabulários expressos nas músicas parece não se sustentar discursivamente na esfera pública. Como vimos, as proposições e os valores presentes nas letras — o usuário feliz, o direito individual ao uso da maconha, a hierarquia dos vícios — não chegam a ser abraçados pelos músicos nos lances discursivos que enviam ao ambiente midiático e, conseqüentemente, à audiência ampliada de leitores. Em grande parte, os músicos optam por ater-se às categorias de pensamento habituais e às práticas estabelecidas, tal como o apelo à legalização como meio de combater a violência gerada pelo tráfico de drogas.

Após os problemas enfrentados com a justiça e a polícia, o próprio Planet acabou afastando-se daquelas premissas iniciais e passou a dar grande ênfase à liberdade de expressão. Talvez seja esse um dos motivos pelos quais não houve grandes discussões sobre a reivindicação de reconhecimento do usuário como digno, trabalhador, responsável, capaz de prover o próprio sustento e de pensar por si — um debate certamente importante para desfazer a imagem do "maconheiro" como uma ameaça social.[98] Não houve também qualquer debate específico, nos episódios envolvendo o Planet, sobre as características e os efeitos particulares da maconha e as bases fármaco-médico-psicológicas em que se apóia a política de repressão ao uso e tráfico de tóxicos. A guinada temática empreendida pelo Planet impediu, ainda, que os próprios músicos, à luz das críticas às suas letras, pudessem elaborar melhor seus pontos de vista, aprofundar as complexidades de suas reivindicações e até mesmo modificar suas premissas e argumentos iniciais.

Assim, pode-se dizer que o debate sobre a legalização da maconha foi de curto alcance. Aos apelos originados no campo artístico através da linguagem plástica e de códigos culturais falta freqüentemente o domínio do conhecimento explícito, tal como aquele detido pelos especialistas. Contudo, esses apelos podem revelar, de maneira sensível e poderosa, situações problemáticas de uma determinada cultura, desencadeando controvérsias públicas, fomentando a efervescência de agentes críticos nos momentos das grandes lutas e disputas que antecedem as transformações socioculturais.[99] No caso em questão, a classe artística, além de produzir manifestos, demonstrações públicas e mobilizar fãs, também organizou fóruns de discussão. Gabeira, num debate no Rio de Janeiro, lançou o comitê "S.O.S liberdade de expressão". Era uma resposta à prisão do Planet e um meio de reivindicar a revisão do quadro de normas existente. Sobre isso, Marcelo D2 foi taxativo: "Odeio debate. Fala-se, fala-se e não se chega a lugar nenhum".[100]

Obviamente, as bases teóricas deste livro apontam para uma posição oposta à do cantor. É preciso abandonar a idéia de que os debates, mesmo que não apresentem soluções imediatas para os problemas, são de fato improdutivos e não levam a lugar algum. Os debates em torno de questões controversas na sociedade contribuem para processar cognitivamente e reinterpretar os interesses políticos em conflito, os efeitos colaterais de certas diretrizes de ação, os meios mais justos ou apropriados para se chegar a determinados fins. Os conflitos argumentativos podem muito bem trazer inúmeras contribuições para a solução de diversos problemas.

Por mais que Marcelo D2 tenha dito que "odeia debates", é possível perceber que as discussões travadas em torno do Planet não foram inúteis. Na prática cotidiana, apologia, censura e liberdade de expressão tornam-se conceitos muito complexos, sensíveis e de difícil definição. As polêmicas em torno do Planet permitiram a elaboração de outras bases argumentativas ou mesmo uma reformulação daquelas já existentes. Ao lado das várias manifestações a favor da liberdade da banda, as discussões tiveram, de imediato, grande importância para que os músicos fossem soltos. Os problemas que o grupo enfrentou nos anos posteriores tiveram dimensões mais amenas, podendo-se notar, inclusive, uma evolução positiva na relação entre o Planet e a lei. A prisão dos músicos não se repetiu, e eles não foram mais impedidos de falar nem de expor as suas idéias. Em 2000, o que aconteceu foi a proibição, na cidade de São Paulo, dos shows da banda para menores de 18 anos.[101] Quase um mês depois, o mesmo se deu no Rio de Janeiro. A restrição passou a ser direcionada para o público da banda, de acordo com critérios etários há muito utilizados no Brasil, como, por exemplo, nos cinemas. A proibição para menores de 18 anos não pôs fim ao debate, pois continuou sendo vista por alguns como medida anacrônica, mas as polêmicas serviram para construir novas visões do quadro normativo.

Os processos deliberativos oferecem aos atores boas oportunidades para, no decorrer das discussões, repensarem, modificarem ou até mesmo abdicarem de seus pontos de vista, construindo novas argumentações. Ainda que os sujeitos não cheguem num dado momento a uma solução considerada "ótima", a deliberação permanece como a opção mais promissora, democrática, para que ela seja encontrada no futuro, sem o recurso à violência.

Notas

[1] Wisnik, 1992:114.

[2] Bohman, 2000:227.

[3] Habermas, 1984a:331.

[4] Habermas, 1997a, v. 2, p. 97.

[5] Ortiz (1986:48) faz uma ressalva à utilização do conceito de cultura por Adorno e Horkheimer: "Quando os frankfurtianos referem-se à cultura eles utilizam o termo com um significado distinto do que lhe é conferido pelos antropólogos. Cultura não significa práticas, hábitos ou modo de vida (...). Na verdade os autores seguem a tradição alemã que associa cultura à *kultur*, e a identificam com a arte, filosofia, literatura e música. As artes expressariam valores que constituem o pano de fundo de uma sociedade".

[6] Adorno e Horkheimer, 2000:183.

[7] Ibid., p. 205-206.

[8] Para Adorno e Horkheimer (2000:192) "divertir-se significa que não devemos pensar". Assim, segundo Adorno (1970:295), a indústria cultural "impede a formação de indivíduos autônomos, independentes, capazes de julgar e de decidir conscientemente".

[9] Adorno, 1986:136.

[10] Ibid.

[11] Segundo Hobsbawm (1996:20), é através dessas características mercadológicas que a música alcança o público. Como afirma a antropóloga Rita de Cássia Morelli (1991:87), a relação entre cultura e indústria é complexa, marcada por associações de influência recíproca.

A música entra em cena   **267**

[12] A racionália refere-se às formas discursivas de justificação e de defesa utilizadas pelos indivíduos perante as imposições da sociedade contra seus atos. Por ser fruto de um confronto de pelo menos duas realidades diferentes, de uma espécie de contra-argumentação de não-conformidade com um ponto de vista ou situação, ela também indica uma tomada de posição sobre algo no mundo, numa ação do indivíduo no e sobre o mundo. Ver Becker (1973, 1977).

[13] Hollanda e Golçalves, 1986:57-58.

[14] Araújo, 2002:54-55.

[15] Segundo Soares (2002:130), a questão política, "para a nova geração de compositores [dos anos 1980: Cazuza, Lobão, Renato Russo etc.], deixa de ser condicionante sem, contudo, perder relevância". Há uma mudança no direcionamento do uso político da música, uma vez que a própria realidade do país tinha se transformado. É uma mensagem mais desesperançada. Nesse sentido, a autora afirma: o *rock* nacional dos anos 1980 trata com ênfase da falência política brasileira, antecipando o que (...), nos anos 1990, é senso comum para a opinião pública e para a imprensa, ou seja CPIs, *impeachment,* escândalos etc.". Ver também Furtado (1997:136-139).

[16] Herschmann e Bentes, 2002:10.

[17] Ibid., p. 11.

[18] O Planet Hemp lançou mais dois discos de estúdio, *Os cães ladram, mas a caravana não pára* (1997) e *A invasão do sagaz homem-fumaça,* e um ao vivo, *MTV ao vivo* (2001).

[19] Lefèvre e Simioni, 1999:164.

[20] Ibid., p. 163 (grifo nosso).

[21] Hill, 1992:114.

[22] Lefèvre e Simoni, 1999:165.

[23] Vargas, 1998:124.

[24] Lefèvre e Simoni, 1999:163.

[25] Expressão presente na letra de "Mantenha o respeito", de *Usuário.*

[26] MacRae e Simões, 2000; Henman, 1994.

[27] *Folha de S. Paulo,* 14 abr. 1995. "Ilustrada". p. 5.

[28] *Jornal do Brasil,* 16 out. 1997. "Registro". p. 27.

[29] Esse tipo de posicionamento apareceu em *Usuário* de forma muito tímida, apenas na música "Phunky Buddha": "Acabo de chegar e tenho muito pra falar, Tem muita coisa errada, temos que reclamar [...] /Eu sou fora da lei por fumar uma erva/ Mas ninguém nunca me perguntou se isso me interessa/ Velhos impõem leis antes mesmo d'eu nascer/ E será que eu sou obrigado a obedecer?"

[30] O título da música é uma clara alusão aos dois artigos, o 12 e o 18, em que o Planet foi enquadrado quando foi preso em Brasília. Diz o art. 18: "(...) III. Se qualquer deles decorrer de

268 Mídia e deliberação

associação ou visar menores de 21 anos que tenha, por qualquer causa, diminuída ou suprimida a capacidade de discernimento ou de autodeterminação; IV. Se qualquer dos atos de preparação, execução ou consumação ocorrer nas imediações ou no interior de (...) recintos onde se realizem espetáculos ou diversões de qualquer natureza" (apud Rocco, 1996:45).

[31] DaMatta, 1998:103.

[32] DaMatta, 1997:274.

[33] Hobsbawm, 1998:323.

[34] Nos EUA, em 1964, foi criado o "LeMar" (*legalize marijuana*), "que patrocinou as primeiras manifestações contra as leis relativas à maconha" no país (Robinson, 1999:111). Na Inglaterra surgiu, em 1968, o "Legalize Pot Rally" (Hall et al., 2000:58). Em 1976, a Holanda implantava um modelo diferenciado: "O governo decidiu não incomodar quem fosse pego com até 30g de maconha, desde que eles não incomodassem ninguém. Em 1995, essa quantia-limite caiu para 5g" (Vergara, 2003:110). Nos EUA, com a eleição do democrata Jimmy Carter em 1977, pela primeira um presidente americano manifestou-se a favor da descriminalização do usuário de maconha (Rocco, 1999:112). Essa perspectiva foi revertida nos governos subseqüentes, tanto de republicanos (Reagan, 1980-88, e Bush, 1989-92) quanto de democratas (Clinton, 1993-2001).

[35] Por exemplo, Novos Baianos, Gilberto Gil, Caetano Veloso, Gal Costa, Maria Bethânia e Rita Lee. Ver Araújo (2002:136-138); Gut (1988).

[36] Pessoa Jr., 1986:150.

[37] Em termos legais, tanto no caso da maconha como no de outras drogas, a descriminalização atinge a vertente do consumo, mas não o comércio de tóxicos, e significa eximir de pena determinada conduta ou retirá-la do controle do direito penal, sendo as providências regidas por regras do direito administrativo e civil (ver Rocco, 1999:108-111). Já a legalização não pode ser confundida com liberação, pois, apesar de acessíveis ao consumo, as drogas permanecem controladas e, dependendo do tipo, vendidas em locais restritos e credenciados (ver Sweet, 1994:38).

[38] Rocco, 1999:122.

[39] Pessoa Jr., 1986:154-161.

[40] Mott, 1986:132.

[41] Henman, 1994; Velho,1998; MacRae e Simões, 2000; Vargas, 2001.

[42] Essa é uma tendência que parece ter começado com os estudos sobre comportamento desviante. do sociólogo americano Howard Becker, no início dos anos 1960.

[43] Apud Robinson, 1999:106.

[44] "Adquirir, guardar ou trazer consigo substância entorpecente ou que determine dependência física ou psíquica, sem autorização ou em desacordo com determinação legal ou regulamentar: Pena: detenção, de seis meses a dois anos, e pagamento de multa de 20 a 50 dias-multa" (apud Rocco, 1999:107).

[45] Apud Pessoa Jr., 1986:153.

[46] Velho, 1998:76.

[47] Sweet, 1994:41; Rocco, 1999:108.

[48] Sweet, 1994:38.

[49] Bohman, 2000.

[50] Habermas, 2002:282, 1997a, v. 2, p. 93.

[51] Habermas, 1997a, v. 1, p. 47.

[52] Cohen, 1997:72.

[53] Henman, 1994:48 (grifo nosso).

[54] *Folha de S. Paulo*, 1 maio 1995. "Folhateen", p. 6.

[55] *Jornal do Brasil*, 4 ago. 1996. "Caderno B", p. 6.

[56] *Folha de S. Paulo*, 5 ago. 1997. "Ilustrada", p. 1.

[57] *Folha de S. Paulo*, 13 abr. 1995. "Ilustrada", p. 6.

[58] Disponível em: <www2.uol.com.br/playboy/entrevistas/integra/marcelod2.html>. Acesso em: 11 jun. 2002.

[59] Zaluar, 1994.

[60] *Folha de S. Paulo*, 18 jun. 1995. "Revista da Folha", p. 16.

[61] Ver nota 58.

[62] *Folha de S. Paulo*, 5 ago. 1997, "Ilustrada", p. 1. Em entrevista à *Playboy*, ao ser perguntado quantos quilos de maconha já havia fumado na vida, Marcelo D2 respondeu: "Eu não fumo tanto. As pessoas geralmente acham que eu fumo muito, né? Vamos fazer umas contas. (...) Acho que já fumei uns 40 quilos em toda a minha vida". Também respondeu que fumava desde os 12 anos (à época, ele tinha por volta de 32).

[63] *Folha de S. Paulo*, 5 ago. 1997. "Ilustrada", p. 1.

[64] *Folha de S. Paulo*, 5 jun. 1996. "Folhateen", p. 5.

[65] *Folha de S. Paulo*, 4 jul. 1997. "Ilustrada", p. 11.

[66] *Folha de S. Paulo*, 1 ago. 1996. "Ilustrada", p. 7. Também o *Jornal do Brasil* (31 jul. 1996) publicou uma reportagem sobre o assunto, mas sem alusões à ditadura militar.

[67] *Folha de S. Paulo*, 9 ago. 1996. "Ilustrada", p. 5. Segundo Chico César, um desses instrumentos seria o "diálogo entre os que se julgam ofendidos e os supostos ofensores. Com a possibilidade de medidas concretas, tais como um pedido público de desculpas e até mesmo a retirada da obra de circulação pelo artista — por ele, e mais ninguém".

[68] *Jornal do Brasil*, 4 ago. 1996. "Caderno B", p. 6.

[69] *Folha de S. Paulo*, 10 ago. 1996. "Ilustrada", p. 5.

[70] Segundo reportagem do *Jornal do Brasil* (10 nov. 1997, p. 4), ao ser preso, um dos integrantes do Planet alegou que tal ato representava uma transgressão à liberdade de expressão, direito garantido na Constituição. O delegado Eric Castro respondeu: "Mas a liberdade de expressão tem um limite e um deles está na Lei nº 6.386".

[71] Soares, 1989:30.

[72] Ibid., p. 35.

[73] Ekecrantz, Maia e Castro, 2003:59.

[74] *Folha de S. Paulo*, 7 jul. 1997. "Ilustrada", p. 5.

[75] Habermas, 1997a, v. 1, p. 212.

[76] Bobbio, 1988.

[77] *Jornal do Brasil*, 17 out. 1997. "Caderno B", p. 66.

[78] *Jornal do Brasil*, 12 nov. 1997, p. 4.

[79] *Jornal do Brasil*, 13 nov. 1997, p. 4.

[80] Em novembro, quando o debate estava "quente", ao todo foram publicadas 27 cartas na *Folha* e no *JB*, além de 64 matérias sobre o assunto.

[81] *Jornal do Brasil*, 16 nov. 1997. "Caderno B", p. 4.

[82] *Jornal do Brasil*, 12 nov. 1997. "Informe JB", p. 6.

[83] *Jornal do Brasil*, Brasil, 13 nov. 1997, p. 4.

[84] *Folha de S. Paulo*, 20 nov. 1997. "Cotidiano", p. 12.

[85] Mundim, 2004:117-125.

[86] *Jornal do Brasil*, 15 nov. 1997. "Editorial", p. 8.

[87] *Folha de S. Paulo*, 15 nov. 1997. "Editorial", p. 2.

[88] *O Estado de S. Paulo*, 13 nov. 1997.

[89] *O Estado de S. Paulo*, 22 nov. 1997.

[90] A seção 3b do Opium Act, lei que regula a questão dos tóxicos na Holanda, torna ilegal "*any publication aimed at promoting the sale or delivery*" de substâncias ilegais (Leuw, 1991:251), entre elas a maconha.

A música entra em cena

[91] Habermas, 1997a, v. 1.

[92] *Jornal do Brasil*, 16 nov. 1997. "Caderno B", p. 4.

[93] *Folha de S. Paulo*, 14 nov. 1997. "Ilustrada", p. 19.

[94] *Folha de S. Paulo*, p. 19.

[95] *Folha de S. Paulo*, 22 nov. 1997. "Opinião", p. 3.

[96] Ibid.

[97] *Folha de S. Paulo*, 26 nov. 1997. "Opinião", p. 3.

[98] Boon, 2002; Carlini-Contrim et al., 1995; Barata, 1994; Nato, 2003.

[99] Hobsbawm, 1998.

[100] *Jornal do Brasil*, 19 nov. 1997. "Cidade", p. 21.

[101] De 2000 a 2002, a única proibição de show foi em Londrina (PR): por causa de "um juiz local que apontou apologia do uso de drogas nas músicas, eles não puderam cantar na cidade paranaense ontem e anteontem. Segundo D2, desde 1998, um ano depois de a banda ser presa, o Planet não enfrentava esse tipo de problema" (*Jornal do Brasil*, 18 jul. 2001. p. 42).

8

Entre o mercado e o fórum: o debate sobre o antitabagismo na cena midiática

Daniela Santiago

Rousiley C. M. Maia

O fórum de debate cívico promovido pelos meios de comunicação é um entre vários outros espaços discursivos existentes nas sociedades democráticas. Para tentar influenciar a percepção de eventos, os políticos e os porta-vozes de determinadas causas, bem como os atores da sociedade civil precisam negociar seus entendimentos com os agentes da mídia e manejar a própria expressão na esfera de visibilidade pública. Os atores sociais têm um acesso desigual aos meios de comunicação e não convertem facilmente suas interpretações em conteúdos noticiosos.[1] Os profissionais do sistema dos *media* selecionam fontes, editam vozes e promovem enquadramentos interpretativos dentro de organizações empresariais que se guiam pelos imperativos de lucro do mercado, na maioria dos casos. Contudo, não só os recursos financeiros e a organização logística são importantes no embate discursivo, com o propósito de configurar as políticas públicas. O sucesso dos participantes depende de muitos outros elementos decisivos, como, por exemplo, as proposições defendidas com relação ao problema em questão e a habilidade de dar respostas, tendo em vista as preocupações e as objeções dos demais; a compatibilidade das proposições com as normas e os valores sustentados pelos cidadãos; e a coerência do discurso do interlocutor com suas próprias condutas e práticas concretas.

Neste capítulo veremos como o debate público sobre a problemática do fumo e as discussões sobre o interesse público motivaram ajustes e limitações nos planos mercadológicos de empresas tabagistas de porte transnacional. Buscaremos examinar a experiência vivenciada pelas empresas tabagistas diante de legislações antitabagistas, particularmente a Lei nº 10.167/00, sancionada em dezembro de 2000, que define limites para as estratégias mercadológicas das empresas. A produção, a comercialização e o consumo do cigarro abrangem questões controversas, com implicações muitas vezes éticas e morais que extrapolam os domínios da esfera convencionalmente considerada "econômica". A Lei nº 10.167/00 significou uma quase interdição do processo de construção de marcas, exercendo impacto direto na mediação simbólica entre a empresa e seus públicos, e alterando profundamente o perfil de concorrência e a atuação dessas empresas no mercado. Interessa investigar como a empresa Souza Cruz dialogou, nesse contexto de grandes adversidades, com os demais atores sociais, revestindo suas práticas de elementos discursivos que lhe permitiam legitimar-se diante de demandas políticas, éticas e morais que transcendem em muito o domínio estrito da racionalidade econômica.

O caso em tela aponta para a inter-relação existente entre os complexos empresariais internacionais e as esferas públicas de determinadas sociedades democráticas. Na atual condição de globalização econômica, a inexistência de um único centro para regular esferas de ação autônomas, como as empresas transnacionais, representa um desafio básico para o controle democrático. Neste capítulo pretende-se mostrar que o poder dos centros decisórios do sistema político em face dos complexos empresariais se torna mais sólido quando sustentado por atores da sociedade civil localizados na periferia do sistema político.[2] Destaca-se aí a importância do intercâmbio permanente entre as esferas públicas formais e informais na deliberação, principalmente para corrigir as pressões de fontes não-democráticas de poder sobre as tomadas de decisão institucional.[3] Assim, é fundamental que o debate se torne público e o mais amplo possível, inclusive através dos meios de comunicação de massa. A participação de públicos críticos da sociedade civil amplia a base de legitimidade para as decisões das instâncias estatais, na medida em que a defesa do bem comum ou das necessidades mais amplas da sociedade busca fazer frente aos interesses específicos das corporações. A existência de um debate "público" é vital para evitar a transposição direta do poder econômico das grandes empresas para formas de poder político.

Na esfera de visibilidade dos *media*, os discursos interagem de maneira complexa, formando uma rede difusa. Um grande número de considerações — que correspondem a diferentes esferas de validade e a diferentes posições de interesse e valor — então vem a público. Buscaremos evidenciar que há um diversificado "potencial" para o uso público da razão na esfera midiática. Os múltiplos atores que aí se expressam a respeito de tal lei e suas implicações procuram dar voz a um amplo espectro de razões públicas na articulação de seus discursos: alguns salientam questões de eficácia; outros, questões de bem viver, éticas e morais. Interessa-nos aqui entender como as companhias produtoras de cigarro dialogam com os demais atores sociais que participam do debate sobre o fumo; como elas se posicionam diante do produto que comercializam; e como procuram legitimar seus argumentos perante os demais. Buscaremos identificar os argumentos que ganham visibilidade e as principais estratégias discursivas utilizadas pelos atores sociais na esfera de visibilidade pública, bem como o modo pelo qual a própria mídia impressa constrói seus enquadramentos discursivos no cenário nacional.

Para tanto elaboramos uma estratégia analítica estruturada em dois planos. Foram examinadas, primeiramente, matérias publicadas em três jornais diários de circulação nacional (*Folha de S. Paulo, Estado de Minas e Jornal do Brasil*) entre janeiro de 2000 e dezembro de 2001,[4] período que abrange: a fase anterior ao envio do projeto de lei à Câmara dos Deputados; a tramitação do mesmo no Congresso Nacional, entre junho e dezembro de 2000; e a fase posterior à publicação da Lei n⁰ 10.167/00, em 27 de dezembro de 2000, e seus desdobramentos. A partir do material jornalístico, tentou-se identificar a estratégia discursiva utilizada pelos principais agenciadores do discurso das empresas — particularmente a Souza Cruz — na polêmica em torno do fumo. Em segundo lugar, buscou-se detectar o impacto geral do debate público no projeto de fala da empresa.[5] Para tanto, os principais argumentos apresentados pela Companhia Souza Cruz em seu site na internet foram confrontados com aqueles defendidos pelos principais interlocutores envolvidos no debate antitabagismo, os quais ganharam visibilidade nas matérias veiculadas pelos meios de comunicação.

Complexidade, conglomerados transnacionais e controle democrático

Embora a noção de globalização seja vaga e ambígua,[6] ela carrega consigo uma crença persistente de que não é possível impor limites às transações econômicas, que se processam em níveis nunca antes atingidos, com a aceleração dos mercados financeiros e a influência das empresas transnacionais por meio de cadeias de produção mundial. Nessa perspectiva, a economia global não pode ser regulada por nenhum domínio específico, na medida em que os circuitos financeiros se tornam autônomos e se desdobram segundo uma dinâmica própria. Nesse cenário, muitos autores se mostram particularmente céticos em relação à possibilidade de a deliberação pública vir a se impor diante do poderio econômico de conglomerados transnacionais.[7] Alguns críticos sustentam que os complexos transnacionais, tal como estruturados na fase atual da globalização, não seriam capazes de sobrepor-se aos complexos estatais.[8] À empresa global, em virtude de seu poder, caberia preocupar-se simplesmente com a boa articulação de sua política mercadológica, sem necessitar dialogar com outros domínios sociais, exceto quando estes lhe sejam úteis para a estruturação de suas ações estratégicas. Outros críticos tratam a sintonia entre os sistemas e o mercado como um problema de coordenação funcional e, assim, tendem a expurgar a dimensão moral e ética das regulamentações.[9] Seria esse um processo de coordenação às cegas, exterior à ordem normativa estabelecida e negociada no plano cotidiano da vida social.

A globalização econômica não pode ser apreendida através de uma imagem estática de uma política de múltiplas camadas dentro de uma organização mundial, e sim através de "uma imagem dinâmica das interferências e interações entre os processos políticos que se desenvolvem de modo peculiar nos âmbitos nacional, internacional e global".[10] Assim, interessa-nos observar a inter-relação existente entre os complexos empresariais internacionais e as esferas públicas de determinadas sociedades democráticas. Partimos da premissa de que o intercâmbio de razões em público pode ser direcionado para problemas complexos que afetam de diferentes maneiras os atores sociais e cuja solução requer a cooperação entre eles, daí podendo surgir novas atitudes e orientações políticas e também novas relações entre os cidadãos e as instituições de uma dada sociedade.

A Companhia Souza Cruz ilustra exemplarmente o poder das empresas transnacionais. Ela é líder absoluta no mercado brasileiro de cigarros e subsidiária do segundo maior conglomerado tabagista do mundo, a British American Tobacco (BAT), com participação no mercado mundial de 14,6%. Com mais de 3 mil marcas em seu portfólio, a empresa atinge todas as partes do mundo e é líder em 50 dos 180 mercados em que atua.[11] O conglomerado possui 85 fábricas em 66 países, empregando mais de 85 mil pessoas. Em seu site na internet,[12] a BAT afirma gerar mais de 100 mil empregos indiretos, e que os impostos relativos ao cigarro correspondem à maior parte das receitas governamentais em quase todos os países. No Brasil, a participação chega a 6% do total da receita do Estado.

A BAT é estrategicamente planejada para atuar no mercado global. Desde a sua criação contou com um perfil internacional, operando fora tanto da Grã-Bretanha quanto dos Estados Unidos. A cadeia de produção e distribuição encontra-se tecnicamente fragmentada, e as forças produtivas básicas — compreendendo capital, tecnologia e mão-de-obra — estão dispersas num plano transnacional, ultrapassando fronteiras geográficas, históricas e culturais.[13] Não obstante, todo o processo de gestão encontra-se integrado por um sofisticado planejamento coorporativo, ou seja, as ações de logística desenvolvidas localmente são articuladas como parte de um processo conjunto de ganhos globais. Trata-se de uma unidade política de comando que funciona dentro das firmas, e não de uma mera unidade de gerência do mercado global: "cada empresa comanda as respectivas operações dentro da sua respectiva topografia, isto é, do conjunto de lugares de sua ação".[14] Assim, o conglomerado e as empresas podem decidir estrategicamente sobre zonas de atuação, levando em consideração fatores como custo de matéria-prima e mão-de-obra, facilidades de infra-estrutura, aspectos fiscais etc. As vantagens competitivas são cuidadosamente planejadas nos níveis nacional, regional e mundial.

A Lei nº 10.167/00 e a interdição do projeto de fala empresarial

O projeto de construção de marcas — enquanto identidade que se quer dar à mercadoria, e sua divulgação através de propagandas publicitárias — é um dos pilares da estratégia mercadológica das empresas globais. As marcas são mediadores simbólicos importantes entre a empresa e seus públicos.[15] Elas têm a capacidade de integrar as ações produtivas das empresas globais, além de alterarem o perfil de concorrência e a atuação no mercado.[16] Diante desse papel primordial desempenhado pela marca, em especial na atual fase da globalização, seria possível uma empresa permanecer ou crescer no mercado, principalmente no de consumo de massa, sem o recurso da propaganda?

Essa é a pergunta fundamental que as empresas de cigarro têm de responder, em face do número crescente das legislações antifumo, que têm imposto diversas limitações aos seus projetos de fala. Em muitos países, as empresas tabagistas tiveram seu projeto de construção de marca quase totalmente interditado. No Brasil, desde dezembro de 2000, as companhias de cigarro podem somente utilizar-se da propaganda nos pontos-de-venda. Campanha em qualquer meio de comunicação, patrocínio, *merchandising*, promoção, enfim, todos os mecanismos de divulgação de marca foram proibidos pela Lei nº 10.167/00.

A nosso ver, tal limitação não deve ser vista apenas como uma adversidade a que a empresa pode fazer face unicamente adotando uma estratégia eficiente para alcançar suas metas no campo mercadológico. As legislações são fruto da institucionalização do debate público sobre o cigarro, que mobiliza agentes de diversos países e especialistas de diferentes sistemas funcionais, com demandas e interesses diversos. Sobre esse contexto as empresas têm pouco ou nenhum controle. Essa situação é bastante diversa daquela com a qual as companhias usualmente se deparam, quando da estruturação de seu modelo produtivo, ao buscarem o maior controle possível sobre as variáveis envolvidas, seguindo máximas decisórias determinadas para si mesmas em suas áreas de atuação. Na esfera pública, ao contrário, a presença dos atores articula-se na perspectiva do participante. Por conseguinte, o sucesso de um determinado interlocutor numa situação de debate não pode ser alcançado isoladamente. O público não debate questões de interesse coletivo a partir exclusivamente de sua própria opinião, e sim como participante de uma razão pública.[17] Assim, as proposições apresentadas não podem ser racionalizadas apenas sob o aspecto técnico, pois envolvem também uma perspectiva moral prática que exige que os argumentos apresentados através da cooperação dialógica sejam compreensíveis e potencialmente aceitáveis para os demais parceiros deliberativos.

Além disso, cabe ressaltar que em diversos países, incluindo o Brasil, as legislações antitabagistas não devem ser vistas como resultado apenas da ação do Estado sobre o mercado. Isso não significa ignorar que a imposição de normas jurídicas é, obviamente, uma prerrogativa do Estado constitucional, parte do conjunto de suas funções de organização e execução da lei. O Estado conta com uma aparelhagem que inclui instrumentos para aplicar sanções, caso algum ator social não cumpra as determinações presentes no corpo da lei. Entretanto, supervalorizar o papel do Estado como agente exclusivo da regulamentação acaba produzindo uma perspectiva de exterioridade, de uma instituição que age sobre outra. Tal perspectiva se mostra insuficiente, se considerarmos que a eficácia da lei, para além do curto prazo, dependerá de processos de legitimação através dos quais as regras acabam sendo aceitas como justas e, em geral, apoiadas pelos interessados. "Não é a forma do direito, enquanto tal, que legitima o exercício do poder político, e sim a ligação com o direito *legitimamente estatuído*."[18]

Assim, a legitimidade da lei exige a negociação entre sujeitos sociais dentro do próprio ordenamento do Estado democrático, seja em órgãos parlamentares e tribunais, seja em arenas públicas organizadas de modo informal em torno de temas específicos, com diferentes graus de organização, densidade comunicativa e alcance na sociedade. Os autores deliberacionistas, preocupados com a organização democrática das instituições, sustentam que a legitimidade e a racionalidade dos arranjos legais e suas respectivas configurações institucionais não podem prescindir da contribuição da sociedade civil.[19]

Essa é uma das teses centrais do modelo de circulação de poder político (*two track-model*) desenvolvido por Habermas em *Direito e democracia*. A sociedade deve contar com instituições plurais suficientemente flexíveis para garantir o processo deliberativo através de intercâmbios vigorosos entre os públicos e as organizações democráticas. Em outros termos, o Estado requer constantemente *inputs* do público para poder detectar os problemas sociais e as disfunções dos sistemas que se refletem na vida cotidiana, bem como para tratar de problemas que não podem ser resolvidos sem a cooperação do público de cidadãos. Para manter a legitimidade nas decisões, esses *inputs* não podem ser ignorados pelos agentes administrativos do próprio Estado, nem pelos especialistas envolvidos na implementação de políticas públicas. Para produzir opinião qualificada e racionalizada, o público, por sua vez, não pode prescindir dos métodos e limites das instituições democráticas. Como assinala Bohman (1996:192), "a cooperação democrática é mais exigente que a mera obediência requerida em formas supercomplexas de organização e de integração social".

O debate antitabagista estendeu-se a muitos contextos diferentes, perpassando o âmbito transnacional e seguindo uma dinâmica própria no cenário nacional. Tal debate reuniu segmentos variados da sociedade, em fóruns de discussão diversos, com maior ou menor grau de organização, desde fóruns científicos promovidos pela OMS, Ministério da Saúde e Instituto Nacional do Câncer, envolvendo especialistas tanto da área de saúde como da área jurídica, até encontros promovidos por associações como o Centro de Apoio ao Tabagista e grupos de auto-ajuda em que os participantes, procurando livrar-se do vício, compartilham suas vivências e suas histórias de vida.

Cabe ressaltar o valor da publicidade nesse processo. Os encontros de alcance mundial não só permitem que diversos países, entre eles o Brasil, discutam planos de ação conjunta em face das indústrias fumageiras, como também contribuem para divulgar conhecimentos que são determinantes do posicionamento discursivo de diferentes atores sociais favoráveis ou contrários às legislações antitabagistas. Esses encontros, de naturezas diversas, produzem insumos que repercutem diretamente nas discussões travadas no espaço de visibilidade dos *media*. Os fóruns especializados, tais como os científicos, são fundamentais para o aprofundamento de determinadas questões codificadas em linguagem especializada. Já a publicização das experiências vivenciadas por tabagistas

Entre o mercado e o fórum

permite a tematização de danos e sofrimentos através de uma linguagem existencial que aproxima o debate dos contextos densos da interação diária.

Debate midiático e estratégias discursivas

O embate argumentativo em torno do cigarro, motivado em grande medida pela tramitação da lei antitabagista no Congresso Nacional, envolveu diversos atores sociais com diferentes estratégias de convencimento e afirmação. Alvo e também participante do debate através dos meios de comunicação, a indústria de cigarros esteve, durante todo o período analisado, em posição de desvantagem no campo argumentativo. No ambiente da mídia, poucas vezes as empresas puderam colocar-se como agentes do discurso. As várias denúncias contra suas atividades, sua conduta e seu produto levaram-nas a ficar na defensiva, de modo que elas tiveram dificuldade para contestar os argumentos dos demais atores sociais.

Para entendermos as dificuldades encontradas pelas companhias produtoras de cigarros em validar seus projetos de fala, é fundamental apresentarmos, ainda que em linhas gerais, os pontos mais importantes do debate sobre o antitabagismo travado nas matérias dos jornais analisados. Os enquadramentos discursivos que ganharam visibilidade e durabilidade na esfera de visibilidade dos *media* foram articulados a partir de dois argumentos principais: o *econômico* e o da *saúde pública*. Os pacotes interpretativos[20] assim delimitados permitiram aproximar atores sociais diversos que compartilhavam certas opiniões, compondo um cenário amplo e complexo de disputa discursiva.

O argumento econômico

O argumento econômico serviu de idéia central para dois enquadramentos discursivos defendidos pela indústria produtora de cigarros e pelos grupos contrários à legislação antitabagista. O primeiro enquadramento pode ser assim resumido: *as ações restritivas do Estado contrariam o equilíbrio do mercado*. Nessa perspectiva, proibir a propaganda de derivados do tabaco é agredir os mecanismos de mercado, os quais incluem, além da produção e comercialização, a divulgação dos bens.

No entender da Associação Brasileira de Agências de Publicidade (Abap) e da Souza Cruz, a proibição da publicidade dos derivados de tabaco perturbaria as relações de concorrência, dificultando a entrada de novas empresas produtoras de cigarros. A interdição dos mecanismos de construção de marca privilegiaria as empresas já existentes, que durante muito tempo puderam investir em *branding*. Por outro lado, o enfraquecimento das marcas facilitaria a expansão do mercado ilegal, ao tornar os produtos "indiferenciados".

Ao apresentarem seus argumentos na cena midiática, esses atores buscaram trazer a questão da proibição da publicidade de derivados de tabaco para um plano mais amplo, além do simples interesse das agências e da companhia na preservação dos lucros. A estratégia discursiva da Abap opta por defender o mercado, seja como um espaço concreto de comercialização, seja como um valor a ser preservado. Trata-se de uma tentativa de adequação do discurso às condições da publicidade, de modo que os interesses coletivos sejam levados em consideração. Além disso, a Abap procura desvincular-se, publicamente, do peso negativo do fumo e das acusações que pudessem recair sobre as indústrias tabagistas.

O argumento apresentado pelo vice-presidente da Abap, Dalton Pastore, sintetiza a idéia central que articula o enquadramento discursivo apresentado pela entidade: "Não dá para vetar só um elo da cadeia de produção. (...) a única novidade será o fim do surgimento de novas empresas de cigarro".[21]

A Souza Cruz, por sua vez, utiliza-se de uma estratégia discursiva que não nega o papel da propaganda como agenciadora de representações simbólicas, mas ressalta a importância do processo de construção das marcas para a garantia da qualidade do produto oferecido ao consumidor. Há, também aqui, a tentativa de vincular a defesa da opinião não ao interesse exclusivo da empresa, e sim a um interesse mais amplo, no caso, a preservação da legalidade e da qualidade dos produtos comercializados no mercado. A estratégia de convencimento proposta pelo então presidente da Companhia Souza Cruz, Flávio Andrade, é ilustrativa:

A publicidade não aumenta o tamanho do mercado. Ela é feita com objetivos competitivos. Ou seja, para os consumidores darem preferência às minhas marcas em detrimento das do concorrente. (...) Quando eu não puder mais falar sobre as minhas marcas, tanto as marcas vendidas legalmente como as ilegalmente serão muito parecidas.[22]

Eis o argumento com que Flávio de Andrade pretende convencer o auditório: "A partir do momento em que se proíbe a publicidade, vamos criar condições para aumentar a ilegalidade no país".[23]

O segundo enquadramento discursivo baseado em argumentos econômicos ressalta o papel da atividade econômica como provedora de bem-estar para a população. Com um apelo menos técnico que o do primeiro enquadramento, o campo de significação ligado ao impacto da atividade econômica na geração de progresso social tem um alcance potencial maior em relação ao auditório que se busca convencer. O enquadramento argumentativo da geração de bem-estar social é bastante pragmático. Podemos resumi-lo da seguinte forma: *a atividade industrial gera progresso econômico*. O crescimento econômico provê novos empregos. Em virtude disso, há aumento de renda da população, além da geração de impostos que darão maior capacidade gerencial ao Estado de prover bem-estar de forma ampla. Esse campo argumentativo foi utilizado nas estratégias discursivas, por exemplo, tanto da bancada parlamentar contrária à lei antitabagista quanto da Associação Brasileira da Indústria do Fumo (Abifumo).

Esse quadro argumentativo de referência sustenta-se num cenário bastante condizente com o discurso proposto pela empresa. A indústria tabagista é realmente uma das maiores pagadoras de impostos do Brasil. Em 1999, foram recolhidos em tributos cerca de R$ 5,5 bilhões, segundo a Abifumo. Considerando que a Souza Cruz é a líder no setor de cigarros, com quase 80% do mercado doméstico, pode-se ter uma idéia de seu peso econômico. Segundo dados de seu relatório social de 2001, a companhia gera quase 5 mil empregos diretos e aproximadamente 380 mil indiretos. Cerca de 45 mil famílias de produtores de fumo fornecem matéria-prima à Souza Cruz. Sem dúvida, esses dados são bastante significativos e dão consistência às formulações propostas.

A defesa do enquadramento da promoção econômica e social é um dos pilares da estratégia argumentativa da Souza Cruz. Isso é particularmente evidente no conteúdo do site da empresa na internet. No espaço destinado à fala da indústria tabagista nas matérias analisadas, o enquadramento da promoção social poucas vezes é acionado diretamente pelo falante. Ao que parece, as implicações do bem-estar social gerado pelo impacto econômico são consideradas consensuais pela empresa, ou seja, é algo que se apresenta como dado, algo que se mantém implicitamente como um qualificativo para outros enquadramentos propostos.

Há, entretanto, exceções. Um caso em que a indústria tabagista aciona diretamente o enquadramento da promoção econômica e social é o polêmico estudo realizado pela Philip Morris, no qual a empresa ressalta os benefícios econômicos dos impostos do cigarro para as finanças públicas da República Tcheca. Até aí, nada de novo na proposição. Entretanto, a gigante americana da indústria do tabaco propõe um reenquadramento argumentativo: o "impacto positivo" do cigarro ocorreria também em virtude da "economia de gastos na área da saúde pela mortalidade precoce".[24]

O argumento é polêmico, como reconhece o porta-voz da empresa na Suíça, Réme Calvet, ao afirmar que esse dado "pode parecer muito chocante".[25] Assim, sabendo do impacto negativo do reenquadramento proposto, a Philip Morris se apressa em justificar-se, buscando desvincular o campo de significações proposto daquele relacionado a outros valores que não sejam econômicos. Segundo Calvet, o objetivo da pesquisa "não é criar polêmica, e sim servir como ponto de referência econômico".[26] O porta-voz da divisão internacional da Philip Morris, Robert Kaplan, reitera que o propósito do relatório é ser "nada mais, nada menos que um estudo de impacto econômico".[27] A idéia segundo a qual a morte precoce dos fumantes é vantajosa para a economia do Estado é uma decorrência pragmática do reenquadramento argumentativo proposto. Mario César Carvalho (2001:78) realça, por analogia, o absurdo do estudo apresentado pela indústria tabagista: "Seria algo como medir os ganhos financeiros com a distribuição de veneno de rato na merenda escolar das crianças". Ao contrapor a vantagem econômica ao valor da vida, a empresa transforma esta última em mercadoria — a ser tratada numa lógica financeira —, o que evidencia a incapacidade dos mecanismos de regulação sistêmica para darem conta de domínios que envolvam valores e demandas éticas. Argumentos como esses podem parecer lógicos e pertinentes no campo estrito do saber econômico, mas são totalmente indefensáveis no campo discursivo da esfera pública.

O enquadramento discursivo baseado no argumento econômico não foi tão forte quanto se poderia pensar, se levarmos em consideração unicamente o poderio das empresas produtoras de cigarros. Em nenhuma das matérias veiculadas pelos jornais analisados o argumento econômico conseguiu um status de verdade, ou seja, mostrou-se como algo inquestionável. Ao contrário, seu poder de convencimento, no embate argumentativo em que se busca a adesão do outro apresentando razões e justificativas, foi bastante contestado, encontrando, portanto, muita dificuldade em legitimar-se.

Os grupos antitabagistas apresentaram contra-argumentos que ressaltam os custos do cigarro, decorrentes de doenças relacionadas ao fumo, para o sistema de saúde. A seu ver, mesmo considerando o grande volume de impostos gerado pelo cigarro, o prejuízo para o sistema de saúde e as perdas de produtividade no trabalho são enormes. Tal reenquadramento, formulado dentro da própria lógica econômica, vai de encontro ao argumento da *promoção social e econômica*, pois refuta as supostas vantagens tributárias das empresas e as riquezas assim geradas para o país. Os militantes antifumo apresentam valores expressivos para provar que as despesas para o Estado são maiores que os ganhos.[28]

No Brasil, segundo matéria publicada pela imprensa,[29] em 1999 foram gastos R$ 3,43 bilhões do dinheiro do contribuinte com problemas de saúde provocados pelo fumo. No mesmo período, o governo teria arrecadado R$ 2,18 bilhões em impostos sobre esse produto. O deputado Jutahy Magalhães Jr. (PSDB-BA) assim contestou o argumento do custo econômico da lei, apresentado pela bancada ruralista do Rio Grande do Sul: "Em dois ou três anos, a economia para o Sistema Único de Saúde (SUS) será de R$ 2 bilhões a 3 bilhões".[30] A desqualificação do argumento da geração de riqueza derruba um dos pilares da estratégia usada pelas companhias de fumo e pelos grupos contrários à lei antitabagista, tanto nas discussões no Parlamento quanto no embate discursivo mais amplo.

Essa contra-argumentação de conteúdo técnico, baseado na lógica do mercado, sustenta que a força que move o mercado é o consumo, e que este não é imutável. Quando diminui a demanda por um produto, esta se transfere para outro. A arrecadação tributária é assim preservada, não havendo necessidade de particularizar ou privilegiar determinado ramo produtivo. A afirmativa do então ministro da Saúde resume bem esse enquadramento argumentativo: "Serra considera 'imbecil' o argumento de que o cigarro não deva ser combatido porque propicia a arrecadação de bilhões de reais. 'O dinheiro que seria usado para comprar cigarros será gasto em outros produtos, que também recolhem impostos', diz o ministro".[31]

Os grupos antitabagistas buscaram ressaltar as incoerências entre o discurso público das empresas e as evidências de práticas ilegais por elas cometidas. A força desse enquadramento discursivo está principalmente em atingir o "caráter" da indústria tabagista, sua qualidade de agente social dotado de credibilidade. A fonte principal das denúncias de irregularidade nas práticas relacionadas à produção e comercialização dos derivados de tabaco são os documentos secretos das empresas divulgados a partir dos anos 1990.

Denúncias de envolvimento em atividades do mercado ilegal de cigarros, de manipulação genética para produção de nicotina superpotente, de ocultação de informações relevantes para a saúde do consumidor, como aquelas relacionadas à dependência e à relação causal entre fumo e câncer, comprometeram o projeto de fala das empresas, com a força devastadora da própria letra. As incoerências entre o discurso público da empresa tabagista e as evidências de práticas ilegais acabam por deslegitimar a sua fala, comprometendo uma das condições fundamentais do discurso, isto é, a pretensão de veracidade.[32] Os grupos antitabagistas pretendem assim desenvolver uma estratégia argumentativa que desqualifique a atividade produtiva não por si mesma, já que é legal, mas pelo seu efeito (vício/dependência) e pela identidade e "caráter" de quem a pratica (demanda ético/moral).

O argumento da saúde pública

O segundo pacote interpretativo presente no fórum de debates dos jornais foi o argumento da *saúde pública*. Defendidos pelos grupos

Entre o mercado e o fórum

favoráveis às políticas públicas restritivas ao fumo, os enquadramentos decorrentes dessa base argumentativa destacam aspectos médico-biológicos e comportamentais. Há uma forte relação entre esse campo de sentido e os aspectos econômicos que ressaltam o ônus do cigarro para o Estado.

Em relação a esse tema, destacam-se, na cobertura dos jornais, entidades como a Organização Mundial de Saúde (OMS), o Ministério da Saúde, o Instituto Nacional do Câncer (Inca), além de especialistas e outras instituições dessa área. Tais instituições e atores sociais assumem posições e estratégias discursivas muito semelhantes. Utilizam preferencialmente o discurso científico como modo de persuasão, valendo-se de dados estatísticos de pesquisas científicas.

Essas pesquisas foram largamente divulgadas pelos jornais analisados, e os dados sobre os males causados pelo cigarro ao organismo do fumante mostram-se contundentes o suficiente para justificar a relevância das reivindicações apresentadas pelos grupos e entidades envolvidos no debate sobre o antitabagismo:

> A Organização Mundial de Saúde registra mais de 60 mil pesquisas publicadas, que comprovam a relação causal entre o uso do cigarro e doenças como câncer de pulmão (90% dos casos), enfisema pulmonar (80%), infarto do miocárdio (25%), bronquite crônica e derrame cerebral (40%).[33]

> Há algum tempo, a dependência da nicotina, principal causa do vício, vem sendo tratada como doença física e psíquica. A OMS (Organização Mundial da Saúde) calcula que, em todo o mundo, exista 1,2 bilhão de fumantes. Embora 70% manifestem o desejo de parar, apenas 5% conseguem sozinhos. Parece pouco, mas representa 90% dos casos vitoriosos.[34]

Questões como dependência, vício, fumo passivo e relação direta entre tabagismo e doenças sérias são tratadas através de discursos de especialistas que, como sabemos, gozam de grande credibilidade na cena pública. Afinal, é bastante consensual, ainda mais entre os leigos, a autoridade da ciência para fundamentar verdades, transformando uma afirmação ou enunciado num "fato estabelecido" que ninguém poderá questionar, a não ser através de outro enunciado mais bem fundamentado. Além disso, os jornalistas costumam ouvir médicos e diversos profissionais da área de saúde com o objetivo de informar, como é habitualmente concebido o propósito do discurso científico. Porém, nas afirmações dos especialistas há, muitas vezes, uma finalidade prática a ser atingida: a conscientização e o esclarecimento sobre os males do fumo, visando persuadir o interlocutor.

Tal deslocamento da questão do fumo para o domínio médico e sua abordagem, na esfera de visibilidade dos *media*, como problema de saúde pública tornam bastante incômoda a posição da Companhia Souza Cruz. Se no debate encampado pelos meios de comunicação ela ficou na defensiva, sem poder afirmar seus posicionamentos diante da polêmica em torno do ato de fumar, a saída encontrada pela companhia foi apresentar seu projeto de fala em seu site na internet.

Tal estratégia de convencimento sustenta-se basicamente nos valores da individualidade e da liberdade de expressão, além da preocupação em demonstrar a qualidade gerencial e produtiva da companhia, seu peso econômico e social como multinacional genuinamente brasileira. Para dar solidez aos atributos identitários apresentados, o discurso do site da companhia procura rebater as acusações graves que lhe são endereçadas no domínio público. Dois pontos são fundamentais em sua estratégia discursiva: a afirmação do fumante como *indivíduo*, como singularidade e não-repetibilidade, e a defesa do conceito de consumidor racional.

O foco na particularidade de cada pessoa serve para compor a estratégia de esvaziamento do potencial de causalidade das pesquisas científicas sobre males do fumo. O discurso do site não nega a relação entre fumo e doenças graves, mas faz a importante ressalva de que os estudos científicos são estatísticos, ou seja, referem-se a grupos de pessoas, e não a indivíduos isoladamente: "Os estudos estatísticos não são capazes de identificar o que irá acontecer a uma determinada pessoa, e a ciência ainda não é capaz de determinar quais fumantes irão adoecer ou não".[35] Com essa retórica a empresa procura desvincular do ato de fumar a idéia de causalidade direta em relação a doenças graves, quando se trata do indivíduo, do consumidor, isoladamente.

Outra característica atribuída ao consumidor pelo discurso do site da Souza Cruz é sua capacidade de tomar decisões conscientes. Ele seria dotado de intencionalidade, ou seja, seria capaz de agir de forma racional, pois possui informação suficiente e sabe como bem articular suas ações para que sejam refletidas, e não impulsivas. É exatamente para dar consistência a essa concepção racional do fumante que a Souza Cruz define seu público-alvo como sendo formado por adultos bem informados e capazes de bem dosar seu consumo de cigarros, estabelecendo o equilíbrio entre o prazer e o risco: "A Souza Cruz fabrica cigarros para o consumo exclusivo de adultos (...). O cigarro é um produto que não deve ser consumido de forma inconseqüente, e sim apreciado com bom senso e razão, por pessoas adultas e bem informadas".[36]

Apesar de o discurso da empresa assumir um tom definitivo, como se a sua argumentação fosse suficiente para encerrar a polêmica, isso está longe de acontecer. À exceção apenas da capacidade gerencial da Souza Cruz, tais argumentos continuam sendo questionados pelos diversos grupos e entidades participantes do debate sobre os males causados pelo cigarro.

Considerações finais

Na medida em que as empresas têm suas práticas questionadas por setores variados da sociedade, elas enfrentam resistências que não se originam do campo mercadológico. As questões tematizadas publicamente exercem pressões sobre os centros decisórios dos Estados democráticos, sendo muitas vezes encampadas pelos complexos parlamentares ou pelos tribunais. Podem, portanto, resultar em normas jurídicas com larga base de legitimidade, além produzirem inovações culturais e institucionais mais amplas. O envolvimento de setores da sociedade civil e a problematização da questão do fumo pelos *media* permitiram conferir ao embate argumentativo uma dimensão propriamente pública, distinta da regulação produzida pela lógica estrita do mercado ou do Estado. Pouco importa, nesse caso, se as demandas tiveram origem na sociedade civil ou nos próprios centros políticos. O relevante para produzir legitimidade e garantir maior grau de cooperação democrática entre os atores sociais é a possibilidade de os problemas detectados passarem pelo crivo de um debate ampliado.

É nesse sentido que deve ser destacado o valor da publicidade. Ao serem convocados a interagir de forma complexa com os vários discursos presentes na esfera pública, os atores sociais — sejam eles os conglomerados empresariais (tal como a Souza Cruz), sejam os agentes do Estado ou ainda aqueles da sociedade civil — percebem que seus projetos de fala não podem ser desenvolvidos como se estivessem em contextos isolados, restritos a seus próprios círculos de interesse. Há sempre uma dinâmica de trocas e influências recíprocas e uma construção conjunta de formas interpretativas da realidade. Assim, acreditamos que a passagem pelo ambiente midiático contribui para a ampliação do debate, com a generalização das temáticas *em público*, o que é extremamente relevante para o processamento cognitivo e coletivo de problemas de interesse comum.

No espaço de concorrência discursiva no âmbito midiático, nem todos os pacotes argumentativos apresentados pelos atores sociais são igualmente potentes. Os campos de sentido defendidos pelos militantes antifumo não apenas sofreram pouquíssima contestação, como também proporcionaram diversas informações que foram utilizadas como dados contextuais nas matérias analisadas. O posicionamento dos jornais, favorável aos principais campos interpretativos propostos pelos grupos antitabagismo, foi claramente expresso em diversos editoriais sobre a questão.[37]

O agenciamento de sentido e os enquadramentos propostos pelos *media* encontram explicação em diversos fatores presentes no campo extramidiático. O processo deliberativo em torno da questão do fumo, bem como a negociação e a barganha transcenderam em muito os limites dos sistemas funcionais autônomos, aparentemente independentes em relação à sociedade. O poderio econômico das empresas produtoras de cigarros não foi *em si* condição suficiente para transformar-se em poder político capaz de influenciar e, em último caso, definir as decisões nas instâncias institucionalizadas. É possível dizer que a Souza Cruz demonstrou competência para construir seus argumentos na esfera pública, levando em consideração demandas éticas e morais, bem como a busca de entendimento baseado no interesse comum — recursos procedimentais características do processo deliberativo. Ao protestarem contra a legislação antitabagista, tais atores preocuparam-se sempre em desvincular suas proposições de interesses particulares. Defenderam o equilíbrio de mercado e o papel econômico e social da atividade empresarial, e não levaram à discussão pública questões como a necessidade de preservar suas margens de lucro ou, no caso dos parlamentares que apoiavam as empresas fumageiras, de manter suas bases eleitorais.

Ao proceder dessa forma, a empresa busca defender seus interesses utilizando argumentos que tenham algum apelo para o interesse comum e capazes de mobilizar convicções racionalmente motivadas. O conteúdo discursivo do site da Souza Cruz seguiu esse mesmo caminho ao apresentar a empresa como um ator público responsável, que zela pela qualidade de seu produto, tratando de diminuir o índice de substâncias nocivas no cigarro. Apregoa, também, o consumo moderado, com base nos valores de expressão e autonomia de um consumidor racional dotado de liberdade de escolha e capaz de responder, com probidade, pelos seus próprios atos — valores intrinsecamente associados ao projeto democrático. Por fim, a preocupação da Souza Cruz com a validação de seu discurso na esfera pública se traduz no próprio interesse por ela demonstrado em participar do debate sobre o fumo.

Contudo, isso não foi suficiente para reverter o cenário de adversidades enfrentado pela indústria tabagista, o qual se refletiu também na cena midiática. Graças à sua atuação vigorosa na esfera pública, os grupos ligados ao antitabagismo conseguiram articular amplos consensos sobre os males causados pelo cigarro. Eles não só anularam o poder de convencimento dos argumentos econômicos apresentados pelos defensores do fumo, como também agravaram a crise de credibilidade vivenciada pelas empresas de cigarros em virtude da divulgação de documentos secretos que contradiziam o discurso público por elas elaborado. É possível dizer, assim, que tais atores críticos conseguiram modificar o contexto em que a própria deliberação ocorre.

No caso do Brasil, o cenário favorável aos grupos antitabagistas no ambiente midiático já estava criado desde a intensificação da polêmica, por ocasião do envio do projeto de lei ao Congresso. Os males causados pelo fumo à saúde, os resultados de pesquisas científicas, os embates travados nos tribunais americanos, o conteúdo dos documentos secretos, tudo isso já vinha sendo amplamente divulgados pelos meios de comunicação no país. O forte poder de persuasão dos grupos antitabagistas no Brasil não pode ser visto como um fenômeno limitado ao contexto local. O movimento antitabagista organiza-se, em rede, no plano transnacional, com o propósito de intercambiar experiências e elaborar regulamentações normativas e jurídicas específicas. Tem, a seu lado, organizações influentes, como a Organização Mundial de Saúde, que serve como elemento de integração dos grupos antitabagistas ao disponibilizar estudos científicos, diagnósticos e estatísticas a respeito de diversas questões relacionadas ao fumo.

Resta salientar que a recepção favorável das opiniões apresentadas pelos militantes antifumo deve-se, ainda, ao fato de os pacotes interpretativos estarem diretamente vinculados aos apelos de qualidade de vida e aos pressupostos morais presentes na imagem da função pública das regulamentações jurídicas. Assim, as histórias de vida dos fumantes que entraram com ações nos tribunais ou daqueles que exibem no próprio corpo os males causados pelo cigarro contribuem para tornar o debate público mais próximo da vida cotidiana e têm maior impacto que as questões técnicas, relativamente abstratas.

Sob esse aspecto, os limites entre o fórum (isto é, a esfera pública) e o mercado mostram-se muito tênues. Os questionamentos públicos criaram fissuras na aura glamourosa do cigarro, e os constrangimentos associados ao ato de fumar comprometeram em muito o projeto de convencimento desenvolvido pelas empresas tabagistas (sobretudo através da internet). Se as empresas não puderem mais contar com os instrumentos de comunicação mercadológica, como manter o universo associado ao cigarro sem o recurso à política de *branding* corporativo?

Mais que uma inovação institucional organizada pelos complexos parlamentares e jurídicos, as questões presentes no debate sobre o antitabagismo representaram uma relevante inovação cultural. As empresas tabagistas estão sujeitas a esse novo cenário, que interfere diretamente nas suas ações mercadológicas. Mesmo com todo o poderio dos complexos transnacionais dos produtores de cigarro, as sociedades democráticas impuseram fortes restrições às ações das empresas, a partir das trocas discursivas mantidas nas arenas públicas e nos complexos

Entre o mercado e o fórum

estatais. E, para tanto, o papel dos meios de comunicação e a criação de redes capazes de sustentar o debate crítico *em público* são fundamentais.

Apesar de ser um caso específico, o debate público sobre o tabagismo — e seus resultados tanto em termos jurídicos quanto culturais — desafia visões céticas que descrêem do poder de mobilização e resistência das sociedades complexas em face dos complexos transnacionais. Esse caso ressalta o valor da deliberação e da publicidade, ao evidenciar que a participação pública nos debates sobre questões de interesse comum fortalece o papel do Estado diante das grandes empresas. Dentro de uma estrutura mais dualista e dinâmica do sistema político, em que haja uma cooperação constante entre as esferas formais e informais, é possível conquistar suficiente poder legítimo no processo deliberativo, de modo a alcançar metas coletivas.

Notas

[1] Blumer e Gurevitch, 2000; Gamson, 1993; Gomes, 2004b.

[2] Sobre a noção de periferia do sistema político, ver Habermas (1997a, v. 2).

[3] Bohman, 1996; Dryzek, 2001.

[4] Daí foi selecionado um *corpus* composto por 266 matérias contendo um embate argumentativo explícito.

[5] Projeto de fala refere-se aqui não só à competência comunicativa dos sujeitos falantes (a responsabilidade e a capacidade de organizar enunciados), como também às estratégias utilizadas para alcançar certos objetivos comunicativos: factivo, informativo, persuasivo e sedutor (ver Charaudeau, 1996).

[6] Giddens, 2001; Schmalz-Bruns, 2001; Guibernau,2001.

[7] Leader, 2001.

[8] Schmalz-Bruns, 2001; Chesneaux, 1995.

[9] Zolo, 1992.

[10] Habermas, 2001:139.

[11] A BAT atua em cinco regiões: *America-Pacific* (Canadá, EUA, Japão e Coréia do Sul); *Asia-Pacific* (China, sul da Ásia incluindo Índia, sudeste da Ásia e Austrália); *Latin America and Caribean* (países da América do Sul, México, América Central e Caribe), *Europe* (incluindo mais de 40 países) e *Africa and Middle East*.

[12] Disponível em: <www.bat.com>. Acesso em: 10 jun. 2003.

[13] Ianni, 1999; Santos, 2001.

[14] Santos, 2001:27.

[15] Zozzoli, 1998:56; Klein, 2002:141.

[16] Santos, 2001:49.

[17] Bohman, 1999; Cohen, 1997.

[18] Habermas, 1997a, v. 1, p. 172.

[19] Benhabib, 1996; Bohman, 1996; Dryzek, 2001.

[20] Segundo Gamson e Modigliani (1989:3), o discurso midiático pode ser definido como uma série de "pacotes" interpretativos que procuram dar sentido a uma questão. Tais pacotes encerram uma idéia central que delimita o campo interpretativo, definindo posições e buscando dar sentido aos tópicos debatidos. Sobre enquadramentos nos *media*, ver também Gamson (1993).

[21] *Folha de S. Paulo*, 10 ago. 2000. p. C3.

[22] *Jornal do Brasil*, 20 ago. 2000. p. 12.

[23] Ibid. A publicação da entrevista com Flávio de Andrade coincide com a votação do projeto de lei na Câmara Federal. O grande espaço aí destinado à Souza Cruz destoa da cobertura do próprio *JB* ao longo do período analisado e, especialmente, do espaço ocupado pela companhia nas matérias que tratam da questão do fumo na *Folha de S. Paulo* e no *Estado de Minas*.

[24] *Folha de S. Paulo*, 17 jul. 2001. p. A9.

[25] Ibid.

[26] Ibid.

[27] Ibid.

[28] Pesquisa divulgada pelo Ministério da Saúde dos EUA, em 1985, estima em US$ 65 bilhões o custo total do cigarro para a sociedade americana. Para cobrir o gasto com a saúde, o maço teria de custar praticamente o dobro do preço médio corrente.

[29] *Folha de S. Paulo*, 27 jun. 2000. p. C1.

[30] Oliveira, Valéria de. "Câmara aprova veto à publicidade de tabaco". *Folha de S. Paulo*, 10 ago. 2000. p. C1.

[31] *Folha de S. Paulo*, 4 jun. 2000. p. C4.

[32] Habermas, 1989.

[33] *Folha de S. Paulo*, 25 abr. 2000. p. 3.

[34] *Folha de S. Paulo*, 23 jul. 2000. p. C6.

[35] Disponível em: < www.souzacruz.com.br>. Acesso em: 17 jul. 2003.

[36] Idem.

[37] *Folha de S. Paulo*, 1 jun. 2001. p. A2; *Folha de S. Paulo*, 22 jul. 2001. p. A2.

PARTE IV

Deliberação e processos de prestação
de contas

9

Visibilidade midiática e paradoxos da *accountability*: o caso do ônibus 174

Rousiley C. M. Maia

Democracia, *accountability* e mídia

A questão da *accountability* é fundamental para a qualificação da democracia moderna. Ela acarreta para os representantes políticos, na organização de seus poderes e obrigações, o dever de responder ao cidadão, de replicar às críticas que lhes são endereçadas e de aceitar (alguma) responsabilidade por suas falhas e transgressões. O jornalismo tem sido tratado, desde Edmund Burke, Jeremy Bentham e James Mill, como um dos atores clássicos capazes de exercer controle sobre a partilha de poder, através dos mecanismos de *checks and balances*, mantendo o governo *accountable* na ordem democrática. Particularmente, o jornalismo investigativo, em sua função de "cão de guarda", procura monitorar as autoridades, seja em instituições do governo, seja em organizações sociais do setor privado.[1] A imprensa e seus porta-vozes compelem os agentes envolvidos a responderem às críticas que lhes são feitas, referentes a escândalos que afetam o bem comum, a falhas governamentais ou a transgressões de poder.[2] Aqueles que demandam *accountability* exigem respostas e justificativas, enquanto aqueles que se mantêm *accountable* aceitam responsabilidades e fornecem explicações. Assim, o jornalismo permite tanto confrontos diretos ou virtuais entre os atores sociais quanto a troca de pontos de vista na esfera de visibilidade dos *media*.

No Estado democrático, o processo de *accountability* ocorre entre os cidadãos e os ocupantes de cargos públicos, entre (e dentro de) classes hierárquicas de representantes oficiais, políticos eleitos e representantes de instituições burocráticas. Para nossos propósitos, interessa enfatizar que os discursos dos atores sociais adquirem "publicidade" através dos *media*, tornando-se disponíveis ao conhecimento público. Os interlocutores devem responder por seus atos "não só uns diante dos outros, mas também diante de uma audiência de cidadãos, o público em geral".[3] Evidentemente, essa é uma atividade que nem sempre resulta, na prática, num diálogo aberto entre a administração pública e seus públicos. Muitas vezes, as pessoas envolvidas em transgressões evitam uma comunicação franca e transparente para proteger interesses particulares ou corporativos, precisamente por razões não-públicas. Após a divulgação pela imprensa, as instituições responsáveis podem ser ineficazes ou não demonstrar interesse em conduzir investigações futuras. Meu argumento, neste capítulo, é que seria restritivo avaliar o desempenho do jornalismo somente quando as acusações resultam em processos de investigação bem-sucedidos e em punição efetiva. Mesmo quando o procedimento da *accountability* falha, a prática de trocar pontos de vista publicamente para resolver conflitos é importante para expandir a deliberação.

A relação entre *media*, democracia e processos de *accountability* traz à tona particularidades do contexto político. A fim de examinar práticas de *accountability* na esfera de visibilidade pública, explorarei um evento específico: o seqüestro do ônibus 174, ocorrido no Rio de Janeiro, em 2000. O seqüestro foi transmitido ao vivo durante quatro horas seguidas pela principal emissora de televisão brasileira, a Rede Globo, expondo ao olhar público um caso de extrema violência urbana. Tal evento provocou o pronunciamento do presidente da República através da rede de transmissão da televisão aberta. Na principal cobertura dos noticiários, os jornalistas convidaram o governador do Rio de Janeiro, várias autoridades públicas, membros da corporação policial e representantes dos movimentos sociais que lutam contra a violência para comentarem o evento e darem explicações sobre as responsabilidades envolvidas no episódio. Como os diferentes tipos de *accountability* — política, legal ou profissional — se manifestam na esfera de visibilidade pública, constituída pelos meios de comunicação? Quem responde a quem? Acaso há uma responsividade mútua entre os atores convocados a se pronunciarem, ou seja, eles explicam e justificam suas ações ao se verem diante de críticas? Antes de responder a essas questões, é preciso examinar mais detidamente o conceito de *accountability*.

Explorando as diferentes dimensões da *accountability*

A *accountability* não é, em si mesma, uma norma ou uma justificação normativa referente a um assunto qualquer, mas um meio de reforçar a norma democrática.[4] Enquanto sistema de direitos e obrigações, a democracia pressupõe que

> o poder público é regulado por normas gerais (leis fundamentais ou constitucionais) e deve ser exercido através do quadro normativo de leis que o regulam, enquanto os cidadãos têm seus direitos assegurados por um Poder Judiciário independente, ao qual compete apurar e prevenir abusos de poder.[5]

Isso cria a obrigação, para os representantes, de explicar e justificar publicamente o exercício de cargos e poderes delegados, mantendo o governo *accountable* através de processos constitucionais. O conceito de *accountability* é multifacetado. Enquanto "responsividade", a *accountability* refere-se ao imperativo democrático segundo o qual os representantes devem considerar os desejos e as necessidades dos cidadãos na condução dos negócios públicos. O princípio da *accountability* estabelece, pois, uma ligação entre as políticas públicas e as preferências e expectativas dos cidadãos. Independentemente da existência de um controle formal, um governo é considerado "responsivo" se adota políticas que são apontadas pelos cidadãos como as suas favoritas.[6] A *accountability* legal refere-se a vários métodos empregados para controlar as organizações públicas, a fim de que os agentes atuem de acordo com as prescrições de regras legais e também sejam constrangidos de modo apropriado, devendo fornecer explicações sobre suas ações e aceitar sanções, se a lei for infringida. Essa forma de *accountability* é adequada ao sistema jurídico, e não às pessoas, mas ela diminui a distância entre os que produzem as regras e os que a elas se submetem, e constitui-se num dos instrumentos fundamentais do constitucionalismo.[7]

Vários autores[8] mostraram que o conceito de *accountability* desdobra-se em diferentes questões analíticas:

- *accountability* como *responsividade* refere-se ao modo pelo qual os dirigentes procuram satisfazer os desejos e necessidades dos cidadãos, adotando as políticas por eles indicadas como as mais desejáveis, embora não haja um controle formal;

- *accountability* como *controle* diz respeito ao uso de vários mecanismos de *checks and balances* destinados a regular e supervisionar o desempenho das organizações públicas e os atos de seus agentes;

- *accountability profissional* ou *pessoal* refere-se ao sentido interiorizado de responsabilidade individual diante do interesse público numa dada situação, o que inclui o exercício consciente de funções e deveres;

- *accountability* como *diálogo* refere-se à dimensão corrente na troca dialógica, quando os interlocutores assumem a responsabilidade por seus próprios pronunciamentos, mesmo quando não há nenhuma relação formal de autoridade e subordinação entre as partes envolvidas.

Na prática, essas são dimensões interligadas, implicando interações e trocas sociais. Por isso Andrew Arato (2002:92) afirma que "o regime de *accountability* não pode ser algo puramente procedimental". Em primeiro lugar, é por meio do diálogo que os cidadãos (indivíduos e grupos) verbalizam demandas e expectativas através de fóruns cívicos de discussão, através de sondagens deliberativas ou através dos meios de comunicação.[9] Em segundo lugar, a especificação de uma dada norma e sua aplicação em cada caso de abuso de poder ou de transgressão depende, geralmente, do exame de vários pontos de vista numa discussão entre diversos atores sociais.[10] Além disso, não se pode adotar uma "visão realista" do mecanismo de controle, como se as regras estivessem necessariamente claras desde o início e as interpretações das ações praticadas fossem relativamente consensuais. Por isso, um exame crítico dos argumentos é

Visibilidade midiática e paradoxos da *accountability*

fundamental para a sustentação do regime de *accountability*: "um regime de *accountability* somente pode funcionar bem ao lado da deliberação que ocorre na esfera pública, e ele é sustentado pela sociedade civil".[11] Habermas (1996a), Cohen (1997), Bohman (1996) e Gutmann e Thompson (1996), apesar das diferenças em suas respectivas abordagens, vêem a deliberação como um processo envolvendo a interação e a cooperação — no sentido de oferecer e examinar argumentos — através do qual se busca justificar publicamente as proposições e decisões.

Na sociedade contemporânea de larga escala, os meios de comunicação são importantes para tornar visível o processo de *accountability*, de modo que ele seja reconhecido e apreciado pelos cidadãos comuns. Como já discutido no capítulo 3, os *media* não podem ser entendidos como canais neutros para a expressão de outras fontes, e sim como organizações que controlam o acesso dos atores sociais aos seus canais e regulam os fluxos de comunicação. Os profissionais do jornalismo selecionam e editam eventos e discursos, enquadrando os significados a partir de sua própria lógica e de seus modos operatórios. As atividades jornalísticas não devem ser vistas como resultantes de escolhas conscientes de repórteres individuais, e sim como algo enraizado nas rotinas da profissão e da organização das agências noticiosas.[12] Aquilo que ganha a esfera de visibilidade pública constituída pelos meios de comunicação é, com freqüência, o resultado da competição não só entre os agentes sociais para influenciar a percepção pública dos eventos, mas também deles com os próprios agentes da mídia.[13] Aqui nos interessa analisar o processo de interpretação do caso do ônibus 174 e averiguar se há troca de razões entre as fontes, assim como reversibilidade das opiniões proferidas. Para adequar nossos propósitos ao caso empírico aqui analisado, é particularmente importante evidenciar a emergência e a transformação das disputas pelas interpretações acerca do referido evento na própria esfera de visibilidade dos *media*.

A visibilidade midiática e a constituição pública dos eventos

O seqüestro do ônibus 174 ocorreu em 12 de junho de 2000, num bairro de classe alta no Rio de Janeiro, onde está situada a sede da maior rede de televisão brasileira, a Rede Globo. Foi transmitido ao vivo durante quatro horas consecutivas pelas principais emissoras de televisão do país, assim como pela CNN, que por sua vez disponibilizou as imagens em rede mundial. O poder das imagens é particularmente relevante para a constituição pública desse evento. Se não fosse pela presença das câmeras, é de se supor que o acontecimento tivesse um rápido desfecho, possivelmente registrado como ocorrência policial, de acordo com os procedimentos de rotina. Como os assaltos a ônibus são comuns nas grandes metrópoles brasileiras, também aquele caso deveria ter pouco impacto social, não merecendo ser noticiado. Porém, ao notar a presença das câmeras de TV, o próprio seqüestrador estabeleceu estratégias de comunicação com o público: obrigou uma das reféns a escrever com batom, no pára-brisa do ônibus, frases como "ele vai matar todo mundo", encenou maus-tratos às vítimas e simulou a morte de outra refém, ordenando que o grupo demonstrasse pânico. Pode-se afirmar que o seqüestro do ônibus tomou proporções de um evento público, ou de um "espetáculo",[14] exatamente por causa de sua audiência, estimada em 54 milhões de espectadores, segundo a Rede Globo.

Uma combinação de fatores contribuiu para conferir a esse evento uma repercussão nacional e global.[15] De maneira resumida, podemos apontar os seguintes:

- a transmissão ao vivo permitiu mostrar a violência em ação — o perturbado seqüestrador, com uma arma na mão, mantendo os passageiros reféns dentro do ônibus, e as ameaças que ele fazia puderam ser "vistos e ouvidos por todos";

- o cerco ao ônibus pelos policiais e a negociação que se seguiu expuseram ao público uma operação que foi considerada uma "série de falhas", terminando com a morte trágica de uma refém, por tiros disparados pela própria polícia;

- o seqüestrador foi morto dentro do carro da polícia a caminho da delegacia, o que foi caracterizado como abuso da autoridade policial;

- descobriu-se depois que o seqüestrador era um dos sobreviventes da "chacina da Candelária", ocorrida em 1993, episódio de extrema brutalidade em que policiais executaram crianças de rua a mando de empresários constantemente ameaçados de agressões e assaltos por parte das mesmas.

Além disso, o caso do ônibus 174 se apresenta como exemplo típico de uma "situação problema", envolvendo um conjunto de circunstâncias e condições estruturalmente deficientes ou não-solucionadas, passíveis de gerar alarme, risco ou medo.[16] A violência urbana aparece como um dos problemas mais sérios do país — fenômeno captado e refletido nas pesquisas de opinião como algo aparentemente incontrolável.[17] Vale notar que o desfecho do seqüestro (com a morte de uma refém e do próprio seqüestrador) pode até ser considerado um procedimento normal de trabalho das instituições policiais e suas táticas operatórias — que na verdade nunca funcionaram bem —, mas o que sobressai nos *media* é a interpretação do episódio como clara evidência de uma forte crise institucional.

Neste capítulo focalizamos especialmente a cobertura jornalística do caso, a fim de examinarmos os diferentes tipos de *accountability* (política, legal e profissional) que se desenvolvem na mídia impressa. Todos os artigos referentes ao seqüestro foram coletados de dois dos maiores jornais diários nacionais e de três revistas semanais de maior relevância, no período entre 13 e 22 de junho de 2000, ou seja, até 10 dias após o evento. Nosso *corpus* de análise compõe-se de 128 artigos assim distribuídos: *Estado de Minas* (55); *Folha de S. Paulo* (66); *Veja* (2); *IstoÉ* (3); *Época* (2).

Todo esse material foi submetido a uma análise de conteúdo para identificar as polêmicas relevantes presentes nos textos das notícias, distinguindo-se as diferentes fontes mencionadas (identificadas por nome, status e pertencimento social). Tais fontes foram classificadas segundo certas categorias: representantes do governo (membros dos poderes Executivo, Judiciário e Legislativo); agentes oficiais da corporação policial; especialistas de diferentes campos; membros da sociedade civil organizada e não-organizada. Tal classificação deu origem a um mapa das "vozes" e "posições" das diferentes fontes, considerando as questões mais relevantes. Finalmente, procedeu-se a uma análise de discurso para mostrar as explicações e justificações apresentadas por indivíduos situados em diferentes categorias. O objetivo foi evidenciar os padrões de troca dialógica, uma eventual responsividade e a reversibilidade de opiniões que se verificaram entre os atores sociais por meio da mídia impressa. Para tanto valemo-nos dos estudos de Tuchman (1978) e de Bennett (2004) acerca da construção da legitimidade jornalística por meio da dependência em relação aos pronunciamentos oficiais das autoridades do governo, conferindo também atenção às vozes da sociedade civil num dado contexto de discussão.

Accountability política: o dever de responder às expectativas e necessidades dos cidadãos

A exigência de que os governantes ou representantes oficiais sejam publicamente *accountable* por seus atos — seja no âmbito do Legislativo, dos tribunais ou dos meios de comunicação — os obriga a estabelecer algum tipo de diálogo com o público. Os *media* dão aos cidadãos a possibilidade de questionar os representantes de modo que estes respondam por seus atos e palavras de uma maneira mais ampla do que aquela que seria possível em interações face a face ou pessoais. Logo após o encerramento da transmissão do seqüestro, o então presidente da República Fernando Henrique Cardoso fez um pronunciamento em rede nacional de televisão, dizendo-se preocupado com os efeitos danosos daquela "violência absolutamente inaceitável":

> Nós acabamos de assistir, todos estarrecidos, durante horas, a uma cena de um seqüestro de uma pessoa aparentemente drogada, numa violência absolutamente inaceitável e até certo ponto contristados por não ver uma ação mais rápida que fosse capaz de evitar o desenlace fatal de uma jovem absolutamente inocente (...).

> E eu, como presidente da República, não poderia deixar de dar uma palavra de solidariedade primeiro à família, mas também ao povo sofrido das cidades do Brasil.[18]

O presidente se dirige aos telespectadores como parte de uma mesma comunidade política, a de "todos os brasileiros", como um de nós, que sente "um misto de pavor e indignação com o que estava acontecendo".[19] A modernidade expropriou a experiência da violência da vida ordinária. Se os atos de violência — a tortura, o suplício, a brutalidade — continuam obviamente existindo, eles ocorrem geralmente longe do olhar do público, da grande audiência. Na sociedade democrática, a violência causa indignação porque se apresenta como algo que não deveria ocorrer.[20]

Certamente, as reportagens envolvendo violência e cenas de corpos flagelados despertam diferentes reações emocionais em diferentes grupos sociais.[21] Contudo, a forte dramaticidade do episódio não é condição suficiente para deslanchar mecanismos de prestação de contas, a ponto de levar o próprio presidente a fazer um pronunciamento público em cadeia nacional. Mais que o infortúnio dos passageiros do ônibus 174, o episódio expõe a insegurança e o risco a que estão expostos todos os que precisam utilizar-se das calçadas e das vias públicas nas metrópoles brasileiras. Revela, assim, um problema coletivo, pois qualquer um pode se imaginar no lugar das vítimas, num contexto de violência urbana indiscriminada e de altos níveis de criminalidade.[22] O próprio presidente da República, em seu pronunciamento aos veículos de comunicação, coloca-se no papel implícito do outro: "Há sempre uma tragédia pessoal por trás das estatísticas sobre a violência (...). Qual de nós não sofreu, diretamente, a ação dessa violência?".[23] Garotinho, então governador do Rio, também assume tal papel: "Não queria estar no lugar de nenhum dos passageiros (...). Essa menina poderia ser minha filha".[24]

O caso do ônibus 174 nos leva a questionar, em particular, sobre a eficácia do governo em promover a ordem social e a segurança pública. Desde o surgimento das primeiras teorias do Estado moderno, admite-se que a finalidade mínima de um governo é proporcionar as condições que permitam a coexistência pacífica entre grupos e indivíduos, impedindo ações violentas. Através da ordem jurídica, proíbe-se os indivíduos de utilizar a violência para atingir seus fins pessoais, ficando o Estado como detentor do monopólio do uso legítimo da violência para proteger os cidadãos contra a ameaça criminosa. A polícia, como a instituição de controle social por excelência, se encarrega de inibir ou reprimir os delitos contra a pessoa, contra a propriedade e contra a lei comum. Na Constituição brasileira, a segurança pública é definida como "dever do Estado, direito e responsabilidade de todos".

Assim, o seqüestro do ônibus 174 suscita a prestação de contas do próprio presidente diante de suas obrigações morais e políticas. Ele oferece explicações ao público, o que de certo modo significa uma aceitação legítima da responsabilidade assumida pelos representantes eleitos de solucionar os problemas que afetam a vida social: "Isso impõe a todos nós brasileiros e, sobretudo, a nós, que temos responsabilidade de governo, a necessidade de uma ação conjunta, mais eficaz, para combater a violência, o crime, a droga, porque estamos chegando a um ponto que é inaceitável".[25]

A violência urbana é um problema complexo para o qual não existe, dentro da construção da ordem democrática, uma solução específica, uma vez que o Estado, por si só, não é capaz de garantir a pacificação das relações sociais. Fatores socioeconômicos e socioculturais de segregação e exclusão social desencadeiam um conjunto de mecanismos cujos efeitos se acham interligados.[26] Não obstante, os representantes são responsáveis pelas políticas que adotam e, também, por suas conseqüências.[27] Assim, o presidente se considera responsável pelos outros agentes dentro do sistema político, na busca de soluções para os problemas sociais. Ele reafirma que, apesar de os governos estaduais serem diretamente responsáveis pela segurança pública, as autoridades federais, "no âmbito de suas ações", já estavam "reunindo forças para impulsionar um programa de emergência, uma vez que a violência assistida pelo Brasil demanda medidas rápidas". E propõe que os

representantes oficiais formem um mutirão de combate à violência, para agir com mais energia a fim de coibir esses atos, que são francamente assustadores. (...) Com todas as dificuldades que existem, nós temos que nos dar as mãos: os governadores, o presidente da República, as forças de segurança, as Forças Armadas, no que lhes corresponde, para pôr um paradeiro a essa onda de violência que tem no crime organizado, na droga, as molas fundamentais. Acho que o país não agüenta mais.[28]

O governo federal entrará em contato de imediato, como já fiz hoje, com o governador do Rio de Janeiro, que naturalmente me disse que eles estavam fazendo o que lhes correspondia, e eu disse que estava preparado para ajudar no que ele necessitasse. Mas eu sei que, nessas horas, depende da ação direta de quem tem o comando sobre a polícia.[29]

Visibilidade midiática e paradoxos da *accountability*

A democracia representativa, como já dito, configura-se como uma cadeia de delegação de competências e uma correspondente cadeia de *accountability* que opera na direção oposta.[30] Apesar de apresentar algumas dificuldades conceituais, tal noção contribui para mostrar os mecanismos que permitem aos mandatários fazer com que os agentes públicos sejam responsabilizados, ou responsabilizáveis (*accountable ex post*), pelo real funcionamento das instituições no sistema democrático. Manter o governo aberto e *accountable* não é tarefa fácil. Obviamente aqueles que cometem transgressões não querem oferecer voluntariamente informações sobre erros ou abuso de poder. Contudo, o governo não é uma instância monolítica. Como veremos, os representantes do governo, ligados aos diferentes poderes do sistema político, assumiram diferentes posições diante do episódio do ônibus 174. Conscientes da importância da comunicação política, as autoridades políticas exercem, na esfera de visibilidade pública, uma pressão distinta sobre os membros da corporação policial. Os agentes da mídia participam ativamente desse jogo político para construir as fronteiras entre a visibilidade e o sigilo.[31]

Accountability profissional e avaliação retrospectiva

Com relação ao caso do ônibus 174, a primeira polêmica girou em torno da "conturbada" operação dos policiais, criando controvérsia acerca da *eficácia* da polícia em promover a ordem — incluindo o conjunto de expectativas em relação à corporação e ao senso interno de responsabilidade individual.[32] O primeiro pronunciamento oficial de "quem tem o comando sobre a polícia", isto é, o governador do Rio, foi feito através de nota à imprensa, logo após o fim do seqüestro. Ele lamentou a morte da refém e definiu como satisfatório o desempenho da polícia: "A assessoria de imprensa de Garotinho informou que o governador 'sentiu-se aliviado' com o desfecho, que ele elogiara a atuação enérgica da polícia e que ele havia considerado que o final do seqüestro havia sido 'a melhor solução possível'".[33]

No dia seguinte, o governador declarou que o desfecho não agradara nem a ele nem ao comandante da operação e que "a falha foi ter morrido alguém".[34] Também o secretário de Segurança Pública do Rio afirmou, de maneira ambígua, que os policiais deixaram de corresponder ao desempenho esperado: "A ação do soldado foi inoportuna, ele fez uma avaliação errada, mas se tivesse matado Nascimento e a moça não fosse atingida por disparos a ação teria sido correta".[35]

O primeiro passo para haver *accountability* é definir algo como um problema.[36] Não há exigência de explicação e justificação, a menos que alguém defina a questão como algo impróprio, errado ou indesejável. Se, num primeiro momento, a morte da refém apresenta-se como um acidente ou uma fatalidade, novos discursos aparecem na esfera de visibilidade dos *media* modificando tal interpretação.

Seguindo um procedimento convencional, os jornalistas convocam especialistas e membros da corporação policial — que têm conhecimento e autoridade para escrutinar as técnicas e os procedimentos adotados por seus pares — para comentar a operação de resgate.[37] Eles afirmam que o processo de negociação foi "completamente equivocado",[38] com erros de avaliação, uso inadequado de equipamentos e confusão nas operações táticas.

Ao longo do debate, vai-se tornando cada vez mais consensual a opinião de que a ação dos policiais foi "desastrosa", com "uma falha atrás da outra", uma "sucessão de erros".[39] O então ministro da Defesa declarou que "o desfecho do episódio deixou claro o despreparo dos policiais envolvidos na operação".[40] José Gregori, então ministro da Justiça, também viu o episódio como uma demonstração de "quanto o Brasil está despreparado, pela ausência de técnica e competência, para enfrentar uma situação limite. (...) o que se viu no desfecho foi que não havia rumo nem comando".[41]

Uma vez apontado o problema, o segundo passo do processo de *accountability*, segundo Pritchard (2000), é identificar os responsáveis pelas falhas cometidas. Apurar responsabilidades e imputar culpa não são processos coincidentes. Somente quando é possível estabelecer a responsabilidade de determinados atores vem a terceira etapa da *accountability*, isto é, a conseqüente aplicação formal de punição ou a exigência de retratação. Antes da caracterização da ação da polícia como inadequada ou imprudente, os membros da corporação policial devem esclarecer se tal conduta estava de acordo com o entendimento geral ou estava simplesmente restrita a um pequeno grupo da corporação.

Visibilidade midiática e paradoxos da *accountability*

O jornalismo, muitas vezes, quebra o silêncio oficial sobre questões problemáticas e obriga as partes envolvidas a se expressarem. Todavia, os padrões de resposta da corporação policial indicaram alguns paradoxos nas tentativas de manter os oficiais *accountable*, como discutido por Harmon (1995) e Roberts (2002). Os policiais ressaltaram que agiram de acordo com uma regra legítima, seja a do código de conduta da corporação, seja a do direito. Existe uma dificuldade particular em equacionar as responsabilidades pessoais, tendo em vista as conseqüências da ação na situação concreta. Em diversas entrevistas, o comandante do Bope disse não ter dado ordem aos soldados para atirarem. Porém, afirmou que seus "homens são treinados para ter autonomia e tomar decisões".[42] Por sua vez, membros da corporação tentaram sustentar a inocência dos policiais alegando que operações como aquela exigiriam "a ação de forças especiais das polícias, e não do efetivo que cuida do policiamento rotineiro".[43] Afirmaram que os policiais não dispunham dos recursos necessários — aparelhagem técnica ou treinamento especializado — para atingir os objetivos da instituição. Além disso, tendem a transferir a responsabilidade individual para os atores coletivos, as organizações e os sistemas sociais, minando a base que permite imputar responsabilidades a agentes individuais pelas conseqüências da ação. Outra forma de justificação se baseia na diluição da responsabilidade entre vários membros do centro do sistema político.[44] Indagados sobre quem seriam os verdadeiros responsáveis por aquela operação "sem rumo e sem comando", alguns membros da corporação policial disseram que representantes de escalões superiores do Executivo impediam uma atuação eficiente da corporação policial: "A PM não teve liberdade de agir porque o governador ficou dando peruada por telefone".[45]

Nota-se que as decisões práticas que orientam a ação da polícia em sua rotina diária nem sempre se pautam pela lei, como faz crer a visão legalista da ação policial. Apesar disso, as autoridades públicas — "que geralmente têm pleno conhecimento dos constrangimentos legais"[46] —, quando chamadas a se expressar em público, costumam alegar que suas políticas e decisões estão dentro dos limites legais que lhes são impostos. Vale observar que, embora seja ponto pacífico que os agentes particulares devem prestar contas de suas ações, tendo em vista a necessidade de controlar o poder público, julgar atos é uma tarefa difícil, mesmo quando os efeitos já se materializaram.[47] Tal é particularmente o caso das equipes de trabalho que formam a base da *accountability* profissional — com baixo controle interno na observância da *expertise*.

Accountability legal

A morte do seqüestrador dentro do carro da polícia que o conduzia à delegacia é a segunda mais importante controvérsia presente na cobertura da mídia impressa. O laudo da perícia médica indicou que Sandro do Nascimento chegou ao hospital já morto, por asfixia. O então governador do Rio imediatamente apontou o problema: "A polícia asfixiou o bandido. Isso é intolerável, não tem cabimento em lugar nenhum".[48] O secretário de Segurança Pública do Rio declarou: "Estamos convencidos de que foi praticado um crime no trajeto, e os cinco policiais que o acompanhavam já estão presos no quartel do Bope e serão indiciados".[49]

Manter a restrição legal ao arbítrio policial no uso de violência é crucial para proteger os direitos e liberdades civis potencialmente ameaçados pelo abuso de poder pela organização do Estado.[50] Por terem sido acusados de cometer um crime, os policiais envolvidos retiram-se da esfera de visibilidade pública e há um progressivo silenciamento de suas vozes. Advogados passam a falar por eles:

> Os advogados da PM apresentaram uma petição à 15ª Delegacia de Polícia, solicitando que os policiais não participassem da reconstituição da morte de Sandro do Nascimento. Ele argumentou que seus clientes têm o direito de ficar calados. (...) O advogado afirmou que tinha orientado seus clientes a "só falar em juízo, porque eles já tinham informado o que aconteceu durante o depoimento".[51]

Como se sabe, o direito à privacidade e ao silêncio são resguardados pela lei, uma vez que a confissão de atos incriminadores de indivíduos suspeitos ou indiciados é uma poderosa evidência que pode ser usada contra eles no julgamento.[52] Interessa ressaltar que, mesmo nesse caso, a

Visibilidade midiática e paradoxos da *accountability* **311**

retração da esfera de visibilidade pública não é completa. Dentro do sistema de direitos e deveres, exige-se que os representantes das instituições respondam às objeções levantadas pelos outros poderes ou continuem a dar respostas ao público. Caso contrário, podem perder o status público de responsáveis (*accountable*) perante uma audiência ampliada. Pode-se dizer que o jornalismo, nesses casos, cria mecanismos para que os representantes políticos ou agentes oficiais estabeleçam uma *accountability* permanente diante de uma platéia ampliada e se engajem numa comunicação generalizada com outros interlocutores envolvidos na questão.

Buscando uma explicação para o que ocorreu dentro do camburão, os advogados alegaram que o seqüestrador resistiu à prisão e os policiais não possuíam algemas para imobilizá-lo. Reafirmaram que os cincos policiais militares agiram "no estrito cumprimento do dever e em legítima defesa". Estariam eles, assim, procurando defender "a própria vida e também a sociedade".[53] Novamente verifica-se cautela ainda maior por parte dos membros da corporação ao tentarem definir a situação de maneira condizente com as normas gerais do direito. No processo de discussão pública, há pouco espaço para a argumentação. Os membros da corporação policial não se negaram arbitrariamente ao diálogo, mas insistiram na repetição de regras formais, seguindo padrões convencionais de justificação.

A visibilidade propiciada pelos meios de comunicação é feita de uma pluralidade de agentes, de modo que ninguém pode construí-la exclusiva ou isoladamente. Nas narrativas jornalísticas, diversos atores levantaram suspeitas sobre os pronunciamentos oficiais, gerando controvérsia acerca da inocência dos policiais.[54] Na sociedade brasileira, tanto a percepção geral quanto as evidências empíricas apontam para o fato de que a violência policial faz parte do procedimento policial rotineiro.[55] Os próprios relatórios do setor de Ouvidoria da Polícia das grandes cidades (Rio de Janeiro, Belo Horizonte e São Paulo) confirmam a gravidade da violência abusiva cometida tanto pela polícia civil quanto pela polícia militar.[56] O regime de *accountability* está, pois, também ligado às expectativas que os cidadãos nutrem com relação ao funcionamento das instituições, como resultado de um processo coletivo e histórico.[57]

Cabe examinar, então, como o jornalismo contribui para o processo de *accountability*, quando as instituições são ineficazes ou não se mostram interessadas em conduzir uma investigação mais aprofundada. No caso da polícia do Rio, segundo Luís Eduardo Soares (2000:148), então secretário de Segurança do Estado do Rio,

> estamos diante de um universo corporativista fechado, fortemente marcado por comprometimentos e cumplicidades degradantes, com uma imagem pública negativa, atado a tradições autoritárias e burocratizantes, infenso ao planejamento, à avaliação, refratário ao controle externo e insensível às demandas da sociedade.

Em primeiro lugar, deve-se ter em mente que a função dos meios de comunicação, sobretudo do jornalismo, é operar como um mecanismo de publicidade, de modo que eles não podem ser vistos como responsáveis pelas falhas de outras instituições. Quando os *media* assumem atributos de outras instituições do sistema político, como o Congresso ou o sistema judiciário, eles lançam sombras na divisão constitucional dos poderes e suas respectivas obrigações, causando danos à vida democrática. O jornalismo, no melhor dos casos, oferece ao público informações precisas, que podem (ou não) deslanchar investigações formais e ações legais.[58] Em segundo lugar, a troca de pontos de vista e argumentos na esfera de visibilidade dos *media* gera disputas e interações dramáticas entre representantes políticos e cidadãos. Isso pode mudar o modo de conceber os problemas sociais e o modo de elaborar um planejamento mais eficaz.

Vozes de atores críticos da sociedade civil

Se os discursos da corporação policial tentam particularizar o episódio do ônibus 174 — o que é importante para o restabelecimento das condições da *accountability* política —, os agentes da sociedade civil procuram generalizá-lo, tomando-o como um entre vários outros casos semelhantes. Organizações voluntárias para a proteção dos direitos humanos, como a Anistia Internacional e o Human Rights Watch, e representantes de conselhos comunitários de segurança pública ou movi-

Visibilidade midiática e paradoxos da *accountability*

mentos sociais como o Sou da Paz e o Viva Rio buscam, acima de tudo, apontar padrões recorrentes de abuso da força policial. Eles denunciam a opacidade dos procedimentos administrativos de rotina e o privilégio da justiça corporativa. Ressaltam a ineficácia dos mecanismos de *accountability* da instituição policial, uma vez que sua punição é constantemente negada. Para a representante do Human Rights Watch no Brasil, o episódio oferece uma chance "de o governo brasileiro se posicionar e mudar o histórico de impunidade do país". Segundo ela, "apesar do crime praticado pelo seqüestrador, ele tinha direito à defesa na Justiça".[59] O sistema judiciário torna a condenação de policiais por crimes violentos praticamente impossível.

No debate público sobre o caso do ônibus 174 através da mídia impressa, os atores da sociedade civil pareciam menos preocupados em restabelecer a coordenação da responsabilidade pessoal ou profissional do que em tematizar as falhas do modelo corrente de polícia, bem como as constelações de poder que impedem a prestação de contas da corporação policial. Essa é uma situação na qual os atores operam com "consciência da crise": ao invés de buscarem soluções imediatas para conflitos pontuais, eles procuram criar, na esfera pública, controvérsias "em torno de aspectos normativos dos problemas em questão" e com isso "influenciar sensibilidades para a alocação de responsabilidades políticas".[60] Os discursos de atores críticos e associações cívicas chamavam a atenção particularmente para setores institucionais que necessitavam urgentemente de reformas.

Como dito anteriormente, o processo de *accountability* pressupõe a existência de uma conexão entre a configuração dos arranjos institucionais e as necessidades dos cidadãos. Se os representantes negligenciam os anseios do público e sistematicamente resistem às demandas de prestação de contas, eles perdem legitimidade:

> Durante os processos de sintonização, não pode romper-se o laço da delegação de competências de decisão. Somente assim é possível conservar o vínculo com o público de cidadãos, os quais têm o direito e se encontram na condição de perceber, identificar e tematizar publicamente a inaceitabilidade do funcionamento de determinados sistemas sociais.[61]

314 Mídia e deliberação

Contudo, é importante perceber que, mesmo quando fracassa o procedimento de sintonia, a prática de trocar de visões, argumentos e críticas, a qual tem início *fora das instituições*, prepara o caminho para a renovação dessas mesmas instituições. Segundo Bohman (1996:201),

> a deliberação dentro de instituições meramente rearranja, ao invés de modificar, o conjunto de instalações, dispositivos e alternativas disponíveis. Quando a deliberação e o modo "normal" de resolver problemas mostram-se bloqueados, o público não pode mais deliberar de modo restrito, confinado aos desenhos institucionais existentes.[62]

Os *media* têm, pois, papel crucial como fórum para o debate cívico. Os líderes de movimentos sociais que combatem a violência e defendem os direitos humanos criticam o problema da violência policial, caracterizando-o como endêmico. Politizam também a questão da violência urbana, ampliando as perspectivas éticas e morais para se compreender o problema. Nas palavras de Mansbridge (1996:215), "politizar (...) é trazer à atenção do público algo que este deve discutir enquanto coletividade, com a perspectiva de uma possível mudança". Agindo de maneira relativamente independente, as associações cívicas também ajudam a buscar soluções. Por exemplo, após o episódio do ônibus 174, várias demonstrações populares em cidades de todo o país foram divulgadas pelos meios de comunicação. A instituição não-governamental Sou da Paz organizou uma campanha nacional ("Basta! Eu quero paz") estruturada em três principais frentes:

- promoção de debates, em todo o país, sobre vários aspectos da violência, reunindo especialistas, consultores, associações de bairro e líderes de comunidades pobres;

- organização de ações de mobilização social em prol do desarmamento e do controle radical do uso de armas de fogo (pelos criminosos, pela polícia e pela população em geral);

- desenvolvimento de mecanismos para a cooperação entre o sistema de segurança pública e a sociedade civil, através de ações

Visibilidade midiática e paradoxos da *accountability* **315**

comunitárias. Atores críticos que combatem a violência diariamente, incluindo as organizações cívicas localizadas em bairros pobres, fornecem um conhecimento prático para processar o problema da violência urbana.

É difícil apreender os efeitos da cobertura midiática de tais iniciativas e mobilizações cívicas. Para captar tais efeitos seria preciso conduzir uma pesquisa específica, com diversos níveis de variáveis. O que precisa ser aqui enfatizado é que os meios de comunicação ajudam a ampliar as discussões que ocorrem nos fóruns de associações cívicas através da divulgação de idéias que, de outra forma, permaneceriam invisíveis ou limitadas ao ambiente privado de pequenos grupos. Há boas evidências de que o debate público conduzido através dos *media* auxilia a mudar o contexto do próprio debate e o modo como os representantes se referem às interpretações de problemas pelos cidadãos, e indicam meios para a solução de conflitos. Quando os debates se desenvolvem numa base plural, torna-se claro que nenhum agente específico detém todas as informações e que ninguém possui de antemão a melhor solução. Informações e soluções precisam ser construídas coletivamente.[63] Representantes e agentes oficiais têm maior dificuldade de negligenciar políticas alternativas trazidas à tona durante o processo de troca argumentativa em público.

A ampliação dos debates na sociedade civil também auxilia a legitimação das escolhas políticas governamentais. Seja por oportunismo político ou não, na mesma semana em que ocorreu o seqüestro do ônibus 174 o presidente da República decidiu antecipar o anúncio do Plano de Segurança Nacional — um ambicioso programa de 124 pontos, envolvendo desde a segurança do cidadão, a polícia, o Ministério Público e a justiça criminal, até a reabilitação de indivíduos em conflito com a lei e a recuperação do sistema nacional penitenciário. O plano, implementado em 2000, evidencia o compromisso do governo federal com a questão da segurança pública, com uma expressiva alocação de recursos para unidades subnacionais.[64]

Considerações finais

Neste capítulo vimos que os meios de comunicação, especialmente o jornalismo, servem como um importante mecanismo de publicidade.

Eles são essenciais, em primeiro lugar, para a constituição pública de eventos, como no caso aqui analisado. As organizações da mídia expandem a comunicação antes restrita a um determinado contexto situado no espaço e no tempo. Os *media* possuem a capacidade única de conectar os discursos de atores de diferentes setores da sociedade, tanto no plano nacional quanto internacional. Ao envolverem vários atores — representantes políticos, autoridades públicas, especialistas, líderes de associações cívicas, cidadãos —, as organizações midiáticas permitem o compartilhamento de informações e a troca de pontos de vista de maneira ampla, desencadeando processos de debate público.

Em segundo lugar, expressar e trocar opiniões publicamente pode alterar o modo como os representantes adquirem ou usam o conhecimento acerca do desempenho das instituições e seus agentes. Como numa atividade dialógica, os que se expressam na esfera de visibilidade dos *media* podem incorporar e interpretar as contribuições dos outros segundo seus próprios termos; adotar um vocabulário que não era utilizado previamente; alterar julgamentos e a maneira de expressá-los. Se imediatamente após o fim do seqüestro o governador do Rio elogiou a ação "enérgica" da polícia e considerou que o episódio teve "o melhor desfecho possível", depois tal avaliação foi drasticamente alterada:

> Garotinho (...) mudou de idéia e classificou a [ação da polícia] como um fracasso, "um desfecho desastroso, foi a pior coisa que poderia ter acontecido".[65]

> Antes ele tinha uma visão, depois examinou os fatos, olhou as fotos e mudou de posição e classificou-a como um fracasso e trocou a chefia da PM. Fez incontáveis reuniões. Criticou sua polícia e prometeu verbas, programas e ações especiais, além de indenizar os parentes de Geísa.[66]

Contudo, o que acontece dentro das instituições após a exposição pública está apenas tangencialmente relacionado com os *media*. As instituições possuem uma dinâmica própria. Os mecanismos de prestação de contas dependem de uma rede de instituições que se articulam de acordo com certos fatores, tais como: a natureza da instituição e sua relação

Visibilidade midiática e paradoxos da *accountability* **317**

com os poderes públicos para desencadear mecanismos formais de *accountability*; os padrões de negociação e compensação dos interesses em conflito; o grau de apoio público no que se refere a uma determinada questão etc.

O jornalismo tem papel importante na publicização dos atos de representantes políticos e na forma como são conduzidas as investigações. Expor escândalos na cena midiática não é suficiente para eliminá-los, ou para que os representantes tornem-se responsáveis por seus atos ou, ainda, para que as instituições competentes desencadeiem processos de investigação e punição. Como vimos, a exposição na esfera de visibilidade dos *media* compele os representantes políticos ou as autoridades públicas a explicarem suas próprias ações e omissões, tornando as ações públicas e abertas ao escrutínio e à avaliação externa. Em outras palavras, os meios de comunicação não criam *accountability*, mas ajudam a somar esforços para criar uma sociedade mais vigilante e crítica. Ao se desenrolar na cena pública, a dinâmica da prestação de contas permite ao público julgar o desempenho dos representantes políticos e avaliar a efetividade das instituições que controlam abusos e impõem sanções aos transgressores. Se os políticos pretendem reeleger-se, eles não podem se afastar completamente das opiniões e dos interesses dos cidadãos. Assim, a mediação da discussão pública possibilita aos políticos "testar as conseqüências do abandono de certos programas e promessas, reverter o curso quando necessário e tentar persuadir o público através de palavras e atos".[67]

A troca de opiniões na esfera de visibilidade pública entre vários atores pode modificar a compreensão dos problemas. As vozes críticas dos movimentos sociais e das associações voluntárias ajudam a construir uma visão compartilhada do abuso de poder pela polícia como um problema estrutural da sociedade brasileira. Tais movimentos e associações assumem uma posição ativa diante da questão em pauta e organizam ações em vários campos para combater as intrincadas causas da violência urbana. Ao mobilizarem os cidadãos, os movimentos sociais e as organizações voluntárias somam esforços para enfrentar problemas que não podem ser resolvidos sem a cooperação dos próprios cidadãos. Em geral esses movimentos cívicos recebem uma atenção periférica dos profissionais da comunicação e estão sub-representados na agenda midiática. Obviamente, os *media* operam atendendo a lógicas e modos próprios de operação. Além disso, nem sempre se interessam em estabelecer debates democráticos plurais, sobretudo para a expressão de idéias dos atores da sociedade civil. Compreender como a publicidade propiciada pelos meios de comunicação pode favorecer os processos de *accountability* incentiva-nos a procurar saber como tornar a própria mídia mais *accountable* nas sociedades democráticas.

Notas

[1] Dennis, Gillmor e Glasser, 1989; Schudson, 1995; Curran, 2000; Norris, 2000; Waisbord, 2000.

[2] Waisbord, 2000; Thompson, 2000; Slavko, 2002.

[3] Gutmann e Thompson, 1996:137.

[4] Manin, 1997; Arato, 2002.

[5] Bobbio,1988:12.

[6] Przeworski, Stokes e Manin, 1999:9.

[7] Arato, 2002:93.

[8] Romzek e Dubnick (1987) propõem uma distinção entre as formas de *accountability* segundo a fonte de controle (interna ou externa) e o grau de controle exercido sobre os agentes políticos (alto ou reduzido): a *accountability burocrática*, com grande potencial de controle interno, origina-se de arranjos hierárquicos baseados na supervisão e na organização de diretrizes; a *accountability legal*, com grande potencial de controle externo, é garantida através de arranjos contratuais; a *accountability profissional*, com baixo controle interno, tem por base os grupos de trabalho e diz respeito à observação de competências; a *accountability política*, com baixo potencial de controle externo, refere-se à capacidade dos representantes de prestar contas e dar explicações. Ver também Przeworski, Stokes e Manin (1999); Mulgan (2000).

[9] Bohman, 1996; Fiskin, 1997; Gutmann e Thompson, 1996.

[10] Roberts, 2002.

[11] Arato, 2002:96.

[12] Tuchman, 1978; Schudson, 1995; Meyer, 2002; Reese et al., 2003.

[13] Gamson e Modigliani, 1989; Meyer, 1995; Page, 1996; McAdam, 1996; Pan e Kosicki, 2003.

[14] O espetáculo se destaca por seus aspectos teatrais ou miméticos: representação (artifício ficcional); papéis e personagens; narração e efeitos emocionais (Kertzer, 1988; Abélès, 1995). As ações espetaculares se impõem pela sua excepcional visualidade, uma vez que existem para "encher os olhos e os monitores de vídeo e ganhar o centro da cena e da tela" (Gomes, 2004:394).

[15] Piault, 2004; Pinheiro, 2004.

[16] Quéré, 1995:106.

[17] Vários estudos sobre a criminalidade urbana (Adorno, 1999; Beato, 2001; Sapori, 2001; Ipea, 2003) mostram que não se pode estabelecer uma ligação direta entre um perceptível "aumento da violência" e a repentina explosão da violência.

[18] *Folha de S. Paulo*, 13 jun. 2000. "Cotidiano", p. 2.

[19] *Estado de Minas*, 14 jun. 2000. "Política", p. 8.

[20] Arendt, 1985.

[21] Hauser, 2000; Höijer, 2004.

[22] Caldeira, 1996; Ipea, 2003:89.

[23] *Estado de Minas*, 21 jun. 2000. "Política", p. 3.

[24] *Folha de S. Paulo*, 13 jun. 2000. "Cotidiano", p. 4.

[25] Ibid., p. 2.

[26] Zaluar, 1996:53, 1999; Adorno, 1998; Pinheiro, 1997; Belli, 2000.

[27] Gutmann e Thompson, 1996:137.

[28] *Folha de S. Paulo*, 13 jun. 2000. "Cotidiano", p. 2.

[29] *Estado de Minas*, 21 jun. 2000. "Nacional", p. 7.

[30] Manin, 1997.

[31] Waisbord, 2000; Thompson, 2000.

[32] Hunold, 2001; Roberts, 2002; Romzek e Dubnick, 1987.

[33] *Folha de S. Paulo*, 13 jun. 2000. "Cotidiano", p. 4.

[34] *Folha de S. Paulo*, 14 jun. 2000. "Cotidiano", p. 3.

[35] Ibid., p. 6.

[36] Pritchard, 2000.

[37] Meyer, 2002; Schudson, 1995; Waisbord, 2000.

[38] *Veja*, 21 jun. 2000, p. 44.

[39] Ibid., p. 42-43; *Folha de S. Paulo*, 14 jun. 2000. "Cotidiano", p. 12.

[40] *Estado de Minas*, 16 jun. 2000. "Política", p. 5.

[41] José Gregori. *Estado de Minas*, 16 jun. 2000. "Caderno Política", p. 5.

[42] *IstoÉ*, 21 jun. 2000, p. 30-32.

[43] "Garotinho esteve durante todo o tempo em contato com o secretário de Segurança Pública do estado do Rio de Janeiro, Josias Quintal, que, por sua vez, do seu próprio gabinete, mantinha contato com o comandante do Batalhão de Operações Especiais (Bope), que atuava na cena do seqüestro" (*Folha de S. Paulo*, 13 jun. 2000. "Cotidiano", p. 3).

[44] Roberts, 2002.

[45] *Folha de S. Paulo*, 14 jun. 2000. "Cotidiano", p. 12. Nota oficial da Assessoria de Imprensa do governador do Rio, emitida logo após o desfecho do seqüestro e publicada em vários jornais, sugere que uma rede de contatos havia sido estabelecida durante o seqüestro.

[46] Mulgan, 2000:564.

[47] Przeworski, Stokes e Manin, 1999:23; Hunold, 2001:161-163.

[48] *Folha de S. Paulo*, 14 jun. 2000. "Cotidiano", p. 7.

[49] Ibid., p. 6.

[50] Bobbio, 1988:42.

[51] *Folha de S. Paulo*, 22 jun. 2000. "Cotidiano", p. 4.

[52] Arato, 2002:28; Gutmann e Thompson, 1996:105.

[53] *Estado de Minas*, 16 jun. 2000. "Nacional", p. 7; *Folha de S. Paulo*, 16 jun. 2000. "Cotidiano", p. 1.

[54] Como um dos policiais teve o braço quebrado, os advogados responsáveis pelo caso tomaram esse fato como prova de que houvera uma luta entre a polícia e Sandro. Um advogado declarou que a luta ocorrera dentro do camburão, quando o seqüestrador tentou tomar a arma de um policial, mas outro afirmou que ela havia acontecido quando o policial tentou subjugar o seqüestrador.

[55] Estudos mostram que as práticas ilegais — intimidação e retaliação a suspeitos, prisões sem justificativa, violação da integridade física dos prisioneiros etc. — são desejadas pelas classes populares (Cardia, 1999; Zaluar, 1999; Adorno, 1993, 1998). Há um grande número de mortes com características de execução, toda vez que os suspeitos, "uma vez rendidos, resistem à captura ou tentam escapar" (Avritzer, 2002:115).

[56] Sapori e Souza, 2001:176.

[57] Manin, 1997; Przeworski, Stokes e Manin, 1999; Arato, 2002.

[58] Waisbord, 2000:241.

[59] *Folha de S. Paulo*, 15 jun. 2000. "Cotidiano", p. 1.

[60] Habermas, 1996a:357.

[61] Habermas, 1997a, v. 2, p. 83.

[62] Bohman, 1996, p. 201.

[63] Bohman, 1996:189; Gutmann e Thompson, 2004:32; Fishkin, 1991, 1997.

[64] Ipea, 2003:97.

[65] *Estado de Minas*, 14 jun. 2000. "Política", p. 3; *Folha de S. Paulo*, 16 jun. 2000. "Cotidiano", p. 12.

[66] *IstoÉ*, 21 jun. 2000. p. 31.

[67] Arato, 2002:97.

10

Imagens que chamam ao debate: a construção da denúncia e da controvérsia no evento da Favela Naval

Bráulio de Britto Neves

Rousiley C. M. Maia

Imagens estarrecedoras, exclusivas do *Jornal Nacional*. A PM de São Paulo tortura, assalta e mata em batidas policiais. Abuso, violência e covardia. Soldados da PM de São Paulo transformam batidas na periferia em seções de terror... Humilhação, agressões, extorsão, fuzilamento. As cenas exclusivas foram gravadas por um cinegrafista amador e revelam extrema crueldade contra cidadãos indefesos, suspeitos ou não. O *Jornal Nacional* adverte que as imagens são fortes, mas tem o dever de denunciar.

Assim começa a edição de 31 de março de 1997 do *Jornal Nacional*, da Rede Globo de Televisão. Advertências, auto-elogios e indignação editorialesca servem de preâmbulo a uma seqüência de imagens até então inusitada na televisão brasileira, mostrando os policiais militares paulistas que durante três noites humilharam e espancaram cidadãos comuns (que não ofereceram resistência) em supostas "operações" de repressão ao narcotráfico. Tais atos culminaram com o assassinato de um trabalhador negro. Segundo a reportagem do *Jornal Nacional*, o registro da "operação policial" teria sido obra de um "cinegrafista amador", não identificado. A denúncia videográfica dos crimes policiais na Favela Naval, em Diadema-SP, escandalizou os telespectadores e a opinião pública nacional e internacional, mantendo-se em destaque nos *media* por várias semanas.

O escândalo causado pela divulgação dessas imagens, porém, parece um paradoxo: a contundência do relato jornalístico não resulta da surpresa com os fatos em si, já que a brutalidade policial urbana — prática corrente de boa parte das forças de segurança pública —, é mostrada com certa freqüência pelos *media*. O abuso de poder e autoridade por parte dos policiais é sistematicamente denunciado pelos movimentos de defesa dos direitos humanos e também faz parte da experiência cotidiana dos cidadãos brasileiros.[1]

Após o "furo" jornalístico, a quase totalidade dos noticiários brasileiros divulgou com destaque, nas semanas seguintes, os desdobramentos da denúncia inicial. Quase que imediatamente, a legitimidade dos procedimentos "normais" de investigação dos crimes pela corporação policial-militar, pelo governo paulista e pelas autoridades judiciárias foi posta em questão. A intervenção de várias instituições públicas, com a participação de equipes de reportagem de inúmeros veículos de comunicação, revelaria, logo em seguida, diversas outras irregularidades existentes na Polícia Militar paulista. Aos poucos foram sendo trazidas a público denúncias de crimes policiais ocorridos em outros lugares e momentos, suscitando severas críticas da sociedade civil e dos *media* ao funcionamento das polícias militares brasileiras.

Ao se disseminarem pelos veículos de comunicação, as imagens registradas na Favela Naval foram sendo associadas a declarações de fontes diversas: testemunhas e vítimas dos crimes; populares; autoridades executivas, judiciais e parlamentares; advogados e juristas; policiais etc. Uma parcela significativa dos atores políticos e sociais brasileiros passou a debater na mídia os sentidos que se deviam atribuir àquelas imagens. Além disso, novos acontecimentos vieram à tona e mais fatos "obscuros" foram revelados.

A atenção raramente conferida (no contexto das práticas da imprensa brasileira) às decisões parlamentares e ao processo judicial instaurados a partir da denúncia inicial demonstra a relevância pública adquirida pelo "caso". Deu-se grande visibilidade à promulgação de leis sobre os direitos humanos, à redefinição das atribuições da Justiça Militar e à discussão acerca do papel da polícia na sociedade brasileira. Com a convergência da atenção pública para as questões relacionadas ao "caso Diadema", a tramitação dos projetos de lei e a tomada de decisões judiciais sobre esses temas foram significativamente aceleradas. Essa dinâmica resultou na aprovação (com emendas) de leis[2] num período bem mais curto do que esperavam os partidos de esquerda e as organizações autônomas da sociedade civil, habituais propugnadores dos direitos humanos.

Sustentamos, portanto, que o status de acontecimento publicamente relevante conferido à denúncia midiática que inicia o evento da Favela Naval (EFN) resultou menos da gravidade dos crimes do que das características do processo de produção de seu relato na cena pública. Os crimes ocorridos nos dias 5 e 6 de março de 1997 já haviam sido denunciados formalmente pelas vítimas, no dia seguinte às agressões, e também noticiados com destaque na capa de um jornal local (o *Diário do Grande ABC*), mas isso não gerou mais do que o processamento rotineiro e duas notas em jornais de grande circulação.[3] O registro daqueles crimes em vídeo alterou a natureza daquelas ocorrências. As notícias sobre eles não ficaram restritas à não-publicidade de remotas periferias urbanas e de jornais comunitários: foram mostradas à hora do jantar, para todos os lares do país.

A construção da denúncia pelos meios de comunicação corresponde, em linhas gerais, ao que Habermas chama de "transporte da situação-problema" para a esfera pública: parte de uma experiência de caráter inicialmente não-público, local e indistinto, adquire visibilidade ampla e interesse geral, demandando interpretação pública. Com uma peculiaridade: esse transporte forçou os atores políticos e sociais a deliberarem sobre o problema da sistemática ineficácia dos mecanismos rotineiros, legais e administrativos para apurar os abusos de poder. Os agentes da mídia procuram, através da enunciação pública, fazer com que governantes e autoridades públicas acionem mecanismos de prestação de contas que, por sua vez, desencadeiam processos de busca generalizada de explicações por parte de servidores públicos.

O propósito deste capítulo é elucidar o papel dos agentes da mídia na "construção da denúncia" e na configuração do espaço das controvérsias públicas, através da ampla divulgação das agressões policiais em Diadema. Discutiremos a lógica do uso de imagens técnicas como "testemunhos objetivos" propiciadores da *accountability*.[4] Veremos como ocorre a transição entre a produção do fato publicamente relevante e a construção de uma tematização na esfera de visibilidade dos *media*, ou seja, como se passa do acontecimento ao evento. A intensa produção noticiosa sobre as agressões dos policiais e temas correlatos fez com que as ocorrências perdessem sua singularidade e adquirissem um caráter sintomático, passando a ocupar o centro da agenda dos atores políticos e sociais, clamando por interpretações e deliberações. Nessa perspectiva, procuramos mostrar como governantes e servidores públicos se confrontaram na publicidade televisiva (e com ela própria) em processos de *accountability*, tentando defender e legitimar publicamente suas idéias, identidades e interesses. O objetivo central é explicitar o papel que os agentes da mídia exercem nesse processo em que as peculiaridades da midiatização técnica são fundamentais.

"Nada a declarar"

As características dos crimes policiais cometidos em Diadema e denunciados nos telejornais correspondem perfeitamente àquelas que são típicas desses crimes no resto do Brasil:[5] suas vítimas são principalmente homens na faixa dos 20 anos de idade, negros ou pardos, pobres, migrantes nordestinos, em geral trabalhadores não-especializados cuja renda mensal não chega a U$ 100, pouco instruídos (geralmente, 1º grau incompleto) e que moram na periferia das grandes cidades.[6] No Brasil, os resultados da chamada "guerra contra o crime" (e da impunidade oficiosa dos policiais violentos) são duvidosos em termos da redução das taxas de criminalidade, mas inequívocos quanto ao desrespeito aos direitos humanos.[7]

Tomando o aspecto operacional do trabalho de detecção de crimes e captura de criminosos, deve-se considerar que a atividade policial é pouco passível de coordenação por regras preestabelecidas. O "arcabouço jurídico formal", responsável por impor os limites necessários para que a ação policial continue sendo um instrumento de defesa dos direitos individuais, não é, contudo, capaz de *recomendar* o curso das ações policiais.[8] A "propensão da polícia à brutalidade"[9] é bem conhecida. As polícias brasileiras herdaram os padrões operacionais da sociedade escravista e tiveram, no período da ditadura militar, seu caráter repressivo e discricionário fortemente acentuado.[10] As práticas espúrias da repressão política acabaram por impregnar a cultura profissional da parte mais violenta da corporação policial.[11] Mesmo com o desaparecimento da dissidência armada e depois de formalmente encerrado o período de exceção, as PMs mantiveram a organização militar e os privilégios da justiça corporativa.[12]

Além do abuso de autoridade e do uso ilegítimo da força por membros da corporação policial, ao longo do EFN ganharam publicidade diversos procedimentos de ocultamento de ações ilegais herdados dos órgãos de repressão política, tais como a falsificação de documentos legais, a ocultação de evidências incriminadoras, a negligência criminosa na busca de indícios, a desqualificação dos testemunhos das vítimas, a intimidação das testemunhas, entre outros.[13] No contexto do EFN, práticas como essas foram definidas por diversos atores sociais como métodos corporativistas para o acobertamento dos crimes policiais. A legitimidade dos procedimentos institucionais de investigação das corporações policiais e da justiça criminal brasileira foi duramente questionada, com base nas evidências trazidas à tona por vítimas, testemunhas e meios de comunicação.

O tratamento dado pelos *media* aos desdobramentos dos crimes cometidos em Diadema constituiu exceção no tocante à abordagem tipicamente adotada para ocorrências desse tipo. A perspectiva predominante no discurso da grande imprensa brasileira sobre a violência urbana e a brutalidade policial conforma-se à "concepção popular de justiça". Nas reportagens que invadiram a televisão brasileira após a denúncia do *Jornal Nacional*, os telejornais abandonaram as representações habituais da violência urbana e se distanciaram da acomodação a "versão oficial" sobre a atuação da polícia militar. Interessa-nos aqui examinar como os agentes da mídia detêm um poder de enunciação pública que é fundamental tanto para garantir o reconhecimento da factualidade das ocorrências quanto para organizar as falas dos demais atores sociais, e que transforma essencialmente a interpretação das videoevidências. Tal poder de enunciação pública não é igualado nem pelos governantes, nem pela sociedade civil organizada.

Operações de narrativização e a construção do evento

As imagens técnicas são insistentemente assumidas como "testemunhos objetivos" pelo senso comum,[14] a partir da presunção de que os fatos seriam, em alguma instância, autônomos em relação aos valores e poderiam, sozinhos, definir nexos causais ou apontar conclusões lógicas, ou seja, os índices, por si sós, seriam capazes de propor regras gerais.[15] Essa forma de conceber as imagens tecnicamente capturadas mostra-se ainda mais paradoxal quando se sabe com que facilidade atualmente elas podem ser manipuladas, ou quando se tem conhecimento da já longa história de fraudes perpetradas a partir de tais concepções.[16]

As imagens tecnicamente capturadas e, de modo geral, todos os índices permanecem irredutíveis às articulações discursivas que propiciam, não se deixando "consumir" por elas. Não cessam de oferecer novas possibilidades de incorporação em diferentes percursos narrativos, mas jamais são integralmente absorvidas nesses relatos. O ideal (ou melhor, a *ideologia*) da objetividade jornalística, assim como a apropriação das videoimagens enquanto "testemunhos objetivos" são ambos profundamente marcados por essa idéia de "objetividade objetiva".[17]

Para a designar as videoimagens da FFN (Fita da Favela Naval) utilizamos uma terminologia que visa acompanhar suas mudanças de função associadas ao seu deslocamento entre diferentes contextos comunicativos. *Ocorrência* é o *happening* (ou "fenômeno") inicialmente acessível apenas à experiência local dos sujeitos envolvidos. O *acontecimento* é o relato público da ocorrência ou a ocorrência já tomada publicamente como um fato. Assim, a ocorrência tende a autonomizar-se em relação às condições locais de sua origem pela mediação de matrizes cognitivo-narrativas que permitem sua circulação pública. O *evento* ou *acontecimento reflexivo* se configura quando os discursos públicos interpretam a ocorrência reflexivamente. No evento midiático, cada novo enunciado redefine o sentido dos aconteci-mentos e enunciados precedentes, ao mesmo tempo que se torna disponível para interpretações subseqüentes.[18] Tal distinção nos será útil para entender tanto os mecanismos midiáticos de apropriação de um acontecimento quanto os mecanismos reflexivos de sua recriação pelo público.

O desenvolvimento do EFN encontra-se simbolicamente mediado por dois momentos que definem as formas e os procedimentos de produção discursiva dos atores, principalmente dos profissionais da mídia: a "denúncia" e a "controvérsia". O primeiro desses desdobramentos é a atividade de apuração, na qual a equipe de reportagem, que faz o "jornalismo investigativo", procura confirmar a veracidade das imagens através dos testemunhos. As imagens dos abusos, que já eram rotineiros na Favela Naval, foram gravadas quase um mês antes de sua exibição pelo telejornal. Só depois de produzido o "fato" é que o *Jornal Nacional* pôde dar o "furo" e tratar a notícia como "escândalo" público. O segundo desdobramento é a interpretação social do acontecimento, aqui denominada "controvérsia", por meio da qual se busca definir as implicações políticas, morais e éticas do acontecimento.

Nas denúncias que marcam o início do evento em questão, fica evidente que as intervenções dos telejornais reproduzem procedimentos próprios à justiça criminal. Apregoando sua capacidade de intervir "imediatamente" na cena do crime, os telejornalistas puseram-se a testemunhar atos criminosos, colher depoimentos dos envolvidos, identificar e julgar sumariamente os culpados, e mesmo puni-los com o vexame público.[19]

A primeira publicização da ocorrência original (os crimes policiais e sua gravação em videoteipe) aparece no *Jornal Nacional*,[20] normalmente exibido às 20h. A maior parte dessa edição foi dedicada à exibição de trechos do primeiro videoenunciado, editado e acrescido de informações investigadas pela produção do telejornal.

Repórter em *off*: Município de Diadema, Grande São Paulo. Meia noite e sete minutos do dia 3 deste mês. Um pelotão da Polícia Militar do 22º Batalhão começa o que oficialmente... seria uma operação de combate ao tráfico de drogas num beco da periferia. Um carro é parado. Os ocupantes descem. São encostados na parede, mãos para o alto. Ninguém oferece resistência. Mesmo assim o pê-eme se irrita ["cala a boca!"]. O outro policial é mais violento ["quer apanhar?" — bofetão]. O pê-eme parte para os outros homens... e dá um soco nos rins de um deles. Meia-noite e vinte. Boné para trás, arma em punho, este pê-eme lidera a violência. Mais um carro é parado. Os pê-emes abandonam os outros rapazes e correm para cima deste homem, que tenta se explicar. Não adianta. Os homens da Brasília são liberados. Não fica testemunha. Os policiais militares escutam explicações... e se irritam ainda mais [bofetão]. O pê-eme grandalhão chega. O rapaz passa a mão no rosto esbofeteado. Pouco depois o pê-eme grandalhão vai com ele para trás de uma parede [pancadas, gritos, choro]. A pancadaria não atrapalha a conversa dos pê-emes. Outro policial pega um cassetete e o entrega ao pê-eme grandalhão [pancadas, gritos, choro]. O cinegrafista amador consegue pegar parte da cena onde o pê-eme grandalhão espanca o homem [pancadas, gritos, choro]. Mesmo diante da súplica do rapaz, o grandalhão balança a cabeça e chama o parceiro... que já está apontando a arma para o motorista de outro carro. Ele então caminha com naturalidade... arma em punho [pancadas, gritos, choro]. Trinta segundos depois o tiro... e o silêncio.

Toda a tortura demorou oito minutos. O grandalhão massageia o braço. O outro guarda a arma... e ri. É como se nada tivesse acontecido. Em nenhum momento os policiais acionam pelo rádio a central da pê-eme para saber se os carros são roubados.

Primeiramente é feita uma apresentação bastante resumida dos trechos da FFN em que aparecem os momentos mais violentos. Os trechos são montados fora da ordem cronológica (tomando-se como referência a indicação de data e hora, inserida pelo cinegrafista). Essa forma de montagem destina-se a produzir, na abertura do telejornal, o maior impacto emocional possível. Assiste-se logo depois a uma nova exibição das videoimagens da FFN, agora em ordem cronológica "natural". A exibição é acompanhada pela locução em *off* do repórter, bastante redundante em relação à informação diegética já provida pelas videoimagens. O trecho seguinte da FFN mostra o soldado O. L. Gambra brincando com sua arma particular (clandestina):

Repórter em *off*: Meia-noite e 36 minutos do dia cinco. "Rambo" brinca com a arma. Coloca o pente.

Esse soldado, chamado por seu apelido ("Rambo"), é até então o único a ser identificado individualmente. No *Jornal da Globo* de 10 de abril, exibido às 23h, esse apelido foi dado equivocadamente ao soldado N. S. Silva Jr.:

> Repórter em *off*: Depois de tomar tapas no rosto, este homem é levado para um beco e espancado pelo pê-eme grandalhão, conhecido como "Rambo" [pancadas, gritos, choro]. Depois da surra, o pê-eme grandalhão... chama um amigo, que caminha tranqüilamente. Minutos depois se ouve o tiro...

A identificação equivocada sugere que, nessas primeiras denúncias, os agentes da mídia tinham pressa em apresentar e caracterizar o personagem que desempenharia a função de *antagonista*. No entender desses agentes, a alcunha de "Rambo" não se refere exatamente a um indivíduo, mas serve como identificação genérica do policial criminoso, quem quer que seja ele.

Voltando à edição de 31 de março do *Jornal Nacional*, é então apresentada a "prova" da corrupção dos policiais denunciados: um sargento PM é mostrado ao pegar os papéis do motorista de um fusca, mas não ao devolvê-los algum tempo depois. Essa falsa denúncia ilustra a forte tendência do telejornal para selecionar as imagens mais comprometedoras e omitir quaisquer elementos que pudessem ser favoráveis à defesa dos policiais agressores.

No restante da seqüência, mostram-se as agressões ocorridas na noite seguinte (de 6 para 7 de março), quando um motorista foi duramente espancado e outro, o mecânico Mário José Josino, morto. A exibição dos trechos faz uma elipse da longa "sessão" de agressões, que são sumarizadas pelo relato verbal:

> Repórter em *off*: "Rambo" se aproxima. O suspeito tenta se explicar. Primeiro golpe de cassetete. Outro. Mais outro. E outro. O pê-eme grandalhão pega o pé do rapaz... torce. A pancadaria continua. O grandalhão agora dá com o cassetete no pé do rapaz. Em apenas três minutos, ele vai levar 34 pancadas...

330 Mídia e deliberação

A seqüência se encerra com a exibição das videoimagens do momento do disparo do tiro que matou Mário José Josino, assassinato duas vezes anunciado na locução: "Reparem no rapaz com a agenda na mão. Ele vai morrer. (...) Mas o pior ainda está por vir". As imagens mostram parcialmente (e o repórter narra) o assassinato de Mário por "Rambo". Além da típica abordagem personalizante da narrativa jornalística ("Rambo", o antagonista, "Mário", a vítima), um trecho da narração em *off* demonstra o duplo sentido de "cena":

> Espancados, eles entram no carro. O rapaz que estava com a agenda vai atrás. Quando tudo parecia ter terminado, "Rambo" calmamente entra em cena. Atira no carro [carro acelerando]. Ao fundo, outro atira também, só que para o alto. "Rambo" completa o serviço com mais um tiro.

Agora "Rambo" entra de fato em "cena", porque antes estava oculto atrás de um poste. Ele entra no plano da câmera, mas também o faz em sentido figurado, pois *executa* um ato extraordinário e espetacular. Aqui a expressão "cena do crime" adquire uma literalidade incomum: devido à gravação dos crimes, o momento-lugar onde ocorre o gesto violento e rotineiro se torna "exemplar", adquirindo sentidos públicos e simbólicos.

O desfecho foi narrado pelo repórter sem a exibição de imagens da FFN, pois o resultado das ações não foi nela registrado. É interessante notar que a parte final dessa emissão foi apresentada *como se* transmitida diretamente de um lugar *identificável como* uma periferia urbana:

> Um dos tiros disparados pelo policial militar atingiu o rapaz que estava no banco de trás do carro. O mecânico Mário José Josino, que estava de férias e tinha ido visitar um amigo, foi levado pelos colegas para o hospital público de Diadema, onde morreu horas depois.

A segunda parte dessa edição do *Jornal Nacional* começa com uma espécie de "compacto dos piores momentos", mais longo e descritivo que o resumo inicial. Novamente, as cenas da FFN são exibidas fora de ordem cronológica. Em seguida, o repórter que conduz a apresentação da denúncia descreve minuciosamente uma das agressões. O depoimento da vítima, obtido com exclusividade pelo telejornal, é anunciado como um "gancho" para a edição do dia seguinte. A edição desse dia termina com um longo comentário do apresentador sobre os acontecimentos relatados.

De indícios a emblemas

A imagem do disparo (às "12:03PM MAR. 7 1997", conforme registrado pelo relógio da câmera) já havia sido exibida na primeira seqüência de cenas curtas editadas para a apresentação da notícia no *Jornal Nacional* de 31 de março. Ao longo do telejornal, o sentido dessas cenas vai sendo desdobrado pela exibição de cenas progressivamente mais longas e editadas em ordem cronológica real. As imagens dos crimes são mostradas várias vezes, mas a cada vez com maiores detalhes. No *Jornal Nacional* de 1º de abril são mostrados os testemunhos das vítimas, apoiando a pretensão de verdade ("indicialidade") da gravação inicial.

A ordem cronológica das ocorrências na exibição das videoimagens foi respeitada apenas na edição de 31 de março, provavelmente porque então a verossimilhança temporal era um apoio necessário para estabelecer a indicialidade da FFN. No desdobramento da notícia, a edição de imagens vai organizar as cenas da gravação inicial cada vez mais segundo finalidades expressivas, visando ora intensificar o impacto sensorial do relato da ocorrência, ora pontuar os depoimentos com as imagens dos depoentes durante as agressões.

Já na edição de 1º de abril as "cenas" foram montadas com intenção nitidamente metaforizante. Uma cena em que um motorista é esbofeteado ("12:18 MAR. 3 1997" da FFN) foi repetidas vezes exibida e "reciclada" de diversas maneiras. Na primeira exibição, o trecho apóia a identificação de um dos PMs agressores, coerentemente chamado de "rei da bofetada". Na segunda, ilustra as agressões, durante a exibição dos testemunhos de moradores da Favela Naval. Na terceira exibição, logo depois do bofetão, a imagem é congelada. O rosto do policial fica exposto, enquanto o do "cidadão indefeso" fica oculto, voltado para trás devido ao safanão. Essa curta seqüência (safanão-tapa-*still*) é utilizada para introduzir todas as seqüências de "povo-fala". Após o golpe e o congelamento do videograma, o fundo perde a cor, pondo em destaque os dois homens em alaranjado sobre o fundo em preto-e-branco; o fundo tornado alaranjado pela luz das lâmpadas de sódio da iluminação pública da esquina da rua Naval com Francisco Brás é "recolorido"[21] de vermelho. Essa imagem, depois de "descolorida e recolorida", é novamente alterada para servir como cenário eletrônico dos apresentadores do telejornal, identificando visualmente os enunciados associados ao EFN.

Essa cena tornou-se, para o *Jornal Nacional*, o emblema do evento da Favela Naval. O modo como ela foi editada e utilizada parece condensar uma série de operações semânticas importantes a respeito da apropriação abstratizante das imagens iniciais e do estabelecimento de um campo de visibilidade temático na esfera de visibilidade pública constituída pelo telejornalismo.

Primeiro, a exposição do rosto do policial induz à representação da violência policial como resultado de ações disfuncionais *individuais*, evitando assim a interpretação da ocorrência como um "exemplo" dos preconceitos que impregnam a relação das classes dominantes com as comunidades da periferia.

Segundo, essa videoimagem identifica genericamente o sujeito que sofre a agressão ("o" cidadão), reforçando o transitivismo da relação entre vítima e telespectador (operação que fica explícita no texto da chamada do telejornal: "Imagine que *você* fosse abordado... desse jeito").[22] O transitivismo seria uma forma típica de relação do público televisivo contemporâneo com os relatos midiáticos. Através dele, os telespectadores estabelecem conexões entre seu campo de experiências e os acontecimentos apresentados na televisão. Essa forma alcança sua máxima intensidade no "espetáculo do grande ferimento",[23] quando os espectadores são situados, como nos momentos iniciais da denúncia dos crimes da Favela Naval, simultaneamente no lugar da testemunha e no da vítima.

Terceiro, o "emblema EFN" visa restringir a polissemia do enunciado inicial. A partir da singularidade da *gravação/fita*, disponível apenas para públicos fechados (a empresa de comunicação, o comando da PM de São Paulo e a Justiça Militar), a midiatização do telejornal propõe as *imagens/cenas* como objeto da interpretação do público amplo, liberando-as das vinculações potencialmente comprometedoras do seu processo de produção. Esse recorte aumenta a capacidade de circulação pública da videodenúncia inicial, favorecendo sua apropriação enquanto "pedra do escândalo", catalisadora de um debate que configura um campo temático na esfera de visibilidade dos *media*, de maneira que o caráter sistemático do apagamento da autoria da gravação inicial tem implicações mais amplas que as da mera apropriação pelos telejornais. No entanto, é também através da disputa por esse lugar, entre as empresas de comunicação, que as imagens acabam sendo expropriadas de qualquer autor e tornando-se públicas e "autônomas" o suficiente para cumprirem "seu dever de denunciar".[24] O que significa, mais uma vez, que as enunciações videográficas tanto cumprem quanto exigem o mecanismo da *accountability*, criando assim condições para que se instale, na diversidade das interpretações das imagens, um processo de debate público que será consolidado na etapa da "controvérsia".

A passagem para a "controvérsia": bocas fechadas, vistas grossas

Na continuidade da comoção pública gerada pela denúncia midiática inicial, os procedimentos furtivos dão lugar à "cobertura jornalística" que é necessária ao relato da "controvérsia", a interpretação social do acontecimento. Essa passagem corresponde à configuração de uma segunda demanda interpretativa na esfera de visibilidade dos *media*. Agora é necessário que o acontecimento tenha seu sentido público-político atribuído. Tal demanda não pode ser suprida pela produção discursiva dos atores "midiáticos", mas exige também a participação dos atores da sociedade e do Estado. Na "cobertura", os agentes da mídia abandonam a posição de intervenção inicialmente assumida e passam a gerenciar o acesso ao ambiente midiático. As equipes de reportagem comparecem assiduamente às situações de enunciação propostas pelos outros atores. Na controvérsia pública, produz-se uma segunda tradução das videoimagens. Nela os índices constituídos na denúncia inicial são conectados aos enunciados dos diferentes atores como partes de seus argumentos, cujo entrelaçamento forma o "hipertexto" do EFN. Sem que seja interrompida, a tarefa de indicialização das videoimagens passa então para o segundo plano, enquanto as atenções públicas se voltam mais explicitamente para a avaliação coletiva das implicações políticas, morais e éticas do acontecimento. Como já foi observado, essa avaliação é potencialmente ilimitada, devido à pluralidade de contextos de interpretação.

O aspecto das variadas formas de apropriação das imagens inicialmente gravadas é particularmente significativo para esta investigação. De modo geral, pode-se afirmar que foi nessas primeiras edições dos telejornais que se estabeleceram as condições para que as imagens adquirissem seu valor testemunhal e seu apelo emocional (escândalo). Mas, indo além do primeiro momento de "choque", é possível considerar que os parâmetros da proposição inicial do acontecimento estruturaram aqueles segundo os quais o acontecimento se desdobrou como um processo comunicativo reflexivo. Nessa "hipertextualização" do acontecimento, o sentido da ocorrência permanece aberto, suscitando ou exigindo (dependendo do ator) um posicionamento dos diversos atores da esfera pública.

Isso é literalmente visível nos cantos das imagens analisadas: a partir do dia seguinte ao da denúncia, vão se "aderindo" as marcas dos contextos de enunciação em que elas foram sendo apropriadas. Aos primeiros caracteres do dia e hora da gravação inicial acrescentam-se o logotipo da TV Globo, os créditos dos repórteres, os logotipos das agências de notícias e de outras emissoras. Nas emissoras concorrentes da Globo, as imagens (cedidas pela promotoria de justiça) são exibidas em preto-e-branco, primeiro captadas em quadros mais fechados, a partir de cinescópios onde a gravação inicial foi exibida. Além disso, ao longo do período examinado, os telejornais exibem trechos cada vez mais curtos e menos variados, indicando mais uma vez a sua mudança de função, de índices a símbolos.

Os telejornais mostram a exibição de videoimagens da FFN em diversos lugares de atribuições bem diferentes, como uma sinédoque da "repercussão" institucional: na sala da Promotoria de Justiça de Diadema, na Subcomissão dos Direitos Humanos da Câmara dos Deputados (em Brasília), na sala onde a representante da Anistia Internacional concede entrevista a um repórter da Globo (enquanto o monitor mostra as imagens do *Jornal Nacional*), na Assembléia Legislativa de São Paulo (durante as seções da CPI do crime organizado), no Tribunal de Justiça de Diadema, entre outros. Há, conexa a essa sinédoque, a explicitação do contraste entre a ampla circulação pública alcançada pelas "cenas" da FFN, depois da sua publicização telejornalística, e o anterior acesso à "fita", restrito a determinados coletivos. A gravação original teve uma cópia em preto-e-branco gravada pelo cinegrafista autônomo e entregue à Polícia Militar. As videoimagens incriminadoras foram assistidas pelos oficiais do Comando da Polícia Militar do estado de São Paulo e pela reportagem do *Jornal Nacional*. O Comando enviou a cópia à Justiça Militar e ao Ministério Público de Diadema, logo depois de tê-la recebido em 24 de março. Devido a essas "providências cabíveis", os policiais militares foram presos no dia 25, uma semana antes da primeira exibição pública da gravação.[25]

A reportagem vai questionar justamente a não-publicidade dos processos contra os policiais criminosos. Tal "ocultação" foi de diversas maneiras questionada e associada ao relato da impunidade de boa parte dos PMs julgados pela Justiça Militar. Note-se que o foco varia entre diversas dimensões da falta de prestação de contas.

Ressalta-se, em primeiro lugar, a falta de *accountability* administrativa: nenhum princípio de responsabilidade pessoal, interior ou mesmo de fidelidade corporativa, justificaria a negligência em informar os superiores hierárquicos ou os representantes eleitos:

> *Jornal da Globo*: O comando da pê-eme soube dos crimes através de um cabo, que fazia parte do grupo. A fita do cinegrafista amador também já estava com a pê-eme desde a semana passada. A assessoria de imprensa do Governo de São Paulo não soube explicar por que o comando da pê-eme omitiu esse fato ao Secretário de Segurança, e ao próprio Governador.

> *Jornal da Band*: O governador de São Paulo viu aquelas imagens pela primeira vez *ontem* no *Jornal Nacional* da Rede Globo. Não fosse a divulgação, o beco da vergonha talvez acabasse como muitos outros becos de favelas brasileiras onde a polícia tortura, toma dinheiro e mata cidadãos como nós e não acontece nada. Ele seria mais um beco do silêncio.

Diante da acusação de leniência ou conivência, desde o oficial (formalmente) no comando da "operação" até o governador do estado, passando pelo comandante do 24º BPM de Diadema e pela "cúpula" da corporação policial-militar, todos os enunciadores oficiais repetem as mesmas manobras, todas ancoradas na defesa da concepção "profissional", "corporativa" e mesmo "pessoal" do dever de prestar contas. A *accountability* profissional fornece a principal justificativa da *jus interna corporis* e da defesa da suficiência do tratamento burocrático rotineiro, recorrentes no discurso dos enunciadores próximos à Polícia Militar paulista e também dos representantes do Executivo estadual durante o EFN. Fiquemos apenas com algumas declarações de Mário Covas, governador de São Paulo, no segundo dia do EFN (1º de abril de 1997):

> Eu poderia perfeitamente reclamar de não ter sabido (...). Mas no instante em que eu sei, se todas as providências que eu mandaria tomar estão tomadas, como é que eu posso reclamar disso?[26]

> Eu acho muito grave o que aconteceu. Ter contado para mim, ou não, é periférico, é secundário. O que é indesculpável é o que aconteceu. Na realidade, há hierarquia no governo, e portanto cada um tem por obrigação avisar o seu superior hierárquico. Entre a minha pessoa, que sou governador, e aquele que comanda lá há uma série de intermediários. A notícia que me é dada na Secretaria de Segurança me chega através do secretário, que por sua vez tem que receber do comandante da Polícia Militar, que por sua vez recebe dos comandos intermediários. Até o comandante da Polícia Militar a notícia não chegou. Mas eu não quero apresentar isso como desculpa. Eu vi há pouco a reportagem, e em várias oportunidades eu apareço como dizendo que não sabia. Não, isso é... apenas um fato, eu realmente não sabia. Mas isso não elide o acontecimento. O que é dramático nessa história é o que aconteceu. Não são as circunstâncias.

> *Âncora*: Mas, governador, o fato de o senhor não ter sido avisado por um subordinado de um acontecimento dessa magnitude também não é um fato importante? Evidentemente que não é tão importante quanto a monstruosidade que nós vimos naquelas cenas, mas não há aí um deslize administrativo gravíssimo?

Governador: É... Só não vamos desviar a coisa para esse terreno, porque esse não é o terreno fundamental. Mas na realidade isso seria, se hoje eu não tivesse saído pela manhã, ido ao quartel, visto os 10 presos, acompanhado os dois inquéritos, conversado com os dois chefes dos inquéritos e verificado que desde o primeiro instante as medidas a serem tomadas foram tomadas... a do dia 6 como conseqüência da convocação do hospital onde havia uma pessoa morta...[27]

O governador se escuda numa concepção "profissional" de *accountability* para descrever esse "dever de prestar contas" apenas através dos muitos níveis hierárquicos, da "cadeia de comando" do sistema de segurança pública: cada nível "responde" ao nível seguinte (e apenas a ele). Ou seja, sustenta-se na concepção de que só deve "responder" aquele que é perguntado. O que, evidentemente, está muito distante da definição estrita de *accountability*, que envolveria não só o compromisso de *responder a quem deve saber, mesmo que este não o demande*, como também de *responder a um público amplo*, e não apenas ao superior hierárquico imediato.

Já no âmbito da controvérsia do EFN, percebe-se a ausência de satisfações dos transgressores ao público mais amplo de cidadãos. Os membros da corporação policial se recusam a falar em público ou apelam para a mera formalidade dos mecanismos de *accountability* legal e/ou administrativa. Esse formalismo é um recurso da corporação para evitar o escrutínio público. O "silêncio", portanto, aparece como a metáfora audiovisual e verbal da lógica das rotinas institucionais:

Repórter: Nós procuramos o governador Mário Covas, o secretário da Segurança Pública e o próprio comandante da Polícia Militar de São Paulo, mas nenhuma dessas autoridades quis comentar a reportagem do *Jornal Nacional*.[28]

Repórter: No final da tarde eu tentei falar novamente com o porta-voz da polícia, mas ele não quis gravar entrevista. O alto comando da pê-eme foi reunido às pressas. Depois de muita insistência, o nosso cinegrafista pôde fazer imagens da reunião. Enquanto a câmera esteve ligada, os coronéis da polícia não pronunciaram uma palavra.[29]

Apresentadora: Bate-boca na CPI que investiga os pê-emes torturadores de Diadema. Os acusados usaram a tática do silêncio, e a sessão acabou em tumulto.

PM acusado: Eu me reservo o direito de falar só em juízo.[30]

Segundo Avritzer (2002:115), os mecanismos de *accountability*, na América Latina, são sistematicamente esvaziados pela lógica prática dos atores políticos. A persistência dos abusos policiais nas cidades brasileiras, largamente denunciada pelos movimentos de direitos humanos, revelaria duas grandes áreas de tensão entre opinião pública e sociedade política:

> A primeira é entre a disposição da sociedade política para sustentar os direitos humanos formalmente e sua indisposição para sustentar as mudanças legais e administrativas necessárias à imposição deles. A segunda fonte de tensão concerne à punição dos infratores dos direitos humanos. Especialmente quando a opinião pública é envolvida, os tribunais no Brasil mostram mais disposição para levar a sério os abusos contra os direitos humanos do que a sociedade política e a administração local. No entanto, no Brasil (...) os tribunais tendem mais a indenizar as vítimas do que a punir os transgressores, e algumas vezes suas decisões chegam mesmo a ajudar os infratores de direitos humanos a escapar da justiça.

A ausência de *accountability* tanto "interna" quanto "externa" da corporação policial leva-nos a inferir que, numa inversão da lógica "normal" da *accountability*, só se prestam contas aos governantes eleitos depois que o público é informado. A partir da denúncia dos crimes pelo telejornal, a existência e não-publicidade da fita da Favela Naval ensejou a problematização dos procedimentos institucionais internos dos corpos administrativos do Estado. Quem, no comando da PM, sabia da fita? Quem, no governo de São Paulo, tinha conhecimento de sua existência e de seu conteúdo? Por que as medidas punitivas não foram tomadas antes? Tais perguntas são feitas diversas vezes pelas equipes de reportagem. Os inquéritos policiais militares e outros processos administrativos não-públicos e internos da corporação policial são colocados sob suspeita por vários enunciadores da sociedade civil.

Na problematização dos procedimentos institucionais referentes às ocorrências denunciadas distingue-se um traço peculiar da midiatização: a facilidade de conexão entre diferentes temporalidades de processos sociais diversos. No EFN isso aparece na explicitação do descompasso entre os procedimentos de produção de notícias e os de *accountability* administrativa, o que permitiu aos telejornais ressaltarem a lentidão dos processos burocráticos como uma manobra corporativista para manter impunes os agressores. E, também, na escolha de momentos estratégicos, pelos agentes da mídia massiva, para a publicização da ocorrência inicial e de outras denúncias, para expor a lentidão dos procedimentos corporativos e, ao mesmo tempo, favorecer o "encaixe" das videodenúncias com os momentos das decisões da justiça comum.

O juízo diante desse fenômeno, não raro na esfera pública brasileira e latino-americana,[31] é ambíguo: embora se possa afirmar que essa "dublagem" entre mídia e dispositivos de *accountability* legal é benéfica em termos da produção de repercussão e da construção de uma confiança pública nos dispositivos de *accountability* (dando-lhes maior amplitude e eficácia), não deixamos de estar apenas deslocando a ausência de *accountability* para as empresas de comunicação. Desde o momento inicial de "denúncia", nenhuma equipe de reportagem explicita e problematiza suas rotinas de trabalho. Na construção do acontecimento, a principal estratégia do telejornalismo parece ter sido o apagamento das marcas da produção das evidências, principalmente as da fita da Favela Naval, e, em menor escala, das evidências colhidas pelas próprias equipes de reportagem. O telejornal denunciador mimetiza o processo de produção da fita, presumivelmente para tentar aparecer como "proprietário da denúncia", mantendo sua posição retórica de narrador onisciente e heterodiegético dos processos sociais. Isso permitiu que a videoenunciação inicial se desvinculasse parcialmente do contexto e dos processos concretos de sua produção, podendo assim circular com maior facilidade e maior contundência na esfera de visibilidade dos *media*.

Esse procedimento, particularmente singular no EFN, constitui a omissão mais eloqüente dos telejornais na problematização das evidências expressas na fita da Favela Naval. A não-publicidade rotineira de determinado tipo de ocorrências, principalmente aquelas relacionadas ao cotidiano de comunidades de baixa renda, poderia igualmente ter levado ao questionamento da lógica da produção noticiosa, que, como se sabe, tende a favorecer os pontos de vista das grandes empresas e das burocracias do Estado. A tematização crítica mais ampla sobre as imperfeições das rotinas de produção dos telejornais e, principalmente, sua impermeabilidade às críticas da sociedade civil organizada não chega a efetivar-se, mas permanece, durante todo o EFN, como um fantasma das imagens telejornalísticas. Isso porque, freqüentemente, os cidadãos não são considerados como eventuais enunciadores na esfera de visibilidade dos *media*.

Por fim, os agentes da mídia (e não a iniciativa dos cidadãos comuns ou da sociedade civil organizada) tendem a tomar para si a mobilização do princípio da *accountability* política prospectiva. Mesmo que os jornalistas tenham sugerido a inocuidade dos mecanismos formais de *accountability* legal e administrativa e, talvez, a ausência mesma das dimensões "internas" de *accountability* — responsabilidade pessoal, sensibilidade à clientela, senso de dever profissional[32] —, o problema não é exposto como se exigisse o envolvimento pessoal ou político do "cidadão-telespectador" ou "telenarratário". Este tende a ser representado pelo *Jornal Nacional* como um cidadão *passivo*, jamais como co-responsável politicamente e capaz de lançar mão de mecanismos de *accountability*. O telejornal faz uma interpolação que põe a superação dos agravos como um encargo do Estado ("é o que se espera do governo e da justiça"). Para ser responsabilizado pelos acontecimentos, o poder público é posto numa relação de "exterioridade" com o telenarratário passivo, junto ao qual o poder constituído deveria intervir: a intervenção é "esperada", e não produzida pela sociedade. A intervenção esperada, a execução de um "castigo exemplar", fundamenta-se na definição das culpabilidades individuais para produzir resultados dirigidos à esfera pública.[33] Apropriadas dessa maneira, as ocorrências registradas na FFN são implicitamente tratadas como indícios de um problema genérico *do Estado*. Sabe-se, porém, que, para que o debate e o processo de "prestação de contas" floresçam, são necessários dois elementos fundamentais: esferas públicas constantemente alimentadas por uma sociedade civil atuante e mobilizada e um público crítico que se sinta permanentemente responsável por manter a publicidade das razões e dos mecanismos de coordenação que sustentam tanto a deliberação quanto o regime de *accountability*.

Considerações finais

Exploramos, ao longo deste capítulo, os processos de mediação para a construção da *accountability* na esfera de visibilidade dos *media*. Em diversas oportunidades, a *accountability* na esfera pública não atua apenas retrospectivamente ou prospectivamente, mas *propositivamente*. Ao "reportar" uma situação cotidiana que clama por uma problematização pública longamente escamoteada, corre-se sempre o risco de não se ter "evento", mas apenas um acontecimento singular. O transporte, para a cena pública, do abuso do poder policial e das infrações cometidas pelos próprios policiais desencadeou um debate público para apurar responsabilidades e detectar falhas nos procedimentos rotineiros de resolução desses problemas. É verdade que inúmeros aspectos objetáveis dessas "rotinas" permaneceram na obscuridade. A análise faz ver que a eficácia dos *media* como indutores da *accountability* política depende de uma miríade de fatores, nenhum dos quais apto a receber o título de "determinante", o que chama a nossa atenção para a centralidade das dinâmicas de interconexão desses fatores.

O valor do jornalismo em termos de *accountability* política pode ser analisado segundo duas dimensões. Em primeiro lugar, a exposição pública de transgressões pelos *media* contribui para deslocar o posicionamento político dos indivíduos. Ainda que tais reformas não sejam retumbantes, elas contribuem para aumentar a perspicácia com relação à responsabilidade das pessoas que ocupam cargos públicos e a outras instituições que efetivamente exigem-lhes prestações de contas. Em segundo lugar, a exposição de abusos soma esforços para a *accountability*, ao punir simbolicamente indivíduos e organizações cujos comportamentos causam danos à população. O jornalismo vigilante lança uma formidável nódoa na reputação de indivíduos que conseguiram escapar de processos legais ou mesmo que foram exonerados, mas, no pensamento do público, continuaram a ser associados com comportamentos imorais e ilegais.[34] Deve-se estar alerta, contudo, para o risco de o jornalismo substituir os processos institucionais, atribuindo-se funções penais e judiciárias sem nenhum controle público, sem segunda instância, sem direito a resposta, sem presunção de inocência. Atuando de modo despótico para desencadear a *"accountability* social", ele pode até prejudicar os mecanismos de *accountability* administrativa, legal e política, em vez de favorecê-los.

Durante as duas semanas do EFN, pôde-se observar que o foco das atenções dos telejornais deslocou-se rapidamente das denúncias para os processos institucionais, sobretudo os processos judiciais de inquérito e julgamento dos acusados. No caso dos enunciadores ligados aos espaços parlamentares, as ações voltadas para a investigação das responsabilidades institucionais foram mais divulgadas do que as ações dos membros do Poder Legislativo *enquanto legisladores*. De certo modo, isso se explica pelo fato de alguns processos institucionais terem resultados mais "espetaculares" do que outros. No EFN, são largamente divulgados os depoimentos de acusados e testemunhas, a emissão dos laudos técnicos e dos documentos da acusação, as sessões dos tribunais, as sessões inquisitórias das CPIs da Assembléia Legislativa paulista etc., ao passo que as deliberações dos parlamentos são noticiadas de modo extremamente sintético. Fica-se a imaginar se os agentes da mídia não teriam interesse em evitar a representação (e o reforço das expectativas públicas) da eficiência da *accountability* política, ainda mais que isso significava a aprovação de um projeto quase engavetado, propugnado pela esquerda política. A tendência geral é apresentar o funcionamento dos mecanismos institucionais de *accountability* como produto da pressão da opinião pública e dos representantes (*accountability* política), cujos méritos são reclamados pelos agentes da mídia.

A longa querela surgida no comando da PM de São Paulo sobre as responsabilidades quanto à "fita" ou, mais exatamente, sobre quem deixou de tomar as precauções para evitar o escândalo manteve ocupada durante várias semanas a Secretaria de Segurança Pública de São Paulo. Com isso, o foco das atenções se volta para os públicos dotados de poder: o Ministério Público, do qual se espera uma acusação consistente; a Justiça, na expectativa da punição dos culpados e do ressarcimento dos danos; os parlamentos, que discutem alterações do quadro normativo, bem como as CPIs, que investigam as responsabilidades políticas sobre as ocorrências; e o Executivo, cujos atos administrativos punitivos e preventivos devem responder às demandas da sociedade civil.

Previsivelmente, é enorme a diversidade de formas narrativas e de dispositivos de enunciação dos atores da sociedade civil. Tal como os agentes da mídia, e diferentemente dos membros da polícia, grande parte dos enunciadores da sociedade civil se manifesta através de uma linguagem de senso comum que tende, em vários momentos, para a concretude e a dramatização das experiências vividas. As formas coletivas de manifestação pública permitem que os cidadãos se expressem com grande liberdade, mas essa expressão sofre grandes constrangimentos no transporte para a esfera de visibilidade dos *media*. A diversidade de perspectivas contida nessas manifestações é muito empobrecida na sua filtragem pelos quadros cognitivos do discurso telejornalístico. No entanto, fica patente a disposição crítica dos cidadãos, mesmo aqueles social e economicamente marginalizados. Porém, desafiando os muitos diagnósticos céticos, a cena pública configurada no EFN demonstrou uma disposição dos atores sociais e políticos para a mobilização e a troca de argumentos jamais vista no contexto da redemocratização brasileira. Os moradores de Diadema organizaram atos públicos variados, inclusive um "cerco" ao 24º Batalhão e à delegacia de Diadema; a prefeitura dessa cidade também promoveu um ato público; e os "jovens", através do movimento Hip Hop de Diadema, promoveram uma manifestação contra a violência e a impunidade policiais.[35] Tal disposição para participar de manifestações e protestos parece destoar da apatia e do individualismo que costumam ser atribuídos aos cidadãos brasileiros.

Notas

[1] Barcellos, 1993; Pinheiro, 1982; Shirley, 1997; Human Rights Watch, 1997; Soares, 1996; Lima, 1997; Cardia, 1997; Zaluar, 1983; Bentes, 1995; Rondelli, 1995; Bretas, 1997.

[2] Essas demandas, apoiadas no escândalo das videodenúncias, aparentemente impuseram ao Congresso Nacional brasileiro a aprovação de modificações na legislação. Embora a Constituição de 1988 tenha garantido formalmente os direitos civis em face do poder do Estado, até aquele

344 Mídia e deliberação

momento poucos dispositivos legais de controle democrático das polícias haviam sido implantados. Permanecia o privilégio da justiça corporativa, o crime de tortura não havia sido tipificado na legislação ordinária, não haviam sido regulamentadas as ouvidorias de polícia, existentes em apenas dois estados federados. Sob o efeito da comoção pública e da avalanche de notícias de casos — novos e anteriores — de brutalidade policial, os legisladores foram céleres em promulgar algumas leis cuja tramitação vinha-se arrastando no Congresso, como a lei que tipifica o crime de tortura, votada em abril de 1997.

[3] Blat e Saraiva, 2000.

[4] Segundo Andrew Arato (2002:91, 97), o processo de *accountability* baseia-se "na capacidade dos indivíduos ou grupos de exigir que os representantes expliquem o que fazem (respondam por, sejam responsabilizados, sejam punidos ou mesmo recompensados pelo que fazem)". Ele acredita que esse processo é capaz de diminuir o hiato existente entre cidadãos e governo, a partir do momento em que a *accountability* constitui-se numa mediação "que não só informa os representados, mas capacita os representantes a responder à opinião pública, testar as conseqüências de suas escolhas e reverter o curso da ação, quando necessário". Ver também o capítulo 9 deste livro.

[5] Beato, 1999:11.

[6] Barcellos, 1993:75-130; Cardoso e Garcia, 1995:40-41; Silva, 1997. Ver também *Folha de S. Paulo*, 6 abr. 1997. "Cotidiano", p. 3.

[7] Entre a "abertura democrática" brasileira e boa parte da Nova República, a violência policial ilegítima (e impune) tomou proporções de uma guerra convencional: segundo levantamento feito por Caco Barcellos (1993:129, 257-258), entre 1975 e 1992, a Rota (grupamento da PM paulista) matou entre 7.500 e 8 mil pessoas, 65% das quais sem quaisquer antecedentes criminais.

[8] Alguns autores defendem que a atuação da polícia militar mantém características da lógica da repressão da ditadura militar, sendo todo cidadão identificado como um inimigo em potencial: o policial "já sabe", pelos traços aparentes de determinado "elemento", que ele é "suspeito". Há nesse "saber automático" uma perversão autoritária da idéia de "tino policial" e do conceito de "ação discricionária". Ver Nagib (1995:114-116); Paixão (1991:131-141).

[9] Beato, 1999:9.

[10] Pinheiro, 1982:58; Tavares dos Santos, 1997:156-160; Bretas, 1997:80-84; Lima, 1997:181; DaMatta, 1982:35-43; Paixão e Beato, 1997:233.

[11] Cardoso e Garcia, 1995:40; Barcellos, 1993:126.

[12] Pinheiro, 1982:88; Soares, 1996:267-272; Rondelli, 1995.

[13] Blat e Saraiva, 2000; Pinheiro, 1982:64-86.

Imagens que chamam ao debate **345**

[14] Fargier, 1988.

[15] A objetividade é cega para a atuação inevitável de um quadro preexistente de regras, assim como para o caráter quase necessário das conclusões. Na perspectiva da objetividade, um signo causa seu sentido (causação eficiente); para a semiótica, ele projeta seu sentido (causação final). Se um objeto é percebido como signo, isso só ocorre como resultado de uma proposição anterior que define a relação de significação: se eu nunca tiver considerado um furo na parede como resultado de um tiro, jamais será possível tomar esse buraco como indício de um ato violento. Se concluo que pode ter havido um crime é porque apostei que o buraco na parede foi causado por uma bala disparada por um policial. Ver Peirce (1990:259-269); Eco (1991).

[16] A identificação das imagens técnicas capturadas como "testemunhos objetivos" é a meta da sua produção no contexto jornalístico e também a norma da qual deriva o reconhecimento delas como objetos de sentido, sendo a factualidade o seu legissigno.

[17] Traquina, 1993; Mouillaud, 1997:29-36.

[18] Lester e Molotch, 1993; Mouillaud, 1997; Pinto, 1995.

[19] Bentes, 1994:45-47; Bucci, 1994:64; Rondelli, 1995:101.

[20] As seqüências são identificadas por abreviaturas e números: Nnn#/#. As abreviaturas indicam os programas: JNa, *Jornal Nacional*; JBa, *Jornal da Band*; JNo, *Jornal da Noite* (Bandeirantes); JGl, *Jornal da Globo*. Os primeiros algarismos indicam o dia da exibição (0,31mar. 1997; 14,14abr. 1997) e os últimos, a seqüência (unidade espaço-temporal) em que o trecho está situado.

[21] A imagem da FFN é editada de modo que as cores originais são retiradas e novas cores são inseridas no fundo, deixando os dois "personagens" (PM agressor e sua vítima) em preto-e-branco.

[22] A identificação das vítimas como "cidadãos indefesos" favorece a identificação imaginária do telespectador individual com a vítima individual, como uma "vítima vicária". De início, a projeção não necessariamente define a representação das ocorrências numa freqüência singulativa ou iterativa. Mas, à medida que a narrativa vai se tornando mais reflexiva, a assimilação telespectador-vítima converge para um discurso mais iterativo, com tematizações mais generalizantes, do tipo "*se qualquer um* podia estar lá, o problema é, portanto, de *todos*, quer dizer, é um *problema geral*". Seguindo essa tendência, o uso do termo "cidadão" situa as vítimas segundo seu pertencimento a uma comunidade política que formalmente abrange *cada um* e *todos* os receptores reais do texto dos telejornais.

[23] Warner, 1993:394.

[24] Nos primeiros trechos do telejornal aparece uma advertência que, em sua ambigüidade, é bastante reveladora do processo de autonomização simbólica das ocorrências registradas em vídeo:

"O *Jornal Nacional* adverte que as imagens são fortes, mas têm [ou tem?] o dever de denunciar". O dever é do telejornal ou das imagens?

[25] Quando, no final da edição de 31 de março, Marcelo Rezende anuncia, para a próxima edição do *Jornal Nacional,* "a prisão de 10 pê-emes", o sentido do termo "prisão" sugere imagens dos policiais militares no momento em que eram presos; o que é exibido, no entanto, é o lugar onde os pê-emes estão presos: o prédio do Batalhão de Choque.

[26] *Jornal Nacional.*

[27] *Jornal da Band.*

[28] *Jornal da Globo.*

[29] *Jornal Nacional.*

[30] *Jornal Nacional.*

[31] Waisbord, 2000:213, 232-233.

[32] Mulgan, 2000:557-563.

[33] Em nossa pesquisa, notamos que ao "cidadão-telespectador" dos enunciados do *Jornal da Band* são atribuídos poderes muito maiores de intervenção pública. O Jornal da Band procura estabelecer uma relação mais direta com o público, não somente configurando uma similaridade entre os lugares do telenarratário e da vítima de violência policial, mas também situando-se nesse mesmo plano como um narrador que também é cidadão brasileiro. Por conseguinte, se tanto o telenarratário quanto o narratário (o reporter-âncora) apresentam-se como vítimas vicárias dos crimes policiais, ambos também estariam aptos a exigir a prestação de contas de governantes e funcionários públicos.

[34] Waisbord, 2000:237.

[35] Neves, 2000.

Bibliografia

ABÉLÈS, Marc. Encenações e rituais políticos — uma abordagem crítica. *Revista de Comunicação e Linguagens*, Lisboa, v. 21-22, p. 129-148, 1995.

ABREU, Alzira Alves. Jornalistas e jornalismo econômico na transição democrática. In: ABREU, Alzira Alves et al. (Orgs.). *Mídia e política no Brasil*: jornalismo e ficção. Rio de Janeiro: FGV, 2003a. p. 13-74.

_____ et al. (Orgs.). *Mídia e política no Brasil*: jornalismo e ficção. Rio de Janeiro: FGV, 2003b.

ACKERMAN, Bruce; FISHKIN, James. Deliberation day. In: FISHKIN, J.; LASLETT, P. (Eds.). *Debating deliberative democracy*. Malden: Blackwell, 2003. p. 7-30.

ADORNO, Sérgio. A criminalidade urbana violenta no Brasil — um recorte temático. *Revista Brasileira de Informação Bibliográfica em Ciências Sociais — BIB*, v. 35, p. 3-24, 1993.

_____. Conflitualidade e violência: reflexões sobre a anomia na contemporaneidade. *Tempo Social*, São Paulo, v. 11, n. 2, p. 129-153, 1998.

ADORNO, Theodor W. A indústria cultural. In: COHN, Gabriel (Org.). *Comunicação e indústria cultural*. São Paulo: Nacional, 1970. p. 287-295.

_____. Sobre música popular. In: COHN, Gabriel (Org.). *Theodor W. Adorno*: sociologia. São Paulo: Ática, 1986. p. 115-145.

_____. O fetichismo na música e a regressão da audição. In: *Adorno (1903-1969)*. São Paulo: Nova Cultural, 1999. p. 62-109. (Coleção Os Pensadores).

_____; HORKHEIMER, Max. A indústria cultural: o iluminismo como mistificação das massas. In: LIMA, Luiz Costa (Org.). *Teoria da cultura de massa*. São Paulo: Paz e Terra, 2000. p. 169-214.

ALEXANDER, Jeffrey. Mass media in systemic, historical, and comparative perspective. In: ALEXANDER, Jeffrey. *Action and its environment* — toward a new synthesis. New York: Columbia University Press, 1988a.

_____. From functionalism to neofuncionalism: creating a position in the field of social theory. In: ALEXANDER, Jeffrey. *Neofunctionalism and after*. Massachusetts: Blackwell, 1998b. p. 3-25.

_____. Ação coletiva, cultura e sociedade civil — secularização, atualização, inversão, revisão e deslocamento do modelo clássico dos movimentos sociais. *Revista Brasileira de Ciências Sociais*, Rio de Janeiro, v. 13, n. 37, p. 5-31, jun. 1998c.

ALMEIDA, S. P. de et al. Caco Barcellos; dedo na ferida. *Caros Amigos*, São Paulo, v. 1, n. 2, p. 16-25, maio 1997.

ALVAREZ, Sonia; DAGNINO, Evelina; ESCOBAR, Arturo (Orgs.). *Cultura e política nos movimentos sociais latino-americanos*: novas leituras. Belo Horizonte: UFMG, 2000.

ARATO, Andrew. Representação, soberania popular e *accountability*. *Lua Nova*, São Paulo, n. 55/56, p. 85-103, 2002.

_____; COHEN, Jean. Sociedade civil e teoria social. In: AVRITZER, L. *Sociedade civil e democratização*. Belo Horizonte: Del Rey, 1994. p. 147-182.

ARAÚJO, Paulo César de. *Eu não sou cachorro, não*: música popular cafona e ditadura militar. São Paulo: Record, 2002.

ARENDT, Hannah. *The origins of totalitarianism*. New York: Meridian Books, 1958.

_____. *Entre o passado e o futuro*. São Paulo: Perspectiva, 1968.

_____. *Da violência*. Brasília: UnB, 1985.

_____. *A condição humana*. Rio de Janeiro: Forense Universitária, 1987.

ARNHEIM, R. The two authenticities of photographic media. *Leonardo*, Boston, Massachusetts, v. 30, n.1, p. 53-55, 1997.

ARONOWITZ, Stanley. Is democracy possible? The decline of the public in the American debate. In: ROBBINS, Bruce. *The phantom public sphere*. Minneapolis: University of Minnesota Press, 1993. p. 75-92.

ASEN, Robert; BROUWER, Daniel C. (Eds.). *Counterpublics and the state*. New York: State University of New York, 2001.

ASSIS, Érico Gonçalves de. Os manuais da mídia no ativismo político contemporâneo. In: CONGRESSO BRASILEIRO DE CIÊNCIAS DA COMUNICAÇÃO, 28. *Anais*... Rio de Janeiro: Sonopress, 2005. 1 CD-ROM.

AVRITZER, Leonardo. Teoria crítica e teoria democrática — do diagnóstico da impossibilidade da democracia ao conceito de esfera pública. *Novos Estudos Cebrap*, São Paulo, n. 53, p. 167-188, mar. 1999.

Bibliografia

_____. Teoria democrática e deliberação pública. *Lua Nova*, São Paulo, n. 50, p. 25-46, 2000a.

_____. Entre o diálogo e a reflexividade: a modernidade tardia e a mídia. In: AVRITZER, L.; DOMINGUES, José Maurício. *Teoria social e modernidade no Brasil*. Belo Horizonte: UFMG, 2000b. p. 61-84.

_____. *Democracy and the public space in Latin America*. Princeton: Princeton University Press, 2002.

BAKIRTZIEF, Zoica. *Águas passadas que movem moinhos*: as representações sociais da hanseníase. Dissertação (Mestrado em Psicologia Social) — Pontifícia Universidade Católica de São Paulo, São Paulo, 1994.

BAPTISTA, M. Narratologia. *Imagens*, Campinas, n. 2, p. 78-82, ago. 1994.

BARATTA, Alessandro. Introdução a uma sociologia da droga. In: BASTOS, Francisco Inácio; MESQUITA, Fábio. *Drogas e Aids*: estratégias para redução de danos. São Paulo: Hucitec, 1994. p. 21-43.

BARBER, Benjamin. *Strong democracy* — participatory politics for a new age. Berkeley: University of California Press, 2003.

BARBERO, Jesús-Martín. Latin America: cultures in the communication media. *Journal of Communication*, Oxford, v. 43, n. 2, p. 18-30, Spring 1993.

BARCELLOS, C. *Rota 66*. São Paulo: Globo, 1993.

BARKER, Chris. Television and the reflexive project of the self: soaps, teenage talk and hybrid identities. *British Journal of Sociology*, London, v. 48, n. 4, p. 611-628, 1997.

_____. Cindy's a slut: moral identities and moral responsibility in the soap talk of British Asian girls. *Sociology*, Southampton, v. 32, n. 1, p. 65-81, Feb. 1998.

BARTHES, R. *A câmara clara*. Rio de Janeiro: Nova Fronteira, 1984.

_____. *Mitologias*. São Paulo: Bertrand do Brasil/Difel, 1987.

_____. *O óbvio e o obtuso*. Rio de Janeiro: Nova Fronteira, 1990.

BAYNES, Kenneth. Democracy and the rechtsstaat: Habermas's Faktizität und Geltung. In: WHITE, Stephen (Ed.). *The Cambridge companion to Habermas*. Cambridge: Cambridge University Press, 1995. p. 201-232.

BEATO FILHO, Cláudio C. Políticas públicas de segurança e a questão policial: eficiência, eqüidade e *accountability*. In: MELO, Marcus André (Org.). *Reforma do Estado e mudança institucional no Brasil*. Recife: Massangana, 1999. v. 1, p. 335-365.

_____. Informação e desempenho policial. *Teoria e Sociedade*, Belo Horizonte, v. 7, p. 117-150, 2001.

BECHLER, Reinaldo Guilherme. *Colônia Santa Isabel*: a história de um estigma. Monografia (Iniciação Científica/Departamento de História) — Faculdade de Filosofia e Ciências Humanas, Universidade Federal de Minas Gerais, Belo Horizonte, 2003.

BECK, Ulrich. A reinvenção da política: rumo a uma teoria da modernização reflexiva. In: GIDDENS, A.; BECK, U.; LASH, S. *Modernização reflexiva*. São Paulo: Unesp, 1995. p. 11-72.

BECKER, Howard. Becoming a marihuana user. In: BECKER, Howard. *Outsiders*: studies in the sociology of deviance. New York: Free, 1973a. p. 41-58.

_____. Marihuana use and social control. In: BECKER, Howard. *Outsiders*: studies in the sociology of deviance. New York: Free, 1973b. p. 59-78.

_____. As regras e sua imposição. In: BECKER, Howard. *Uma teoria da ação coletiva*. Rio de Janeiro: Zahar, 1977a. p. 86-107.

_____. Consciência, poder e efeito da droga. In: BECKER, Howard. *Uma teoria da ação coletiva*. Rio de Janeiro: Zahar, 1977b. p. 181-204.

_____. Marginais e desviantes. In: BECKER, Howard. *Uma teoria da ação coletiva*. Rio de Janeiro: Zahar, 1977c. p. 53-67.

_____. Tipos de desvio. In: BECKER, Howard. *Uma teoria da ação coletiva*. Rio de Janeiro: Zahar, 1977d. p. 68-85.

BELLI, Benoni. Polícia, "tolerância zero" e exclusão social. *Novos Estudos Cebrap*, São Paulo, v. 58, p. 157-172, 2000.

BENHABIB, Seyla (Ed.). *Democracy and difference*: contesting the boundaries of the political. Princeton: Princeton Universtity Press, 1996a.

_____. Toward a deliberative model of democratic legitimacy. In: BENHABIB, Seyla (Ed.). *Democracy and difference*. Princeton: Princeton University Press, 1996b. p. 67-94.

_____. Difference as a resource for democratic deliberation. In: BOHMAN, James; REHG, William (Eds.). *Deliberative democracy*: essays on reason and politics. Cambridge: MIT Press, 1997. p. 383-406.

_____. *Situating the self*: gender, community and postmodernism in contemporary ethics. New York: Routledge, 1992.

_____. Toward a deliberative model of democratic legitimacy. In: BENHABIB, Seyla (Ed.). *Democracy and difference*: contesting the boundaries of the political. Princeton: Princeton University Press, 1996. p. 67-94.

BÉNIAC, Françoise. O medo da lepra. In: LE GOFF, Jacques (Org.). *As doenças têm história*. Lisboa: Terramar, 1997. p. 127-145.

Bibliografia

BENJAMIN, W. *Obras escolhidas I*: magia e técnica, arte e política. São Paulo: Brasiliense, 1985.

BENNETT, Lance; ENTMAN, Robert (Eds.). *Mediated politics*. Cambridge: Cambridge University Press, 2001.

_____ et al. Managing public sphere: journalistic construction of the great globalization debate. *Journal of Communication*, Oxford, n. 3, p. 437-454, Sept. 2004.

BENTES, I. Aqui agora: o cinema do submundo ou o teleshow da realidade. *Imagens*, Campinas, n. 2, p. 44-49, ago. 1994.

BERGER, Peter; LUCKMANN, Thomas. *The social construction of reality*. London: Penguin, 1971.

BEZERRA, Kátia da Costa. A poesia de Leila Míccolis: o humor, a ambigüidade e a ironia como mecanismos de contestação. In: SANTOS, Rick; GARCIA, Wilton. *A escrita de Adé*. São Paulo: Xamã, 2002. p. 115-125.

BICUDO, H. Comentário 1 (ao texto de Benevides e Fischer Ferreira). In: PINHEIRO, P. S. (Org.). *Crime, violência e poder*. São Paulo: Brasiliense, 1983. p. 244-248.

BIRD, S. E.; DARDENNE, R. W. Mito, registro e "estórias": explorando as qualidades narrativas das notícias. In: TRAQUINA, N. (Org.). *Jornalismo*: questões, teorias e "estórias". Lisboa: Veja, 1993. p. 263-277.

BLAT, J. C.; SARAIVA, S. *O caso da Favela Naval*: polícia contra o povo. São Paulo: Contexto, 2000.

BLUMLER, Jay G.; GUREVITCH, Michel. Rethinking the study of political communication. In: CURRAN, James; GUREVITCH, Michel (Eds.). *Mass media and society*. Oxford: Oxford University Press, 2000. p. 155-174.

BOBBIO, Norbert. *Liberalism and democracy*. London: Verso, 1988.

BOGGS, Carl. The great retreat: the decline of public sphere in late twentieth century America. *Theory and Society*, v. 26, p.741-780, 1997.

BOHMAN, James. *Public deliberation*: pluralism, complexity and democracy. Massachusetts: MIT Press, 1996.

_____. Habermas, Marxism and social theory: the case for pluralism in critical social science. In: DEWS, Peter (Ed.). *Habermas* — a critical reader. Oxford: Blackwell, 1999a. p. 53-87.

_____. Citizenship and norms of publicity. Wide public reason in cosmopolitan societies. *Political Theory*, Newbury Park, v. 27, n. 2, p. 176-202, 1999b.

_____. The division of labor in democratic discourse: media, experts, and deliberative democracy. In: CHAMBERS, S.; COSTAIN, A. (Eds.). *Deliberation, democracy and the media*. New York: Rowan & Littlefield, 2000. p. 47-64.

_____; REHG, William (Eds.). *Deliberative democracy*. London: MIT Press, 1997.

BOMENY, Helena. Encontro suspeito: história e ficção. *Dados*, Rio de Janeiro, v. 33, n. 1, p. 83-118, 1990.

BOON, Marcus. Addicted to nothingness: narcotics and literature. In: BOON, Marcus. *The road to excess*: a history of writers on drugs. Cambridge: Harvard University Press, 2002a. p. 17-86.

_____. Prologue. In: BOON, Marcus. *The road to excess*: a history of writers on drugs. Cambridge: Harvard University Press, 2002b. p. 1-15.

_____. The time of the assassins: cannabis and literature. In: BOON, Marcus. *The road to excess*: a history of writers on drugs. Cambridge: Harvard University Press, 2002c. p. 123-169.

BOURDIEU, P. *Sobre a televisão*. Rio de Janeiro: Jorge Zahar, 1997.

_____. Algumas questões sobre o movimento gay e lésbico. In: BOURDIEU, Pierre. *A dominação masculina*. Rio de Janeiro: Bertrand Brasil, 1999. p. 143-149.

BRAGA, José Luiz. Interação e recepção. In: FAUSTO NETO, Antônio et al. *Interação e sentidos no ciberespaço e na sociedade*. Porto Alegre: Edipucrs, 2001a. 2v.

_____. Constituição do campo da comunicação. In: FAUSTO NETO, Antônio; PRADO, José L. Aidar; PORTO, Sérgio D. (Orgs.). *Campo da comunicação* — caracterizações, problematizações e perspectivas. João Pessoa: Universitária/UFPB, 2001b. p. 11-39.

BRETAS, M. L. Observações sobre a falência dos modelos policiais. *Tempo Social*, São Paulo, v. 9, n. 1, p. 79-94, maio 1997.

BRIGGS, Asa; BURKE, Peter. *A social history of the media*: from Gutenberg to the internet. Cambridge: Polity Press, 2002.

BUCCI, E. O fator Leo Minosa. *Imagens*, Campinas, n. 2, p. 62-68, ago. 1994.

_____ (Org.). *A TV aos 50 anos*: criticando a televisão brasileira em seu cinqüentenário. São Paulo: Fundação Perseu Abramo, 2000.

CALDEIRA, César. Segurança pública e seqüestros no Rio de Janeiro (1995/96). *Tempo Social*, São Paulo, v. 9, n. 1, p. 115-153, 1996.

CALHOUN, Craig (Ed.). *Habermas and the public sphere*. Cambridge: MIT Press, 1992.

_____. The politics of identity and recognition. In: CALHOUN, Craig. *Critical social theory*: culture, history, and the challenge of difference. Cambridge: Blackwell, 1995. p. 193-230.

Bibliografia

_____. *Nationalism*. Minniapolis: University of Minnesota Press, 1998.

CAMAUÊR, Leonor. Women's movements, public spheres and the media: a research strategy for studying women's movements publicist strategies. In: SREBERNY, A.; VAN ZOONEN, L. (Eds.). *Gender, politics and communication*. New Jersey: Hampton Press, 2000. p. 161-182.

CARDIA, Nancy. O medo da polícia e as graves violações dos diretos humanos. *Tempo social*, São Paulo, v. 9, n. 1, p. 249-265, maio 1997.

_____. *Atitudes, normas culturais e valores em relação à violência em dez capitais brasileiras.* Brasília, DF: Ministério da Justiça/Secretaria do Estado de Direitos Humanos, 1999.

CARDOSO, H.; GARCIA, M. O inimigo é o povo ou a polícia? Entrevista com o sargento Francisco Jesus da Paz. *Lua Nova*, São Paulo, v. 2, n.3, p. 38-49, out./dez. 1995.

CARLINI-CONTRIM, Beatriz et al. A mídia na fabricação do pânico de drogas: um estudo no Brasil. *Comunicação e Política*, Rio de Janeiro, v. 1, n. 2, p. 217-230, mar. 1995.

CARNEIRO, L. Piquet; SOARES, L. E. Os quatro nomes da violência: um estudo sobre éticas populares e cultura política. In: SOARES, Luis E. et al. *Violência e política no Rio de Janeiro*. Rio de Janeiro: Iser/Relume-Dumará, 1996. p. 13-58.

CARVALHO, Geraldo Barroso de. *Reis, papas e "leprosos"*. Belo Horizonte: Pelicano, 2004. 278p.

CARVALHO, José Murilo. *Cidadania no Brasil*. O longo caminho. 4. ed. Rio de Janeiro: Civilização Brasileira, 2003. 236p.

CARVALHO, Mário César. *O cigarro*. São Paulo: Publifolha, 2001. (Folha Explica).

CASTRO, César et al. Mídia-tribunal. A construção discursiva da violência: o caso Rio de Janeiro. *Comunicação e Política*, Rio de Janeiro, v. 1, n. 2, p. 109-140, 1995.

CASTRO, Maria Ceres S. P. *Na tessitura da cena, a vida*: comunicação, sociabilidade e política. Belo Horizonte: UFMG, 1997.

CENTRAL GLOBO DE TELEJORNALISMO. *Manual de telejornalismo*. Rio de Janeiro: TV Globo, 1985.

CERTEAU, Michel de. *A invenção do cotidiano*. 9. ed. Petrópolis: Vozes, 1994. 350p.

CHAMBERS, Simone. *Reasonable democracy*. Cornell: Cornell University Press, 1996a.

_____. Jürgen Habermas and practical discourse. In: CHAMBERS, Simone. *Reasonable democracy*. Cornell: Cornell University Press, 1996b. p. 90-105.

_____. *Jürgen Habermas and the politics of discourse*. Ithaca: Cornell University Press, 1996c. p. 90-105, 155-172.

_____. A culture of publicity. In: CHAMBERS, Simone; COSTAIN, Anne. *Deliberation, democracy and the media*. New York: Rowman & Littlefield, 2000. p. 193-226.

_____. A critical theory of civil society. In: CHAMBERS, S.; KYMLICKA, Will. *Alternative conceptions of civil society*. Princeton: Princeton University Press, 2002. p. 90-112.

_____. Behind closed doors: publicity, secrecy, and the quality of deliberation. *The Journal of Political Philosophy*, Canberra, v. 12, n. 4, p. 389-410, 2004.

CHARAUDEAU, Patrick. Para uma análise do discurso. In: CARNEIRO, A. D. (Org.). *O discurso da mídia*. Rio de Janeiro: Oficina do Autor, 1996. p. 27-44.

_____. *Le discours d'information médiatique* — la construction du miroir social. Paris: Nathan, 1997.

_____. *Discurso das mídias*. São Paulo: Contexto, 2006.

CHESNEAUX, Jean. *Modernidade mundo*. Petrópolis: Vozes, 1995. p. 135-157.

CHONG, Dennis; DRUCKMAN, James N. Democratic competition and public opinion. In: ANNUAL MEETING ON THE AMERICAN POLITICAL SCIENCE ASSOCIATION, *Proceedings...* Philadelphia, 2006.

_____; _____. A theory of framing and opinion formation in competitive elite environments. *Journal of Communication*, v. 57, p. 99-118, 2007.

CLARO, Lenita B. L. *Hanseníase*: representações sobre a doença. Rio de Janeiro: Fiocruz, 1995.

COELHO, Vera S. P. ; NOBRE, Marcos (Orgs.). *Participação e deliberação*. São Paulo: Ed. 34, 2004.

COHEN, Jean L. Rethinking privacy: autonomy, identity and the abortion controversy. In: WEINTRAUB, Jeff; KUMAR, Krishan. *Public and private in thought and practice*. Chicago: University of Chicago Press, 1997. p. 133-165.

_____. Is privacy a legal duty? Reconsidering private right and public virtue in the domain of intimacy. In: D'ENTREVES, Maurizio P.; VOGUEL, Ursula. *Public and private* — legal, political and philosophical perspectives. New York: Routledge, 2000. p. 117-148.

_____; ARATO, Andrew. *Civil society and political theory*. Cambridge: MIT Press, 1992.

COHEN, Joshua. Procedure and substance in deliberative democracy. In: BENHABIB, S. (Ed.).*Democracy and difference*: changing boundaries of the political. Princeton: Princeton University Press, 1996. p. 95-119.

_____. Deliberation and democratic legitimacy. In: BOHMAN, J.; REHG, W. (Eds.). *Deliberative democracy*. London: MIT Press, 1997. p. 67-92.

CONOVER, Pamela; SEARING, Donald; CREWE, Ivor. The deliberative potential of political discussion. *British Journal of Political Science*, v. 32, p. 21-62, 2002.

CONSELHO NACIONAL DE COMBATE À DISCRIMINAÇÃO. *Brasil sem homofobia*: programa de combate à violência e à discriminação contra GLTB e promoção da cidadania homossexual. Brasília: Ministério da Saúde, 2004.

COOKE, Maeve. Authenticity and autonomy: Taylor, Habermas, and the politics of recognition. *Political Theory*, Newbury Park, v. 25, n. 2, p. 258-288, Apr. 1997.

_____. A space of one's own: autonomy, privacy, liberty. *Philosophy & Social Criticism*, Chestnut Hill, v. 25, n. 1, p. 23-53, 1999.

_____. Five arguments for deliberative democracy. *Political Studies*, Newcastle, v. 48, p. 947-969, 2000.

CORREIA, João Carlos. *Jornalismo e espaço público*. Covilhã: Universidade da Beira Interior, 2002.

COSTA, Jurandir Freire. *A face e o verso*: estudos sobre o homoerotismo II. São Paulo: Escuta, 1995.

_____. *A inocência e o vício*: estudos sobre o homoerotismo. Rio de Janeiro: Relume-Dumará, 2002.

COSTA, Sérgio. Esfera pública, redescoberta da sociedade civil e movimentos sociais no Brasil. Uma abordagem tentativa. *Novos Estudos Cebrap*, São Paulo, n. 38, p. 38-52, 1994.

_____. *As cores de Ercília*: esfera pública, democracia, configurações pós-nacionais. Belo Horizonte: UFMG, 2002.

CURRAN, James. Rethinking the media as a public sphere. In: DAHLGREN, Peter; SPARKS, Colin (Eds.). *Communication and citizenship*: journalism and the public sphere in the new media age. London: Routledge, 1991. p. 27-57.

_____. Rethinking media and democracy. In: CURRAN, James; GUREVITCH, Michael (Eds.). *Mass media and society*. Oxford: Oxford University Press, 2000. p. 120-154.

_____; GUREVITCH, Michael (Eds.). *Mass media and society*. Oxford: Oxford University Press, 2000. p. 155-174.

_____; PARK, Myung-Jin. (Eds.). *De-westernizing media studies*. London: Routledge, 2000.

DAGNINO, Evelina (Org.). *Sociedade civil e espaços públicos no Brasil*. São Paulo: Paz e Terra, 2002a.

_____. Sociedade civil, espaços públicos e a construção democrática no Brasil: limites e possibilidades. In: DAGNINO, Evelina (Org.). *Sociedade civil e espaços públicos no Brasil*. São Paulo: Paz e Terra, 2002b. p. 279-303.

DAHL, Robert. Procedural democracy. In: LASLETT, Peter; FISHKIN, James (Eds.). *Philosophy, politics and society*. New Haven: Yale University Press, 1979. v. 5, p. 105-107.

_____. *Democracy and its critics*. New Haven: Yale University Press, 1991.

DAHLBERG, Lincoln. Computer-mediated communication and the public sphere: a critical analysis. *Journal of Computer Mediated Communication*, Indiana, v. 6, n. 1, p. 1-27, 2001.

356   Mídia e deliberação

_____. The Habermas public sphere: taking difference seriously. *Theory and Society,* Netherlands, v. 34, p. 111-136, 2005.

DAHLGREN, Peter. Introduction. In: DAHLGREN, Peter; SPARKS, Colin. *Communication and citizenship.* Journalism and the public sphere in the new media age. London: Routledge, 1993.

_____. *Television and the public sphere.* London: Sage, 1995.

_____. The public sphere and the net: structure, space and communication. In: BENNETT, W. Lance; ENTMAN, R. (Eds.). *Mediated politics.* Cambridge: Cambridge University Press, 2001. p. 33-55.

_____. Theory, boundary and political communication — the uses of disparity. *European Journal of Communication,* Oxford, v. 19, n. 1, p. 7-18, 2004.

_____; SPARKS, Colin. *Communication and citizenship.* Journalism and the public sphere in the new media age. London: Routledge, 1993.

DAMATTA, Roberto. As raízes da violência no Brasil: reflexões de um antropólogo social. In: BENEVIDES, Maria V. et al. *A violência brasileira.* São Paulo: Brasiliense, 1982. p. 11-44.

_____. Pedro Malasartes e os paradoxos da malandragem. In: DAMATTA, Roberto. *Carnavais, malandros e heróis:* para uma sociologia do dilema brasileiro. Rio de Janeiro: Rocco, 1997. p. 251-301.

_____. O modo de navegação social: a malandragem e o "jeitinho". In: DAMATTA, Roberto. *O que faz o Brasil, Brasil?* Rio de Janeiro: Rocco, 1998. p. 95-122.

DELLI CARPINI, Michael X.; KEETER, Scott. *What Americans knows about politics and why it matters.* New Haven: Yale University Press, 1996.

DENNIS, Everett; GILLMOR, Donald; GLASSER, Theodore L. (Eds.). *Media freedom and accountability.* New York: Greenwood, 1989.

D'ENTRÈVES, Maurizio P.; VOGEL, Ursula. *Public and private* — legal, political and philosophical perspectives. London: Routledge, 2000.

DEWEY, John. *The public and its problems.* Chicago: Swallow, 1954.

DIÁRIO OFICIAL DE MINAS GERAIS. Lei nº 14.170, de 15 de janeiro de 2002. Determina a imposição de sanções a pessoa jurídica por ato discriminatório praticado contra pessoa em virtude de sua orientação sexual. Belo Horizonte, 16 jan. 2002.

DINIZ, Orestes. *Nós também somos gente:* (30 anos entre leprosos). Rio de Janeiro: São José, 1961.

DOWNING, John D. H. *Mídia radical* — rebeldia nas comunicações e movimentos sociais. São Paulo: Senac, 2002.

DRYZEK, John. *Discursive democracy:* politics, policy and political science. New York: Cambridge University Press, 1990.

Bibliografia

_____. Critical theory as research program. In: WHITE, Stephen (Ed.). *The Cambridge companion to Habermas*. Cambridge: Cambridge University Press, 1995. p. 97-119.

_____. *Deliberative democracy and beyond* — liberals, critics, contestations. Oxford: Oxford University Press, 2000a.

_____. Transnational democracy: Beyond the cosmopolitan model. In: DRYZEK, John S. *Deliberative democracy and beyond*. Oxford: Oxford University Press, 2000b. p. 115-139.

_____. Legitimacy and economy in deliberative democracy. *Political Theory*, Newbury Park, v. 29, n. 5, p. 651-669, 2001.

_____. Legitimidade e economia na democracia deliberativa. In: COELHO, Vera Shattan; NOBRE, Marcos (Orgs.). *Participação e deliberação*: teoria democrática e experiências institucionais no Brasil contemporâneo. São Paulo: Ed. 34, 2004. p. 41-62.

DUBOIS, P. H. *O ato fotográfico e outros ensaios*. Campinas: Papirus, 1994.

ECO, Umberto. Prefácio. In: ECO, Umberto. *Apocalípticos e integrados*. São Paulo: Perspectiva, 1993. p. 7-30.

_____. *Seis passeios pelos bosques da ficção*. São Paulo: Cia. das Letras, 1994.

_____; SEBEOK, T. A. (Orgs.). *O signo de três*. São Paulo: Perspectiva, 1991.

EKECRANTZ, Jan; MAIA, Rousiley C. M.; CASTRO, Maria Ceres. Media and modernities: the cases of Brazil and Russia. *Stockholm Media Studies*, Stockholm, v. 1, p. 68-126, 2003.

ELEY, Geoff. Nations, publics and political cultures: placing Habermas in the nineteenth century. In: CALHOUN, Graig (Ed.). *Habermas and the public sphere*. Cambridge: MIT Press, 1992. p. 289-349.

ELSTER, Jon. *Deliberative democracy*. Cambridge: Cambridge University Press, 1998

ENTMAN, Robert. Framing toward a clarification of a fractured paradigm. *Journal of Communication*, Oxford, v. 43, n. 4, p. 51-58, 1993.

ESTEVES, João Pissarra. *Espaço público e democracia*. São Leopoldo: Unisinos, 2003.

ETTEMA, James. Journalism as reason-giving: deliberation, democracy, institutional accountability, and the news media's mission. *Political Communication*, v. 24, p. 143-160, 2007.

FACCHINI, Regina. *Sopa de letrinhas?* Movimento homossexual e produção de identidades coletivas nos anos 90. Rio de Janeiro: Garamond, 2005.

FAIRCLOUGH, Norman. *Media discourse*. London: Arnold, 1995

_____. *Discurso e mudança social*. Brasília: UnB, 2001.

_____. *Analyzing discourse*: textual analysis for social research. New York: Routledge, 2003.

FARGIER, J. P. Les effets des mes effets sont mes effets. *Communications*, Paris, n. 48, p. 93-104, 1988.

FISCHER, Rosa Maria Bueno. O dentro e o fora da recepção: por uma análise da heterogeneidade dos processos comunicativos. In: FRANÇA, Vera Veiga et al. (Orgs.). *Livro da XI Compós 2002*: estudos de comunicação, ensaios de complexidade. Porto Alegre: Sulina, 2003. p. 371-384.

FISHKIN, James. *Democracy and deliberation*: new direction for democratic reforms. New Haven: Yale University Press, 1991.

_____. *The voice of the people*. Public opinion and democracy. New Haven: Yale University Press, 1997.

_____; LASLETT, Peter. *Debating deliberative democracy*. Oxford: Blackwell, 2003.

FLEMING, Marie. Women and the "public use of reason". *Social Theory and Practice*, Tallahassee, v. 19, p. 27-50, 1993.

FOLHA DE SÃO PAULO. *CD-ROM edição 98*. São Paulo: Publifolha Multimídia, 1998.

FOUCAULT, Michel. *História da sexualidade I*: a vontade de saber. São Paulo: Graal, 2003.

FRANÇA, Vera Regina Veiga. Comunicação e sociabilidade: o jornalismo mais além da informação. *Geraes, Revista de Comunicação Social*, Belo Horizonte, Departamento de Comunicação Social, n. 47, p. 36-42, 1995.

_____. *Jornalismo e vida social*: a história amena de um jornal mineiro. Belo Horizonte: UFMG, 1998.

FRASER, Nancy. Rethinking the public sphere. In: CALHOUN, Craig. *Habermas and the public sphere*. Cambridge: MIT Press, 1993. p. 109-142.

_____. *Justice interruptus* — critical reflections on the "postsocialist" condition. London: Routledge, 1997a.

_____. From distribution to recognition? Dilemmas of justice in a "postsocialist" age. In: FRASER, Nancy. *Justice interruptus* — critical reflections on the "postsocialist" condition. London: Routledge, 1997b. p. 11-39.

_____; HONNETH, Axel. *Redistribution or recognition?* A political-philosophical exchange. London: Verso, 2003.

FRENETTE, M. A anatomia do medo. *Caros Amigos*, São Paulo, ano 2, n. 27, p. 16-19, jun. 1999.

FRY, Peter. *Para inglês ver*. Rio de Janeiro: Zahar, 1982.

_____; MacRAE, Edward. *O que é homossexualidade*. São Paulo: Brasiliense, 1983.

_____; MEYER, David. Framing political opportunity. In: McADAM, Doug; McCARTHY, John D.; ZALD, Mayer N. (Eds.). *Comparative perspectives on social movements*: political opportunities, mobilizing structures, and cultural framings. Cambridge: Cambridge University Press, 1996. p. 275-290.

FUNG, Archon. Receitas para esferas públicas: oito desenhos institucionais e suas conseqüências. In: COELHO, Vera Shattan; NOBRE, Marcos (Orgs.). *Participação e deliberação*: teoria democrática e experiências institucionais no Brasil contemporâneo. São Paulo: Ed. 34, 2004. p. 173-209.

_____. Deliberation before the revolution: toward an ethics of deliberative democracy in an unjust world. *Political Theory*, Newbury Park, v. 33, n. 2, p. 397-419, June 2005.

_____; WRIGHT, Erik O. (Eds.). *Deepening democracy*. London: Verso, 2003.

FURTADO, João Pinto. A música popular brasileira dos anos 60 aos 90: apontamentos para o estudo das relações entre linguagem e práticas sociais. *Pós-História*, Assis, v. 5, p. 123-143, 1997.

GAMSON, William. *Talking politics*. Cambridge: Cambridge University Press, 1993.

_____. Promoting political engagement. In: BENNETT, W. L.; ENTMAN, R. (Eds.). *Mediated politics*. Cambridge: Cambridge University Press, 2001. p. 56-74.

_____; MEYER, David. Framing political opportunity. In: McADAM, Doug; McCARTHY, John D.; ZALD, Mayer N. (Eds.). Comparative perspectives on social movements: political opportunities, mobilizing structures and cultural framings.

_____; MODIGLIANI, André. Media discourse and public opinion on nuclear power: a constructionist approach. *American Journal of Sociology*, Chicago, v. 95, n. 1, p. 1-37, July 1989.

GANS, Herbert J. *Democracy and the news*. New York: Oxford University Press, 2003.

GARNHAM, N. The media and the public sphere. In: CALHOUN, Craig. *Habermas and the public sphere*. Cambridge: MIT Press, 1993. p. 359-376.

GASTIL, John. *Political communication and deliberation*. London: Sage, 2008.

GEERTZ, Clifford. A política do significado. In: GEERTZ, Clifford. *A interpretação das culturas*. Rio de Janeiro: LTC, 1989. p. 206-222.

_____. A arte como sistema cultural. In: GEERTZ, Clifford. *O saber local*: novos ensaios em antropologia interpretativa. Petrópolis: Vozes, 2001. p. 142-181.

GHANEM, Salma. Filling the tapestry: the second level of agenda setting. In: McCOMBS, Maxwell et al. (Eds.). *Communication and democracy*. New Jersey: Lawrence Erlbaum, 1997. p. 3-14.

GHEUDE, M. Double vue — l'espace vidéo à la television. *Communications*, Paris, n. 48, p. 199-213, 1988.

360 Mídia e deliberação

GIDDENS, Anthony. *As conseqüências da modernidade*. São Paulo: Unesp, 1990.

_____. *Modernity and self-identity* — self and society in the late modern age. Stanford: Stanford University Press, 1991.

_____. *A terceira via e seus críticos*. Rio de Janeiro: Record, 2001.

GITLIN, Todd. *The whole world is watching*. Berkeley: University of California Press, 1980.

GOFFMAN, Erving. *Frame analysis*: an essay of the organization of the experience. Boston: Northeastern University Press, 1974.

_____. *Estigma* — notas sobre a manipulação da identidade deteriorada. 4. ed. Rio de Janeiro: LTC, 1988. 156p.

_____. A ordem da interação. In: GOFFMAN, Erving. *Os momentos e os seus homens*. Lisboa: Relógio d'Água, 1999. p. 190-235.

_____. *Manicômios, prisões e conventos*. 7. ed. São Paulo: Perspectiva, 2003.

GOMES, S. et al. *Democracia x violência*; reflexões para a Constituinte. Rio de Janeiro: Paz e Terra, 1986.

GOMES, Wilson. Esfera pública política e media. Com Habermas, contra Habermas. In: RUBIM, A.; BENTZ, I.; PINTO, M. J. (Org.). *Produção e recepção dos sentidos mediáticos*. Petrópolis: Vozes, 1998. p. 155-185.

_____. Esfera pública política e media II. In: RUBIM, A. A. C.; BENTZ, I. M. G.; PINTO, M. J. (Eds.). *Práticas discursivas na cultura contemporânea*. São Leopoldo: Unisinos, Compós, 1999. p. 203-231.

_____. *Transformações da política na era da comunicação de massa*. São Paulo: Paulus, 2004a.

_____. A política em cena e os interesses fora de cena. In: GOMES, W. *Transformações da política na era da comunicação de massa*. São Paulo: Paulus, 2004b. p. 129-170.

GOULD, Tony. *A disease apart*: leprosy in the modern world. New York: St. Martin's, 2005.

GREEN, James N. *Além do carnaval*: a homossexualidade masculina no Brasil do século XX. São Paulo: Unesp, 2000.

GUERRA, Andréa M. C.; GONÇALVES, Betânia D.; MOREIRA, Jacqueline O. (Orgs.). *Clínica e inclusão social*: novos arranjos subjetivos e novas formas de intervenção. Belo Horizonte: Campo Social, 2002.

GUIBERNAU, Montserrat. Globalization, cosmopolitanism, and democracy: an interview with David Held. *Constellations*, Malden, v. 8, n. 4, p. 427-441, 2001.

GUINZBURG, C. *Mitos, emblemas, sinais*: morfologia e história. São Paulo: Cia. das Letras, 1989.

Bibliografia

GURZA LAVALLE, Adrián; HOUTZAGER, Peter P.; CASTELLO, Graziela. Representação política e organizações civis: novas instâncias de mediação e os desafios da legitimidade. *Revista Brasileira de Ciências Sociais*, v. 21, n. 60, p. 43-66, fev. 2006.

GUT, Flávio. Música e drogas no Brasil. In: KUSINITZ, Marc. *Famosos e drogados*. São Paulo: Nova Cultural, 1988. p. 86-90.

GUTMANN, Amy; THOMPSON, Dennis. *Democracy and disagreement*. Cambridge: Harvard University Press, 1996a.

_____; _____. The persistence of moral disagreement. In: GUTMANN, Amy; THOMPSON, Dennis. *Democracy and disagreement*. Cambridge: Harvard University Press, 1996b. p. 11-51.

_____; _____. The scope of accountability. In: GUTMANN, Amy; THOMPSON, Dennis. *Democracy and disagreement*. Cambridge: Harvard University Press, 1996c. p. 128-164.

_____; _____. Deliberative democracy beyond process. In: FISHKIN, James; LASLETT, Peter (Eds.). *Debating deliberative democracy*. Oxford: Blackwell, 2003. p. 31-53.

_____; _____. *Why deliberative democracy?* Princeton: Princeton University Press, 2004.

HABERMAS, Jürgen. A reply to my critics. In: THOMPSON, John; HELD, David (Eds.). *Habermas critical debates*. Cambridge: MIT Press, 1982. p. 219-283.

_____. *The theory of communicative action*. Boston: Beacon, 1984a. v. 1.

_____. *Mudança estrutural da esfera pública*. São Paulo: Tempo Brasileiro, 1984b.

_____. Actions, speech acts, linguistically mediated interactions, and the lifeworld. In: HABERMAS, Jürgen. *On the pragmatics of communication*. Cambridge: MIT Press, 1988. p. 215-255.

_____. *The theory of communicative action*. Boston: Beacon Press, 1989. v. 2.

_____. Ações, atos de fala, interações mediada pela linguagem e mundo da vida. In: HABERMAS, Jürgen. *O pensamento pós-metafísico*: estudos filosóficos. Rio de Janeiro: Tempo Brasileiro, 1990. p. 65-103.

_____ A reply. In: HONNETH, Axel; HANS, J. (Eds.) *Communicative action*: essays on Jürgen Habermas's theory of communicative action. Cambridge: MIT Press, 1991. p. 214-264.

_____. L'espace public 30 ans après. *Quaderni*, Paris, n. 18, p. 161-191, Automne, 1992a.

_____. Further reflections on the public sphere. In: CALHOUN, Craig (Ed.). *Habermas and the public sphere*. Cambridge: MIT Press, 1992b. p. 421-461.

_____. Struggle for recognition in the democratic constitutional. In: GUTMANN, Amy (Ed.). *Multiculturalism*. Princeton: Princeton University Press, 1994. p. 107-148.

_____. Três modelos normativos de democracia. *Lua Nova*, São Paulo, n. 36, p. 39-54, 1995a.

_____. Discourse ethics: notes on a program of philosophical justification. In: BENHABIB, Seyla; DALLMAYR, Fred (Eds.). *The communicative ethics controversy*. Cambridge: MIT Press, 1995b. p. 60-110.

_____. *Between facts and norms*. New Baskerville: MIT Press, 1996a.

_____. Three normative models of democracy. In: BENHABIB, Seyla (Ed.). *Democracy and difference*: contesting the boundaries of the political. Princeton: Princeton University Press, 1996b. p. 21-30.

_____. *Direito e democracia*: entre facticidade e validade. Rio de Janeiro: Tempo Brasileiro, 1997a. 2v.

_____. O papel da sociedade civil e da esfera pública política. In: HABERMAS, Jürgen. *Direito e democracia*: entre a faticidade e a validade. Rio de Janeiro: Tempo Brasileiro, 1997b. v. 2, p. 57-121.

_____. Política deliberativa: um conceito procedimental de democracia. In: HABERMAS, Jürgen. *Direito e democracia*: entre a facticidade e a validade. Rio de Janeiro: Tempo Brasileiro, 1997c. v. 2, p. 9-56.

_____. Actions, speech acts, linguistically mediated interactions and lifeworld. In: COOKE, Maeve. *On the pragmatics of communication*. Cambridge: MIT Press, 1998. p. 215-256.

_____. "O espaço público", 30 anos depois. *Caderno de Filosofia e Ciências Humanas*, Belo Horizonte, ano 7, n. 12, p. 7-28, abr. 1999.

_____. *A constelação pós nacional*. São Paulo: Littera Mundi, 2001.

_____. A luta por reconhecimento no estado democrático de direito. In: HABERMAS, Jürgen. *A inclusão do outro*: estudos de teoria política. São Paulo: Loyola, 2002. p. 229-267.

_____. Concluding comments on empirical approaches to deliberative politics. *Acta Politica*, v. 40, p. 384-392, 2005.

_____. Political communication in media society: does democracy still enjoy an epistemic dimension? The impact of normative theory on empirical research. *Communication Theory*, 16, 411-426, 2006.

HALL, Stuart. O papel dos programas culturais na televisão britânica. In: MORIN, Edgar et al. *Cultura e comunicação de massa*. Rio de Janeiro: FGV, 1972. p. 55-73.

_____. *Identidade cultural*. São Paulo: Fundação Memorial da América Latina, 1997.

_____. Codificação/decodificação. In: HALL, Stuart. *Da diáspora*: identidades e mediações culturais. Belo Horizonte: UFMG, 2003. p. 387-404.

_____ et al. Subcultures, cultures and class. In: HALL, Stuart; JEFFERSON, Tony (Eds.). *Resistance through rituals*: youth subcultures in post-war Britain. London: Routledge, 2000. p. 9-79.

HALLIN, Daniel C. *We keep America on top of the world*: television journalism and the public sphere. London: Routledge, 1993.

_____; MANCINI, Paolo (Orgs.). *Comparing media systems*. Cambridge: Cambridge University Press, 2004.

HAMBURGER, Esther. Diluindo fronteiras: a televisão e as novelas no cotidiano. In: SCHWARCS, Lilia Moritz (Org.). *História da vida privada no Brasil*. São Paulo: Companhia das Letras, 1998. v. 4: Contrastes da intimidade contemporânea.

_____. Política e novela. In: BUCCI, Eugênio (Org.). *A TV aos 50 anos*: criticando a televisão brasileira em seu cinqüentenário. São Paulo: Fundação Perseu Abramo, 2000. p. 25-48.

HAMILTON, Peter. System theory. In: TURNER, Bryan (Ed.). *Social theory*. Oxford: Blackwell, 1996. p. 143-171.

HANSEN, Phillip. *Hannah Arendt*: politics, history and citizenship. Cambridge: Polity, 1993.

HARMON, Michel. *Responsibility as paradox*: a critique of rational discourse in government. Cambridge: Sage, 1995.

HAUSER, Gerard A. Civil society and the principle of the public sphere. *Philosophy & Rhetoric*, Penn State University Press, v. 31, p. 19-40, 1998.

_____. Body rhetoric: conflicted reporting of bodies in pain. In: CHAMBERS, S.; COSTAIN, A. *Deliberation, democracy and the media*. London: Rowman & Littlefield, 2000. p. 135-154.

HELD, David. *Modelos de democracia*. Belo Horizonte: Paidéia, 1987.

HENDRIKS, Carolyn, M. Integrated deliberation: reconciling civil society's dual role in deliberative democracy. *Political Studies*, v. 54, p. 486-508, 2006.

HENMAN, Anthony. A guerra às drogas é uma guerra etnocida. In: ZALUAR, Alba (Org.). *Drogas e cidadania*. São Paulo: Brasiliense, 1994. p. 47-81.

HERSCHMANN, Micael. *O funk e o hip-hop invadem a cena*. Rio de Janeiro: UFRJ, 1997.

_____; BENTES, Ivana. O espetáculo do contradiscurso. *Folha de S. Paulo*, São Paulo, 18 ago. 2002. Mais!, p. 10-11.

HILL, John Lawrence. The zone of privacy and the rights to use drugs: a jurisprudential critique. In: EVANS, Rod L.; BERENT, Irwin M. (Eds.). *Drug legalization*: for and against. La Salle: Open Court, 1992. p. 101-122.

HOBSBAWM, Eric. Introdução à edição de 1989. In: HOBSBAWM, Eric. *A história social do Jazz*. São Paulo: Paz e Terra, 1996. p. 11-26.

_____. Revolução cultural. In: HOBSBAWM, Eric. *Era dos extremos*. São Paulo: Companhia das Letras, 1998. p. 314-336.

HÖIJER, Birgitta. The discourse of global compassion: the audience and the media reporting on human suffering. *Media, Culture and Society*, v. 26, n. 4, p. 513-531, 2004.

HOLLANDA, Heloísa Buarque de; GOLÇALVES, Marcos. *Cultura e participação nos anos 60*. São Paulo: Brasiliense, 1986. 101p.

HONNETH, Axel. *The struggle for recognition*: the moral grammar of social conflicts. Cambridge: MIT Press, 1995.

_____. Recognition or redistribution? Changing perspectives on the moral order of society. *Theory, Culture and Society*, Nottingham, v. 18, n. 2-3, p. 43-55, 2001.

_____. *A luta por reconhecimento*: a gramática moral dos conflitos sociais. São Paulo: Ed. 34, 2003.

HUMAN RIGHTS WATCH/AMERICAS. *Brutalidade policial urbana no Brasil*. Rio de Janeiro, 1997.

HUNOLD, Christian. Corporatism, pluralism and democracy: toward a deliberative theory of bureaucratic accountability. *Governance: an International Journal of Policy and Administration*, v. 14, n. 2, p. 151-167, 2001.

IANNI, Octávio. *A era do globalismo*. 4. ed. Rio de Janeiro: Civilização Brasileira, 1999a.

_____. *Teorias da globalização*. 5. ed. Rio de Janeiro: Civilização Brasileira, 1999b.

IPEA (Instituto de Pesquisa Econômica Aplicada). Segurança pública. *Políticas Sociais — Acompanhamento e Análise*, Brasília, v. 6, p. 88-98, 2003.

IYENGAR, Shanto. *Is anyone responsible?* How television frames political issues. Chicago: University of Chicago Press, 1991.

JACOBSON, Thomas; SERVAES, Jean. *Theoretical approaches to participatory communication*. New Jersey: Hampton, 1999.

KAKAR, Sanjiv. Leprosy in India: the intervention of oral history. In: PERKS, R.; THOMSON, A. (Eds.). *The oral history reader*. London: Routledge, 1998.

KEANE, Jean. Transformações estruturais da esfera pública. *Comunicação e Política*, v. 3, n. 2, p. 6-28, 1997.

_____. *The media and democracy*. Oxford: Polity, 1991.

KELLNER, David. *A cultura da mídia*. São Paulo: Edusc, 2001.

KELLNER, Douglas. *Television and the crisis of democracy*. Oxford: Westview, 1990.

KERTZER, David I. *Ritual, politics and power*. New Haven: Yale University Press, 1988.

KIM, Joohan; WYATT, Robert; KATZ, Elihu. News, talk, opinion, participation: the part played by conversation in deliberative democracy. *Political Communication*, v. 16, p. 361-385, 1999.

Bibliografia

KLANDERMANS, Bert. The social construction of protest and multiorganizational fields. In: MORRIS, A. D.; MUELLER, C. M. C. *Frontiers in social movement theory*. New Haven: Yale University Press, 1992. p. 77-103.

_____; GOSLINGA, Sjoerd. Media discourse, movement publicity and the generation of collective frames: theoretical and empirical exercises in meaning construction. In: McADAM, Doug et al. *Comparative perspectives on social movement*. Cambridge: Cambridge University Press, 1996. p. 312-337.

KLEIN, Naomi. *Sem logo*: a tirania das marcas em um planeta vendido. 2. ed. Rio de Janeiro: Record, 2002.

KORNIS, Mônica A. Ficção televisiva e identidade nacional: anos dourados e a retomada da democracia. In: ABREU, Alzira Alves et al. (Orgs.). *Mídia e política no Brasil*: jornalismo e ficção. Rio de Janeiro: FGV, 2003. p. 75-128.

KUCINSKI, Bernardo. *Ética jornalística e direito à saúde*. Bauru: Edusc, 2004.

LA PASTINA, Antônio. The sexual other in Brazilian television: public and institutional reception of sexual difference. *International Journal of Cultural Studies*, Newbury Park, v. 5, p. 83-99, 2002.

LASCH, Christopher. *O mínimo eu*. São Paulo: Brasiliense, 1986.

LATOUR, B. *Petite réflexion sur le culte moderne des dieux "faitiches"*. Paris: Synthélabo, 1996.

LATTMAN-WELTMAN, Fernando. Mídia e transição democrática: a (des) institucionalização do panóptico no Brasil. In: ABREU, Alzira Alves et al. (Orgs.). *Mídia e política no Brasil*: jornalismo e ficção. Rio de Janeiro: FGV, 2003. p. 129-183.

LEADER, Sheldon. The reach of democracy and global enterprise. *Constellations*, Malden, v. 8, n. 4, p. 538-553, 2001.

LEFÈVRE, Fernando; SIMIONI, Ana Maria Cavalcanti. Maconha, saúde, doença e liberdade: análise de um fórum na internet. *Cadernos de Saúde Pública*, Rio de Janeiro, v. 15, n. 2, p. 161-167, 1999.

LEMISH, Dafna; BARZEL, Inbal. Four mothers — the womb and the public sphere. *European Journal of Communication*, Oxford, v. 15, n. 2, p. 147-169, 2000.

LESTER, M.; MOLOTCH, H. As notícias como procedimento intencional: acerca do uso estratégico de notícias de rotina, acidentes e escândalos. In: TRAQUINA, N. (Org.) *Jornalismo*: questões, teorias e "estórias". Lisboa: Veja, 1993. p. 34-51.

LEVW, Ed. Drugs and drug policy in the netherlands. In: TORNY, Michael (Ed.). *Crime and justice: a review of research*. Chicago University press, v. 14, p. 229-276, 1991.

LIMA, Roberto Kant de. *A polícia do Rio de Janeiro*: seus dilemas e paradoxos. Rio de Janeiro: Forense, 1995.

_____. Polícia e exclusão na cultura judiciária. *Tempo Social*, São Paulo, v. 9, n. 1, p. 169-183, maio 1997.

LIPPMANN, Walter. *The phantom public*. New York: Harcourt/Brace, 1925.

LIVINGSTONE, Silvia. Mediated knowledge — recognition of the familiar, discovery of the new. In: GRIPSRUD, J. (Ed.). *Television and common knowledge*. London: Routledge, 1999. p. 97-107.

LOON, J. Chronotopes: of/in the televisualization of the 1992 Los Angeles riots. *Telos*, New York, n. 106, p. 99-104, Winter 1996.

LOPES, Denilson. *O homem que amava rapazes e outros ensaios*. Rio de Janeiro: Aeroplano, 2002.

MACEDO, Stephen (Ed.). *Deliberative politics*: essays on democracy and disagreement. Oxford: Oxford University Press, 1999.

MACHADO, A. *Máquina e imaginário*. São Paulo: Edusp, 1993.

_____. *Pré-cinemas e pós-cinemas*. Campinas: Papirus, 1997.

MacRAE, Edward. *A construção da igualdade*: identidade sexual e política no Brasil da "abertura". Campinas: Unicamp, 1990.

_____; SIMÕES, Júlio de Assis. *Rodas de fumo*: o uso da maconha entre camadas médias urbanas. Salvador: UFBA, 2000. 150p.

_____; _____. A subcultura da maconha, seus valores e rituais entre setores integrados da sociedade. In: BAPTISTA, Marcos; CRUZ, Marcelo Santos; MATIAS, Regina. *Drogas e pós-modernidade*: faces de um tema proscrito. Rio de Janeiro: Uerj, 2003. v. 2, p. 95-107.

MAIA, Rousiley. C. M. A mídia e o novo espaço público: a reabilitação da sociabilidade e a formação discursiva da opinião. *Comunicação e Política*, Rio de Janeiro, v. 5, n. 1, p. 131-155, 1998a.

_____. The role of the media in pre-structuring the public sphere. In: MEETING OF INTERNATIONAL ASSOCIATION FOR MEDIA AND COMMUNICATION RESEARCH, 21. Proceedings... Glasgow, July 23 and 30. 1998b.

_____. Discursos práticos e a busca pela ética. In: MARI, H. et al. (Orgs.). *Fundamentos e dimensões da análise do discurso*. Belo Horizonte: Núcleo de Análise do Discurso (Fale/UFMG) e Carol Borges, 1999a. p. 73-87.

_____. Críticas ao sentido: uma releitura do conhecimento como valorização do sensível. In: RUBIM, A. A. C. et al. (Orgs.). *O olhar estético na comunicação*. Petrópolis: Vozes, 1999b. p. 172-183.

_____. Identity and the politics of recognition in the information age. In: KIVIKURU, U. (Ed.). *Contesting frontiers*: media and identity. Stockholm: Nordicom, 2001. p. 25-43.

_____. Identidade e discurso: a inclusão do outro. *Revista Fronteiras — Estudos Midiáticos*, São Leopoldo, v. 4, n. 1, p. 115-134, jun. 2002.

_____. Dos dilemas da visibilidade midiática para a deliberação pública. In: LEMOS, André et al. (Orgs.). *Mídia.br*. Porto Alegre: Sulina, 2004. p. 9-38.

_____. Mídia e vida pública: modos de abordagem. In: MAIA, R.; CASTRO, M. C. P. S. (Orgs.) *Mídia, esfera pública e identidades coletivas*. Belo Horizonte: UFMG, 2006a.

_____. Mídia e deliberação: atores críticos e o uso público da razão. In: MAIA, R.; CASTRO, M. C. P. S. (Orgs.). *Mídia, esfera pública e identidades coletivas*. Belo Horizonte: UFMG, 2006b.

_____; FERNANDES, A. B. O movimento antimanicomial como agente discursivo na esfera púbica política. *Revista Brasileira de Ciências Sociais*, Anpocs, v. 48, p. 157-172, 2002.

_____; MARQUES, Ângela. C. S. Media reflexivity and the struggle for recognition: groups of despised sexuality in Brazilian soap operas. *Intersections — The Journal of Global Communications and Culture*, Athens, v. 2, n. 1, p. 95-216, 2002a.

_____; _____. Cultural production and public debate on "sexual other": the struggle for recognition in Brazil. *Intersections — The Journal of Global Communications and Culture*, Athens, v. 2, n. 3/4, p. 59-68, Summer 2002b.

MANCINI, Paolo. New frontiers in political professionalism. *Political Communication*, Routledge, v. 16, n. 3, p. 231-245, 1999.

MANIN, Bernard. *The principles of representative government*. Cambridge: Cambridge University Press, 1997.

MANSBRIDGE, Jane. Everyday talk in deliberative system. In: MACEDO, Stephen (Ed.). *Deliberative politics*: essays on democracy and disagreement. Oxford: Oxford University Press, 1999. p. 211-243.

MARQUES, Ângela Cristina Salgueiro. *Da esfera cultural à esfera política*: a representação de grupos de sexualidade estigmatizada nas telenovelas e a luta por reconhecimento. Dissertação (Mestrado em Comunicação Social) — Universidade Federal de Minas Gerais/Fafich, Belo Horizonte, 2003.

_____. O processo deliberativo a partir das margens: o Programa Bolsa Família na mídia e na fala das beneficiárias. Tese (Doutorado em Comunicação Social) — Universidade Federal de Minas Gerais, 2007.

_____; MAIA, Rousiley C. M. O apelo emocional e a mobilização para a deliberação: o vínculo homoerótico em telenovelas. *Contemporânea. Revista de Comunicação e Cultura/Journal of Communication and Culture*, Salvador, v. 1, n. 1, p. 83-114, dez. 2003.

MATTELART, Armand; MATTELART, Michelle. *O carnaval das imagens*: a ficção na TV. São Paulo: Brasiliense, 1989.

MAWBY, Rob. Continuity and change, convergence and divergence: the police and practice of police-media relations. *Criminal Justice*, London, v. 2, n. 3, p. 3003-3324, 2002.

McADAM, Doug. Movement strategy and dramaturgic framing in democratic states: the case of the American civil rights movement. In: CHAMBERS, S.; COSTAIN, A. (Eds.). *Deliberation, democracy and the media*. New York: Rowman & Littlefield, 1996. p. 117-134.

_____; McCARTHY, John D.; ZALD, Mayer N. (Eds.). *Comparative perspectives on social movements*: political opportunities, mobilizing structures, and cultural framings. Cambridge: University Press, 1996.

McCARTHY, John; SMITH, Jackie; ZALD, Mayer. Accessing public, media, electoral and governmental agendas. In: McADAM, Doug; McCARTHY, John; ZALD, Mayer (Eds.). *Comparative perspectives on social movements*. Cambridge: Cambridge University Press, 1996. p. 312-338.

McCARTHY, Thomas. Practical discourse and the relation between morality and politics. In: CALHOUN, Craig (Ed.). *Habermas and the public sphere*. Cambridge: MIT Press, 1992. p. 51-72.

McCHESNEY, Robert. W. *Rich media, poor democracy*: communication and politics in dubious times. New York: The New Press, 1999.

McCOMBS, Maxwell et al. *Communication and democracy*: exploring intellectual frontiers in agenda-setting theory. New Jersey: Lawrence Erlbaum, 1997.

_____; GHANEM, Gerald. The convergence of agenda setting and framing. In: REESE, Stephen D. et al. (Eds.). *Framing public life*: perspectives on media and our understanding of the social life. New Jersey: Lawrence Erlbaum, 2003. p. 67-82.

_____; SHAW, Donald; WEAVER, David. *Communication and democracy* — exploring the intellectual frontiers in agenda-setting theory. London: Lawrence Erlbaum, 1997.

McLEOD, Douglas; DETENBER, Benjamin. Framing effects of television news coverage of social protest. *Journal of Communication*, Oxford, v. 49, n. 3, p. 3-23, Summer 1999.

_____; KOSICKI, Gerald M.; McLEOD, Jack M. Resurveying the boundaries of political communication effects. In: BRYANT, Jannings; ZILLMANN, Dolf. *Media effects*: advances in theory and research. New Jersey: Lawrence Erlbaum, 2002. p. 215-268.

Bibliografia

McLEOD, Jack et al. Understanding deliberation: the effects of discussion networks on participation in a public forum. *Communication Research*, Evanston, v. 26, n. 6, p. 743-774, Dec. 1999.

McQUAIL, Denis. *Mass communication theory* — an introduction. London: Sage, 1994.

MEAD, George H. *Espiritu, persona y sociedad*. México: Paidós, 1993.

MELUCCI, Alberto. Movimentos sociais, inovação cultural e o papel do conhecimento: uma entrevista de Leonardo Avritzer e Timo Lyra com Alberto Melucci. In: AVRITZER, L. *Sociedade civil e democratização*. Belo Horizonte: Del Rey, 1994. p. 183-211.

_____. *Challenging codes*: collective action in the information age. Cambridge: Cambridge University Press, 1996.

_____. *A invenção do presente*: movimentos sociais nas sociedades complexas. Petrópolis: Vozes, 2001.

MENDONÇA, Ricardo F. A mídia e a transformação da realidade. In: ENCONTRO LATINO DE ECONOMIA POLÍTICA DA INFORMAÇÃO, COMUNICAÇÃO E CULTURA, 5. *Anais...* Salvador, 2005. 1 CD-ROM.

_____; MAIA, R. C. M. Exclusão e deliberação: buscando ultrapassar as assimetrias do intercâmbio público de razões. *Contracampo*, v. 15, p. 201-218, 2006.

MEYER, David. S. Framing national security: elite discourse on nuclear power during the Cold War. *Political Communication*, Routledge, v. 12, p. 173-192, 1995.

MEYER, Thomas. *Media democracy*: how the media colonize politics. Cambridge: Polity, 2002.

MIGUEL, Luís F. Um ponto cego nas teorias da democracia: os meios de comunicação. *Revista Brasileira de Ciências Sociais*, Rio de Janeiro, n. 49, p. 51-77, 2000.

MINOW, Martha. *Not only for myself* — identity, politics and the law. New York: The New Press, 1997.

MONTEIRO, Marko. O homoerotismo nas revistas *Sui Generis* e *Homens*. In: SANTOS, Rick; GARCIA, Wilton. *A escrita de Adé*. São Paulo: Xamã, 2002. p. 275-291.

MONTEIRO, Yara. *Da maldição divina à exclusão social*: um estudo da hanseníase em São Paulo. Tese (Doutorado em História) — Faculdade de Filosofia, Letras e Ciências Humanas, Universidade de São Paulo, São Paulo, 1995.

MORELLI, Rita de Cássia. *A indústria fonográfica*: um estudo antropológico. Campinas: Unicamp, 1991. 231p.

MOTT, Luiz. A maconha na história do Brasil. In: HENMAN, Anthony; PESSOA JR., Osvaldo (Orgs.). *Diamba sarabamba*. São Paulo: Ground, 1986. p. 117-135.

MOTTER, Maria de Lourdes. Telenovela e educação: um processo interativo. *Comunicação e Educação*, São Paulo, n. 17, p. 54-60, jan./abr. 2000.

MOUILLAUD, Maurice. *O jornal* — da forma ao sentido. Brasília: UnB, 2002.

_____; PORTO, S. D. (Orgs.). *O jornal*; da forma ao sentido. Brasilia: Paralelo 15, 1997.

MOUZELIS, Nicos. Impasses of micro-sociologial theorizing. In: MOUZELIS, N. *Sociological theory*: what went wrong? London: Routledge, 1995. p. 100-126.

MULGAN, Richard. Accountability: an ever-expanding concept? *Public Administration*, Oxford, v. 78, n. 3, p. 555-573, Autumn 2000.

MUNDIM, Pedro Santos. *Das rodas de fumo à esfera pública*: o discurso da legalização da maconha nas músicas do Planet Hemp. 2004. Dissertação (Mestrado em Comunicação Social) — Universidade Federal de Minas Gerais, Belo Horizonte, 2004.

NAGIB, L. A imagem do negro. *Imagens*, São Paulo, n. 4, p. 114-121, abr. 1995.

NATO, Ana Regina et al. Drogas e saúde na imprensa brasileira: uma análise dos artigos publicados em jornais e revistas. *Cadernos de Saúde Pública*, Rio de Janeiro, v. 19, n. 1, p. 69-79, jan./ fev. 2003.

NEBLO, Michael. Thinking through democracy: between theory and practice of deliberative politics. *Acta Politica*, v. 40, p. 169-181, 2005.

NEGT, Oskar; KLUDGE, Alexander. *Public sphere and experience*: toward an analysis of the bourgeois and proletarian public sphere. Minneapolis: University of Minnesota Press, 1993.

NEUMAN, Russell; JUST, Marion; CRIGLER, Ann. *Common knowledge*: news and the construction of political meaning. Chicago: University of Chicago Press, 1992.

NEWTON, Kenneth. Mass media effects: mobilization or media malaise? *British Journal of Politics*, Nottingham, v. 29, p. 577-599, 1999.

NEVES, Bráulio de Britto. *Da câmara no barraco à rede nacional* — o evento da Favela Naval. Dissertação (Mestrado em Comunicação) — Faculdade de Filosofia e Ciências Humanas da Universidade Federal de Minas Gerais, Belo Horizonte, 2000.

NORRIS, Pippa. *A virtuous circle* — political communications in postindustrial societies. Cambridge: Cambridge University Press, 2000.

NOVAES, A. (Org.). *Rede imaginária*: televisão e democracia. São Paulo: Cia. das Letras/ Secretaria Municipal, 1991.

NUNES, Mara. Casal lesbian chic dá o (bom) tom em horário nobre. In: *Um outro olhar*. Mario 1998.

OLIVEIRA, Antônio Eduardo de. Narrativas e homoerotismo. In: SANTOS, Rick; GARCIA, Wilton. *A escrita de Adé*. São Paulo: Xamã, 2002. p. 163-169.

Bibliografia

OLIVEIRA, M. L. W. D. R. et al. Social representation of Hansen's disease thirty years after the term "leprosy" was replaced in Brazil. *História, Ciência e Saúde*, Manguinhos, v. 10, p. 41-48, 2003.

ORTIZ, Renato. A escola de Frankfurt e a questão da cultura. *Revista Brasileira de Ciências Sociais*, São Paulo, v. 1, n. 1, p. 43-62, jun. 1986.

_____. *A moderna tradição brasileira*: cultura brasileira e indústria cultural. São Paulo: Brasiliense, 1991.

PAGE, Benjamin. *Who deliberates?* Mass media in modern democracy. Chicago: University of Chicago Press, 1996a.

_____. Public deliberation and democracy. In: PAGE, Benjamin. *Who deliberates?* Mass media in modern democracy. Chicago: University of Chicago Press, 1996b. p. 1-18.

PAIXÃO, Antônio Luiz. Segurança privada, direitos e democracia. *Novos Estudos Cebrap*, São Paulo, n. 31, p. 131-141, out. 1991.

_____. Problemas sociais, políticas públicas: o caso dos tóxicos. In: ZALUAR, Alba (Org.). *Drogas e cidadania*: repressão ou redução de riscos. São Paulo: Brasiliense, 1994. p. 129-145.

_____; BEATO FILHO, C. C. Crimes, vítimas e policiais. *Tempo Social*, São Paulo, v. 9, n. 1, p. 233-248, maio 1997.

PAN, Zhogdang; KOSICKI, Gerald M. Framing analysis: an approach to news discourse. *Political Communication*, Routledge, v. 10, p. 55-75, 1993.

_____; _____. Framing as strategic action in public deliberation. In: REESE, Stephen D. et al. (Eds.). *Framing public life*: perspectives on media and our understanding of the social life. New Jersey: Lawrence Erlbaum, 2003. p. 35-66.

PAOLI, Maria Célia; TELLES, Vera da Silva. Direitos sociais: conflitos e negociações no Brasil contemporâneo. In: ALVAREZ, S. E.; DAGNINO, E.; ESCOBAR, A. (Orgs.). *Cultura e política nos movimentos sociais latino-americanos*: novas leituras. Belo Horizonte: UFMG, 2000. p. 103-148.

PAPERMAN, Patricia. Les émotions et l'espace public. *Quaderni*, n. 18, Automne, 1992.

PARKER, Richard. *Corpos, prazeres e paixões*: a cultura sexual no Brasil contemporâneo. São Paulo: Best Seller, 1991.

_____. *Abaixo do equador*: culturas do desejo, homossexualidade masculina e comunidade *gay* no Brasil. Rio de Janeiro: Record, 2002.

PARKINSON, John. Rickey bridges: using media in deliberative democracy. *British Journal of Political Science*, v. 36, p. 175-183, 2005.

PEIRCE, C. S. *Semiótica*. São Paulo: Perspectiva, 1990.

PERALVA, Angelina. *Violência e democracia*: o paradoxo brasileiro. São Paulo: Paz e Terra, 2000.

372 Mídia e deliberação

PERUZZO, Maria Cecília. Participation in community communication. In: SERVAES, Jean et al. (Eds.). *Participatory communication for social change*. London: Sage, 1996. p. 162-182.

PESSOA JR., Osvaldo. A liberação da maconha no Brasil. In: HENMAN, Anthony; PESSOA JR., Osvaldo (Orgs.). *Diamba sarabamba*. São Paulo: Ground, 1986. p. 147-163.

PIAULT, Marc-Henri. Da violência, ou como se livrar dela. A propósito do seqüestro de um ônibus no Rio de Janeiro. In: BIRMAN, P.; LEITE, M. (Orgs.). *Um mural para a dor —* movimentos cívico-religiosos por justiça e paz. Porto Alegre: UFRGS, 2004. p. 19-66.

PINHEIRO, Márcia Leitão. Da pacificação — "o basta! eu quero paz" e as inscrições artísticas. In: BIRMAN, P. ; LEITE, M. (Orgs.). *Um mural para a dor —* movimentos cívico-religiosos por justiça e paz. Porto Alegre: UFRGS, 2004. p. 287-312.

PINHEIRO, Paulo Sérgio. Polícia e crise política: o caso das polícias militares. In: BENEVIDES, Maria Victoria et al. *A violência brasileira*. São Paulo: Brasiliense, 1982. p. 57-92.

_____. (Org.). *Crime, violência e poder*. São Paulo: Brasiliense, 1983.

_____. As mortes da polícia. In: GOMES, Severo et al. *Democracia x violência*; reflexões para a Constituinte. Rio de Janeiro: Paz e Terra, 1986a. p. 143-146.

_____. Tortura sempre. In: GOMES, Severo et al. *Democracia x violência*; reflexões para a Constituinte. Rio de Janeiro: Paz e Terra, 1986b. p. 143-146.

_____. Violência, crimes e sistemas policiais em países de novas democracias. *Tempo Social*, São Paulo, v. 9, n. 1, p. 43-53, 1997.

PINTO, J. C. M. *1, 2, 3 da semiótica*. Belo Horizonte: UFMG, 1995.

PINTO, Milton José. *Comunicação e discurso*: introdução à análise de discursos. São Paulo: Hacker, 1999.

PORTO, Mauro. Idéias e fatos: telenovelas e imaginário político no Brasil. *Cultura Vozes*, Petrópolis, n. 6, p. 83-93, nov./dez. 1994.

_____. Telenovelas e controvérsias políticas: interpretações da audiência sobre *Terra Nostra*. In: ENCONTRO DA COMPÓS, 11. *Anais...* Rio de Janeiro, jun. 2002.

_____. Enquadramentos da mídia e política. In: RUBIM, Antonio, A. C. (Org.). *Comunicação e política —* conceitos e abordagens. Salvador: UFBA, 2004. p. 73-104.

_____. Framing controversies: television and the 2002 presidential election in Brazil. *Political Communication*, v. 24, p. 19-36, 2007.

PRITCHARD, David. *Holding the media accountable*: citizens, ethics and the law. Bloomington: Indiana University Press, 2000a.

_____. The process of media accountability. In: PRITCHARD, David (Org.). *Holding the media accountable*: citizens, ethics and the law. Bloomington: Indiana University Press, 2000. p. 1-10.

Bibliografia

PROTESS, David L.; McCOMBS, Maxwell (Eds.). *Agenda setting*: readings on media, pubic opinion and policymaking. New Jersey: Lawrence Erlbaum, 1991.

PRZEWORSKI, Adam; STOKES, Susan; MANIN, Bernard. *Democracy, accountability and representation*. Cambridge: Cambridge University Press, 1999.

PUTNAM, Robert D. The prosperous community: social capital and public life. *American Prospect*, Washington, v. 13, p. 35-42, 1993.

QUÉRÉ, Louis. D'un modèle épistemologique de la communication à un modèle praxéologique. *Réseaux*, Paris, Tekhné, n. 46/47, p. 69-90, 1991.

_____. L'espace public comme forme et comme événement. In: JOSEPH, I. (Ed.). *Prendre place*: espace public et culture dramatique. Pontigny-Cerisy: Recherches, 1995. p. 93-110.

RAWLS, John. The domain of political and overlapping consensus. *New York University Law Review*, New York, v. 64, p. 233-255, 1989.

REESE, Stephen. Framing public life: a bridging model for media research. In: REESE, Stephen D. et al. (Eds.). *Framing public life*: perspectives on media and our understanding of the social life. New Jersey: Lawrence Erlbaum, 2003. p. 7-33.

_____ et al. (Eds.). *Framing public life*: perspectives on media and our understanding of the social life. New Jersey: Lawrence Erlbaum, 2003.

REIS, Fábio W. Cidadania, mercado e sociedade civil. In: REIS, Fábio W. *Teoria e utopia*. São Paulo: Edusp, 2000. p. 211-226.

REIS, Roberto Alves. *Quando o afeto ganha a esfera midiática*: casos de sujeitos homoeróticos e estratégias jornalísticas para enquadrar as vozes de leigos e especialistas. Dissertação (Mestrado em Comunicação Social) — Universidade Federal de Minas Gerais/Fafich, Belo Horizonte, 2004.

RICHARDS, Jeffrey. Leprosos. In: RICHARDS, Jeffrey. *Sexo, desvio e danação*: as minorias na Idade Média. Rio de Janeiro: Jorge Zahar, 1993. p. 153-166.

ROBERTS, Nancy C. Keeping public officials accountable through dialogue: resolving the accountability paradox. *Public Administration Review*, Denver, v. 62, n. 6, p. 658-669, 2002.

ROBINSON, Rowan. *O grande livro da cannabis*. Rio de Janeiro: Jorge Zahar, 1999.

ROCCO, Rogério. *O que é legalização das drogas*. São Paulo: Brasiliense, 1996. 85 p.

_____. A cannabis no Brasil. In: ROBINSON, Rowan. *O grande livro da cannabis*. Rio de Janeiro: Jorge Zahar, 1999. p. 114-123.

ROMZEK, Barbara S.; DUBNICK, Melvin J. Accountability and the public sector: lessons from the challenger tragedy. *Public Administration Review*, Denver, v. 47, n. 3, p. 227-238, 1987.

RONDELLI, E. *Media*, representações sociais da violência, da criminalidade e ações políticas. *Comunicação e Política*, Rio de Janeiro, v. 1, n. 2, p. 97-108, 1995.

374 Mídia e deliberação

_____. Mídia e violência: ação testemunhal, práticas discursivas, sentidos sociais e alteridade. *Comunicação e Política*, Rio de Janeiro, v. 4, n. 3, p. 141-160, set./dez. 1997.

_____. Realidade e ficção no discurso televisivo. *Imagens*, Campinas, n. 8, p. 26-35, maio/ago. 1998.

RUBIM, Antonio, A. C. (Org.). *Comunicação e política* — conceitos e abordagens. Salvador: UFBA, 2004. p. 73-104.

RYAN, Charlotte. *Prime time activism*: media strategies for grassroots organizing. Boston: South End, 1991.

SADER, E. Crônica policial da transição. In: GOMES, Severo et al. *Democracia x violência*; reflexões para a Constituinte. Rio de Janeiro: Paz e Terra, 1986. p. 140-143.

SANTIAGO, Daniela. *Entre as fronteiras do debate público e do mercado*: as estratégias discursivas da Companhia Souza Cruz. Dissertação (Mestrado em Comunicação Social) — Faculdade de Filosofia e Ciências Humanas da UFMG, Belo Horizonte, 2003.

SANTOS, J. V. Tavares dos. A arma e a flor: formação da organização policial, consenso e violência. *Tempo Social — Revista de Sociologia da USP*, v. 9, n. 1, p. 155-167, maio 1997.

SANTOS, Milton. *Por uma outra globalização*: do pensamento único à consciência universal. 5. ed. Rio de Janeiro: Record, 2001.

SANTOS, Rick; GARCIA, Wilton (Orgs.). *A escrita de Adé*. São Paulo: Xamã, 2002.

SÃO PAULO. Lei nº 10.948, de 5 de novembro de 2001. Dispõe sobre as penalidades a serem aplicadas à pratica de discriminação em razão de orientação sexual e dá outras providências. *Diário Oficial*, São Paulo, 6 nov. 2001.

SAPORI, Luís Flavio; SOUZA, Silas Barnabé. Violência policial e cultura militar: aspectos teóricos e empíricos. *Teoria e Sociedade*, Belo Horizonte, v. 7, p. 173-213, 2001.

SARTORI, Giovanni. *Homo videns*: televisão e pós-pensamento. Tradução de Antonio Angonese. Bauru: Edusc, 2001.

SCHERER-WARREN, Ilse. *Redes de movimentos sociais*. 2. ed. São Paulo: Loyola, 1996.

SCHEUFELE, Dietram. Framing as a theory of media effects. *Political Communication*, Routledge, v. 49, n. 1, p. 103-122, 1999.

_____. Talk or conversation? Dimensions of interpersonal discussion and their implications for participatory democracy. *Journalism and Mass Communication Quarterly*. Columbia, v. 77, n. 4; p. 727-744, Winter 2000.

_____. Examining differential gains from mass media and their implications for participatory behavior. *Communication Research*, Evanston, v. 29, n. 1, p. 46-65, 2002.

SCHMALZ-BRUNS, Rainer. The postnational constellation: democratic governance in the era of globalization. *Constellations*, Malden, v. 7, n. 4, p. 554-568, 2001.

Bibliografia

SCHUDSON, Michael. Was there ever a public sphere? If so, when? Reflections on the American case. In: CALHOUN, Graig (Ed.). *Habermas and the public sphere*. Cambridge: MIT Press, 1992. p. 143-163.

_____. *The power of news*. Cambridge: Harvard University Press, 1995.

SEARING, Donald et al. Studying everyday talk in the deliberative system: does democratic discussion make better citizens? *Empirical Approaches to Deliberative Politics*, European University Institute/Swiss Chair, Firenze, May 21 and 22, 2004.

SECCO, A. A polícia bandida. *Veja*, São Paulo, v. 32, n. 31, p. 84-99, 4 ago. 1999.

SENNET, Richard. *The fall of public man*. London: Faber and Faber, 1986.

SERVAES, Jean et al. (Eds.) *Participatory communication for social change*. London: Sage, 1996.

SHAPIRO, Ian. Optimal deliberation? *The Journal of Political Philosophy*, Canberra, v. 10, n. 2, p. 196-211, 2002.

SHIRLEY, R. Atitudes com relação à polícia em uma favela no Sul do Brasil. *Tempo Social*, São Paulo, v. 9, n. 1, p. 215-231, maio 1997.

SILVA, Jorge da. Representação e ação dos operadores do sistema penal no Rio de Janeiro. *Tempo Social*, São Paulo, v. 9, n. 1, p. 95-114, maio 1997.

SILVA, Josué Pereira. Cidadania e reconhecimento. In: AVRITZER, Leonardo; DOMINGUES, José Maurício (Orgs.). *Teoria social e modernidade no Brasil*. Belo Horizonte: UFMG, 2000. p. 123-135.

SILVERSTONE, Roger. *Por que estudar a mídia?* São Paulo: Loyola, 2001.

SIMMEL, Georg. Superordenação e subordinação; o efeito da subordinação sob o princípio das relações entre superiores e subordinados; a natureza sociológica do conflito; a competição. In: MORAES FILHO, Evaristo de (Org.). *Georg Simmel*: sociologia. São Paulo: Ática, 1983. p. 107-149.

SIMON, Adam; XENOS, Michael. Media framing and effective public deliberation. *Political Communication*, v. 17, p. 363-376, 2000.

SLAVKO, Splichal. The principle of publicity, public use of reason and social control. *Media, Culture and Society*, London, v. 24, p. 5-26, 2002.

SNOW, D. et al. Frame alignment processes, micromobilization, and movement participation. *American Journal of Sociology*, Chicago, v. 51, p. 464-81, 1986.

SOARES, Astréia. *Outras conversas sobre os jeitos do Brasil*: o nacionalismo na música popular. São Paulo: Annablume, 2002. 173p.

SOARES, Gláucio Ary Dillon. A censura durante o regime autoritário. *Revista Brasileira de Ciências Sociais*, São Paulo, v. 4, n. 10, p. 21-43, jun. 1989.

SOARES, Luís E. Segurança pública e direitos humanos. Entrevista de Luiz Eduardo Soares a Sérgio Adorno . *Novos Estudos Cebrap*, São Paulo, v. 57, p. 141-154, 2000.

_____ et al. *Violência e política no Rio de Janeiro*. Rio de Janeiro: Relume-Dumará, 1996.

SOMERS, Margaret; GIBSON, Gloria. Reclaiming the epistemological other: narrative and the social constitution of identity. In: CALHOUN, Craig (Ed.). *Social theory and the politics of identity*. Cambridge: Cambridge University Press, 1994. p. 37-80.

SONTAG, S. *Ensaios sobre fotografia*. Lisboa: Dom Quixote, 1986.

_____. *Diante da dor dos outros*. São Paulo: Companhia das Letras, 2003.

SOUKI, N. *Hannah Arendt e a banalidade do mal*. Belo Horizonte: UFMG, 1998.

SOUZA, Jessé. A dimensão política do reconhecimento social. In: AVRITZER, Leonardo; DOMINGUES, José Maurício (Orgs.). *Teoria social e modernidade no Brasil*. Belo Horizonte: UFMG, 2000. p. 159-206.

SOUZA, Maria Carmem Jacob de. Reconhecimento e consagração: premissas para a análise da autoria das telenovelas. In: GOMES, Itânia Maria Mota; SOUZA, Maria Carmem Jacob de (Orgs.). *Media e cultura*. Salvador: Pós-Graduação em Comunicação e Cultura Contemporâneas, 2003. p. 55-76.

SPARKS, Colin. Goodbye, Hildy Johnson: the vanishing of "serious press". In: DAHLGREN, Peter; SPARKS, Colin (Eds.). *Communication and citizenship*. Journalism and the public sphere in the new media age. London: Routledge, 1993. p. 58-74.

STEVENSON, Nick. *Understanding media cultures*: social theory and mass communication. London: Sage, 2002.

STURKEN, M. Les grandes espérances et la construction d'une histoire. *Communications*, Paris, n. 48, p. 125-154, 1988.

SWEET, Robert. Drogas: prevenção, repressão ou descriminação? *Comunicação e política*: mídia, drogas e criminalidade, Rio de Janeiro, v. 1, n. 2, p. 35-41, dez. 1994.

TAUTZ, C. O delegado dos excluídos. Entrevista com Hélio Luz. *Caros Amigos*, São Paulo, v. 1, n. 19, p. 32-34, out. 1998.

TAYLOR, Charles. Liberal politics and the public sphere. In: TAYLOR, Charles. *Philosophical arguments*. Cambridge: Harvard University Press, 1995. p. 257-288.

TELLES, Vera da Silva; PAOLI, Maria Celia. Direitos sociais, conflitos e negociações no Brasil contemporâneo. In: ALVAREZ, Sonia; DAGNINO, Evelina; ESCOBAR, Arturo. *Cultura e política nos movimentos sociais latino-americanos*: novas leituras. Belo Horizonte: UFMG, 2000. p. 103-148.

TESCHE, Adair. Ficção seriada televisiva como instrumento de mediação do cotidiano. In: CONGRESSO INTERCOM, 24. *Anais...* Campo Grande, 2001. CD-ROM.

_____. Conhecimento e incompletude na ficção seriada. In: CONGRESSO INTERCOM, 25. *Anais...* Salvador, 2002. CD-ROM.

THOMPSON, Dennis F. Democratic theory and global society. *The Journal of Political Philosophy*, Canberra, v. 7, n. 2, p. 111-125, 1999.

Bibliografia

THOMPSON, John B. *Ideologia e cultura moderna*; teoria social crítica na era dos meios de comunicação de massa. Petrópolis: Vozes, 1995.

———. *The media and modernity*; a social theory of the media. Cambridge: Polity Press, 1996.

———. *A mídia e a modernidade*: uma teoria social da mídia. Petrópolis: Vozes, 1998.

———. *Political scandal*: power and visibility. Cambridge: Polity Press, 2000.

TRAQUINA, N. (Org.). *Jornalismo*: questões, teorias e "estórias". Lisboa: Veja, 1993.

———. *O estudo do jornalismo no século XX*. São Leopoldo: Unisinos, 2001.

TREVISAN, João Silvério. *Devassos no paraíso*: a homossexualidade no Brasil, da colônia à atualidade. Rio de Janeiro: Record, 2000.

TUCHMAN, Gaye. *Making news*. A study in the construction of reality. New York: Free, 1978.

———. The qualitative methods in the study of news. In: JENSEN, K.; JANKOWSKI, N. (Eds.). *A handbook of qualitative methodologies for mass communication research*. New York: Routledge, 1991. p. 79-92.

———. A objectividade como ritual estratégico: uma análise das noções de objectividade dos jornalistas. In: TRAQUINA, N. (Org.). *Jornalismo*: questões, teorias e "estórias". Lisboa: Veja, 1993a. p. 74-90.

———. Contando "estórias". In: TRAQUINA, N. (Org.). *Jornalismo*: questões, teorias e "estórias". Lisboa: Veja, 1993b. p. 258-262.

TUFTE, Thomas. *Television fiction, national identity and democracy*: the role of national television fiction in modern societies. In: DUROUSSEAU, Isabell (Ed.). *Réception de la television*. Copenhagen: University of Copenhagen, 1999.

———. *Living with the Rubbish Queen*: telenovelas, culture and modernity in Brazil. Luton: University of Luton Press, 2000.

VARGAS, Eduardo Viana. Os corpos intensivos: sobre o estatuto social do consumo de drogas legais e ilegais. In: DUARTE, Luiz Fernando Dias; LEAL, Ondina Fachel. *Doença, sofrimento, perturbação*: perspectivas antropológicas. Rio de Janeiro: Fiocruz, 1998. p. 121-136.

———. Entre a extensão e a intensidade: corporalidade, subjetivação e uso de "drogas". Tese (Doutorado em Ciências Humanas: Sociologia e Política) — Faculdade de Filosofia e Ciências Humanas, Universidade Federal de Minas Gerais, Belo Horizonte, 2001.

VELHO, Gilberto. A dimensão cultural e política do mundo das drogas. In: ZALUAR, Alba (Org.). *Drogas e cidadania*: repressão ou redução de riscos. São Paulo: Brasiliense, 1994. p. 23-29.

———. *Nobres e anjos*: um estudo sobre tóxicos e hierarquia. Rio de Janeiro: FGV, 1998. 216p.

———. Duas categorias de acusação da cultura brasileira contemporânea. In: VELHO, Gilberto. *Individualismo e cultura*: notas para uma antropologia da sociedade contemporânea. Rio de Janeiro: Jorge Zahar, 1999. p. 55-64.

VENTURA, Z. Mídia e violência. *Comunicação e Política*, Rio de Janeiro, v. 1, n. 2, p. 74-78, 1995.

_____. O paraíso da balas perdidas. *Imagens*, Campinas, n. 4, p. 14-16, abr. 1995.

VERBA, Sidney; SCHLOZMAN, Kay L.; BRADY, Henry E. *Voice and equality*: civic volunteerism in American politics. Cambridge: Harvard University Press, 1995.

VERGARA, Rodrigo. *Drogas*. São Paulo: Abril, 2003. 121p.

WAISBORD, Silvio. *Watchdog journalism in South America*: news, accountability and democracy. New York: Columbia University Press, 2000.

WALZER, Michael. Equality and civil society. In: CHAMBERS, S.; WILL, K. *Alternative conceptions of civil society*. Princeton: Princeton University Press, 2002. p. 34-49.

WAMPLER, Bryan; AVRITZER, Leonardo. Públicos participativos: sociedade civil e novas instituições no Brasil democrático. In: COELHO, Vera Shattan; NOBRE, Marcos (Orgs.). *Participação e deliberação*: teoria democrática e experiências institucionais no Brasil contemporâneo. São Paulo: Ed. 34, 2004. p. 211-238.

WARNER, M. The mass public and the mass subject. In: CALHOUN, C. *Habermas and the public sphere*. Cambridge: MIT Press, 1993. p. 377-401.

WARREN, Mark. *Democracy and association*. Princeton: Princeton University Press, 2001.

_____. What should and should not be said: deliberating sensitive issues. *Journal of Social Philosophy*, London, v. 37, n. 2, p. 163-181, Summer 2006.

WEAVER, P. As notícias de jornal e as notícias de televisão. In: TRAQUINA, N. (Org.). *Jornalismo*: questões, teorias e "estórias". Lisboa: Veja, 1993. p. 294-305.

WEBER, Max. Conceitos sociológicos fundamentais. In: WEBER, Max. *Economia e sociedade*. 3. ed. Brasília: UnB, 1994.

WEEKS, Jeffrey. The sexual citizen. *Theory, Culture and Society*, London, v. 15, n. 3-4, p. 35-52, 1998.

WEINTRAUB, Jeff. The theory and politics of public/private distinction. In: WEINTRAUB, Jeff; KUMAR, Krishan. *Public and private in thought and practice*. Chicago: University of Chicago Press, 1997. p. 1-42

_____; KUMAR Krishan. *Public and private in thought and practice*. Chicago: University of Chicago Press, 1997. p. 133-165.

WHITEBROOK, Maureen. Taking the narrative turn: what the novel has to offer political theory. In: HORTON, John; BAUMEISTER, Andrea (Eds.). *Literature and the political imagination*. London: Routledge, 1996. p. 32-52.

WISNIK, José Miguel. Algumas questões de música e política no Brasil. In: BOSI, Alfredo (Org.). *Cultura brasileira*: temas e interpretações. São Paulo: Ática, 1992. p. 114-123.

YOUNG, Iris Marion. Policy and group difference: a critique of the ideal of universal citizenship. *Ethics: a Journal of Moral, Political and Legal Philosophy*. v. 99, n. 2, p. 117-142, Jan. 1989.

_____. *Justice and the politics of difference*. Princeton: Princeton University Press, 1990.

_____. Communication and the other: beyond deliberative democracy. In: BENHABIB, Seyla (Ed.). *Democracy and difference*: contesting the boundaries of the political. Princeton: Princeton University Press, 1996. p. 120-136.

_____. Difference as a resource for democratic communication. In: BOHMAN, James; REHG, William. *Deliberative democracy*. Cambridge: MIT Press, 1997. p. 383-406.

_____. *Inclusion and democracy*. Oxford: Oxford University Press, 2002.

_____. Activist challenges to deliberative democracy. In: FISHKIN, James; LASLETT, Peter. *Debating deliberative democracy*. Oxford: Blackwell, 2003. p. 102-120.

ZALD, Mayer N. Culture, ideology and strategic framing. In: McADAM, Doug; McCARTY, John D.; ZALD, Mayer N. (Eds.). *Comparative perspectives on social movements*: political opportunities, imobilizating structures, and cultural framings. Cambridge: University Press, 1996. p. 275-290.

ZALUAR, A. Condomínio do diabo: as classes populares urbanas e a lógica do "ferro" e do fumo. In: PINHEIRO, P. S. (Org.). *Crime, violência e poder*. São Paulo: Brasiliense, 1983. p. 249-277.

_____. A criminalização das drogas e o reencantamento do mal. In: ZALUAR, Alba (Org.). *Drogas e cidadania*: repressão ou redução de riscos. São Paulo: Brasiliense, 1994. p. 97-127.

_____. A globalização do crime e os limites da explicação local. In: VELHO, G.; ALVITO, M. (Orgs.). *Cidadania e violência*. Rio de Janeiro: UFRJ/FGV, 1996. p. 48-68.

_____. Um debate disperso: violência e crime no Brasil da redemocratização. *São Paulo em Perspectiva*, São Paulo, v. 12, n. 3, p. 3-17, 1999.

ZOLO, Danilo. *Democracy and complexity* — a realist approach. Cambridge: Polity Press, 1992.

ZOZZOLI, Jean-Charles Jacques. Compreensão da significação marcária — a marca, instrumento e reflexo da produção social de sentidos; transformação e transação. In: RUBIM, A. A. A. et al. (Org.). *Produção e recepção dos sentidos midiáticos*. Petrópolis: Vozes, 1998. p. 55-69.

Este livro foi impresso nas oficinas gráficas da Editora Vozes Ltda.,
Rua Frei Luís, 100 – Petrópolis, RJ,
com papel fornecido pelo editor.